ラオ人社会の宗教と文化変容

——東北タイの地域・宗教社会誌

林 行夫

ラオ人社会の宗教と文化変容

——東北タイの地域・宗教社会誌

目　次

ラオ人社会の宗教と文化変容

凡例

(1)　本書におけるタイ国語のカタカナ表記は、以下の方針によっている。

・文字綴りに依拠しつつ、現地での発音を重視する。例：ルアンパバーン（Luang Phrabang）
・長音、促音を省略する。
・音節最後にくるng音は本来「ング」と表記すべきであるが、すべて「ン」に統一する。
　例：メコン（Mae Khong）
・地名・人名の表記については、慣用の確立しているものは基本的にそれにしたがった。
　例：バンコク（Bangkok）、サリット（Sarit）
・有気音・無気音の表記は濁音化を施すような区別をしない。
　例：委員会（khana kammakan）→カナ・カマカーン

(2)　タイ語の翻字transliterationは、子音、母音の表記、有気音、無気音に関する区別は、Library of Congress Orientalia Proceeding Committeeを基本とするが、以下の方針をもうけている。

・声調記号、グロッタル・ストップ、その他の特殊記号は省略する。
・「チ」音については、有気音c・無気音ともにchで表す。
　例：県（changwat）—無気音、チー川（mae nam chi）—有気音
・「ウ」音についても区別した記号を付さない。
　例：ウボンラーチャタニー（Ubon Ratchathani）陰暦六月（duang hok）

(3)　本書におけるラオ国語、東北タイのラオ語のカタカナ表記は、文字綴りに依拠しながらも、現地での発音を重視する。「ニャ」音はnyaとする。(2)と同様、声調記号等は省略した。

(4)　日本語で直接訳出しにくいタイ、ラオ独自の意味をもつ語は、原則としてカタカナ表記し、初出に限り現地語読みを（　）内に示したうえで、日本語をあてる。日本語をあてる場合でも、必要に応じて本文中に訳注を入れたり、重要なものについては注記で説明を加える。

　例：ヘットナムカン・キンナムカン（het namkan kin namkan 共働共食）、コーンハクサー（khong haksa「守護力」）、モータム（mo tham 法力に通じた専門家）

(5)　度量衡は、タイ国、東北タイ、ラオスで一般に用いられている単位を使用する。メートル法、現地単位はカタカナ表記する。

本書に現れる現地の度量衡

長さ：1ソーク（sok）＝50センチメートル［タイ公用］
　　　1ワー（wa）＝2メートル［タイ公用］
面積：1ライ（rai）＝1600平方メートル＝4ンガーン
　　　1ンガーン（ngan）＝400平方メートル
　　　1タラーンワー（tarang wa）＝4平方メートル
重量：1ハープ（hap）＝60キログラム＝50チャン（chang）
　　　1ムーン（mun）＝約12キログラム［東北タイ、ラオス常用］
　　　1タムルン（tamlung）＝60グラム
　　　1バーツ（bat）＝15グラム＝4サルン
　　　1サルン（salung）＝3.75グラム
容積：1クイアン（kwian）＝2000リットル［タイ公用］＝100タン
　　　1タン（thang）＝20リットル［タイ公用］
　　　1ブン（bung）＝約26〜30リットル［東北タイ、ラオス常用］
　　　1カソープ（kasop）＝約140リットル＝約7タン［東北地方常用］

(6)　貨幣単位はタイ・バーツ（baht）、ラオス・キープ（kip）で示す。
1981年から83年の調査期間を通じて1バーツ＝12円から10円である。
1985年当時、1バーツは約7円
1990年以降は1バーツは6円から3.5円と幅があった。
日本円への換算は、文中で「(当時□円)」と示すほかは、原則的に略す。

(7)　年代は原則として西暦で記す。ただし、法令名、口述部分にはタイ仏暦を先に記して西暦を（　）内に示す。
例：1932（仏暦2475）年
　　仏暦2525（1982）年

(8)　タイ、ラオスの行政区分は以下のように示す。
　changwat＝県、amphoe＝郡、tambon＝区、mu ban＝村、thesaban＝市
　monthon＝州，khwaeng＝県，tasseng＝区，ban＝村

序　本書の課題と目的

序-I

対象の周辺

タイ国の東北部に住むラオ人は、今日タイ国籍をもつ仏教徒である。彼らは自らの生活世界と地域に根ざした、まことにダイナミックな宗教的世界を構築してきた。森に農地を開き、集落を結ぶ過程で、そして、そこに生まれ産み育て死ぬ時間のなかで、人びとが実践する宗教はさまざまに変容し、加工されつつ今日にいたっている。地球規模の変化の波が押し寄せて集落の景観を一変させている現在、人びとの暮らしのなかに息づく宗教は、以前にも増して、通りすがりの旅行者の視界から隔てられている。それは、人びとの宗教実践が、常に特定の地域で編まれた生活世界での経験と知識に根ざすものだからである。ここでは、民族や国家を越える「世界宗教」としての仏教も、文字や書物が封印する教養や解釈ではない。森（自然）と集落（社会）に生滅するすべての生きものの無数の精霊とともに「今、ここ」を生きる実践の方法である。

ラオ人が信奉する仏教は、経典の流れからいうと日本の仏教と同じではない。仏教は歴史的な伝播の経路と各国で経典が翻字・翻訳される過程で、世界で最多の信者を有する大乗、東南アジア大陸部に勢力をもつ上座部、さらに他の数多くの部派仏教など、多彩な教説を生み出してきている。日本の仏教は起源的にはサンスクリット語およびその漢訳が伝える北伝仏教に属する。タイ国をはじめ、スリランカ、ミャンマー（ビルマ）、ラオス、カンボジア、そして西南中国や南ヴェトナムに住む人びとは、南伝仏教ともいわれる上座（部）仏教（Theravada Buddhism）を信奉している。信徒数一億を越えるとされるこの部派は、同一のパーリ語経典と注釈書を聖典としている点で、教義の面では他の部派よりはるかに同質的な伝統を保持している。[(1)] さらに、僧団（サンガ *saṅgha*）に参加する出家主義、仏陀の定めた戒律を不可侵のものとして遵守する持戒主義を特徴としている。教理上、輪廻からの解脱（涅槃）を究極的な目標とする自力救済、さらには女性の出家を認めないという保守性ゆえに、後に成立した大乗仏教から「小乗」という蔑称を与えられている。

全国人口の九五％が仏教徒であるタイ国は、今日の上座仏教の世界的中心地の一つである。数多くの仏教寺院や朝の托鉢風景、また、成人式としての出家慣行や寺院への布施に熱心な人びとの姿は、異国情緒を求める者の心をとらえることだろう。ここでは、仏教は政治、社会、文化のあらゆる領域を染め上げている。外国人向けに常套句となった仏教の語りも流布する。だが当地の人びとにすれば、仏教はある宗教を信奉する行為という次元を越えて、日々の暮らしのなかに、身体の一部のようになった実践なのである。

インドからスリランカに渡った上座仏教は、遅くとも一一世紀から一四世紀にかけて現在の東南アジア大陸部諸国、西南中国（西双版納・徳宏）各地で支配者となった多数派民族の王が受容した。一五世紀から一七世紀にかけての同地域の為政者は、自らの政治支配の正当性の典拠を、汎用性が高いスリランカ経由の仏教テクスト群に求めてその伝統を継承してきた［Lieberman 1993 : 242］。出家道を究めぬ限り救済はない、という理念自体に上座仏教の本質をみたM・ヴェーバーはそれを「達人の宗教」と呼んだ。確かに、東南アジア大陸部で仏教は権力者が主導した王宮世界の宗教であった。だが同時に無名の人びとの暮らしのなかで継承されてきた「生きられる宗教」でもありつづけた。では、土に生き、経典を読むこともない人びとはどのような仏教を信奉してきたのであろうか。

経典テキストがしるす理念から距離をおき、その担い手のありように宗教を考察しようとする試みは、インドのヒンドゥー教徒の研究が先鞭をつけている。その流れをうけて東南アジア大陸部の上座仏教社会の人文・社会科学的研究も、第二次世界大戦後から冷戦体制直前まで進められてきた。それらは、主に農村を舞台として寺院を中心とする仏教と土着信仰の実態と共存を整合的に描いている。だが、人類学であれ、農村社会学的研究の立場であれ、多くの議論は、ヴェーバーがそうであったように、観察者側のディシプリンが想定する分析概念としての「宗教」ないし「仏教」を前提としていたことも否めない。いずれの議論も、常に仏教か非仏教かという宗教の分類から始まるのである。もちろん、これは現実を見誤ったものではない。当地の住民もまた、同様な分類を用いて説明するからである。本書では、そのような分類や語り方も、人びとの特定の経験のフィールドである地域に埋め込まれていると考える。研究者が使う仏教や非仏教という指標と同じく、人びとの経験の場である生活世界とその集積体である地域という文脈のなかで、そのような分類を創り、運用しているのである。

今日イサーンと呼ばれるタイ東北地方のラオ人は、仏教を主とする実践をどのように創り上げてきたのだろうか。その現在の意味を考えるには、彼らの生活世界の歴史的な生成過程とともに、実践仏教の地域的な位相が明らかにされねばならない。まず、仏教寺院を中心に、同地方での制度的布置を今日のタイ国の仏教制度全体から一望しておこう。

一九九七年現在、タイ国内で法的に認可されている登録寺院総数は三万三七七である［Kromkan Satsana 1999 : 46］筆者が東北地方の一村で定着調査を開始した一九八三年時点では三万一二六七であった(2)。当時を反映するものとしてこの年の数値に限ってみると、「まちの寺」すなわち首都バンコクや人口が一万を超える自治町（*thetsaban muang*）や自治区（*thetsaban tambon*）に立地する寺院は五・七％に過ぎない（一七六七寺）。全国寺院の九四・三％（二万九五〇〇寺）が地方農村部に集中している。日本ではよく「一村一か寺」といわれるが、一九八三年時点のタイでは二か村に一寺の割合である(3)。とりわけ、面積および人口ともにタイ全国の三分の一以上を占める東北地方(*phak isan* 一九九九年現在の行政区分では全一九県)は同年時点で全国登録寺院の約半数(五〇・二%[一万五七〇五寺])を擁した。[4] 本書の舞台となる東北地方は、まさにタイ国のなかでもっとも強力な地方仏教圏でありつづけている[Tambiah 1976 : 275]。

ところで、タイ国の現行サンガ統治法(一九六二年制定)は寺院を二種に区別する。戒壇に相当する「浄域(*wisungkhamasima*)」をもつ寺院(*wat thi dairap phraratchathanwisungsima*)ともたない寺院(*samnaksong* 以下「小寺」)である。[5] サンガへの加入儀礼となる得度式は、この「浄域」内で執行されなければ無効である。人びとが寺院を設立しようとする場合、最初に与えられる勅許は「浄域」を欠く「小寺」つまり得度できない寺である。「浄域」を設定するためには郡長(*nai amphoe*)をとおしてあらためて勅許を申請する必要がある。その最終裁定はタイ国文部省が下す。[6] 地方では「小寺」の占める率がきわめて高く、「浄域」のある寺院で得度式を行ったのちに出身村の「小寺」に止住するというパターンがよくみられる。

全国比の正確な値は不明であるが、東北地方では、その登録寺院の六四・一%(二万七七寺/一九八三年時)が「小寺」である。さらに、宗教局統計にはあらわれないが、東北地方では、両者のいずれにも該当しない、僧侶の一時的な止住域(*thi phak song*)が数多くみられる。こうした法的区別とは無関係に、当該住民は、どの種類のものも、寺を意味する「ワット」と総称している事実がある。また、現行法では区分されていないが、統計上今日も使用される区分に最初のサンガ統治法(一九〇二年)以来の「王立寺院(*wat aramluang*)」と「私立寺院(*wat rat*)」がある。前者は基本的に国王の建立した寺院もしくはその勅命をもって登録された寺院である。それ以外はすべて「私立寺院」で登録される。[7] 一九八三年時で全国比〇・六五%(二〇二寺)の王立寺院は、そのほぼ半数近く(八三寺)が首都に集中する。[8] 地方の寺院のほとんどは「私立寺院」である。寺院の開設・運営は、一般に地域住民が自ら作り支えるものとして根づいている。ただし、日本のような檀家制度はなく、常に集落の外部に開かれている点が特徴的である。

現在のタイサンガには、在来多数派のマハーニカイ（*Maha Nikai*）と改革派タマユットニカイ（*Thammayut Nikai*）とが区別されている。タマユットニカイとは、一八三六年モンクット親王（後のラーマ四世［一八五一―六八］）によって進められたパーリ聖典への回帰を唱える派である。これは堕落した在来派への批判として興ったもので、ビルマのモン・サンガの伝統を継承する。

マハーニカイから区別される指標には、鉄鉢の把持作法、黄衣の着用作法、パーリ語発音等の相違がある。タマユットニカイの寺院数の全国比は一九八三年時点で約五％である（一九九七年統計では五・一％［Kromkan Satsana 1999］）。少数派であるにもかかわらず、一般にタマユットニカイの方がより権威ある派とみなされるのは、実践の厳格さもさることながら、王室と密接な関係をもつためである。また、近隣の上座仏教国（カンボジア、ラオス）にも、タマユットニカイは王室を通じて輸出されてきた。しかし、両派の区別は教義上のものではなく、儀軌作法上の差異によるもので、厳密には異なる宗派ではない。法的に両者はともに同じタイ国サンガに属する。在家者の間でも、各派への帰属意識は特殊な場合をのぞいて希薄である。

王室関係者にその起源をもち、首都を拠点とするタマユットニカイは、改革派としての地歩を固めて間もない一九世紀半ばに、国内での最初の地方支寺を、東北地方の現ウボンラーチャタニー県にもった。この詳細は、本書第五章で論じているが、東北地方の仏教は一面では、中央と連結するチャンネルをタイ国仏教の成立以前からもっていることに留意しておきたい。

序-2 対象への接近

経典それ自体に、人びとがその暮らしのなかで展開させている実践の内容を求めることができないように、右に述べたような、国家が定める法制度的な規則も、その現実の内容を直接的に示すことは少ない。また、時代ごとに人文・社会科学が一般化しようと試みてきた「宗教」や「呪術」という概念を、特定の地域で観察される事象にあてがうことで、観察者は自己のものとは異なる社会での実践について、ある程度の見通しを得ることができるだろう。しかし、そのような見通しが生むイメージは、必ずしも当該地域の実践とは重ならない。当事者の実践が生起している場をとらえずに、制度上の範疇を濫用すれば、制度の実相も明らかにはならない。さらに、通文化的に普遍のものとして洗練されてきたかのようにみえる一般的概念は、制度の存在を示す法的用語同様、往々にして観察者自身が身をおいている研究領域やそれぞれの時代が自明の普遍的尺度として築いてきたものに過ぎないことが多い。むしろ、宗教や呪術、仏教寺院といった概念それ自体が、対象となっている文化や地域に身をおいて生きる人びとの重層的な言説のなかで別に生まれ、かつ運用されている事実を出発点とすべきなのである。実践の担い手が生きる生活世界の社会的・歴史的位相を検討することによって、そこで構築されきた仏教をはじめとする、宗教的な概念の位置づけが明らかにされなくてはならない。

本書では、同様の観点から先行関連研究を概括した第一章を別として、東北タイ農村での宗教の所在にたどりつくまでに、かなり遠回りをするような印象を与えかねない記述もある。だがそれらは、観察者が描く当該住民の信仰体系のなかで、仏教の優位性を説明するためにアド・ホックな扱いをうけがちであった土着の宗教的「知識」の通時的な生成・再編過程を扱うために、必要な迂回路である。地域が醸成する宗教的知識は、時代ごとに多様な姿をとりつつも、今日なお仏教を含む人びとの宗教実践の深く広い裾野をなしている。

本書はまた、ラオ人の宗教と社会をめぐる歴史的な地域の民族誌を、現在への視点をもりこんだ形で提示しようと試みている。ラオ人がどこからきたかを問うことよりも、つくられてきた社会としての歴史的なラオ人社会から出発し、消え行くラオ人社会、昂揚されるラオ人社会の対照で、東南アジア大陸部における一民族の変遷をたどることを念頭においた。次に、民衆による上座仏教の実践の展開と精霊祭祀のメタモルフォシスの問題を軸に、民族と社会、国家の問題に接近しようとする。この主題は、純然たる宗教民族学、比較宗教社会学的な枠組みと連携する。そして、宗教の機能的理解から、構造的補完をみとったタンバイア以降の実践宗教パラダイムを、一村落を越える地域のコンテクストでとらえて補足する、と同時に、まったく異なった観点からのアプローチを模索しようとしている。

本書全体をつなぐもう一本の糸は、「森」という世界と人間の相互作用からなる集落・宗教実践形成の視点である。ここでみるラオ人社会は、常に外部世界に開かれた開拓移住社会ともいえる様相を呈しており、それが都邑（ムアン *muang*）の世界や国家によって分節されてきたものとみている [cf. Condominas 1970]。その背後には、さらに人びとの社会生活と対峙するようになってゆく森林世界がある。これは、ラオ人のみならず、東南アジア全般にみられる先住民族と後発の民族との歴史的な相互交渉を読み解くメタファーでもある。さらに、同じ地域にあっても、人びとの宗教的実践を多様に色分けしている強力な表象でもある。人びとは無限大の世界認識から、極限の社会認識へと、個々の地域に住まう者の生の哲学を練り上げてきた。それがまた、社会認識を揺さぶる今日のグローバリゼーションによって細分化してきている。こうした流れに、進化や一系的な進展の方向を読むべきではない。そのためにも、移動する主体である農民の「身体」を環境の一部として、森との多元的かつ複合的な関わり方を根底的なものとして扱おうとしている。

第二章以下の二つの章では、「ラオ」という人びとの所在、さらに同地域におけるラオ人集落の社会的形成・変容との連関を検討している。まず第二章は、宗教を含む文化が構築される拠点は、個々の生活世界にあるという観点から、ラオ人社会が生まれた地域を歴史的な国家間関係においてとらえ、東北タイとラオスに分断された二つのラオ人社会の編制を民族間・民族内関係の所産として記述する。第三章は、そのように析出した地域上に展開された東北タイのラオ人集落の形成過程を、個人史、地方史を使って再構成する。そして、今日の村レベルでの宗教の構成は、開村と開拓の経緯から区別される村落のタイプによって異なっていることを指摘する。

第四章は、「村の守護霊」祭祀を破棄した村落類型に属するD村で実践される宗教行為の全貌を述べる。日常の仏教実践、年中行事化した仏教儀礼、人生儀礼、葬送儀礼などの記述から、功徳を積む行為と社会関係、仏教的来世と精霊が関与する異界の存在、さらに両者がたがいに浸潤する関係を述べ、男女が異なる実践のスタイルをもってそれぞれに参画していることをみる。第五章は、仏法の力で悪霊を払うD村のモータムに着目し、それが東北タイのラオ人社会に特徴的な守護力への信仰に根ざしつつ、開拓された集落の内外の要因で生成した産物であることを検証する。D村での信奉者である女性世帯主との関係、集落を越えて広がるモータムの師弟関係をたどり、森の僧を介した東北タイ村落仏教のあり方と当時のタイ国中央サンガの政策との関連を、土着信仰の「仏教化」過程の一環として検討する。

第六章では、貨幣経済の浸透がもたらした近年の仏教実践の変化を、D村での「森の寺」の開設経緯を中心に記述する。祭礼化する仏教儀礼の場に特化してゆく従来の寺院に抗して、瞑想修行の場がかつての「村の守護霊」の森に生まれたことは、村落宗教の全面的仏教化を示すと同時に、制度から遊離する仏教実践の内向化を示唆する。最終章は、社会経験を異にしてきた二つのラオ人社会が、現在ともに対他的な自文化呈示の時代におかれている状況にあり、そのなかで一部の東北タイ農村の「村の守護霊」が図像化されて再生しつつあることを紹介する。

本書は、タイ東北地方の農村社会で生成し変容する宗教的世界を明らかにしようとした地域社会誌である。記述対象をタイ系民族のラオ人集落に限定しているので、特定地域の宗教民族誌ともいえる。ただし「ラオ人社会」を謳っているが、筆者が一九八九年以降に開始したラオス人民民主共和国での調査で得た資料は、第二章をのぞいて直接的には使用していない。第四章以下の記述にみるように、住民の宗教実践は、ラオ人に特徴的なものというより、タイ東北地方の一農村での実践として描かれている。実際に、特定集落の人びとの日常生活世界に沈潜するほどに、外部の者が与える民族アイデンティティの現実感は薄らぎ、一集落内部で人びとの社会的行為と観念の世界が完結しているかのような感覚が一方で生じる。他方で、移動する人びと自身の個人史のなかに、為政者がしるす通史とは異なった地域の位相も顕わになる。宗教実践も含め、フィールドでたちあう「民族」や「国家」という制度は、そのような個別の文脈で、それぞれの姿形をとって顕れている。そうした理由もあって、人びとの宗教的行為を、実際にそれが行われている場から記述しようとしている。

にもかかわらず、本書の主人公は、同地域の異なる言語集団からはラオ人と呼ばれている。他方で、今日のバンコク住民やラオス側のラオ人は、彼らをイサーンと呼ぶようになっている。名付けられる側では、それぞれの呼称を使い分けている。ラオという名称は、集落内の成員のアイデンティティではなく、歴史的な外部の異民族、集落を包摂する地域・国家間関係のなかに存在する。これは、長期滞在した一集落を離れ、一国内の個別地域で展開される集落の連鎖、さらに国境を越えた別のラオ人社会に身をおいて、ようやくその集落が位置する地域や国家との関わりが見え始めたという筆者の経験を反映している。したがってここでの「ラオ人社会」とは、東南アジア大陸部の特定地域の歴史的時空間のなかで生成・構築されてきた宗教、社会事象を内在的に描きだし、外在化（説明し理解）するための、相互に近接する地域で言語や宗教的慣習を共有する人びとの集まりを指す類型的な範疇である。あるいは、観察者が諸事象の相互関係のなかにみいだす理念型である。以下にみるように、言語集団としてのラオ人の多くが住む東北タイの若い世代は、今日自らを「ラオ」と名乗ることがほとんどない。また、「ラオ」は多民族国家のラオスにあって全国人口の約半数を占めるラオ人が、自らを非ラオ人から差違化する表向きの範疇でもなく、「ラオ化」した先住民族を含めようとする「ラオ民族主義」を含意するものでもない。

永遠不変の純粋な民族集団というものが、世界中いつの時代においても、人為的な範疇でしかないことを前提にすれば、「ラオ人社会」という用語にはなんらの系譜的意味はない。この語を使う意義を求めるとすれば、現在は別の国民国家に住み別れているものの、たがいに同一民族であることを表明した時期が、一九世紀から二〇世紀にかけて一度ならずあったという歴史的事実を想起させるということが一つには挙げられる。さらに、狭間の民族として生きることを余儀なくされた、相互に隣接する人びととその地域という点で、「ラオ人社会」は意味をもつであろう。類似する言語、慣習の面では同一の民族でありながら、今日相互に異質な社会を展開させている例は世界に数多い。ラオ人もまた、現在異なる社会を構成しているが、この点を踏まえておくと、個々の社会・文化変容の過程、民族と地域の動態がより明晰なものとなる。

民族を何らかの範疇として「発見」し名付けるのは、常に当事者の外部にいる他者であり、「ラオ人社会」もまた、彼らの隣人と筆者という外部から与えられたラベルの一つである。現実に日々を生きるのは、外部者がその名称を与えた言語を話している人びとである。本書で使う何らかの集合的な概念は、引用箇所をのぞいて、内外の人びとがそのように語る言葉に基づいている。筆者は、訪問したそれぞれの集落で、ある民族集団と向きあっているというよりは、特定地域のある集落を訪れているという感覚をもった。筆者が出会い、時空間をともにしたのは、それぞれに歴史的な身体をもつ人びとであった。彼らは、自ら実践する宗教というものが、よそ者がどのように記述しようとも、ある地域に根ざして生きている自身の身体と不可分のものであることを、雄弁に教えてくれている。

なお、全編で使用する資料の大半は、一九八三年の十か月間（一月〜一〇月）、および一九八四年から八五年にかけて三か月間滞在したタイ国コーンケン県ムアン郡ＤＨ行政区内のＤ村での定着調査、一九八九年から九三年にかけて実施した計一一か月間におよぶ同国ウボンラーチャタニー、ヤソートーン県周辺での広域調査、ラオス人民民主共和国ヴィエンチャン、ルアンパバーン両市、チャンパーサック、セーコーン、アッタプー各県での聞き取り調査で得たものである。なおD村については、故水野浩一が一九六五年に最初の定着調査を行い、さらに一九八一・八三年に学際的な研究チームによる再調査がなされている。筆者は、八三年の共同調査に約三か月合流した。水野が調査した当時のD村全体の状況および再調査時での農業生態、社会経済変化、宗教の概要等については、すでに公表されている報告書、著書［Mizuno 1968, 1971；水野 1981；Fukui et al. 1983, 1985, 1988；福井 1988；口羽編 1990 など］を参照されたい。

第1章　東南アジアの上座仏教徒社会研究と課題

I-I
「実践宗教」へ

上座仏教徒が実践する宗教と社会の研究は、一九六〇年から七〇年代にかけて一時代を画した。特にスリランカ、ビルマ（ミャンマー）、タイの農民が、達人宗教とされる上座仏教をヒンドゥー諸神、地域の精霊祭祀や国家の政治権力との関わりのなかで、日々いかに実践しているかについて、機能論的、構造論的な解明が試みられた。個々のフィールドで目にするのは、同じパーリ仏教という一面とは裏腹に、それぞれの国家が築く政治制度としての仏教であり、民族や男女ごとに異なる表象様式をもつ実践仏教であることが明らかになってゆく。

「生きている」宗教的観念を、聖典のなかにではなく、市井の人びとの日常生活のなかにみいだすことを、実践宗教（practical religion）の問題として研究すべきであると提唱したのはE・リーチである［Leach 1968 ed.: 1］。リーチは、宗教という領域では、高度な哲学者の神学的体系と、日曜に教会通いをする人びとの行動を導いている宗教的規律（religious principle）との間のギャップがはなはだしい事実を挙げながら、実践宗教は、様式としては来世についての哲学的・神学的な思想より洗練されてはいないが、日常生活に関わる生の思考をともなうものであることを指摘した。仏教の場合、従来の解釈の多くは、西欧の神学的専門家が行うような註釈中心のパーリ経典研究に基づくもので、仏教徒の日常的な実践に基づいたものではなかった。

リーチの着眼点は、それまで孤島の「未開宗教」を扱ってきた人類学が、文字でしるされた聖典をもつ「世界宗教」をも研究対象とすることを意味した。同時に、聖典や教理をもつ宗教を、それを受容したそれぞれの民族、国家や政治と織りなす社会的な諸関係のなかで解明する方向を明示した。さらに、人びとが日常生活においてごく自然な振る舞いとして行っている宗教的行為にたいする分析の視点を深化させることになった。特定の地域の社会集団にみられる儀礼や習俗を観察・分析するという方法は、こうして欧米の人類学者たちが深め、今日の一研究領域をなしてきている。

I-2 タンバイア以前

タイの上座仏教を、市井の人びとが実践する形態においてとらえる民族誌的記述の流れは、まず、組織的な実証研究として学術調査が実施される以前と以後に分けられる。さらに、後者においては、リーチによる実践宗教への視座に導かれたタンバイアの村落宗教儀礼研究［Tambiah 1970］を節目として、それ以降現在にいたる時期を区別することができる。これらの研究の基本的な関心は、教理上、涅槃（*nipphan*）を究極的目標におく仏教が市井の人びとによってどのように信奉され、その形態がいかなるものであるかについて体系だった説明原理を探求することにあった。

現地に滞在した欧米の布教師や外交官の記録、旅行記は、観察者の信仰であるキリスト教文明の視点から「神なき宗教」としての仏教を紹介するとともに、精霊や魂の観念を主とする非仏教的な信仰を、仏教と対照をなす「俗信」として描いている。いわば、「研究前史」をなすのが、この観察者側の常識的理解に終始する二分法である［石井 1987］。

人類学・社会学者による組織的・実証的な学術調査が本格的に行われるのは、第二次世界大戦後のことである。その嚆矢となったのは、コーネル大学によるタイ国の農村調査プロジェクト（一九四八年）であり、これ以降仏教圏である中、北、東北部といった地域・民族別の村落宗教研究が、一九六〇年代以降蓄積されつづけている［Sharp et al. 1953, 1978, de Yong 1955; Kaufman 1960］。この期間に、在俗者の仏教が、教理仏教や土着の精霊祭祀とも区別される第三の範疇として社会行為論のレベルで実証的に「発見」され、曖昧ながらも「民衆仏教 folk Buddhism」という用語で括られる研究対象として確立された。

それらの民族誌的研究には、共通する二つの特徴的な研究主題がある。第一には、村落生活における仏教の民衆的形態に着目し、それと関連する土着の精霊祭祀との並存状況の様態を記述する方向である。第二には、人びとの社会的行為の動機づけや社会関係を統合する機能に着目した、民衆仏教の形態的な理解である。前者は、T・カーシュによる研究が示すように［Kirsch 1967, 1977］、R・レッドフィールド以来の「大伝統と小伝統」を基本的な枠組みとして、仏教と非仏教的要素の統合体系を扱う宗教的シンクレティズムの議論へと収束する。後者は、組織原理の固有性を解明しようとして、仏教功徳（ブン *bun*）の概念を核とする社会心理学的な行為論へと向い、各々に理論的一般化が企図された。宗教的救済観にタイ人の価値観をみてとり、社会関係を形成する観念的な規範を解明しようとしたL・ハンクスの研究は、その指針となった［Hanks 1962, 1975］。

すなわち、六〇年代後半までの研究は、積徳行（タンブン *tham bun*。*tham* は行う、*bun* は功徳の意）を中心とする「民衆仏教」を、達人宗教としての仏教とは異なる範疇として区別した上で、社会的行為とは常に何らかの目標を達成する行為であるという観点から、精霊祭祀と同列におき、両者間にみられる機能的な分業の論理と、世俗内規範との関係を分析している。要点のみを概略すれば、以下のようなものになろう。

日々の暮らしに追われる一般の人びとは、教理上の目標である涅槃の実現とは無縁である。現在の境遇や地位は前世の功徳の多寡が決定すると考え、来世によりよき生を得たいと願うがために寺院を建て、財を布施し、短期ながらも自ら出家する。いずれも、功徳を生む行為として理解されているからである。したがって、三宝に貢献する積徳行こそが「民衆仏教」の救済観を代表する。人は、この世の問題にたいしては呪術的な精霊祭祀に身を委ね、解決できない問題や来世については仏教とその世界観に依存する。

さらに、積徳行を支えるのは、行為（善行と悪行）がもたらす因果応報的な業（カルマ *kamma*）の論理である。この論理は、人の苦難を説明し、当事者の行為の因果関係を定位づける。現在生起する出来事が、過去の行為の結果ということは、現状の競合関係を避けるとともに、政治的経済的な地位を正当化し、高い地位に執着する行動を支えるレトリックともなる。つまり、個人が地位に関わる位階の概念を基礎づけるので、階層化された社会では強力なイデオロギー装置として作動する。位階の論理は、物質に関わる領域での非互酬性を僧侶に要求するために、僧侶は供物をうけて現世に益するような見返りを与えられないが、寄進した者の力を増幅する祝福、功徳を返している。積徳行には在家者と僧侶（僧団）間での財貨と功徳の交換原理がみられ、それは現実の社会関係で顕著に観察される give and take の互酬性の論理と重なるものとして理解されている［Moerman 1966：158–159］。このような論理があるために、村人が集会する場、積徳行の舞台となる寺院は、村社会を統合する中心となっている［Sharp et al. 1953：51；Kaufman 1960：96；Moerman 1966：163–164］。来世のための功徳を供給する仏教的世界観が、タイの社会秩序を支える価値観の核をなす。同時に、それは現実の社会地位の上下関係、流動的な社会的位階体系を説明する観念的な規範である［Phillips 1965：86–90］。

このような考察・研究が、一方では現実社会での仏教教義の運用法を検証しようとしながらも、第二次世界大戦後の第三世界における社会文化変容を主たる関心とし、また、タイ社会に固有な集団・組織原理をみいだそうとする狙いをもっていたことは銘記しておいてよい。村落社会を統合する要因として仏教の規範的機能に着目した背後には、日本やヴェトナムの社会との比較の観点から、タイ社会を「緩やかに組織された社会」として特徴づけたJ・F・エンブリーのテーゼ［Embree 1950］を検証しようとする姿勢がとりわけ強くみられる。

しかし、基本的に米国のコミュニティ・スタディに位置するこれらの研究は、民衆レベルの仏教と非仏教体系の共存を、社会を統合する集合表象として機能論的に追認することに終始している。総括すれば、この時期の研究は、タイ人の社会関係を意味づける観念的な規範を、外在的な文化・社会構造としてのみ説明するために、積徳行にみられるような互酬性の論理が「引き合いにだされた」のであって、指摘された事実には、当該の住民である信徒が思念するコスモロジカルな観念の分類と、その社会的構成についての全体的かつきめ細かな検討作業が欠落している。こうした傾向は、当時の人類学、社会学における宗教研究で支配的であった「ある宗教儀礼や信念はともに社会構造の基底にある道徳的な秩序を反映し、それを支持するように働くという機能論的な主題」［Geertz 1968：402］とも一致するものである。

I－3　タンバイアの村落宗教論

タイの村落宗教の理解を深めたのは、東北タイの一村落の実践宗教を論じた人類学者S・J・タンバイアの研究である。最初の主著『東北タイにおける仏教と精霊祭祀』(1970)は、インド学と人類学の方法論的統合を企図したものであり、当時の米国の東南アジア社会研究を主とする「エンブリー・パラダイム」の検証や、タイ社会固有の組織原理の追求という関心とは袂を分かっている(9)。

タンバイアはいう。仏教を定義づけるのがテキスト(経典)であるとすれば、テキストにみいだせないような実践や観念は、実際に仏教徒の行為として展開されていながらも、ことごとく非仏教徒のものとなる。論理的に首尾一貫しない説明や宗教的な理念と行為の矛盾は、仏教徒の実践では疑問視されていないので、古典的な教条と、実践で示される諸観念との関係を検討する必要がある。タンバイアは、継承されてきた仏教の教義内容に留意しながら、起源を異にする複数の宗教形態を、一農村の仏教徒が実践をとおして共通の信仰の地平を形成するものとしてとらえ、その全体論的な構造に迫る。とりわけ、人びとが実施する儀礼のなかに表現されている宗教的な諸観念に着目し、その内的な関係や差異、思考のパターン、社会的行為との関連を詳細に考察した。

タンバイアは、東北タイのラオ系村落での仏教を含むすべての宗教を、世俗生活に関わる「生者のための信仰」ととらえている[Tambiah 1973 : 12]。前述の著書で、それぞれの信仰形態を諸々の象徴の属性と儀礼執行者の類型から位階的な四つの儀礼領域［(1) 僧侶による集合的な仏教儀礼＝積徳行、(2) 民間バラモン (*pham*) による魂 (*khwan*) の強化・回復儀礼、(3) シャーマンらによる「村の守護霊」(*phi puta, phi ban*) 儀礼、(4) モータム祈禱師 (*mo tham* 字句どおりには「仏法の専門家」) による悪霊の除祓儀礼］に区別し、すべての宗教儀礼の行為をコミュニケーションの体系として統一的に理解しようとしている［Tambiah 1970 : 337–350］。要約すると次のようになる。一見ばらばらにみえるそれぞれの儀礼のなかで主題化される村人の基本的宗教観念には、たがいに対応する二つの組合せがある。それは、善行による功徳とその反対概念の悪行、および、生きている間は身体につなぎとめられる魂と死後は身体を失う霊の観念である。人は功徳を増大し魂を活性化することを望んでおり、悪行を避けて死後の霊をできるだけ迅速に他界へ赴かせ、再生(再び身体をもって転生すること) を図ろうとする。四つの儀礼領域はこの対応にしたがっているという。

タンバイアが「村落宗教を解釈する際の重要なポイント」としたのは、儀礼で表現される互酬性が、村落の社会構造と密接に関連するという観点である［Tambiah 1970 : 259］。言語化された社会的範疇でもある老年層と若年層の世代関係(長幼の序) を「村落社会を縦に構造化する重要な位階の範疇」とみなし［Tambiah 1968b : 106, 117］、両者の関係において、村の社会規範である互酬性が象徴的に展開されているという。具体的には、魂の強化儀礼を執行する民間バラモン

（村の俗人長老）と、僧侶になろうとする出家志願者（年少者）との関係を挙げる。すなわち、年長者は魂の強化儀礼によって年少者の生命力を強める。他方で、出家する年少者は、僧侶として年長者に功徳を振り向ける。異なる二つの信仰体系は、このような儀礼での相互交換を通じ、機能的に相補って共存しているとみる［Tambiah 1970：255–260］。教理哲学上の出家とは、実は、このような互酬性の関係から解放されること、つまりは社会からの個人の自律性を達成する方途であった。しかし、現実の僧侶は、サンガという僧団組織に属し、世俗との関係を取り結んでいる。

タンバイアは、言語学的な関係概念に依拠しつつすべての儀礼に表れる象徴を共時的に分析することで、村落宗教の体系を位階的に範疇化し、それぞれ相互の連関構造を一つの構図におさめた。仏教はそれらのなかでももっとも倫理的・社会的に卓越した位置づけを与えられる。しかも、それは彼岸志向の信仰として無批判に凍結されない。功徳の廻向にみられるように、積徳行は死者を再生させるために、生者にも委ねられる形で実践されていることが強調される［Tambiah 1970：190–191］。つまり、来世を志向する積徳行は、逆説的にも生者からの働きかけが優越する「現世」中心の宗教行為である。基本的にタイの村落仏教は集合（社会）的なものとして考察される。

新たな視点は、それぞれの儀礼の執行者の社会的背景と、その儀礼を遂行可能にする宗教的知識のアクセスの社会的様態の差異から、識字者層（literate）としての「民間バラモン」（出家経験者・村の長老）の役割を抽出したことである。さらに、これと僧侶（仏教の制度的担い手）との関係を、村落内の社会規範（互酬性）とからませて分析した点である。仏教と民間バラモンの関係は、儀礼で表現される象徴交換のみならず、男子の人生周期において連続する宗教的知識の様態を示している。しかも、双方の儀礼は、基本的に集合的な様式をとる。このような背景をもって、此世志向の民間バラモンの宗教的知識と彼岸志向の仏教が、村落社会を構造化する卓越した宗教体系として描かれている。

また、ある意味では静態的な村落研究のスタイルを踏襲してはいるが、タンバイアのもう一つの貢献は、分析のスタイルとして、仏教におけるエリートの教理と民衆のコスモロジーを明確に区別しながらも、双方の浸透関係に留意している点である。ここに、村落宗教における個々の信仰体系を、それぞれの起源にさかのぼって「対照」する理解から、それぞれの体系で範疇化されるものの内容と、それらの相互連関を明らかにする「総合」理解への移行がみられる。

以上のようなタンバイアによる一村落内の多様な宗教実践の体系的理解は、それまでの南アジアのヒンドゥー教研究における、「サンスクリット教典に依拠するヒンドゥー教と文字に依拠しない民間ヒンドゥー教」[Srinivas 1952]、M・スパイロが代表するビルマの精霊祭祀・仏教研究[Spiro 1967, 1970]にも基本的に継承されていた「大伝統と小伝統」に連なる、理念上の「達人の仏教と民衆仏教」という二元論的図式を払拭するものであった。とりわけ、仏教、民間バラモン、および精霊信仰の相互に補完的な構造関係の理解は、一村落での事例研究を越えて、上座仏教が卓越する地域の宗教実践を統一的にとらえる方向へと向かわせた。シンクレティズムの体系編成についての問題は、タンバイアの研究に大きく依拠したT・カーシュによるタイ宗教複合の三元論的図式をもって、一応の整理がつけられている[Kirsch 1977]。

タンバイア以後のタイ村落宗教研究は、社会行為、制度の意味構造の投影として儀礼一般をより精緻に扱う方向（北部ではデイビス[Davis 1984]、中部ではターウィール[Terwiel 1979]）、国家との対抗を含む地方「民衆仏教」の多様な歴史的展開（カイズによる地方サンガの国家統合の問題と千年王国論運動[Keyes 1971, 1977]）、村落生活のさまざまな局面（性差、年齢差、俗人と僧侶との関係）における考察と分析へと展開されてゆく。また、山地民の仏教化政策や開発の文脈での研究[Swearer 1973; Harmon 1978]をうけ、一九八〇年代から九〇年代にかけては、地方における開発僧（*phrasong nak phatthana*）の多様な活動に着目したタイ人による研究が現れた[Phinit 1986; Sombun 1987; Seri 1988]。さらに同時期には、都市で顕著となった憑依カルトや新仏教運動についての研究も、新たな進展をみせた[Khanugnit 1987; Jackson 1988, 1989; Taylor 1989, 1990; 田邊編 1993, 1995]。他方で、タンバイアの研究を批判継承する形で進展と蓄積をみたのは、タンバイアの最初の民族誌の舞台となった東北タイの森林僧に関する研究であった[Taylor 1988, 1992, 1993; Kamala 1997]。

前述したように、タンバイアの視点には、地域に根ざした宗教実践の分析というよりは、インド学の伝統を人類学研究の領域において統合・刷新する目的が含まれていた。特定地域の仏教徒の現地語を介さずとも、パーリ語、サンスクリット語で村での仏教実践は解読できた、と彼は筆者にも語っている。最初の著作の刊行後、タンバイアが村落宗教を直接扱うのは一九七三年までで［Tambiah 1973］、その後は「銀河系政体論」を展開して東南アジアの仏教王権、政治組織と仏教との歴史的関連を扱った研究［Tambiah 1976］、制度化された仏教の周縁に着目し、上座仏教圏に共通する護符崇拝、神通をもつ苦行僧、仏教千年王国論運動の伝統をヴェーバーのカリスマ論を再考しつつ論じた『森林部の聖人と護符信仰』［Tambiah 1984］を著し、タイ国を中心とする東南アジア上座仏教三部作を完結させている。

その後の上座仏教の人文・社会科学的研究のほとんどが、この三部作のいずれかを出発点としているように、タンバイアの業績は、実践宗教研究をめぐる広い理論的視座の整備に多大なる貢献をなした。同時に、総合性を増していった明晰な体系化の手法が取りこぼしたことがらも多い。これを理論的に検討するためには、全三部作をとおした上でのタンバイア論が別に必要であるが[10]、さしあたり、ここではその一つとして、ローカリティへの視座の欠如を挙げておく。以下では、村落宗教の局面にのみ限って、タンバイアの分析方法がもつ問題点を概観する。

I－4 体系化と現実

タンバイアの村落宗教研究は、宗教体系の編成および社会規範に関するこれまでの議論を美事な形で説明しえたかにみえる。しかし、賞賛とともに寄せられた批判の多くは、その「総合」的体系化が、実際に展開されている宗教の現実を、極端なまでに切り落としてパターン化し、単純化しているというものであった［岩田 1972；Burr 1978］。この問題を、体系化の規準および体系化される現実の歴史過程の観点から整理しておこう。

タンバイアが描く村落の宗教体系は、仏教と民間ブラフマン、守護霊信仰と悪霊の二つのセットに分かたれる。なぜなら、基本的にタンバイアによる体系化の一規準となる担い手の区分は、「識字者」であるか否かという点に関わるためである。前者の担い手は識字者であり、後者の担い手はそうでない。すでにみたように、タンバイアが位階的な優越性を認めたのは前者の担い手とその知識である。

二つのセットは、同時に国家（制度）と地方村落（個人）のレベルに対応する。前者の仏教、民間ブラフマンの組み合わせは、特定地域を超える宗教体系でもある。この体系が行きつくところは王室ないし国家であり、村人の社会空間からもっとも遠く、かつ制度として幻想的な特性をもつ制度世界である。後者の一方のセットである守護霊信仰と悪霊の体系は、ある村落・地方社会に限定される土着の体系である。これが行きつくところは村落であり、特定の集落の人びとの生活世界である。

後のタンバイアの研究を追跡すると明らかになるが、二つのレベルを別々に切り離し、かつ浸透性を検討するスタイルが一貫してとられている。マクロレベルの理念型による分析は、明晰で説得力をもつ。これにたいして、ミクロなレベルでは、村落で観察された宗教的諸観念の社会・歴史的過程を事実上無視しているため、地方村落レベルでの仏教、土着信仰の編成の様態はきわめて静態的に扱われている。

仏教、民間ブラフマンの体系に比べて、集落の守護霊と悪霊にまつわる信仰における記述と分析はとりわけ稀薄である。あたかも、それらの儀礼体系が手段的・技能的な知識の獲得によって成立するとみる解釈［Tambiah 1968a : 92, 110］と一致するかのように、操作的に扱われている。儀礼執行者と対応すべく、守護霊や悪霊は天に住まうとされるテーワダー（神祇 *thewada*）と対極的に描かれてはいる。しかし、現実の儀礼執行者の類型と人びとの思念する超自然的な力についての観念の分類は必ずしも一致しているわけではない［cf. Davis 1984 : 77–78］。

また、仏教と民間バラモンの間には明瞭な親和関係がある。設立年が古い仏教寺院には、民間バラモンの依拠するテキストが、貝葉本（*bailan*）の形で所蔵されてきた。文字を読解できるか否かは、出家したかどうかに関わるためである。しかし、村落レベルでの民間バラモンは、バラモン（*phram*）と呼ばれはするが、その知識の継承に関して、特定の組織や師弟関係を必要としない存在である。同じラオ人村落でも、同様の役割を果たす儀礼執行者が、悪霊の体系を担うモータム祈禱師である場合もある［林 1984］。タンバイアが民間バラモンの体系として摘出する領域は、正確にいえば、国家が管理する仏教知識と地方の土着信仰の狭間にあって、きわめて浸透的な領野をなしている。近年の民間バラモンが儀礼を執行する際に使うテキストが、標準語で印刷刊行されて全国的に出回っているものであることも、そのことを示している。それは、単に識字者の規準のみでは切り取れない、国家と地方世界の狭間における宗教的知識の様態が展開される場なのである。

このような、地域にたいする認識の欠如が、タンバイアの調査村における出家行動と俗人篤信家の役割を過剰に類型化し、その実態と理解を著しく狭めている理由である[11]。仏教教理との連関性に注目する余り、僧侶の存在は、経典知識の担い手として社会化されなければならない若年層に限った類型と化している。村落仏教の様相が、きわめて薄っぺらで等質な印象を与える制度として位置づけられているのはこのためである。

それぞれの範疇体系の相互連関を分析するために、識字者を規準とすることは、戦略として誤りではなかった。だが、儀礼をめぐる知識の形態的差異や歴史的様態を明らかにせず、制度および超自然的力の位置づけを固定化してしまうことは、双方のセットの間に生起する浸透関係を実質的には捨象し、全体的な宗教的現実を歪めてしまう。その結果、村落の「民衆仏教」の現実を把握するのに大きな限界を示すことになる。

以上のことからも明らかなように、村落レベルの民間バラモンを過度に特定化するのには無理がある。タンバイアが行った共時分析は、村落宗教を一つの閉じた体系のなかへねじ込もうとした「構造主義の実験」ともみえる。各要素間、各脈絡の連関は説かれても、その現実の奥行き、生きて築かれている実践の動態は背後へ退いている。また、体系的範疇を明確化するための構造主義的な規準の使用は、宗教的知識をめぐる担い手と観念が生成してゆく社会過程を捨象し、特定の地域で、意味を構築してゆく実践主体を、研究の対象外としているのである。

I－5 展望

解明すべき宗教的現実の、ローカルな場での生成過程を捨象するという難点をもつものの、村落宗教の全体を一つのシステムとしてとらえ、その構造を浮かび上がらせたタンバイアの作品をしのぐ宗教民族誌的研究はまだないというのも事実である。われわれはタンバイアの研究が、次のような検討すべき問題を残している点に、今後の方向を求めるべきであろう。それは、特定地域における村落での宗教的観念の社会的・歴史的形成過程の解明に集約される。

すなわち、六〇年代に人類学者、社会学者が蓄積したそれぞれの地域ごとの実態研究は、何よりもそれぞれの国家、民族が多様な儀礼や信仰の形態を展開させていることを明らかにしていたが［Brohm 1963；Ames 1964；Gombrich 1970a；Spiro 1967, 1970；Mendelson 1961］、その多様性を生み出す一要因として、世界宗教としての仏教と土着信仰との相克が想定されていた。多くの場合、世界宗教は、制度的に微弱な土着信仰を駆逐したり、あるいは土着信仰を取り込むことによって、特異な形態を展開させてきたとみられている。しかしながら、その議論の多くは、聖典をもつ世界宗教と土着の信仰を、歴史的起源と形態を異にする二つの宗教システムとして峻別した上で、両者のシステム間の相互作用の結果としてとらえる傾向が強かった。つまり、制度としての世界宗教も土着信仰も、形態比較の観点からともに自律的なシステムであることが前提とされている。世界宗教の現実態は、特定地域や民族ごとの社会・文化現象として描かれる。このこと自体は誤りではない。

しかし、二つのシステムにともにみられる多様な実践の生成過程を、聖職者のみならず、住民とその生活世界の広がりから積み上げて行くような検討作業は、十分になされてきたとはいえない。聖典をもつ世界宗教を対象とする場合、当該地域での識字者の実践と言説も重要であるが、同時に、逆説的なことであるが、特定地域での実践の生成過程を明らかにするには、その担い手の宗教以外の生活の諸局面に関する情報――換言すれば、当該地域における宗教の「所在」を明らかにする材料――が不可欠である。すなわち、ただ一つのディシプリンへの固持はかえって障碍となる。ある地域の宗教をみるときに、当該の地域がどのように編制されてきたかを、国家形成を描く通史にとどまらず、人びとの生活史からもみておくということである。

植民地や社会主義を経験することがなかったタイ国でも、仏教サンガ、村落社会はともに歴史的な波に洗われている。一つは、西欧植民地勢力が近隣諸国を席巻するにともなって中央集権化が進められた一九世紀末から二〇世紀初頭にかけての時期で、近代的な国民国家へと向かおうとする過程である。この時期、地方行政の中央集権化と連動する形で一九〇二年にサンガ統治法が制定され、全国寺院と僧侶が王権支配下におかれる体制が固まる。以来、地方の仏教、宗教慣習は全国的な「標準化」へむけて再編されてゆく[12]。今日われわれが目にするタイ仏教は、わずか一世紀ほど以前に、国家と直結する制度として礎をもったのである。そして、その実践は、第二次世界大戦後の急速な近代化、貨幣経済の浸透にともなってさらに多彩な様相をみせながら今日にいたっている。

タイ国の上座仏教は、当地の識者やメディアが生活様式（*withi chiwit*）、伝統文化（*prapheni*）として語るほどには、同質的な制度宗教として存続してきたわけではない。農村を含む市井の人びとの宗教は、国家、歴史のなかでどのように再編されてきているのだろうか。さらに、上座仏教文化圏にあって今日確固たる制度宗教の様相をみせているタイ仏教は、個々の地域における村落社会というミクロな世界でどのような実践の哲学をもって「仏教」として編制されてきたのか。そしてそれは今日、いかなる様態をみせているのか。また、個人の人生において宗教世界がどのような現実を創って展開されているのか。そのような問いに答えるには、生活史を軸にした地域の編制史という視点からの検討が、国家とイデオロギー体系とのマクロな枠組みとともに、相補的になされる必要があろう。それは、宗教のイデオロギー効果を解明することによって、市井の人びとの生活世界における「信念」の理解へと、人生の彼らの見方、彼らの社会における彼らの宗教的なものの見方と常識的理解を解明することへといたる。

最後に、二つの仏教、すなわち、教理が示す仏教と、ローカルな実践仏教との相互作用過程についての歴史的な分析が残る。タンバイアも言及していたことであるが、デュモンとポコックが論じた「古典的・経典仏教の伝統」と、農村のようなローカルな場で顕れている宗教的伝統との調和ないし相互浸透過程の問題は、現実の宗教を現実の社会で考察する際の出発点である。同時に、古典的な経典仏教という表象そのものも、それが綴られ、語られ、顕現するコンテキストのなかで検討されなければならない。この点に関して、タンバイア自身が必ずしも明確にしたとはいえない「知識の習得と伝達の伝統的なネットワークの様態」の理解［Tambiah 1970 : 368–373］が、村落社会史、出家行動の地方史的な展開の解明とともに、課題となろう。

社会的なエリートや識字者が生み出す観念が、断片的な形で村落レベルの宗教に輪郭を与えることは、経験的にも認められる事実である。しかし、それが特定の場で、どのように構築されて現実のものとなってゆくのかという過程が明らかにされなければならない。人びとの側で、その観念が把捉された基盤は何であり、それは、いかに対象化されたのかが問われなければならない。

また、タンバイアのその後の研究がそうであるように、特定村落での集約的な宗教研究と、国家の政治的変遷に焦点をあてた仏教の制度化の過程は、それぞれを自律的なものとして切り離し、個別に分析・記述した方が賢明ではあろう。しかし、それでは、村落の宗教的現実に生起するある変化は、外部からの要因によるものとしてのみ考察され、その実態はその結果のバリエーションとしてのみ扱われる。逆に、ある宗教的現実の存続する部分は、生活世界の内部に想定される、永遠不変の持続する「文化の核」に還元されてしまう。これでは問題の所在は明らかにしえても、人びとが構築しつつある仏教の「現在」をとらえることにはならない。

タンバイアの研究以降、東南アジア大陸部の上座仏教文化圏の宗教研究は、再び個別のトポスにおける現実の歴史的理解に直面している。前述したような狙いに着目する研究は、たとえば、山地民と低地民のエコロジカルな差異［Leach 1954；Russell ed. 1989］を認識しつつ、世界宗教と土着宗教を、同一の地平（地域のコンテキスト）からとらえようとする研究にもみてとれる。たとえば、北部タイ・タイ系シャン人の仏教徒社会の宗教実践を対象とする堅実な民族誌の蓄積がそれである［Durrenberger 1981；Durrenberger ed. 1996；Tannenbaum 1990, 1995, 1996；Durrenberger and Tannenbaum 1989］。特定地域で観察される宗教実践を、地域の文脈から理解しようとする試みは、相互に交渉する人びとが民族として生成される過程をも含んだ個別文化の動態的なメカニズムを解明する「地域人類学」的な研究の方向を示唆している［cf. O'Connor 1995］。

第2章　「ラオ」人社会はどこにあるか

本書の主人公であるラオ人は、一九世紀末よりメコン川を隔てて二つの国家に分かれ住むことになった人びとである。彼らは、今日のタイ国とラオス人民民主共和国（以下ラオスと略記）でそれぞれの生活世界を築いている【図1】。一八世紀から二〇世紀にかけてのラーンサーン王国の分裂、植民地化、社会主義国への転成を対岸にみたタイ国側では、ラオ人をタイ国民化する政策により、東北タイの地域アイデンティティとしての「イサーン」が生成した。他方、ラオを国家名称としたラオスでは、後の内戦から社会主義体制への経験を軸に、タイ国側の為政者が与えてきた政治・文化的な従属者ではなく、多民族国家を担う同胞の総称としてラオを喧伝してきた。国家間の関係からみれば、ラオという指標は、相互に自他を差異化する過程をへて、消滅あるいは変成してきたという一面をもつ。同時に、隣人関係が織りなす地域空間では、非タイ系の周辺民族との関係において、ラオは今日も相互を差異化する指標として生きている。それは中央の政府や知識人、メディアが喧伝してきたラオ像とは異なるものである。

筆者は、タイ国に留学して間もない一九八一年一二月に東北タイの一集落を初めて訪れた。同村の初老男性が村内を案内してくれる。心許ない標準タイ語で質問しつづけていると、やがて彼はこちらを凝視しつつ言い放った。「ラオ語を

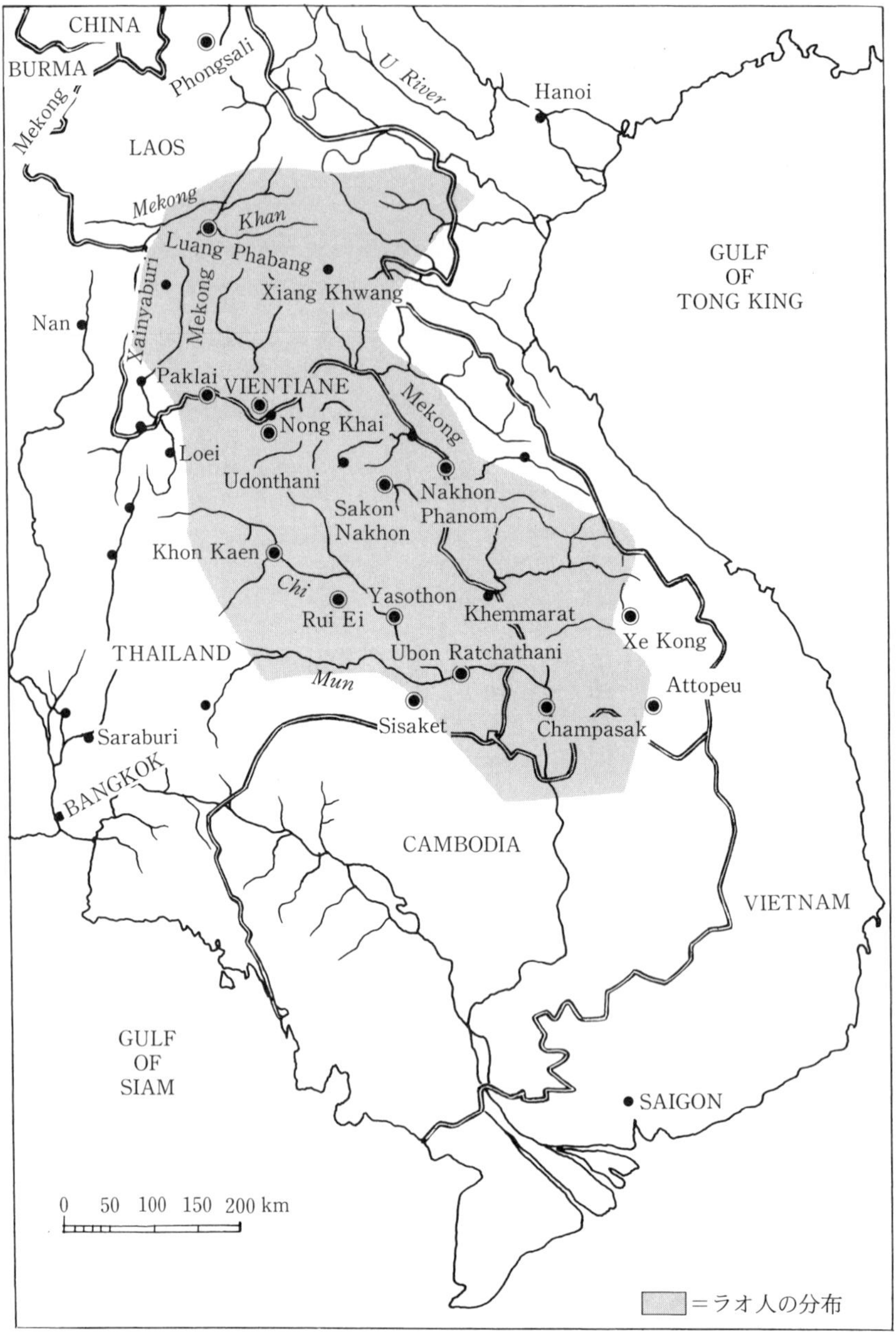
CHINA
BURMA
Phongsali
Mekong
U River
Hanoi
LAOS
Mekong
Khan
Luang Phabang
Xiang Khwang
GULF
OF
TONG KING
Xainyaburi
Mekong
Nan
Paklai
VIENTIANE
Mekong
Nong Khai
Loei
Udonthani
Nakhon
Phanom
Sakon
Nakhon
Khon Kaen
Chi
Yasothon
Rui Ei
Khemmarat
Xe Kong
THAILAND
Ubon Ratchathani
Mun
Attopeu
Sisaket
Champasak
Saraburi
BANGKOK
CAMBODIA
VIETNAM
GULF
OF
SIAM
SAIGON
0 50 100 150 200 km
＝ラオ人の分布

図1　主要調査地（◉）　Lao

使え、ここはラオ人の村だ。『シャム語』(*kham sayam*)はいらん」。その調子は語気荒く、叱りつけられたように響いた。その「ラオ人の村」に住み込んで調査を開始したのが一九八三年のことである。

以後、毎年のように東北タイの集落を訪れた。行く先々で人びとの昔語りに接するうち、その話し言葉と暮らしが馴染み深いものとなってゆく。その間、経験的に東北タイをバンコク中心の中部、北部や南部地方との対比においてとらえ、タイ国内の一地方世界として認識するようになる。他方で、東北タイの主要人口がラオ人であるという了解の図式は、前述の経験が民族学的な分類知識を追認するものだったため、検証対象にもならなかった。調査のためにはラオスへの入国を許されなかった当時、冒険めいた国境越えをしてメコン川両岸で通りすがりに出会う人びとに話を聞いても、国境が分ける同じラオ人という表象は筆者のなかで揺るぐことがなかった。

一九九〇年、ラオス人民民主共和国へ調査目的で正式に入国する機会を得た。同国の情報文化省が、筆者が当時在職していた国立民族学博物館との研究協力関係を結んで実現した調査行だった。ようやくラオの「古里」に飛び込むことができる。そんな感慨と昂揚があって、到着後の歓迎会の宴席で「私はあなたがたラオのキョウダイのところでお世話になってきました」と自分が東北タイの村で使ってきた言葉で挨拶した。会がお開きとなって会場をあとにするとき、ラオス側の参集者の一人が筆者に近づく。言い忘れたことを伝えるような口調であった。

「彼らはイサーン(東北タイ人)です。あなたの言葉のように〈ラオ語ではない東北タイ語〉を話す人びとです。彼らにラオの伝統文化は継承されていません。自国をもたず、タイ国に依存してきた人びとです。同じようにモチ米を食べているが、(東北タイに多い)生食の習慣はラオのものではありません」。

彼は、今日のタイ国側の上座仏教は世俗事の癒着で堕落し、ラオスの仏教こそ、より素朴で純粋な実践を保ってきたとつづけている。社会主義体制下で自国での仏教儀礼の実施を制限してきたことには触れなかった。

同じ宗教(上座仏教)を信奉し、言語学的には近い言葉を母語とする人びとが、二つの異質なラオ人社会をつくっている。一本の国境でたがいが外国人となった「民族」の例は世界に数多いが、一方の当事者から、それが何であるかを教え諭されることは、政府高官の語りとはいえ、強い衝撃をともなった。さらに、それだけではすまなかった。歓迎会の翌日からラオス側のラオ人集落を訪れたが、それぞれの訪問先で、東北タイのラオにたいする強い関心を示す人びとには、ほとんど出会うことがなかったのである。

さて再び東北タイである。一九九一年一二月、ラオスで二度目の調査を終えた直後、ウボンラーチャタニー県のN村に立ち寄った。川越えすればたちまち来れたところだが、ヴィエンチャンからバンコクを経由してたどりついた。N村には二年続けて来訪して馴染みの人もできている。三十路を迎えた村長の娘さんが、近所の友人を自宅の軒先に侍らせて、W郡内の市場にだす野菜の選別をしていた。その輪に入った。ところが、たがいに言葉が聞き取りにくくて会話がはずまない。数日前までいたラオス南部とウボンラーチャタニー周辺のラオ語は、発音・抑揚とも似ている。ラオス側でくせになった語調が、相手には訛って聞こえるのだろうか。冗談半分に「ラオ語を忘れてしまったの」といってみた。一瞬きょとんとした表情をみせた娘さんは、次には大笑いをし集まっている女性に向かっていっていた。それは、一〇年前の筆者の経験をたちどころに呼び起こす言葉だった。

「ラオ語だって⁉ 聞いたかい。ここの言葉はイサーン（東北タイ）語よ、ラオ人なんていないよ」。

長くなってしまったが、上記のような二国に跨る経験と、同じ地域の一〇年という時間差が、本書の端緒の一つをなしている。

われわれはしばしば地図上に民族分布や宗教文化圏を括る。それによって見えてくるものがある。と同時に、覆い隠されてしまうものもある。筆者の思いこみのように、それぞれの範囲を類型化し、たとえばラオ人という言語集団には国境を越えて同じ民族文化的アイデンティティが共有されているかのような想定を自明視し、現実に生起していることを誤認する。また国境だけではなく、タイ国とラオスのラオ人社会のなかでも、内外の関係のなかに複数の境界が生まれており、それらが立体的に交錯しつつ、それぞれの「場」が存在する。つまり、同一国内の同一名称の民族にも、生態環境や隣接する民族、地方政体や国家など外部の関係においてさまざまに異なる生産技術や言語、文化、社会の様式がみられる。民族内部での政治的葛藤や紛争は、当事者ごとに異なった帰属意識をもたせている。民族ないしエスニシティの特色を唯一の指標として異文化研究に使用することの無意味さが指摘されるゆえんである［cf. 前田 1989］。

観察者の身体に刻み込まれたものとは異なる文化を、その「場」においてとらえようとするとき、客観的な指標としてもちだされる「民族」や「宗教」は、およそ確実なものではない。この認識は、現場でたち顕れている「民族」や「宗教」の所在と生成過程の解明へと観察者を誘う。

民族分布図の制作者や筆者がそうするように、同一言語集団とみなされた成員どうしの間でも、当該の人びと自身が、自己（および関連する他者、ないし世界）を特定するためにさまざまなレベルで差異化を試みつつ、類型化している。民族はあたかも遺伝形質的な「人種」のように語られる。しかも、この閉じられた視座設定から生じる指標（他者としての民族）は同時に、集落を取り囲む森林世界や異人にたいするコミュニケーションの様式をなし、「仲間」内で語られ、見知らぬ訪問者の前で実演されることでそれぞれの「場」を生み出す梃子となっている。理論上無数のラベルを生む民族は、「人と空間とシステム」としての地域、さらには階梯的な国家政体の編制過程へと連鎖するような、自他を差異化する方途である。とすれば、民族は何らかの尺度や指標とされるものよりも、それぞれの「場」で指標とされていく過程の力学について検討されねばならない現象となる。観察者の認識作用を含め、人びと（他者）を分類（ないし差異化）する規準は、常にそれを行う者に埋め込まれた何らかの歴史的な在地性を帯びる。そして一般常識となった差異化の作法こそ、個別の文化を代表するものとなる。

筆者にラオ語を話せと迫った男性は、一九九五年に他界した。彼が中部タイの世界と、自身のアイデンティティを区別するためにラオを名乗っていたとすれば、彼が生きた「地域」は、「イサーンはラオでない」とする今日の人びとと同じものだったのであろうか。

2－1 「ラオ」は誰か

ラオとは誰のことか。この問いは、真性の日本人は誰かという問い同様に回答不能の問いである。むしろ、誰がどのようにラオを定義づけてきたのか、と問うべきであろう。以下の記述は、関係論的な視点から、ラオという「民族」が実体化される過程を考察することで、実体化されたラオを解体することを狙いとしている。しかし、史資料や語りに現れるラオを記述するには、それぞれに描かれ、語られているラオを前提としなければならないという、記述上の矛盾に陥ることも事実である。実体視された単一の「民族」像を解体するためには、さしあたり、異なるレベルで多様に実体化されるそれぞれの過程をたどっておくことが必要であろう。混乱を避けるために付言するならば、ラオは、他の民族同様、研究者の分類体系も含めた重層的な実体化の力学の上に成立するということである。さらに、その力学は、現在進行形の生活世界や過去の記憶を秩序づける部分的な様式の一つでもあるということである。

まず、ラオと呼ばれる人びとは、言語集団や民族学的分類のなかに存在している。言語文化的には、ラオはタイ語族であるとともに、独立した民族名称として流通している。今日標準的な言語集団の分類にならうと、タイ語諸族（Tai speaking people）の一つにあたる。李方桂の三分法では、タイ・カダイ系諸語に属するカム・タイ語群チュワン・タイ語群の、南西タイ諸語に分類される言語の話し手である（紅河より南西部のタイ族）［三谷 1984：65–66］。方言、地域的差異からさらに多種多様なラオを区別することができるが、さしあたり本書では東南アジア大陸部でメコン川中流から下流部にかけての地域、すなわち今日のタイ国の東北地方とラオス人民民主共和国（以下ラオスと表記）の主要住民で、ラオと自称あるいは呼ばれてきた人びとの総称として使いたい。

人間は誰でもどこかの国家に属している、という今日の国民国家的見識にならった言い方をすれば、ラオ人の祖先は、一四世紀半ばに仏教王権国家ラーンサーン国を建設し栄えたが、一八世紀初頭に三国、後に四国に分裂し、一七七九年に隣国シャムの朝貢国となった。そして、一九世紀末にフランスがこれら分裂した国々をすべて植民地化する過程で、ラオ人は今日のタイ国とラオスに分かれ住むようになった。タイ国側に移住したラオには二種のグループがあるとする見方がある。ラーンサーン王国ないしその分裂後のラオの王国での内紛や政争から逃れ、東北タイのコラート高原上に拠点を築いていく移住者、および一八世紀以降、タイのラタナコーシン王朝成立後に戦争捕虜として強制移住させられて現在の中部タイや東部タイに住むことになった人びとである［Srisakara 1990：278］。「民族」の概説書は、ラオを山間盆地、低地平野、高原部で水稲耕作を営み、身体や集落の境界と関連する精霊や魂の観念とともに、出家と戒律主義を旨とする上座仏教を信奉する人びととしてしるしている。また、タイ語族全般に共通するが、河川ぞいの交易に長じ、その「場」を創って東南アジア大陸部で先住民族より優位にたった民族としても描かれている［Seidenfaden 1958；Le Bar et al. 1964；Stuart-Fox 1986］。

「ラオ」の現在人口数の推定は、それぞれ所属する国家が同一基準に基づいて「国定民族」を公表していないこともあって、二国に限っても容易ではない。また、後述するように、タイ側では国民国家領域内における地方化と連動する形で脱ラオ化（タイ地方住民化）されてきた経緯をもつ。他方、かつての宗主国フランスが制定した国名の一部（ラオ）を今日も使っているラオスでは、「ラオ国民」化を促進しているので、対外的なアイデンティティとしては特定の民族指標としてのラオを脱色しようとしている。したがって、国家を単位とする差異化の局面のみに注目すれば、ラオは「民族」としては存在しないという議論も可能である（cf. Sisak 1995）。もっとも、こうした見方は「民族」という用語が当該社会でいかに運用されているのか、あるいはされてきたのかという歴史的事実によっても左右される。

今日のタイ国では、一九世紀末以来、国内での「民族籍 *chuachat*」ないし「民族 *chattiphan*」としてのラオを、制度上認知していない。タイ国学士院版国語辞典でのラオの語意は、隣国ラオス人民民主共和国のタイ系住民とするのみである。(1)他方、現在のラオスでラオといえば一義的にはラオス国民一般を意味する。一八九九年、当時のフランス植民地政府は、民族名ラオの複数形のラオスという国名を採用した。社会主義体制以前に公刊された『ラオ語—英語辞典』は、ラオの語義の一つに「民族、国家の名称」をあてる [Kerr 1972 vol. 2 : 1016]。だが、市場開放政策採択後に出版された『現代ラオ国語辞典』は、ラオの語意に「インドシナあるいは東南アジアに位置する高度な文明を有する国家、一つの民族国家(*sat*)」をあて [Thongkam 1992 : 661]、個別の言語集団名としての意味を後退させている。

ラオスには「民族 *sonphao*」という言葉がある。一九九五年センサス(全国人口四五七万四八四八とする。現行政単位はヴィエンチャン特別区一と一七県)では四七の民族名が列挙されているが、隣接する社会主義国のミャンマー、ヴェトナム、中国のように民族数、名称を固定化した「国定民族」ではない。国内では一般に、その居住地の高度に応じた三種のラオの呼称をあてている。すなわち、低地で水稲耕作に従事するタイ・カダイ系諸語の話者(本書でいうラオ)をラオ・ルム(低地ラオ *Lao Lum*)、山腹で焼畑耕作する主としてモン＝クメール系諸語の話者をラオ・トゥン(山腹ラオ *Lao Thoeng*)といい、山頂で換金作物栽培に従事するメオ(モング)＝ヤオ語、シナ・チベット語を話すのがラオ・スーン(山頂ラオ *Lao Sung*)である。五か国と境を接する内陸国で国土の七割が山と高原に覆われたラオスでは、住民の連帯と社会統合を目ざしてこの分類を採用し、一九五〇年以来日常においても事実上の民族指標となってきた。(2)

政府関連部局は「民族」の掌握とその政策に苦慮してきている。一九七五年の解放以後、この三分法に代えて個別民族名を採用すべしとする立場と、それは統合を揺るがす原因とみる一派との不一致もある。一九八三年から八五年にわたる人口調査で得られた民族名(自称)は八二〇を数えた。その後、民族数は内容が示されぬまま六八ないし六五とされている [Stuart-Fox 1986 ; Cordell 1991 : xvi]。(3)そして一九九一年には四三まで整理された [Khambai 1991 : 24–27]。他方、一九八五年センサスに基づくとする社会科学院編『ラオス諸民族巡り』での民族名称の総数は四二である［WTS 1992］。同書の序文は「さまざまな呼称をもつ諸民族は、従来ずっとラオス人（*Khon Lao*）を自称してきた」としつつ、個々の民族文化を保持することとラオスの国民国家統合の問題とは矛盾しない、と繰り返している［WTS 1992：3］。これは、同書の刊行に先だつ一九九一年三月、人民革命党第五回大会が開かれて「民族保護政策」が採択されており、民族文化振興政策と連動する表現だといえよう。いずれにせよ、同書はラオスの言語集団を【表1】にみるように六つ（Lao Thai ラオ＝タイ語族、Mon-Khmer モン＝クメール語族、Mong-Yao モング＝ヤオ語族、Tiber-Phama チベット＝ビルマ語族、Wiet-Muang ウィエト＝ムアン語族、Han ハーン語族）に分類している。

住民が自らを何と称するか、その申告の現場をみた者には、政府当局が公表する民族別人口ほど、統計の虚偽性を実感させるものはない。にもかかわらず、「ラオとされる」人びとの趨勢を、当地での通念を示す概数という意味で整理しておくことは無意味ではないだろう。

一九九五年にラオスで刊行された民族の比率を示す別の資料に『国家地理局ラオス地図集』がある［NGD 1995］。同書は言語集団を四語族（ラオ＝タイ、モン＝クメール、モング＝ヤオ、チベット＝ビルマ）に分けて、民族集団総数を四六とする。ラオ＝タイ語族を六民族からなる集団としている点は上記表と同じであるが（ただし個々の民族名は記載なし）、同書は一九九三年時点の全国人口を四四七万四〇〇〇とするので、ラオ＝タイ語族は三〇〇万以上（六八・二八％）となる。上記表のようにラオが占める割合は探りようがないが、ラオ＝タイ語族の伸張を印象づける記載の仕方である。ところが、同年に刊行されたフランス人による調査報告書は一一九の言語集団を区別し、ラオはタイ・カダイ系諸語の二五集団の一つで推定人口を一六〇万としている（タイ・ルー一二万五〇〇〇、タイ・ダム五万、タイ・ヌア三万五〇〇〇人〜とつづいて記載される）［Chazee 1995：33–56］。ここでは、上記表での数よりもラオは減少する。

ラオ語の話者と限定すれば、東北タイについては、タイ国のマヒドン大学民族言語地図プロジェクト（第一期一九九二

表1　ラオスにおける民族言語集団（WTS 1992）より筆者作成

1　Lao Thai ラオータイ語族		6
Lao	1,804,101	
Phu Thai	441,479	
Lue	102,760	
Yon	33,240	
Nyang	3,447	
Saek	2,459	
2　Mon-Khmer モン＝クメール諸語族		25
Khamu	391,220	
Bit	1,530	
Lamet	14,355	
Sam Tao	2,359	(Tu Mòk)
Sing Mun	2,164	
Phong	10,173	
Thin	13,977	(Lua, lao Mai)
Katang	72,391	
Taoi	24,577	
Pako	12,923	
Lawen	28,057	(Churu)
Katu	14,676	
Ngae	8,917	(Kuriang, Kuliang)
Alak	13,127	
Suwei	49,059	
Ya Hoen	3,960	
Oi	11,194	
La Wae	16,434	
Chleng	4,540	
La Liang	27,665	(Yae＝Ta Liang, La wi, Kaseng)
La wi	―――	
Ka Seng	―――	
Oi	11,194	
La Wae	16,434	
Chleng	4,540	
3　Mong-Yao モン・ヤオ語族		2
Mong	231,168	
Yao	18,091	
4　Tibet-Phama チベット・ビルマ語族		4
Ko	58,500	
Phu Noi	23,618	
Kui (La Khuya)	6,493	
Musoe	9,200	(Musoe Dam, Musoe Khao を含む)
5　Wiet-Muang ウィエト・ムアン語族		4
Tum	8,233	
Mon	2,022	
Ngin	998	
Khari	924	
6　Han ハーン語族		1
Han	6,361	

〜九五年）が公表する調査結果があり、同地域でのラオ語使用者を一一一三万五四九三人としている［Suwilai and Naraset 1996 : 4, chart 2］。これは東北全県人口約二〇〇〇万（一九九二年時点）［Wilai et al. 1994］の約七割にあたる。タイ国内人口（五七七〇万／同年）の二割強を占めるが、首都バンコク人口の三分の一を占めるとされるラオ語使用者を含むと、タイ全土でおよそ一五〇〇万と推定される。

ラオス側のラオ人口を、仮に一八〇万程度とすれば、二国に跨るラオ語使用者の総数は一七〇〇万ほどになる。この数値は、メコン川中流域を主要な拠点とする「ラオ」のおよその趨勢を示す指標としておきたい。そして、ラオ語の話し手がタイ国の主要人口を構成する一集団をなしているのにたいし、ラオス国内では、多数派集団ではあっても、その数は東北タイに住むラオ人口の二割にも達しないことを確認しておこう。しかもその主たる居住空間は、ラオスの国土全体で二割程の低地平野部に限られている。タイ国側のラオには自前の国家はないが、タイの国土面積の約三割を占めるコラート高原に集住する。いずれの状況でもラオは「少数民族」ではない。ただし、西南中国を含む東南アジア大陸部地域での他国の「少数民族」同様、歴史的には辺境とみなされる地域の住人として認知されてきた点は一致している。

2-2 差異化されたラオ——タイの「民族内関係」

ラオは他称である。一九三〇年版タイ国商務通信省の英文報告書は、東北タイのラオについて「自称はタイ、ラオはシャムによる他称」としるしている［MCC 1930 : 97］。ダムロンも、ラオという呼称はバンコク首都住民の誤った見方によるものであるとしるしている［Damrong 1974 : 304–306］。この種の説明は、東南アジア大陸部の民族便覧に「ラオという名称は、疑いもなくタイ北部、東北部に住むタイ語の話者を指すものとしてシャム人が与えた」としてそのまま今日まで踏襲されている［Le Bar et al. 1964：188］。

ラオという言葉はすでに一三世紀末、スコータイ王朝のラームカムヘン王碑文第四面に、スコータイと別のタイとともにしるされている［Prasert and Griswold 1992］。特定の地域と住人の呼称としてのラオは、一六世紀半ばにポルトガル人によって記録・紹介されたことになっている［Yule 1902（1886）：504］。しかし、西欧列強が急速に当地に接近した一九世紀に数多く残された記述は、ラオは当時のタイ（シャム）人のみが彼らにたいして使う呼称として存在するとしている。仏領以前のラオス（ラーンサーン王国）における最古の人口センサスとして、一三七六年にファーグム王（一三五三―七三？）の息子であるウン・ファアンが行ったという「統計」を紹介する文献は、調査方法や領域範囲も不明ながら一八歳から六〇歳までの男子壮丁を対象に「ラオ＝タイ Lao Thai」が三〇万、「非タイ族 Non Thai」を四〇万と区別してしるしている［Halpern 1964：2］。原典の所在も含め未確認であるが、タイを指標としていたのであろうか。植民地ラオスの誕生後しばらくして各地のタイ族を訪問調査したW・ドッドは、中国、トンキン、ビルマ、シャムに住むラオ人が、自らをタイと呼んでいたことをしるしている。タイとは、シャム、ラオを含む包括的呼称とするドッドの見解は、今日の言語学者のそれに同じである。彼はさらに、タイは中部地方のシャムをのぞく基本的に内陸国の住人であり、ラオスのラオのようにシャム以外のタイは海域世界への道をもたなかった人びととみている［Dodd 1923：V, 309］(4)。

タイ国の知識人チット・プーミサックは次のような見解である。タイ系諸族が「カー（下僕 *kha*）」と総称し蔑んだ先住民（モン＝クメール系諸語族）にたいする勝利者としてラーンサーン王国を建てたころ、彼らは自らを「タイ」と呼んでいた。ラオという名称は当時では、集権者、偉大なる権勢者などの社会的地位を示す人称代名詞に近い語として使用されたが、その後、同国を属国として統治し始めたタイ（シャム）側領主は、自他を区別するために、彼らをタイとせず今日残る軽蔑の意味を込めてラオと呼ぶようになった［Chit 1976：384–88］。この議論にしたがえば、現在のタイ国を築くにいたった為政者が、タイという呼称を独占しようとしたわけである。チットはタイという名称を政治的な優位者が手にする「称号」的意味をもつものとしてとらえる。[5] タイでない者はカー（ないし精霊を意味するピー）である。その両者の間にタイより格下げされた通称としてのラオが位置づけられた。さらにチットは、ラオが語り継いできた神話伝承（タオ・フン *Thao Hung*）を引きつつ、ラオ人には古来より高い社会的地位にある人を意味する「ラオ」を誇りとする感情が存在していたので、そのような状況下におかれてもタイに固執せず、タイを棄ててラオを名乗り始めたとする。だが、為政者レベルとは別に、一般の人びとがいつごろからどのようにしてラオを自称し始めたのかについては明らかにしていない［Chit 1976：389–90］。

ビルマ人はタイと自称する隣人を、シャンと呼び慣わして今日にいたっている。一六世紀にポルトガル人が記録したという「ラオ」は、当の人びとが名乗っていた名称というよりも、すでにそう呼んでいた（おそらく）チャオプラヤー川流域のタイ、つまりシャムとも呼ばれる人びとが与えた可能性は大いにある。たとえ同一の言語集団であっても、相互を差異化する集合的な呼称は、自己を対他的に規定する過程で生じ、社会的勢力をもつ者がそれを広める。外部者はそれが通用しているという経験的事実に基づき、社会的勢力をめぐる集団の相互関係の当地での結果を、局地的な共約語として汎用性が高いという意味で、「正確」な名称として記録するからである。

他方、為政者ではないラオスや東北タイのラオ人は、二〇世紀に入ってからも相互にタイを自称していたらしい事実がある。このことは、東北タイ出身の地方史家トゥームが回想的にしるす文章からもみてとれる。トゥームはラオという通称が自己とその仲間にたいして向けられていることを認めながらいう。「タイ族はラオであり、ラオ族はタイである。区別はできない。タイはラオの系譜をひいているし、ラオも自らをタイと呼ぶ。ルーイ県の人びと（同書第一巻では同県の創設者を「ルアンパバーンのタイ人 *chao thai Luang Phrabang*」と比定する［Toem 1970a：333］）は、ウボンラーチャタニーやローイエット、マハーサラカム、コーンケンから人びとがやってくるのをみると、タイ・タイ（該当個所の「注記」では「南側からのタイではなく、低地のタイ人」としている［cf. 本書第三章］）と呼ぶ。逆に、ルーイ、ロムサック、ペッチャブーンの人びとがローイエットやコーンケン方面に行くとなると、当地の人びとは彼らを「タイ・ルーイ」「タイ・ロム（サック）」と呼ぶ。また、東北地方でも「ヴィエンチャンからの〈ラオ人〉がきたら『タイ・ヴィエンがやってきたよ』といっていた」［Toem 1970b：454］。

さらに使用言語についても、ラオ人自らが「タイ語」と呼んでいたらしいことをも含めると［cf. Briggs 1949］、一般住民の間でラオという名乗りの作法が広く定着するのは、フランス植民地国家ラオスの成立、つまり制度的に「ラオ国籍」が成立してさらに後のことになると思われる。民族呼称は、それが使われる文脈に依存して顕れる。それを他の言語集団が指標として使い始めて制度となる。トゥームがしるすような呼称の背景には、国家以前のそれぞれの地域拠点の間で合意、通用する在地的な民族内関係がみえてくる。と同時に、こうした関係のなかにすでに国籍を背景としたタイ呼称の浸透をみるべきだという推測もできる。政体を異にする国家間関係を前提とした民族呼称のあり方は、記述者の社会経験の一部をもつくる。

トゥームとは異なる角度で、東北タイ生まれの別の知識人は次のようにしるしている。

東北タイ人は「ずっと以前から」自らをタイ人とみなしてきた。ラオス側のラオとの相違といえば、フランスに植民地化されていないこと、中部タイの文化を受容してきたことである。……双方のラオには往来がある。現在のラオスの政府高官で東北タイ出身者は少なくない。だが、東北人《イサーン》とラオ人がいかに近い関係にあり文化的にも似通っているとはいえ、東北人がいったん（現在の）ラオスの方へ渡れば、自らをタイであるという。ラオス側でも東北人を（ラオではなく）タイ人であるとみなすことになる。親戚どうしでも同様である。政治的に両者は区別させられているのである。……かつて東北人は、中部タイ人にさしたる親近感や理解を示さなかった。中部タイ人と接触するときに東北人は自らをラオと呼んだ。首都圏のタイ人も、同じタイ人でありながら区別して東北人のことをラオと呼んでいた［Ko 1990：165-167］。

もともとメコン川流域に暮らしを営んできた同じ「タイ」人は、今日、相互に国籍を違える外国人どうしである。ラオとタイ（その旧名シャム）も、権力をもって相互に差異化しようとする為政者の自他関係において生じた。そこでは、政治的競合による同一言語集団内での勢力関係があった。その意味では、国家的なる制度こそが生活者を集合的に差異化する単位である。しかしながら、国家は生活者の現実を構成する強力な幻想の一つではあっても、特定の地域や民族から個人レベルにいたる多様な現実のすべてをからめ取る万能原理ではない。問題は、付与されたその名称を受容もしくは拒否する人びとが、いつごろからいかなる経緯でどのようにその名称や他の名称のなかに自己をはめこみ、利用し、あるいは捨てているのかという点にある。国境が分断してゆく個々の国家編制過程において、いにしえのタイ、かつてのラオは現在もそれぞれのアイデンティティを累積的に構築ないし呈示する過程のただなかにおかれている。それは決して単線的軌道を描くものではない。

2-3 ラオと東北タイ

タイ国の主要なラオ人居住区である東北地方の特異な地域アイデンティティの生成過程については、多くの先行研究がある［Keyes 1966a, 1966b, 1967；Breazeale 1975；Cohen 1991；Brown 1994］。ラオが国家間関係においてタイから差異化され、現実のものとして生まれて行く過程はどのようなものだったのであろうか。まず為政者側のまなざしをもとに検討しよう。

今日のタイ国とラオス領内に仏教王権が成立してしばらくの間、ラオの王国は、当時の中国人や西欧人からシャムと呼ばれていたタイ側の王国とは対等な関係にあった。両者は、一六世紀半ばに友好関係の頂点を示している。時のアユタヤ王チャクラパット（一五四八―六九）とラオ側のラーンサーン王セーターティラート（一五五〇―七一）は、今日のルーイ県ダンサーイ郡にタート・シーソンハックと呼ばれる仏塔を造成した。両国友愛の塔という意味だが、その背景には当時勢力を増してきたビルマにたいして共闘を誓いあう意味が含まれていた。

この王国間の対等・友好関係が崩れるのは、一六一〇年のラーンサーン王国によるアユタヤへの攻撃を嚆矢とするといわれる。(6) しかし、一六世紀に最盛期を迎えたラーンサーン王国は、重なる内紛によって三国に分裂してしまう。一七〇七年にヴィエンチャン王国とルアンパバーン王国、ついで一七一三年にヴィエンチャンからチャンパーサック王国が生まれたためである。この割拠時代以降、一八世紀後半にはヴィエンチャン王の支配から脱して中部タイ（シャム）勢力と結ぶ官吏や開拓民が東北地方へ移住し始めている。その後、対ビルマを打ちだしつつも、トンブリー遷都にあたってラオスとカンボジアの水陸両面侵攻を実行したタークシン（一七六七―八二）のラオ諸国への攻撃は、メコン川を挟む両岸の勢力関係を大きく変えてしまう。

南ラオスのチャンパーサック建国もその流れにあるのだが、タークシンの攻撃は、ラオ側からメコン右岸への人びとの移動を強く促すものとなった。タイ語資料によると、ヴィエンチャン国では後のアヌ・ウォン王（一八〇四―二八）の父シーブンサーン（一七六〇―七八）の時代に国王と宰相との対立があり、一七六七年に宰相兄弟のプラウォーとプラターー派数万人がノーンブアランプーに移住する（この前後の経緯は［Bamphen n. d.：2-15］が詳しい）。移住者はヴィエンチャンからの追撃を避けるため、ビルマに支援を依頼するが、ビルマはヴィエンチャンと手を組んでプラターを討つ。残された一門はチー川を南下、現ヤソートーン県のシンターに一時滞在してメコン川対岸のチャンパーサックに庇護を乞う（一七七〇年ごろ）。一七七三年にはさらにムーン川下流に後退、ドーンモットデーンに居住域をつくる。これが今日のウボンラーチャタニー県の前身である。彼らは一七七四年コラートのシャム官僚を通じて庇護を求めた。シーブンサーンの一派はさらに追ってプラウォーも処刑する。残党はコラートを介してタークシンの庇護を求めたが、タークシンは後のラーマ一世（一七八二―一八〇九）にこれを任せ、一七七八年にチャンパーサックとヴィエンチャンを征伐する。ウボンラーチャタニーのラオ王族を「支援する」形で対岸の諸国を攻略したというわけである［Toem 1970a ; KSLP 1989 : 30-31］。

すなわち、ラオには国家への帰属をめぐり、早くから自らシャムへの帰属を進んで求めた者と、そうでないグループが存在することになる。タークシンの「ラオ征伐」の名目がどこまで史実であるかは判断しかねるが、いずれにせよ、その結果シャム側は一七七八年にヴィエンチャンとルアンパバーンからそれぞれ守護仏を持ち帰り、その内の一体パケーオ（エメラルド仏）を納めるワット・プラケーオ（現在のタイ国観光名所エメラルド寺院）を建立、(7)翌一七七九年にはラオの各王国を朝貢国とした。ラオ諸国の住人は王も庶民もシャム側の隷属者となる。

一七八二年に始まるラーマ一世時代以降、ヴィエンチャン王国の王子らはバンコク王宮内の人質として育ちシャム人としての教養を学んでいる。バンコク文化の移植もラオ自身の手でなされ、軍事力のみならず文化面においてもシャムの優位性が圧倒した。今日にいたるような中部タイがまなざす「従属者」ラオはこの時期に確立されている。地方では、前述のウボンラーチャタニーがシャムに協力的で一七九二年にムアンに昇格した。東北タイの現在にいたるラオの布置は、この時期に端緒をもっている。ウボンラーチャタニーはその拠点となった。ただし、彼らはあくまでもバンコク勢力圏に内属する「異人」であった。一八〇五年に編纂されたというタイ側の『三印法典』には、ラオはビルマ、モーン、クメール、ケークらと並んで、タイ（族）とは明瞭に区別される異民族、異国人として記載されている［Ishii et al. 1990 vol. 4 : 2810-2811］。

このまなざしは、従属者側の頂点にたつ者にもむけられていた。一八二四年から入墨制度を王国内、属国領に採用し壮丁徴収を本格化させたラーマ三世（一八二四―五一）にたいして、アヌ・ウォン王の乱（一八二六―二八）が起こる。アヌ・ウォン王はバンコクで育ち、青年時代シャムの軍司令の一人としてビルマのシャン州の戦闘でも活躍し模範的な隷属王であった。入墨された者はシャム公民となってラオではなくなる。しかしながら、このシャム拡大主義への抵抗は失敗する。(8)アヌ・ウォン王は晒し者同然の溺死刑をうけた。この事件は、現在もアヌ・ウォンを英雄視するラオス側のラオ人知識人の間で歴史的「屈辱」として語り継がれるように、タイとラオの国家間関係において、メコン川左岸の住民における「ラオ」意識を強化するきっかけとなった。

事実、タイ仏教を刷新したラーマ四世(モンクット)王は、一八六五年に首都バンコクから「ラオの笙」(原文*lao khaen*。実際には笙の伴奏で口説き歌や民話・伝承を謡い演じるラオの伝統民謡モーラム *mo lam* を指す[Bunruang 1962: 410-420])を演じるべからずとの布告をだしている。その内容は、ラオの芸能がタイに根づくことは望ましいことではない、ラオはタイの隷属者ではあっても、タイはラオに隷属したことはない、[当時首都で大流行した]ラオのケーン(笙)を吹くこと[モーラム]を一、二年停止せよ、そうすれば旱魃も去る、というものである[Phrabat Somdet Phrachomklaochaoyuhua 1923: 268-270]。拒否されたのは芸能ばかりではない。ラオスから掠奪した守護仏像の一体パバーン仏も、同様にタイ国内では旱魃の元凶となる、と忌み嫌われてラオス側に返還している。

ラタナコーシン王朝初期(ラーマ一世〜四世)の為政者や歴史家は、東北地方のチー、ムーン川流域やメコン川ぞいの人びとを、チャオプラヤー川流域の住人「タイ」と明瞭に区別して「ラオ」と記載している[Thawisin 1988]。ラーマ五世(一八六八—一九一〇)時代に入る以前に、タイとラオの呼称を、相互に差異化する民族指標としてとらえる制度的布置は、すでに「われら—彼ら」図式として為政者レベルで醸成されていた経緯を認めることができる。さらに、「タイ」人による「ラオ」人蔑視の背後で、ラオス領内でのラオ人意識の昂揚と、それにともなうタイ東北地方への移住者への葛藤も顕在化する。筆者はラーンサーン王国解体の時期からラーマ四世の時期までに、今日複雑にもつれる「ラオ」のあり方をみている。本章冒頭で紹介した官僚の対外的な語りには、歴史的な国家間関係から生まれてきたラオ・アイデンティティの両義的意味を十分に解しつつ、慎重にふるい分けようとするラオス側エリートのまなざしが示されている。

2-4 イサーンの生成

植民地勢力との関係のなかで、一九世紀末から地方行政改革を進めたラーマ五世は、東北地方に住むラオ人の世界を自国領内の国民と土地として宣言せざるをえない状況に追い込まれる。一八九二年以降の地方行政改革は、制度的に東北に住むラオをタイにする契機となる。中央政府が、東北地方に以前からあったラオを冠する地名を変更したり、民族名としてのラオの使用を法的に禁じたのは、植民地ラオスが成立する一八九九年のことである。当時の改革を実質的に推進した内務大臣ダムロンは、ラオ人は存在せず［彼らは］同根のタイ人であると説いた［Damrong 1974：304–306］。首都中央の人びとが抱く「異民族、異国人ラオ」は表向きには棚上げされ、国民としての同一性が喧伝された。ラーマ六世（一九一〇―二五）以降、バンコクを中心に国家アイデンティティや「タイ伝統文化」が再編・創造される過程で、東北タイを拠点とするラオはその影の部分を背負うことになる。チャクリー改革以前からの「辺境の地」コラート高原にそうした舞台設定は容易であった。ラオ人はラオ語を話しモチ米を主食とする。ラオ人は納税者としてはタイとされつつも、王宮とその周辺の知識人や官僚が構築するタイ国民文化とは逆像をなす周縁の田舎人となってゆく。

その後、東北地方と中央政府との地理的政治的距離は、逆説的にも劇的に縮小される。一九二〇年代から三〇年代初頭にかけてバンコクからの鉄道路線が開通し、中央から役人が常時派遣され、種々の法的措置が実効力をもち始める。東北地方の社会史は、一九世紀末以来、バンコク中央政府が同地方を国内の一地方へと編制してゆく過程をそのまま意味するものとなった。とりわけ、農村部は中央当局主導の法制、教育や宗教、そして経済政策を直接的に反映してゆく。一九二〇年代にようやく集落レベルに開設され始めた初等学校で、派遣されてきた教師が教えた唄を、今も覚えている古老は多い。その内容は「東北の地はタイのもの、われらイサーン、タイ国民として一致団結」というものである。さらに、第二次世界大戦中のピブーン元帥が同地方にむけて発令した布告においても、ラオを自称してはならないことのほかに、他の唄の歌詞からもラオという言葉を削除することが強制されている［Ko 1990 : 167–69］。中央当局は、為政者としてラオの異民族性に留意するがために、中央との関係においては国内の一地方化を繰り返し進め、当地での民族アイデンティティとしてのラオを脱色させようとしてきたといえる。

だが、一九五八年に在タイ国外国人が著した『タイの人びと』でも、イサーンは東北地方以外の意味ではしるされていない［Seidenfaden 1958］。先行研究が特記するような特殊な地域アイデンティティとしてのイサーンが、同地域の住民に根づき始めるのは、中央政府の政策を直接的に反映しつつ、東北地方農村全体が世界の市場経済機構に投げ込まれた六〇年代以降のことである［cf. Keyes 1967 : 12, 39］。第二次世界大戦中にも東北タイは軍馬や木綿の供給地であったが、大規模な換金作物栽培という点では、六〇年代に栽培が本格化するケナフ（麻の一種）、七〇年代のキャッサバ（マニオック芋。粉砕して魚餌とする。EC諸国に輸出）がその契機を作った。また、一九六二年にサリット政権が地方開発計画（*khrongkan phatthana chonnabot*）の拠点としてコーンケン県を指定したことで、東北地方は「破壊者」（共産主義者）と米国の反共政策に歩調を合わせるバンコク政府とが対峙する緊張の場と化した。こうした経緯は、イサーンをより広い経済・政治の文脈に位置づけるとともに、居住空間とそこの住民を、国内中央からのまなざしのなかで客体化させることになった。さらに、ラオスを含む近隣諸国が相次いで社会主義国化するにおよんで、ラオス側の住民が「肝を喰う」共産主義者として広くメディアを通じて喧伝されたこともあり、国家間関係において、東北タイのラオとの分離は急速に進んだ。そして、八〇年代初頭に東北タイに潜伏していた最後の共産主義者の投降をもって、同地方はタイの開発優先地域として中央といっそう直結してゆく。主食のモチ米を多く植えていた人びとは、今日では田圃の七割から八割までウルチ米を植えることを辞さない。一義的にはそれは「市場米 *khao khai*」である。それを売って、価格の安いモチ米を買う方が効率がよいのである。

　他方、ラオス側のラオ人は激動の時代を身をもって経験した。フランスによる植民地化、そこから脱却するための内戦の時代、一九七五年以来の社会主義化を経て、一九八六年以降今日まで実施されている対外経済開放政策への道である。とりわけ、一九四五年以降の「三〇年戦争」と呼ばれる時期を経た社会主義への道のりは、タイ国側のラオ人からは見えにくいものであった。米軍による凄惨な秘密爆撃の傷跡は、現在もラオスのいたるところでみられる。その爆弾は、東北タイのラオ人が住むウボンラーチャタニーやウドンタニ県の米軍駐留基地から飛びたった爆撃機がもたらしたものである。ラオス側で得た個人史は、ラオもその他の民族も、こぞって米軍爆撃機に攻撃目標とさせる囮村をつくり、日が暮れてから耕作し、森のなかで結婚式を挙げたという、破壊的な暴力から逃れての暮らしぶりを再現する。外部からの脅威は、ラオも非ラオもない、生存をかけた協力行動を国内住民に促してきた。そのような経験は、教条的な社会主義ではなく、相互扶助を縦糸とした、多民族横並びの同胞主義的なラオス式社会主義を実践させている。

　冒頭の「イサーンはラオではない」という表明には、一方で国家を異にするという尺度を共有しつつも、相互に異なるメッセージを運んでいる。

　モン＝クメール系諸民族や山住みの民とともに国造りをしているラオスのラオ人は、彼ら周辺民族にたいしてきわめて明確な政治的・文化的求心力を創りだしている［林 1994, 1996a ; Hayashi 1995］。仏教をはじめとする大伝統を担い、政治的へゲモニーを掌握するラオ人エリートにすれば、イサーンとはかつての民族の誇りや魂を売り渡した「非民族」としてのラオという含意がある。ただし、ラオスのラオ農民にこうした見方は少ない。爆弾を降らせた内戦から社会主義体制へ移行する三〇年間の経験は、国境を越えたキョウダイにたいする同胞意識や関心を培う基盤を忘却させている。

　それとは対照的に、一九八四年に起こった国境（サイニャブリー・ウタラディット間）三村のラオス領侵犯問題は、両国間の領土保全・治安問題のみならず、タイ国側の一知識人のラオへの変わらぬまなざしを鮮烈に引き出すことになった。

タイ国の元首相で文筆家のククリット・プラモートは、一九八八年二月二三日付のタイ字紙・サイアムラット紙上で、ラオス側の言い分を一蹴し、ラオ人は自ら主人になったことがない、劣等感にさいなまれつづける隷属民である、二〇〇年たった今、再びヴィエンチャンを焼き払うべしと発言している［Siam Rath 23 Feb. 1988〈cited in Wijeyewardene 1990 : 61〉］。こうした見方は、タイ国の伝統主義者にみえるククリットが、その近代思想の面において英国での教育をとおして植民地主義的教養を備えた人間であることをこそ示すが、その基底にはケーン（笙）を吹くなと百十数年前に布告をだしたラーマ四世王と寸分違わぬ見解がみえる。為政者、知識人のまなざしのもとでは、小国のラオ人は永遠の依存者とされつづけている。そして、それはそのままタイ国内のラオの地、イサーンへのまなざしをも構成する通奏低音をなしてきた。

民族（*son phao*）という個々の差異を、全民族（*banda phao*）たる「民」（*pasason*）に解消することで、もともと実現困難な同胞化を企てようとしているラオスでこそ、民族の取り扱いは政治的に意識化されている。(9) ラオス当局は「主要民族」を言外の前提としてしまう「少数民族」「山地民」という用語ないし表現も使用していない。正反対に、タイ国ではそれらは公然のものとなっている。東北タイのみならず、南部のムスリム社会、北部の「山地民」（チャオカオ *chao khao*）であれ、民族やマイノリティの問題を、特定の地方や地域問題として扱う傾向がある。逆にいえば、その地域性のイメージを喧伝しつつ、中央当局からのまなざしの力学を包み隠すようにして、援助、啓蒙的な装いをもつ開発政策による「国民統合」を推進してきたといえるだろう。

その文脈で、イサーンは、政府当局あるいは東北住民でないタイ国人によってステレオタイプ化した、旱魃と洪水が繰り返す劣悪な居住環境、貧困、ラオという地域として表象化されている。中部タイ人を主とする人びとが、乾燥地のコラート高原とそこに住む人びとにたいして与えてきた言辞を順に並べてみよう。一九世紀から二〇世紀にかけては異民族の巣窟、愚者の居住区、第二次世界大戦以降は出稼者の温床、人心をかどわかす破壊的共産主義者の隠れ里、近年では啓蒙・開発されるべき地域、云々。こうしたネガティブな見方は、「正史」「正論」を編纂する為政者・知識人を通じて増産されてきた。自然環境や市場経済に翻弄されるばかりではなく、当事者性をまったく欠く外部者のまなざしによってイサーンは翻弄され、そのイメージは増殖する［cf. Luangwichit 1962］。

外国人による調査研究もその埒外にはない。六〇年代には、首都の人力サムロー（三輪車）引きのほとんどが東北出身のラオ農民であることを検証した研究［Textor 1967］も、そうした国内での言説を補強するために援用される。八〇年代に入ってようやく実質的なものとなり始めた開発の時代には、ひび割れた天水依存の田圃を前になす術もないという風情で佇む東北農民の写真が、官民やメディアが好んで使うイコンとなった。中部からも北部からも憐憫と蔑みの視線を浴びる場所である。描き手は結果的にバンコクを中心とする国家の政治的、文化的統合のためにイサーンの周縁性を強調してきた。第二次世界大戦後、先史遺跡の存在する地域として栄えある一頁を加えたが、マスコミを通じて非東北人および多くの外国人が与える東北地方の周縁的イメージは、およそ払拭される気配はない。すなわち、公的な制度領域からラオという名は消されようとするが、蔑称としてのラオの痕跡はイサーンに継承されている。

確かに、コラート高原上に展開される東北地方の自然環境は、稲作国家のタイ国にあって「米どころ」ではない。同じ季節に国道ぞいの右の田圃で稲刈りが行われ、左の田圃で田植えをするチャオプラヤー川流域の中部タイとは異なって、多くが天水依存の水田を擁する東北部は、洪水と旱魃が繰り返し起こり、稲作がもっとも不安定である［福井1988］。そのせいもあって、個人あたりの平均収入は全国の半分以下である［Sayamrat 1982］。季節間労働者の国内移動率が高く、政策単位になるべき地域社会としての安定性を欠いている［Fuller et al. 1983, Lighthoot et al. 1984］。中部との結びつきを強化する目的で進められた六〇年代からの開発政策をうけて、一九八〇年から実施された「地域内雇用促進計画」（*khrongkan sangngan nai chonnabot* 略称コー・ソー・チョー）は、東北地方それ自体の自立の方途を実現するための計画であった［Bunsi lae Montri 1982 : 38］。

イサーンという語は、現在、国内政策、対外的な表象としてラオにとって代わった「地方」の呼称である。開発計画の実験場となることにより、海外と連動する市場経済の波を直接的に被り、急激な社会変化によってその基盤を大変貌させてきた地域である。市場経済の波は、地方経済格差という尺度も現実のものとしてきた。こうした政治・経済過程をへて、若い世代を中心にイサーンという地方アイデンティティが受容されてきているように思われる。「イサーンにラオはいない」という言い方は、一国内で首都中央と連続する「地方」性を強調するものである。彼らにとってラオとは、たとえ似たような言語の話者であったとしても、社会経済的に閉ざされた体制をもち、自分たちの生活水準よりも下位にある国と住民の名称である。今日標準タイ語で教育をうける東北地方出身の人びとには、ラオと呼ばれることをあからさまに拒否する態度さえみられるが、それは「社会主義国化した異国」以前のラオの記憶を共有しない世代の間では、タイ国の一地方とその住民としてのイサーンという異なる自己定位法が支配的になりつつあることを示している。

しかし、右のような観察が可能であるにもかかわらず、一〇〇年近く取られつづけてきた政策の前に、ラオという名称も意識も、東北タイから消え失せてしまいつつあるわけでは必ずしもない。一つには、年代的なズレ、個人差をもちながらも持続している。自己の文化的なアイデンティティを、今日なおラオに求める者は、八〇年代初頭に筆者を叱責した村人ばかりではない。年輩者には、かつて分断されたラオはいずれ再び統合されなければならないと主張する在地の知識人も、今日なお少なからず存在する。(10)

さらにそれ以上に、国家や政策のレベルとはまったく異なる次元で、今日もわれわれはラオと出くわす。東北タイのラオ人社会が成立する生活空間そのものに身を移すと明らかになることだが、集落と外部社会との地域ネットワークをともにつくってきた隣人、民族間関係のなかでは、ラオというアイデンティフィケーションが、その担い手自身の自己認識とは別に表明される。次節にみるように、ラオは東北地方最大の言語集団であるが、同一のラオ人が均質かつ閉じた地域世界を作り上げているわけではない。東南アジア大陸部の他の地域と同様、タイ語系の言語を母語としない非タイ人が居住する。すなわち、モン＝クメール系諸語族であるスウェイ（自称はクイないしオイ）、チャオ・ボン（ニャークル）、クメール、さらにプータイ、ソー、カルーン、ニョーといった人びとである。これらの人びとのなかにあって、ラオ語の話し手は、同地域におけるもともとの住人というより新参の集団である。さまざまな言語集団がコミュニケートするとき、そこではラオ語が「地域共約言語 linga franca」として使用される。このような状況は、国家や中央との直接的な関わりとは異なる脈絡のなかで築かれてきたものであり、為政者が歴史的に表象してきた「ラオ」とも異なる位相をみせている。

ひとまず整理しておこう。辞書的な意味でのイサーンは、タイのコラート高原上の東北地方を意味する。ラオ語を母語としない少数者たちも、東北地方に住む人間として自らをイサーンと名乗ることがある。したがって、今日使用されるイサーンは、①地理的意味、②「東北地方の住人」、③同地方に住む言語集団としてのラオ、という三つの意味を含む。現在も、東北タイのクメール人はラオ語の話し手をラオと呼び、いわれる方もラオを自称する。すなわち、東北タイのラオは、他地方のタイ国人や外人にたいしてはイサーンもしくはタイを名乗り、東北地方の非ラオ系の隣人には、タイでもイサーンでもないラオを名乗る。東北タイとラオスのラオ人がたがいに向かいあうとき、両者は社交辞令としてキョウダイだと肩をたたきあって同胞意識を表明する。ただしこの場合、分かれ住んでいる現在のラオ人のことを指しておらず、過去の記憶のメタファーとしてのラオがもちだされている。社交辞令が通じない問題状況にあるとき、あなたはタイだから、とラオスのラオ人は東北タイ人にたいして自他を明瞭に差異化する。さらに、イサーンであると名乗る彼ら自身もまた、為政者がイサーンに向ける同種の視線を投げかける相手を隣人のなかにもってきた。東北地方のスウェイ人、ケーオ（ヴェトナム）人がその蔑みの対象である。彼ら非ラオ人との関係においては、中央当局を向いてイサーンを自称する者がラオとなる。したがって、イサーンという地方アイデンティティの受容は、当事者にとって、対他関係に応じて使い分けできるという意味で、政策の目論見とは裏腹に、外部から与えられる民族や地方の定義を相対化するような一面を与えている。

2-5 東北タイにおける「民族」間関係

一　移動するラオ

一五五七年にクメールのアン・チャン一世が二万の軍勢で東北タイを占拠したという史実にしたがえば、一六世紀半ばまで、東北タイのコラート高原はアンコール勢力下におかれている。しかし、ラオ人がこの地方にもともとどれほど住んでいたかは定かではない。アンコール壊滅後、政治的に無人化したといわれるこの地域にラオ人の王侯貴族とその配下の人びとがやってきたという伝承があったとしても、一九世紀のアヌ・ウォン王の反乱後約半世紀間で急増した人口の比ではなかったであろう。タイ国側の資料では、一八世紀末のコラート高原上の地方国（ムアン）は一五であるが、一九世紀末には一〇〇以上になっている［Amorawong 1963］。これはヴィエンチャン王国の人口削減政策として、戦後処理のためにとられたメコン川右岸への強制移住が引金となったといわれている。実際に一八八五年に禁止されるまで実施されていた入植誘致政策によっても、移住はラーンサーン王国が解体、敗北する前後に始まり、バンコク政府（シャム）側への従属が決定的になってから急増した。タイ国領コラート高原へのラオ人の入植は「誘致によって、あるいは気の向くままに」「住民に居住地をあちこちに作らせ、生活のための田畑をどんどん増やさせる」［Damrong 1935：199-200］ラオ人自身の地方国建設・拡大の形態をもっていた。(11)

すなわち、ラオ人にとってタイ東北部を構成するコラート高原は、国家レベルの政治空間であるとともに、生活世界としては自生的な開拓空間としての意味を歴史的に併せもつことにもなった。豊富な未耕地を前に、相対的に自由な開拓空間の拡大として人びとの生活世界が生まれた。タイ国側史料は、乱立ともみえる地方国の増殖過程と頻繁な移動をしるしている。(12)

だが、一八六〇年から六一年にかけてタイ東北部コラート、チャイヤプーム、ラオス側のルアンパバーンを踏査したアンリ・ムーオの記録では、村落は二〇戸ないし五〇戸の規模で、地方国でさえ人口は四〇〇ないし六〇〇である［Mouhout 1864 vol. 2 : 133］。当時の地方国コーンケンは、一八世紀末に建設されているが、現在の場所になるのは、初代の地方国首長任命から一〇〇年以上たった一九〇八年のことである。同じ場所にもどったりしつつ、一七八八年から一九〇八年の一二〇年間の間に九回もの移動を繰り返している。(13)

このようなことからも、当時の東北タイの地方国は、拡大する開拓前線の中継点的な性格をもっていた。事実、一八七二年に東北部の地方国では住民がどこに移動しようとも、どの地方国に所属しようとも、首都中央に通達さえすれば、自由に移住してよいとする布告がだされている［Kathiyawongsa 1929 : 26 ; Amorawong 1963 : 44］。地方国の新設と拡大・分離は、労役人口を確保し税の増収を図るとともに、国家の中央集権化を効率よく行う「地方権力拡散化」という結果をもたらした［Tej 1977 : 28］。しかし、地方国の動静の実質的掌握がタイ国側で急務であったこと、中央との交通路が整備されていなかった同地方が、全国でも統治上きわめて疎遠な地方の一つであった［田辺 1972 : 51–54］ことを考え合わせると、先の布告は、当時のコラート高原上の開拓事情を追認するものでもあったと思われる。その後、移動・乱立する地方国の首長どうしが住民を奪いあう状況とともに、新たに開拓された村落でも、どこの地方国に所属するかが政治問題化してゆき、地方首長による自由な地方国設置・認可の要請は、住民および領域をめぐって争う地方首長たちの間の方便となった。

ラーマ五世の内政改革まで、東北地方はラオ人の居住域として認識され、ナコンラーチャシーマーを経由して税を徴収するローカル・チャンネルをのぞいて、中央政府から名目上の支配しかうけていなかった。つまり、一種の政治的自律空間をなしていたのであり、内実はそのまま貢納―属領政策をとられていたメコン東岸のラオ人社会と連続していたとみることができる。

ラーマ五世の治世を迎えて、タイ国側の政策は大きく変化する。一八八五年に自由な地方国設置方法を法的に廃止、ついで地方行政改革による国家統治機関の中央集権化が一八九三年から始まり、制度上は地方国の行政、財政、司法は州県体制（*monthon thesaphiban*）で直接支配されることになった。さらにフランスのラオス侵略は、東北地方にたいする緊急の内政改革とタイ国化を迫り、ラオスが仏領インドシナに編入された一八九九年、コラート高原上のラオ人の居住区からはラオの名が抹消され、国勢調査でのラオ国籍の使用が禁じられた［Phaithun 1972：111–17］。

為政者側の史料は、タイ国バンコク政府によるコラート高原への法的介入とラオ人のタイ化という政治的規制を物語っている。しかし、中央政府が軍事的・行政的な統治支配を、末端の村落レベルにまで実質的かつ円滑におよぼせるようになるのは、地方行政改革の開始と同時に開通する鉄道路線網が整う一九三〇年代以降である。(14) 地方国の建設・移動の歴史過程と相俟って、その下位のレベルでは数多くの集落が開かれた。しかも、政策的には新たな地方国の設置が政治的に終息しても、派生村を親村としてさらなる派生村、分村形成が開拓移住によってネズミ算式に増加している。それは、洪水や塩害を避け、村内の人口増加にともなう飯米確保の必要に迫られての、あるいは生活をより向上させるための行動である。つまり為政者とは直接無関係の、開拓者精神にたとえられるような動機に支えられた、農民自身のより自発的な移住形態である。無人未耕地の開拓・占有という方法がとれなくなってからも、それは同郷集団や親族のネットワークを介しての移動と係留のパターンをもって、実質的にはごく近年まで持続してきたのである。(15)

二　東北タイの先住民

前述のごとく、ラオ人の東北タイのコラート高原への移住がラーンサーン王国の分裂解体とともにもっとも盛んになるのは一八世紀初頭である。移住は後には二〇世紀にまでいたるタイ国の地方行政の中央集権化と並行して促進された。その経緯もあって、一七世紀以前にはコラート高原上には住人がなかったかのような印象を与える。しかし、最近タイ国の知識人が進めている古文書研究は、ラオ人の東北タイへの移住の前後の歴史状況について新たな光をあてつつある。それらによると、ラオ人の移住が盛んになる前に、同地に住んでいた住民は、ラオ人やタイ人がカー（*kha*）と総称してきた、モン＝クメール諸語族の人びとであったらしい。一六世紀から一七世紀にかけてのコラート高原では、ラデー（*Rhade*）ないしカーが勢力をもっていたとする見方もある［Suchit 1995 : 52–54］。また、一八世紀初頭、今日のヤソートーン県周辺では、同地へ移住してきたラオの貴族と「精霊 *phi*」との間に治安上の問題や葛藤があったことをしるす文献があり、ある研究者は、精霊として描かれているのは先住民であると推察している［Thirachai n. d. 3–4］。

先住民たちは、記録された古文書にだけではなく、今日東北タイに住む高齢者の人びとの回想のなかにも現れる。モン＝クメール系諸語を話す人びとは、ラオスと東北タイを往来していた。ラオスには今日「山腹ラオ *Lao Thoeng*」という政策上の民族範疇に括られる数多くの先住民がいる。三〇年戦争ではゲリラ戦で大活躍した人びとである。一九九二年までの統計では全人口の二五％を占めている。他方の東北タイには、タイ化したクイ、ニョー、ソー人らを残してほとんどが過去の歴史のなかに埋もれてしまっている。古老の記憶から語られるだけであるが、一九五〇年ごろまで、彼らはラオス側から東北タイに林立したラオ人集落の間をぬうようにしてやってきていた(16)。古老たちは住人としてではなく、東北タイへの「帰還者」として彼らを実見している。遭遇の頻度は、チー川流域の集落よりも、ソンクラーム川流域およびムーン川流域（すなわちヴィエンチャンやチャンパーサックの対岸地域）で多い。男女を問わず、古老たちは幼年時代に出会った「異人」をさまざまな呼称で記憶する。ソンクラーム川流域のラオ、カルーン、プータイの古老の間では、カー・タオーイ（*Kha Taoi*）、カー・ハーン（*Kha Hang*）がそれぞれの集落を訪れていたという。他方、ムーン川流域にあたるウボンラーチャタニー、ヤソートーン県周辺のラオの集落では、カー・ラデー（*Kha Rhade*）、カー・ソン（*Kha Song*）、カー・パイソン（*Kha Paisong*）そしてカー・トンルアン（*Kha Ton Luang*）と呼ばれる人びとが口にのぼる。ラオスからメコン川を越えてやってきた見知らぬ人びとには、特定の言語集団を指すわけではない「カー」という語（下僕、奴隷を意味する蔑称）が必ずつけられている。

それぞれの回想には共通する語りがある。それは彼らの身体的特徴と訪問の理由である。

サコンナコン県クットバーク郡のカルーン人集落Bの古老男性の一人は、次のようにいう。

一四～五歳のころ（一九二〇年代）、ラオスの方からカー・タオーイがやってきた。長髪を後頭部で束ね、石弓と背負い籠をもった彼らは、ラオ語を話した。（古老が住んでいた）われわれの村がもともと彼らのものだった、というんだ。

また、同村の一九〇二年生まれの男性の記憶。

自分が四〇代後半のときにも同じカー・タオーイが〈村に〉来ている。とにかく長身で色が黒くて、水浴びもしていなかったんだろう、臭う連中さ。『骨を入れる』古い壺を探しに来ていたんだ。

ウボンラーチャタニー県クアンナイ郡KY村で、一九一二年生まれのラオ人男性は次のようにいっている。

一〇歳かそこらのときにみたきりだが、カー・ラデーとかカー・トーンルアンが集団でこの村にやってきた。背中に長い籠をしょいこみ、ふんどしをしていた。彼らは分かれて村に入り、自分たちの祖先がもっていた古い壺を探しに来たという。コーム時代（アンコール王朝時代）のものだといっていた。また、大昔に自分たちはここに住んでいたともいった。

元住人たちは多くの訪問先で、先祖がラオス側へ渡る前に埋めた「古い壷」を掘り起こしにきた、と告げている。ヤソートーン県のラオ人集落のNK村では、カー・パイソンが同じように壷を探しにやってきたが、みつからず、ラオス側からもってきた偽銀をタイの銀貨と交換しようとしたという話も伝わる。ウボンラーチャタニー県クアンナイ郡のBK村にも、カー・ラデー、カー・トンルアンとして記憶される同様の人びとが一九二〇年代中ごろに集団できている。自分たちの先祖がもっていたものを探しにきた、といい、その集落がやはり昔の集落だったと述べた。現在でも、ラオスの山腹ラオの慣習としてみることができるように、モン・クメール系諸族の社会では代々継承されてきた壺や銅鼓は、水牛とともに自己のステータスを示す財産であり、婚資金の単位である。その所有者の富と名誉を顕示する。これを紛失、ないし破壊されることは甚大なる侮辱を与えることである。[17] K・イジコヴィッツは北ラオスのラメット人社会において、集落の安穏を祈願する水牛供犠の儀礼で使われた銅鼓や絹布が、儀礼終了後はその所持者（首長）だけが知る森のなかの地中に埋められていたことをしるしているが［Izikowitz 1951 : 300］、筆者の聞き取りでも、東北タイのシーサケート県に住むスウェイ人の集落では、つい先代まで壷に金や銀を入れて土中に埋める習慣があった。彼らは村を他所へ移す際、移動中に奪われることを懸念して壺を同時に運ぶことはしない。移動する前に壺を土中に埋め、村（家屋）の移転を無事に終えて移転先が安全であることを確認した後に、旧村（家屋）へもどり、それを掘り起こして移す。埋蔵場所はその周囲の樹木の位置や地勢で判断された。古老たちが遭遇したさまざまな「カー」の訪問も、おそらくそのための帰還であったと思われる。

東北タイに「カー」がやってきた時期は、筆者の蒐集した聞き取りでは一九〇五年ごろがもっとも古い。記憶をとどめるインフォーマントの年代の上限である。それ以前にも彼らの訪問はあったに違いない。また、第二次世界大戦以後に東北タイを訪れた「カー」たちは、壺を求めるだけではなく、ラオス側よりも良質と彼らが信じたタイ国側の銀を求めにきたり、小規模な行商もするようになっている。ナコンパノム県のプータイ人の集落の古老の間では、ラオスのサーラワンから籐細工やカミン、ティップカーオ（米櫃）や薬草を売りに来たカー・タオーイが記憶されている。季節を選ばずにやって来たという。しかし、一九五〇年代半ばを境に、どの集落でも「カー」の訪問がなくなっている。

東北タイのラオの人びと、とりわけ高齢女性たちは、カーが背負っていた蓋つきの籐細工の籠は、生後間もないラオの子どもを入れるためのものだったという。彼らが祀る精霊に捧げるために、籠に入れた子どもを（壺を埋めるのと同様）、土中に埋めると金や銀がなる木が生えてくるという信仰が彼らの宗教だったと現在も信じている。そして、そうした話が人びとの間で語り継がれていた。母親に、「カーやタイがお前をさらいにくるよ」「肝を食べにくるよ」といって寝かしつけられた当時の子どもたちが、今日老境にあるインフォーマントたちであった。その「異人」の記憶は、石弓もしくは槍を携えてふんどしをした長身の男たち、皮膚は黒く長髪、異様な体臭、それと対照をなすように美しく編み込まれた細長い背負い籠などの形象とともにある。そして、そうした集団のなかには、必ずラオ語を流暢に話す者が混じっていた。だが、彼らだけで話しているのを耳にすると、「まるで鶏がないているよう」な言葉、だったといっている。

訪問者たちがそのままラオ人女性と結婚して集落に残ったという例はきわめて少ない。ほとんどが東北タイのラオ人集落を転々とした後、ラオスへもどったと伝えられている。婚入した例では、その末裔はラオとして認知されている。訪問者であったカーの人びとは、東北タイの人びとのことをタイ国側のラオ（ラオ・タイ）と認知しており、カーを前にした人びとがその記憶を話すときには、一様に自分たちのことをタイではなく（この文脈では、タイもカーも外部者である）、ラオとして自らを語っている。

三　隣人関係のなかのラオ

東北地方では、ラオという用語は、ラオ語を母語としない同地方の少数者との関係において、ある意味ではきわめて実体化されたマーカーとして相互を差異化する指標として生きている。ラオ語はその担い手の圧倒的多数という事実によって、非タイ系民族の社会に広く浸透している。年代が下るほどに、タイ系でない諸言語集団のとりわけ若い男女は現代タイ語、および地方語としてのイサーン語に精通している（Miller 1994）。通婚も珍しいことではなくなっている。

しかし、他方で少数者がまなざすラオ人像も根強く残っている。そこでは、言語学者が扱うのと同様に、ラオはタイと同類におかれている。ナコンラーチャシーマー県に居住するチャオ・ボン（*chao bon* 言語集団名としてはニャークル *Nya Kru*）を調査したプリーチャーらによれば、彼らは嫌悪感をもってラオとタイを次のようにみているという。

（ラオとタイは）どこかにバナナやサトウキビを求めて集まるモット・ンガーム（蟻の一種、*pheidologeton diversus*）のようだ（蟻はどこかに甘いものをみつければ、そこへ群をなして集まりたかってすっかり食べ尽くす）。われわれチャオ・ボンはなんのおこぼれにもあずからない、蟻（ラオとタイ）がすべて食べ尽くす［Pricha et al. n. d. 3］。

この種の見解は、かなりの程度までコラート高原上の他の非ラオの少数者たちが共有する。ラオでない人びとからの聞き取り結果を総合すると、ほぼ共通して「半農民、半商人」のような行動をするのがラオだとみなす傾向が窺える。次章に詳述するように、ラオ人にすれば、よりよい暮らし向きの方途、地位向上を求めて、未耕地の探索や先住者との交渉を繰り返してきたのがこの半世紀の生きざまであった。同時に、移動に移動を重ね、異民族の娘と結婚して土地を手にし、それを後からやってくるラオ人たちに、高値をつけて転売しては村外出を繰り返してきたやり方は、頭がよく商い上手という印象を非ラオ人に与えている。シーサケート県に住むクメール人のある古老は、自己の利益のために先住者や異なる言語集団との交通交渉に長け、故郷を一つとしない羨ましい人びとだ、とラオを評している。このラオ人像は、イジコヴィッツが約半世紀前にラオス側で観察したラオ人が実践する異民族間関係のあり方と一致する［Izikowitz 1969：137］。米を作るためではなく、他民族が作る米を売るために、集落を川ぞいに結ぶ人びとの行動がそれである。

以下では、東北地方の隣人たちのまなざしのなかで、ラオという民族範疇がどのように客体化されているのかをみておこう。人びとが語るままの叙述には、当然のことながら、イサーンというアイデンティフィケーションはまったくでてこない。ラオの移住、ラオとの通婚、交易関係のほか、唐突に宗教儀礼についての話題がでたりするが、それも集落と宗教、自他の関係における差異ないし共通性を説明する指標となっている。語りは、すべて聞き取りから得られた。ほとんどの回答者はラオ語ないしタイ国語に堪能であった。語りのなかでの仏暦は、すべて西暦に置き換えている。［　］内の語は筆者による補足である。

1　スウェイ（クイ）による「ラオ」

NK村［T. NK, A. Nam Kliang, C. Sisaket］は「村長」制度が導入される年（一八九二年）より以前に開村された。現在はラオとの混住村である。仏教寺院がある。

【村長／男性／一九五四年生まれ】

ラオ人は（村内人口の）二割ほどいる。彼らは皆、あとからやってきて［この村に］住んでいる。［自分たち］スウェイの村人は［今は］彼らと同じように水稲耕作をしている。［昔していた］陸稲作は、イネの病気と甲虫の害（*rok duwong*）が重なったので二五年ほど前（一九六八年ごろ）に破棄した。ラオ人と同じくモチ米を主食としてきたが、［最近では］ウルチを多く植えるようになっている。ウルチ種を売ってモチ種を買う。農作業をする昼にはモチ種を食べ、夕食にウルチ種を食べている。以前、陸稲を植えていた場所［焼畑地］には［商品作物の］キャッサバ、最近では市場価格がいいケナフを植えている。畑では、一年目にスイカ、二年目にトウモロコシを交互に植えている。一九八七年からユーカリの植林が始まった。一キロあたり七〇〜八〇サタン［当時で約四円］で売れる。［自分が］初等科一年［一九六三年］ごろから、村の人びとはケナフを植え始めた。……昔は森がたくさん残っていたが、一九七五年に［東北タイの］スリン県からキャッサバの種を持ち帰った人があり、森を開いて植え始めて一挙に広がった。

【古老／男性／一九二四年生まれ】

自分はずっとここに生まれ住んでいる。われわれの祖先は同郡内のSS村出身者である。この村のスウェイで、新しく移り住んできた者はいない。ラオとクメールが一緒に住む同郡内のTP村へ移出した者はいる。昔は、ラオと一緒に住むスウェイの村などはなく、それぞれ別の村をつくって住んだ。この村に初めてやってきたラオ人は、かなり年輩の教師だった。四年間住んだが独身のままだった。自分はその最初の生徒である。一二歳のときで、［学校は］寺院の講堂を使っていた。三年間［一九三七年—三九年］で初等科一年から三年までを履修した。習ったのはタイ国語と算術。よく覚えている。最後の年［一九三九年］、それまでの国名サヤーム〔シャム〕から今のタイになった［タイ国歌を口ずさむ］。

ラオがいつごろこの村に出入りしだしたのかは定かではないが、一九七一年に、ラオの警察官がここへやってきた。それ以降、［役人でない］普通のラオが入村し始めた。普通、彼ら［ラオ］は単身では来なかった。すでに結婚していて、夫婦家族でやってくる。そしてわれわれから畑地（*bai*）を買って耕作した。そして、さらに後からやってくるラオ人にそれを売っていた。ラオのP親父は二五年位前にここにきた。当時二三歳くらいだったろうか。二人目の子どもができた直後だった。P親父は当初、一ライ［約〇・一六ヘクタール］当り四〇〇〜五〇〇バーツでわれわれ［スウェイ］から土地を買った。しかし、後に二、三家族のラオ人世帯がやってくると、P親父は［ラオの］新参者に一ライあたり五〇〇〇バーツほどで売る。大儲けだよ。そうやって土地を売り買いしていた。P親父は［「土地転がし」をしつつ］今日までここにいる。

【「村の守護霊」儀礼の執行者（チャム *cham*）B／男性／一九二五年生まれ】

［自分は］この村に生まれた。母は同じくこの村出身のスウェイ、父はN村出身のラオである。父は、出家し還俗してからこの村で母をめとった。九人（男六、女三）の子をもうけた。自分は五番目である。キョウダイは全員スウェイの男女と結婚している。この村に残るのは自分のほか四人である。……昔はラオの家族もいたと聞いているが、すでに物心ついたときには、それまで見知っていたラオの家族はいなかった。残ったのは自分達の家族だけである。［自分が］一五歳のとき、この村から約二六キロ離れたスウェイの村K［現在はラオばかり］の寺院で見習僧として過ごした。同寺の住職が自分が生まれたこのNK村出身者だったからである。そこで二年を過ごした。教法試験［ナックタム *naktham* 仏教教理の基本知識の国定資格試験］の勉強もした。教法試験の三級（*naktham trai* 最低の級）と仏法原理（*lak tham*）を勉強した。還俗してから帰村、すぐに結婚した［一七歳のとき］。妻はスウェイで年齢は一四歳だった。二人の子ども（長男、長女）をもうける。上の子が三歳、下の子が一歳のときに［その妻とは］離婚した。子どもらは［二人とも］妻方にひきとられた［スウェイの間では妻が子をひきとる慣行は一般的］。その二年後、再婚して現在の妻（スウェイ）をえた。

……村の寺院に布薩堂（*bot*）ができたのは一九六九年のこと。［「村の守護霊」を祀る司式者である］チャムになったのは七年前（一九八六年）で、村人との合意のもとに選出された。前のチャムのとき、人や水牛が次々と病気になったり死ぬという災禍が起きた。それで彼は責任をとってやめた。自分はそのあとを継ぐことになった。……村の守護霊は、［自分たち］スウェイはイプー（*i-pu*）と呼ぶ。のちに、イプー・イター（*i-pu i-ta*）と呼ばれるようになった。チャムは、ブン［bun ここでは仏教儀礼を指す］ごとにイプーを祀らなければならない。人びとが遠出するときにも、参拝する。陰暦三月三夜に、リアン・ヤーチョー（*liang ya cho*）という儀礼をする。朝九時ごろ世帯家屋（*dung*）ごとにゆでた鶏一羽、米一椀、酒一瓶、ローソク・線香一対ずつ、花とともに準備し、その家屋の主が祠へでかける。それらの供物を祠の下へおく。チャムは上に上がって司式する。他の男女も上にあがることはできる。各自がゆでた鶏の喉を切って声帯（*khang kai*）をみて雨、安寧の程度を占う。声帯の先端が下を向いていたり、上を向いているようであればよくない。まっすぐ水平に九〇度で折れ曲がっていれば、最上である。祠のもとでの共食は特に定められていない。捧げた鶏や卵を持ち帰って食べる者がおおい［次第はラオの「村の守護霊」儀礼とほとんど同じである］。

ラオ人のいう「天空神 *phi thaen phi fa*」信仰がある。司式するのはモーラム・ピーファー（*mo lam phi fa*）である。女性（*mae len thaen*［SWEI：*kheru thaen*］）は、治療儀礼をラオ語でやる。［仏法の力で悪霊を祓う］モータム（*mo tham*）も多数いる。クメール、ラオ、スウェイのモータムがいる。以前にはいなかったようだが、現村長が生まれてからは存在している。スウェイの人びとは彼ら［モータム］を総称してタム（*tham* 仏法）と呼ぶ。このように、ラオとスウェイは同じ仏教と同じ習慣をもっているのでラオとの葛藤はほとんどなかった。

ＫＷ村［T. KW, A. Kantharalak, C. Sisaket］

仏教寺院がある。現在の村長はラオ人で妻はスウェイ。綿作で知られる村。一九九二年現在で村内人口は一六七八、世帯数は二八七。

【寺委員会長／男性／一九三五年生れ】

塩をラオから買っていた。唐辛子 *the* と綿 *kapa* とで交換した。ラオだけでなく、クメールも交換相手であった。自分たちは米や綿を交換財としていた。籾四―五キロでナイフ一つが得られた。布を織ればそれを売った。スウェイの元村二つは現在はラオの村になっている。古い村ほどに新参のラオが占拠し、スウェイが多い村は新しい。伝え聞いた話しでは、約一〇〇年ほど前になるのだろうか、ラオはスウェイの妻をもらいに入村してきた。現在では、夫婦ともラオの世帯が半数、スウェイでラオの妻を得ている世帯が三〇ほどである。……ラオはまだまだ少ない方である。だから、ここはまだスウェイの村だ。ラオの男がスウェイの妻をめとる場合、婚礼はスウェイ式になる。スウェイの婚資金は高くつく（一九九二年時点で平均三万バーツ［約一五万円］）。夫は妻方に居住する。もっとも最近では、ラオの女性もこちらでのトウモロコシの収穫を手伝いにきて日銭を稼ぐようになっている。彼女らは、スウェイの男と結婚する。生まれた子ども？　それはラオ語を話すようになるからラオ人だろうよ。スウェイとラオの結婚は、最近では出稼ぎにでたバンコクなどで知り合うので、普通になった。

TD村［T. TD, A. Muang, C. Sisaket］

【古老／男性／一九一八年生まれ】

われわれの村はもともと鍛冶が盛んな村だった。斧やナイフ、堀棒につける刃などを作って、それを天秤棒で担いで売りに歩いた。ヤソートン、ウボンラーチャタニー方面だけではなく、コーンケン、ローイエットにも売りに歩いた。一年に四度はこうした行商にでた。ラオの村だけではない。クメール、スウェイの村にも売りに行った。お得意さんはラオやクメールだったので、二つの言葉はしゃべれる。基本的にはラオ語で通じる。いつでも、売るもの以外に食事などを携帯してゆくことはない。それぞれの村には仏教寺院があって、そこで［僧侶に布施される］食事にありつける。寝泊まりもそこでする。第二次世界大戦前までは、クラー《*kula*》(18)の行商が、［自分の］村へよくやってきていた。彼らはわれわれと同じように、しかし大きめの天秤棒を担いで主に衣服や耳飾りのような装飾品を売っていた。ラオの人びとは、一九六〇年代ころまで、われわれの村にコメを売りに来ていた。

2　カメーン（クメール）による「ラオ」

K村［T. KS, A. Kantharalak, C. Sisaket］

三〇キロも南下すればカンボジア西北部へ抜ける。この村でラオ語が話せる女性は少ない。仏教寺院に止住する八九歳（一九九二年当時）の老僧も、カンボジアからでてきて三〇年以上になるが、ほとんどラオ語を解さない。クメール語の折本（*samut khoi*）がある。説法はクメール語で行う。寺院にはこれまでラオ人の僧侶が止住したことがない。村の老人はクメール語が読み書きできる。

【元校長／男性／一九二九年生まれ】

（語気強く）……私らはクメールだ。ラオと違って金儲けのために、おいそれと自分たちの親たちから譲りうけた土地を棄ててまででることはしない。出稼ぎをするのはラオである。われわれの村からはサウジアラビアやシンガポールへでるものはいない。……父親はクカン出身だった。独身でここへやってきてクメールの妻をめとった。私らの祖先は皆クカンにいた。そして徐々に東へと移住してきた。砂糖椰子が茂るよい土地をみつけてできた村が、元村のTである。人口が増えて食い物が少なくなったので、南側の沼のそばに七戸が分かれて集落をなした。これが現在のK村である。今から八〇—九〇年程前のことである。……元村のいくつかは『ラオに食われてしまった（*Lao kin*）』。たいていは、まずラオの男性がクメールの妻をめとって婚入する。そして、彼を頼ってすでに世帯をよそでなしてきたラオ人夫婦や家族がどっと押し寄せてくる。最終的に、ラオがもともとクメールであった村を占拠してしまう。［近くの］R村がそうだ。何人かのクメール人は、まるで追われるようなかっこうで、近くに別の場所に新しい村を作って移り住んでいる。クメールの古い伝統や習慣を知りたかったら、古い村ではなく新しく開村されたところへ行く方がよい。

……第二次世界大戦の前には、クラーとラオ、ケーオ（ヴェトナム人）がよくこの村にやってきて、われわれが作った松明（*kabon*）を買いに来た。一九六〇年代以降は、プータイの人びとが、われわれの織った布を買い求めに来るようになった。スウェイの人びとはここへ鋤や鍬、ナイフなどの鉄製品を売りに来た。スウェイはクメール語を理解した。われわれはスウェイの言葉はわからなかったが。ずっと昔から、私らクメールは多くのコメの品種をもっていたので、［他村の］同じクメールはもちろん、ラオやスウェイの集落からもそれを分けてほしいとやってきた。往時の東北地方（イサーン〕にはたくさんの未耕地があった。実際に、誰でも行こうと思えばどこへでも好きな場所へ移り住むことができた。ラオは自分たちの農地を増やすために、それこそ頻繁にあちこちに動きまわったけれど、私らクメールはそれを好まなかった。余ったコメを売ることもしなかった。

DT村［T. KS, A. Kantharalak, C. Sisaket］

この村の寺院には、古いクメール様式の布薩堂がある。ただし、人口はラオが半分近くになっている、

【長老僧／一九二二年生まれ】

現在の村名は一九八九年に変更された。それまではサメック村といった。これはスウェイ語である。ただし、村には現在スウェイは一人もいない。以前スウェイが住んでいたらしいと村人は思ってきた。父親はこの村生まれ、母親は幼いときにカンボジアからの移住者と一緒にこの村へやってきた。母はカンボジア人の国籍をもっていた。父と知り合って生まれた私らはしかし、タイ人の国籍である。

三〇歳のとき［一九五二年ごろ］、こちらの土は悪いといって、何人かの村人がカンボジアへ帰還した。しかしでていった彼らをのぞいて、東北地方には他の支村をだしていない。ここのクメールは皆農民で、こちらの土が砂っぽいということは熟知している。だから、多くの陸稲品種を植えてきた。ところが四〇歳のころ［一九六〇年代］になると、村の周囲にあった森林はほとんどなくなった。それらは水田に変えられてしまったからである。陸稲種は植えられなくなって、以前の地所はケナフ畑になってしまっている。

かつて、ラオの男性はクメール女性とは結婚しなかったものだ。あちらこちらに未耕地があったから、強いてクメールの村に近づく必要もなかったんだろう。実際に、ラオはどこへでも気の赴くままに好きなところへ行って［土地を開いて］いた。現在では、クメールもスウェイの村も見境なく婿入りし、さらにはあの手この手で外国へも行っている。自分は、ラオはあちこちへどんどんと移動するのが好きなんだとしかみえない。クメールは今でも昔でもそうではない。出

稼ぎといってもせいぜいバンコクどまりである。われわれはもともと一つの土地と家族に強い愛着を抱いている。結果的にラオがあちこちに自分の拠点をもつことになって、クメールは同じところかその辺りに住んでいる。ラオは自分たちの輪と系譜を広げる能力をもっている。

3　カルーン、ニョー、ヨーイによる「ラオ」

B村［T. KB, A. Kut Bak, C. Sakon Nakhon］

【古老／男性／一九二〇年代生まれ】

［自分たち］カルーンはつくるだけの人びと。ラオとプータイはそれを転売してもうける頭のいい人びと。そしてずるい。［クチナラナイ、カラシン方面の］ラオやプータイの人びとは、しょっちゅう、引っ越しする。移住するのが上手な人びとだ。そして自分らのなわばりを広げるのがうまい。昔のカルーンの老人はよくいったもの。「［彼らラオの家族は］三日で家屋を引っ越し、三か月で村ごと移動、いかにせん」［あちらこちらへ動くのはよくない。頻繁なる移動は拠点をもてずよくない］。

【「村の守護霊」儀礼を祀るチャムの妻／女性／一九三〇年代生まれ】

夢のなかに私たち［カルーン］の「村の守護霊」がでてくる。守護霊は、新しい居場所がほしいと繰り返しいう。ある日、このように指示された。最寄りのラオの集落へでかけて、守護霊祭祀に詳しい人と相談して、こちらのカルーンの村の方へきてもらいなさい、そして、村の集会所の前でモーシェンコーン（*mo siang khong* 憑霊占い）をしてもらって新しい場所を選定せよ、と。

HS村 [T. HS, A. Loeng Nokta, C. Yasothon]

【現村長／男性／一九三六年生まれ】

ラオがこのニョーの村にやってきたのは、約五〇年ほど前の第二次世界大戦中のことだった。ラオの女性がニョーの男性と結婚して住んだ。その後、ラオの数がどんどん増えてラオの村になってしまった。つまり、別の村からラオの男性がやってきてニョーの妻をめとる。しばらくして、自分のものとした土地を後からやってきたラオ人に売りつけて、自分たちはさらに別の地所へでていってしまうのである。ラオは、われわれの土地をラオに売ってこの村を通り過ぎて行くような人びとである。ニョーは、ラオよりもプータイと親しい関係にある。プータイとはキョウダイであり、たがいに信頼しあえる仲間どうしだ。

AK村 [T. AK, A. Aakat Amnuai, C. Sakon Nakhon]

【古老／男性／一九一九年生まれ】

われわれ[ヨーイ]はラオと違って、水田を増やすことにさほど関心は抱いてこなかった。むしろ、タバコや野菜のような換金作物を植えることに熱心だった。かつて、サコンナコンのプータイの人びとは、ことごとくナーイホーイ(地方を移動する商人 *nai hoi*)だった。彼らが農民 (*chao na*) になったのは、それから後のことである。彼らは、多くのコメ品種の知識をもっていた。一九三二年か三三年ころに、一人のプータイが[自分の]村にやってきて、浮稲 (ウルチ種) をもちこんだ。ナーイホーイというのは、あちこちを駆けまわりながら、そういう知識をも得て、それぞれの場所でやりとりする人びとなのだと思ったものさ。ラオもナーイホーイをするようになった人びとだ。今では、われわれニョーは金もうけするために、バンコクや南部のソンクラーにだってでかけている。ある若者はサウジアラビア、シンガポール、日本へも行ってるよ。

これまでみてきたように、東北タイに住む非ラオ人たちは、多くの場合、ラオのことをノマディクな移動人、その移動の過程で何らかの経済的利益を生み出すような行動ができる人びと、ないしそうした知識を活用して自己の社会的勢力を伸張させる人びととしてみている。非ラオ人たちがラオをアイデンティファイするときには、言語以上に、集落・民族の境界を横断する社会的な行動様式にこそ、自他との差異化の指標をみいだしている傾向が強くみうけられる。

では、次に、まなざされる側のラオの声も聞いておこう。

KY村［T. KY, A. Khuang Nai, C. Ubon Ratchathani］

【B氏／男性／一九〇九年生まれ】

父親はラオ人の農民（*sao na*）である。コラート北部の方へよく行商にでていた。その途中で多くの村をみる機会を得ていた。どの村によい田圃があるのかをようく知っていた。［父親は］自分の牛車をもっていて、乾季になると友人とともに、七台から一〇台の牛車を連ねてでかけていった。父はその集団（*khana*）の首長（*hua na*）だった。もちろん、行き先は前もって相談している。時には、メコン川岸のブンカムまで行っていた。訪問した集落で、さまざまなものを買う。籐や森林産品（*khong pa*）、松明などである。それを、帰路売りつくしてくるのである。行程日数は一五夜から二〇夜ほどだった。［そのような行商の過程で］あちこちの［農地や産品の状況についての］知識を蓄えていたようだ。……かつて東北地方には多くの森［余剰地］があった。［ラオの］村人たちはこぞって村の外にある場所をみて、森林を水田に変えようと望んでいたし、そう努めていた。実際に、当時の地方役人も、そうするよう奨励していたものだった。

ラオの行商的な行動は、縦横無尽なものであったわけではない。KY村の人びとは、東北タイ南部への行商は決してしなかったという。とりわけ、クメールやスウェイが多いスリンあたりには、盗賊が多いと信じられていた。また、彼らは行商にでるときには、いったん北上してローイエットを中継地として移動することを好んだ。盗賊以上に怖れられたのは、「森の熱 *khai pa*」と呼ばれるマラリアであった。さらに、付け加えなければならないのは、東北地方のラオ人が、ことごとくこうした行商行動をとれたわけではないということである。上のような商隊行動には、常に何らかの元手が必要であった。牛車のみならず、河川を航行して行商する場合の舟を購入することも、財がなければできないことであった。そして、それを得るための「土地転がし」のような才覚、あるいは転売する土地がなければ、現金を得るための余剰米が必要であった。そのような意味で、東北タイでは新参住民のラオは、自給自足の社会生活を足場にして、さらなる富を得る活動（土地転がしや行商）に長じようとした人びとであったといえよう。

かつてラオスのタイ・ルーの移住過程を検討したイジコヴィッツは、収穫米を増加させる田圃のみならず、より高い地位を求めての移動を彼らの社会のなかにみている［Izikowitz 1963：180-82］。強力な王権支配を欠いていた東北タイでは、高い地位というより、集落や地域を越えるネットワークを築くことが、よりよい農地を開いたり、富を得るという結果を含め、人びとの生を拡充する方途となっていたように思われる。いずれにせよ次章でみるように、ラオの行動には、一見食い詰め者がとる行動であるかのような移住志向がある。その行動の契機をなすものとして、後代の者ほどに、先行者の集落や先住民の境界を横断せざるをえなかった、同地域における新参者の生活構築のあり方を指摘しておいてよいだろう。そして、そのような行動を羨望のまなざしを混じえてみていた先住の非ラオ人には、ラオという人びとは、東北地方を駆け抜ける人生、ないし社会的行動のモデルともなっていた。この文脈では、行商に携わってきたラオ（加えて少数ながらプータイ）は、全般的にみてそうではないスウェイ、クメールやカルーンよりも、同地域での自己を優位な立場にある者とみている。地域内でのこうした社会的勢力をめぐる隣人関係が成立しているために、ひるがえって東北地方を越える局面では、彼らこそが、与えられた地方アイデンティティとしてのイサーンを名乗る主要な人びとになっているのである。

第3章

東北タイにおけるラオ人集落の形成過程と宗教構成

3–1 調査村とその周辺

本章以降、記述の舞台は地域的にしぼりこまれる。拠点は東北タイのチー川ぞいの稲作村落である。住民はラオ語ないしイサーン語を話す人びとである。チー川はムーン川とともに、コラート高原南半部の主要河川である。チー川ぞいの河谷平野には、チャイヤプーム県からウボンラーチャタニー県にまで四〇〇キロメートルにわたる大水田地帯が開けている。筆者が最初に定住した調査村は、コーンケン県ムアン郡ドンハン行政区に属する塊村状集落Dである。チー川の南約三キロメートル、氾濫原と丘陵の境い目に位置する。気候的には、コーンケンはモンスーンの山陰に入るため雨量は東北タイでも少ない方で、その降りかたもスポットレインのように不安定である。さてこのD村は、東北地方にあってどのような集落なのであろうか。

すでにみたように、イサーンは人口、面積ともにタイ全土の約三分の一を占めながら、為政者のまなざしのなかでは常にタイの国家・政治的統合の焦点となる「問題の地方」であった。現在も一世帯当りの所得が全国最低で、首都圏への出稼ぎが常態化した貧困にあえぐ集落、洪水と干魃に繰り返し悩まされる天水田がイメージされる。確かに、乾季(一一月—四月)には、コラート高原の地形単位をなすノン (*nong*) と呼ぶ凹地に作られた水田はひび割れ、砂状土を巻き込んだ突風が吹く光景には殺伐としたものがある。そうしたラオ系村落のなかでも、D村の水田の農学的条件はきわめて悪い［福井 1988］。

前述したように、一九六〇年代以降東北地方は政府主導の地方開発計画の中心となった。D村が位置するコーンケン県は、一九六二年以来同地方の中枢県として急速に発展した。(1) これに先んじる一九五〇年代末のケナフに始まる換金作物の栽培は、七〇年代にはコーンケン市周辺の道路網が整備されたこともあって着実に進行した。近年ではキャッサバ、野菜作りのほか、サトウキビ、トウモロコシ、豆栽培が盛んであり、養豚、淡水魚の養殖も行われている。コーンケン県のみならず、辺境といわれた東北の村落は、六〇年代以降、確実にこうした社会経済変化の渦中におかれてきたといってよい［Keyes 1966a：280–83］。一九八三年時点で、D村は人口九〇七、世帯総数一八三で、農業従事者は全体の七三%を占めるが、コーンケン市の南二〇キロメートルの都市圏内にあるため俸給生活者も著しく増加しつつある(一八%)。

D村の人びとは、東北地方の他村同様、二〇世紀よりタイ国籍を与えられている。イサーン語と呼ばれつつあるラオ語は依然、日常会話言語である。バンコクへ出稼ぎにでた経験がなくても、若い世代は男女ともラジオ、テレビなどのメディアを通じて標準タイ語を話し読み書きできる。五〇代以下の男性はタイ字新聞も読む。ただし、タイ語教育をうけた第一世代に属する高齢者は、タイ語を聞き取ることはできても、自ら話したり書くことはまれである。村の古老には、経典文語として残る古ラオ語 (*tua tham*) を読み書きできる者がいるが、若い世代にはそれを伝えていない。世代の新旧を問わず、現代ラオス国語であるラオ文字を読み書きできる人びとはほとんどない。現在のD村には初等科六年課程までをおく小学校がある。東北地方出身の教師がイサーン語で国語(標準タイ語)を教えている。三〇代以下の村人は、ほぼバイリンガルである。D村にあってタイ国語は、単に中央・共通語として了解されている。

色とりどりの装飾を施した衣服で知られるタイ国の山住みの人びとの文化とは対照的に、東北地方のラオの文化は、飾りを排除した点にその特徴を示すようである。一方で絹布、綿布の絣（*mat mi*）を産する文化は、二〇世紀初頭以来バンコク政府に認知されているが、人びとが生きる生活文化は、基本的に簡素で素朴である。同時に繊細かつ力動感溢れるものである。ケーン（笙）の音色とリズムはそれを象徴する。ケーンは、唄物語と踊りが合体して演じられるモーラム歌謡に欠かせない。モーラムは、国内にあって、東北地方の人と大地の特産品のような扱いをうけている［cf. 星野 1990］。また、竹製の長大なロケットが天空を突く、勇壮かつ豪快なバンファイ（*bang fai*）雨乞い儀礼などは、暮らしのなかでうねるように生起する情念を表現する力強さと、抑制された演出の形式を備えている。このバンファイは、最近では同地方の観光の目玉の一つである。いずれのパフォーマンスも、自らの生活の場を切り開く過程で強いられる忍従をうけとめるような強さと悲哀に包まれている。飾り気のない表現は、時に集合行動で溶岩のように噴出する儀礼的興奮をもたらす。同時に、無骨ではあるが、開拓者の清廉な魂のようなものをかいまみせる。

D村の水田には多くの立木が今も残る。古老によれば、かつて森林に覆われた氾濫原や浅い谷間を占有（チャップチョーン *chap chong* タイ系諸族一般の慣行。未墾地を拓き数年間耕作をつづければその土地にたいする使用権が生ずる。制度的には土地の占有とその権利の相互承認を意味する語）し、水田を開いて自給自足の村落生活を営み始めたのは、南東のローイエット、マハーサラカム方面から土地を求めて移住してきた人びとであった。いくつかの昔語りを重ね合わせると、最初の移住者集団が現在の地所近くにやってきて村を開いたのは一八五七年ごろのことである。その後、出身村を異にする親族集団が四組やってきており、それらが集まって現在にいたった。D村周辺のチー川ぞいの集落は、規模の大小を問わず、五〇年から二〇〇年の歴史をもつこのような開拓村である。農学的見地からみれば、二〇〇年以上の歴史をもつ村落は比較的平坦な底位段丘、平原上の天水田における稲作を基盤とするのにたいし、開村して五〇年前後の村落は、

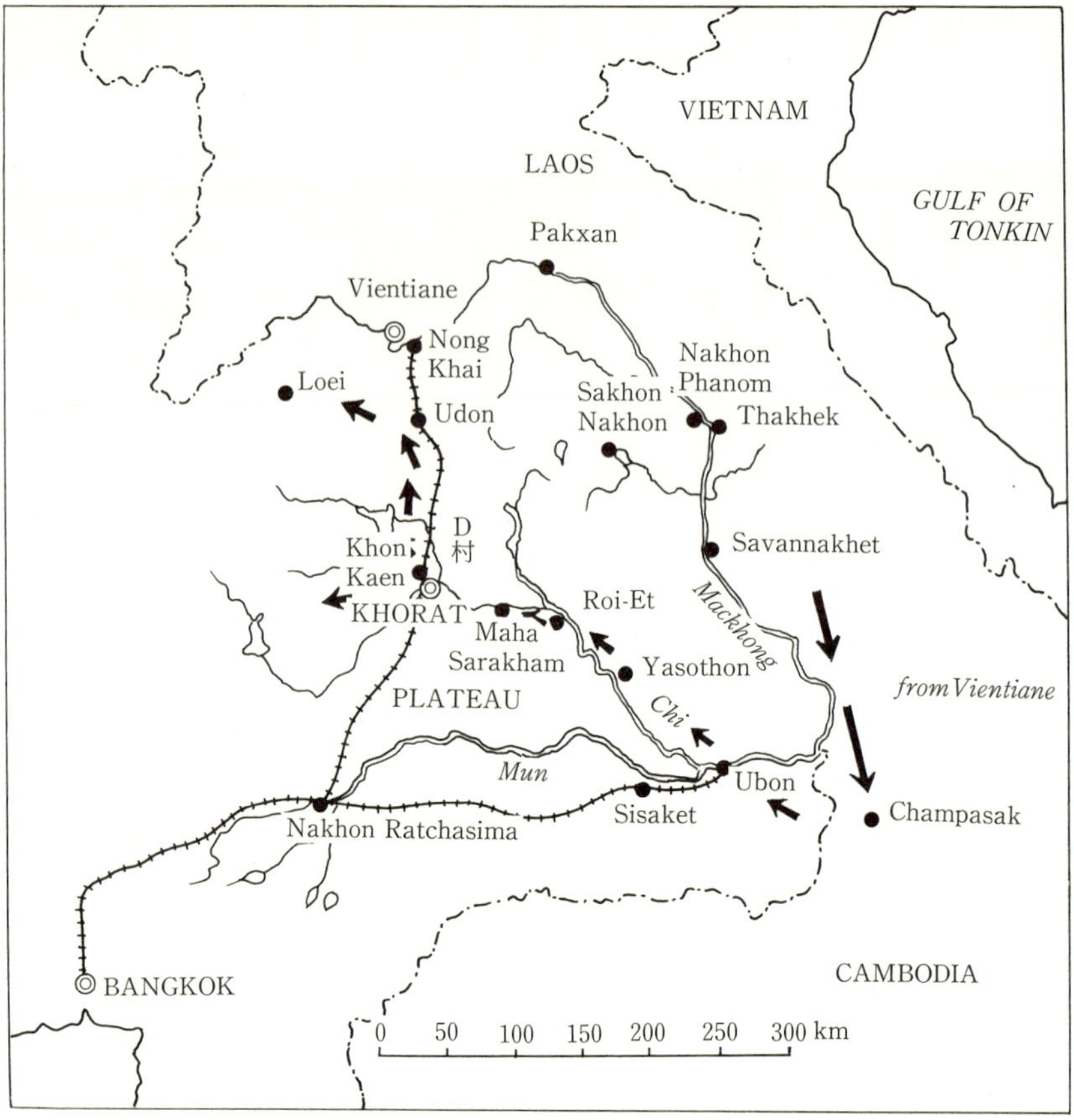

図2　チー川ぞいの開拓移住ルートとD村

丘陵地のなかの浅い解析谷の谷地田を稲作基盤としている［海田 1986：92］。彼らの父祖は、ヴィエンチャンからチャンパーサックへ南下し、さらにウボンラーチャタニーからローイエットに入植したラオ人たちである【図2】。

南ラオスのアッタプー県サマキーサイ郡に、一九二四年から三二年にかけて東北タイを見習僧（*samanen*）として行脚した経験をもつラオスの古老男性（一九一三年生）がいる。対岸から入った東北タイの当時の様子を聞くことができた（一九九一年調査時）。彼はかつて水牛の産地といわれたアッタプー生まれのラオ人であるが、チャンパーサックのラオ（*chuasai Champasak*）を自称する。一一歳から一九歳までの見習僧のころ、師匠の僧侶とその弟子にあたる六人の僧侶とともに、アッタプーからチャンパーサックを経由して、タイ側のウボンラーチャタニーへ渡り、チー川ぞいの各県を行乞しつつ北上し、さらにメコン上流域をめざしてナコンパノム、サコンナコンに移動した。その移動経路は、当時のおおかたのラオ人の移動方向と一致する。一九九五年に故人となってしまった同氏の語りを引いておこう。

［東北タイの］森に分け入るときは必ず、山刀をさして入った。石弓で虎をうち、それを食べた。水牛でなく、野牛がいっぱいいた。蛇は恐いものではなかった。盗賊もいなかった。……（チー川ぞいで）印象に残っていることは、とにかく木々が生い茂り森が多かった。そのところどころに水田がつくられていた。

……［アッタプーと比べて］東北タイは米も美しく土地も豊かだった。また、桑畑があり、綿作がたいへん盛んであった。大きな世帯では、木綿は［年に］一〇ムーン［一二〇キログラム。一ムーンは約一二キログラム。ブン *bung* と同じラオ人社会での計量単位］ほども産していた。ラオス側では綿は自給用に植えていたが、彼ら［東北タイのラオ］は、まとめて売ることができた（*mi tae kep su*）。……また、サトウキビもたくさん植えていた。精米所が三か所あった当時のウボンラーチャタニーで、［東北タイ側の］人びとは砂糖を煮詰めたものを、ラオス側からの煮詰め塩と交換していた。……東北タイはラオスと較べて華人（*chek*）が非常に多かった。特にマハーサーラカム、ローイエット、コーンケンあたりでは多かった。華人は彼ら［東北タイのラオ］に服を売っていた。

あるところに住んでいるというよりはむしろ止住するようにとどまり、また他所へ出向き、また帰る。東北タイのラオ人社会に顕著なこうした水稲耕作をするのに適した地所を求める移住行動は、さらに同地方に生きた古老たちのおよそ半世紀前の回顧談からもはっきりと窺い知ることができる。そのような動きかたを、彼らはしばしば「ハーナーディー *ba na di*」と呼ぶ。字句どおりには「良田探し」となる。良田とは美しいイネ（*khao ngam*）を産むよい土地といってもよい。よい土地とは、稲作に適した沼沢がある低地、「水分を含む土地 *thi din damnam chum*」である。人びとは二頭立ての牛車で田圃となる土地を求めて村をでた。チー川ぞいのラオ人集落Dも、他の多くのラオ人集落同様、このような移住者によって成立している。

牛車には一台で四カソープ（約一四〇リットル）の籾米が積める。水牛も連れて行く。しかし多くはない。村をでるまえに五〇〇〇バーツつくるとする。一〇〇〇バーツは土地を買うために、一〇〇〇バーツは水牛を買うために使う。二〇〇〇バーツは予備に残す。残った一〇〇〇バーツは、先に［その地へ］着いている者を雇って、土地を耕すために使う。米を売らずに［自給自足で］よいとすれば、五人家族で二〇から三〇ライ（約三・二〜四・八ヘクタール）の水田があればよい。四人が耕作するのにちょうどよい広さだ。一人は水牛の世話をする。

当時（一九三〇〜四〇年代）の『もてる者 *khon thi mi ru setthi noi*』のしるしといえば牛、水牛の頭数、水田の広さ、家屋の大きさ、米倉の大きさだ。誰がそうで、そうでないかは一目見ればわかった。それは［今から思えば］たいしたものではない。そのほかには、皆何ももっていなかった。貧しかった。今と違って［わずか］四バーツの人頭税が納められずに、お役人につかまって一、二か月閉じ込められた者もいた。

それ以前、村の外へ行ったり来たりして『良田探し』していた連中は、金はなくても森を占有できた。森を一〇〇ライでも二〇〇ライでも囲む。その後は売ることができた。『良田探し』で村をでる者は、食べてゆくだけの米が［その土地で］確保できない者だった。もてる財産を売れば金ができる。森を囲んだ連中の後から行ってそれを買うわけだ。『良田探し』するのも、［後には］金を作れる者でないとできないようになった。『財産 *mun man sang khanyat*』といえば水田、牛、水牛が御三家。子どもらと分けられるのはそれだけだ。なかでも水田は一番大事なものだ。(2)

土地を求めて村をでた者のなかには、首尾よく次のステップを得るような結果を得た者もいれば、望むものを得られず、探索行に終わって帰村した者もいる。このような「開拓」移住の流れの渦中にあって、中継点、集結点的な位置をもつことになった村落は、出身を異にする複数の親族集団が大挙して集散し、あたかも「寄り合い世帯」のような社会構造をもつようになった傾向が認められる(3)。開拓前線ルートの中央に位置し、一九世紀半ばころに生まれたD村も、後にD村から移出した人びとがたどりついた村ほどではないにせよ、同じような性格をもつ。

開村の経緯から、まず大きく二つの村落類型が区別できる。開村以来の草分けの親族が、比較的まとまりのある集団として今日も明瞭に認知されている村落と、そのような核が複数集まっている村落である。仮に後者を「寄り合い所帯的な村落」と呼んでおこう。前者では、ある親族集団が村内の支配的な政治権力を掌握しており、村の中心が開村史のなかに明瞭にみえてくる。後者では、指導者的な長老を異にする複数の親族集団が「同居」しているため、集団ごとに複数の村史が存在する。D村は後者にあたる。

高い移動性、分離と集合を特徴とするラオ人集落に共通するのは、網の目をめぐらすようにできた社会関係の連鎖である。「良田探し」のための情報は、めまぐるしく移動する人びととの関係をとおして獲得されている。それは、生活の他の局面にもみられる。嫁探し(*len sao*)に各地に遊ぶ男性はそのままその地に婚入する。出家してから後、師を求めて(*ba bien, ba khu*)各地を転々とし、約半世紀後に出生村の寺院へ帰還した僧侶もいる。販売用の水牛や牛を引き連れて中部タイへ向かうナーイホーイ(*nai hoi*)も、かつての情報交換の重要な担い手であった[cf. Johnston 1976 : 41]。人びとにとって社会とは、そのような親族、知合いのネットワークのなかに歴史的に成立する結節点の集まりである。生活の拠点が一つであっても、空間的な距離を越えて絶えず更新されてゆくような複数の点で結ばれる、不定型な範囲をもったものである。関係のネットワークは、詳細かつ緊密な情報交換の上に展開されている。また逆に、たとえ距離が近くともネットワークが成立していないところは、馴染みのある空間ではない。

ところで、東北タイのラオ人の親族制度は双系制であるが、婚姻後の居住様式は妻方居住慣行が支配的である。財産相続は、息子には水牛や金銭のような動産を、娘には農地のような不動産を与える傾向がある。男子は一般に村外に他出し、婚入した妻方の農地を相続したり、さらに「良田探し」にみるような開拓者精神をもって自立することが期待されてきたともいえる。一方、農地を相続した娘は、老後の両親と同居して扶養する。「男は籾米、女は白米」とたとえられるゆえんである。D村では親・娘世帯間での緊密な共働共食(*bet nam kan kin nam kan*)が行われており、夫婦、親子、キョウダイを核にした近親(*sum*)という社会圏内では、保護者と被保護者の二者関係にみられる互酬性の規範が顕著である。村内の社会的な諸関係のネットワークも娘—妻を中心に形成されることが多い(4)。

東北タイにおけるラオ人の、過去半世紀ほどの間の移住の経過は、今日D村に定着している人びとよりも、D村からの移出者たちの記憶に生なましい。それらを再構成することによって、移動の実態の一端を示しておこう。移出した人びとを村ごとにたどってゆく調査で拠点とした村は、ウドンタニ県西南部シーブンルアン郡に位置するMN村(T. Non-muong, A. Sibunruang)である。D村からの移住は、コーンケン県西部とウドンタニ県の西南部に集中している【図3】。いずれも、D村からみれば西北の方向にあたる。前述したように、D村はローイエット、マハーサーラカム両県の出身者が開村している。したがって、D村からMN村への移住も、ほぼ東南から西北へという大きな移住方向の波の一部をなすものと考えられる(5)。そしてMN村は、村落類型としては、こうした移住者がもともとの先住者を数の上でしのぎ、D村のような寄り合い所帯的な構成をとるようになっている。以下は、D村出身者が移住した先の村を一九八三年から八五年にかけて訪問して得られた口述資料をまとめたものの一部である。資料は、基本的にはすべてインフォーマントの記憶をたどって再構成された個人史、村史である。開拓村としての成立を明確にするため、D村出身者のみならず、当該村の創設者、他村からの移住者との聞き取りも行った(6)。

D村をはじめ、一九世紀半ばごろに開村の経緯をもつ集落の創始者たちは、自ら占有(チャップチョーン)した移住者だったようである。以下にみるように、実際に開墾されるより広い範囲の土地の、周辺ぞいの木の枝を一定方向にきり倒したり、しるしをつけるなどして占有と称し、自分の使用権のおよぶ範囲とすることが行われている。この意味では、

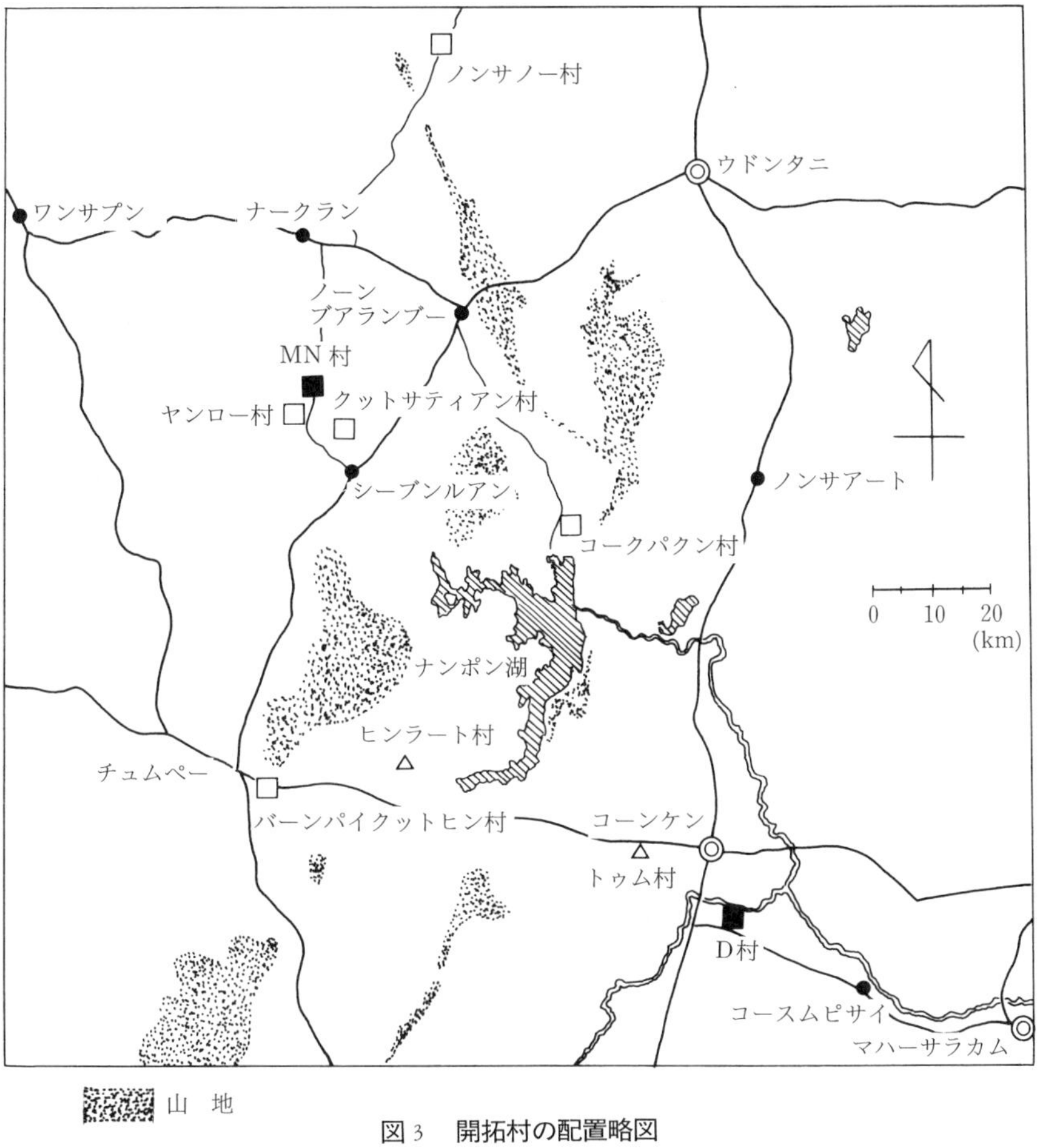

図3　開拓村の配置略図

囲い込み占有という方が正しい。だが、無制限にその範囲を広げることが行われてはいない。時代が下ってD村からの移住者による開拓は、未墾地、既墾地の購入、すなわちすでに占有されていた土地の購入がほとんどである。つまり、かつてはハーナーディーと呼ばれる「良田探し」とチャップチョーンは当然のごとく不可分であったが、少なくともD村からハーナーディーに赴いた者にとってはそうでない場合が多い。

なお、タイ国の土地法として、初めて土地占有を規制した法令は「仏暦二四七九年土地法」（一九三六年公布）である。D村とその周辺の村落へは、その三年後に不整備ながら導入されている。東北主要県と中央政府を結ぶ鉄道網が完備した直後である。一九三九年当時、D村周辺の人びとは、区長（*kamman*）によるいくらか名目的な検分に基づいて、占有面積に応じた地租を払うことになり、慣習的な占有権は、その地租を支払う際に郡役所が交付した「土地検分書」ボー・トー・ホック（*bo tho hok* 実質的には領収書）をもって非公式ながら認められるようになった。その一〇年後の一九四九年に、一応の土地占有確認証となるソー・コー・ヌン（*so ko nung*）が水田、畑地、屋敷地に適用されている。土地利用済確認証書ノー・ソー・サーム（*no so sam*）がD村に導入されるのは、一九六〇年代に入ってからのことである。(7)

地方農村における中央当局発の法制度の適用状況には、それが浸透する時間的なズレのみならず、地域ごとに相当なばらつきがみられる。そのせいもあってか、一九四〇年前後に移住でD村をあとにした人びとの回想には、当時導入された土地法が、開拓移住を規制する問題となったような経験談は、ほとんど登場しない。しかし、第五章で論じるように、それぞれの村落に留まった人びとは、土地占有の規制と占有権の認定の状況を、その記憶に刻み込んでいる。耕境の拡大という意味でのハーナーディーは、この時期に大きく変節したと推察される。その方法は未耕地である森を囲んだ上で、その内部を徐々に水田化してゆくものであったが、後には、すでに先行者が占有した森の一部を金銭で購入したり、さらには、水田化した地所を小作労働した後に分割購入する方法がとられている。その時期が、近年になるほど、稲作に好条件の土地は減少し、高価になってゆく。D村をはじめとする他の集落でも、それぞれの村内に占有確保されていた未耕地が急速に開墾・開田されていくのである。

3-2 MN村における口述記録

一 位置

MN村は外界と二つのルートで結ばれている。一つは、県庁所在地であるウドン市から二一〇号線を西へナークラン郡（A. Na Klang）方向へ約八〇キロメートル行き、道路ぞいのコーコー村（B. Ko Kho）で南への悪路（一九九〇年にラテライト路になった）をたどる。この路を約三〇キロメートル行くとMN村につく。もう一つのルートは、MN村の南東約二五キロメートルの郡庁所在地シーブンルアン（Sibunruang）を経るものである。MN村との距離は二五キロメートルに過ぎないが、一日一便の改造バスで約二時間半もかかる。雨季には凸凹だらけの泥路となり、走行は困難をきわめる。シーブンルアンは、MN村の人びとにとっては市場がある場所であり、コーンケンとウドンタニ方面を南北に結ぶ交通路の中継点である。

MN村には、筆者が調査を実施した時点では電気が通っていなかった（一九八九年に敷設完了）。一九八三年時点での村の戸数は、区長（kamnan）さえも「二九〇戸近くになった」と正確な数を把握しえないほど増加の途にあった。しかし、村内をよこぎる路は広く、屋敷地は十分に余裕があり、村空間としての奥行きは、D村とは比較にならないほどゆったりしていた。

一九四九―五一年ごろに成立した当時、MN村はわずか一五戸よりなる小村であった。村の創始者は、ルーイ県方面の出身を意味する「チュアサーイ・ルーイ *chuasai Loei*」を自称する人びとであった。のちにハーナーディーで流入したコーンケン、ローイエット県などからのラオ人が多数を占めるようになった。同じラオ語を常用語としながら、異なる集団として認識された先住者のチュアサーイ・ルーイにたいして、彼らは自らを「タイ・タイ *Thai tai*」（直訳すれば南方・低地のタイ人）と呼んでいる。移住者の数においても、二つの異なる言語集団が交錯したという点でも、MN村は「開拓最前線」上にあった。

二　MN村の成立経過

MN村の初代村長を務めたY氏は、現在のMN村から南へ約七キロメートル下った隣接行政区ヤンロー（Yang Lo）内の一村YLで一九一七年に生まれた。YL村の開村時期は一八三〇年ごろである。YL村を開いた人びとは、現在のルーイ県ワンサプン郡（A. Wangsaphung）の出身者やコン・ムアン・ナムパート（*Khon Muang Nam Pat*）と呼ばれる人びとであり、中部タイ語とも東北語とも異なる言語を常用語とした(8)。

Y氏は二四歳のとき（一九四二年）、YL村からN村へ移る。N村は、YL村出身者が拓いた六戸ばかりの集落であった。今日のMN村の前身となった集落なので、「旧MN村」（Ban MN Kao）とも呼ばれている。Y氏は一九四八年にこの村の長となった。さらに翌一九四九年、N村の全六世帯、YL村からの五世帯、およびKS村（現在のMN村より南東一〇キロメートルに位置）からの三世帯、そしてシーサケート県（C. Sisaket）から移入してきた一世帯を併せた計一五世帯が、ほぼ時を同じくして現在のMN村の場所へ移った。理由は、N村の屋敷地が狭く通行路も悪かったためという。この一五世帯がMN村の礎となり、Y氏がつづけて村長を務めた。Y氏はその直後の模様について語る。

MN村へ移って三年もたたぬうちに、コーンケン、ローイエット県からの人びとが移住し始めた。土地を買うためのハーナーディーだった。われわれが開墾した水田を、まず二、三人でみにやってきて、そのときに口約束で買いつける。そしてしばらくしてから、現金をもって家族と一緒にやってきたものだった。われわれは一ライ単位では売らず、七〇〜八〇ライほどの単位で売った。当初、多い者で一〇〇ライほどだった。土地によっては二〇〇〇から三〇〇〇バーツ、最高の額でも五〇〇〇バーツくらいで譲ったように覚えている。彼らの屋敷地については無料で、耕地以外から金をとることはなかった。

MN村開村以来の歴史をよく知るもう一人の村人は、ES氏（一九二六年生まれ）である。Y氏と異なって、チャイヤプーム県（C. Chaiyaphum）チャットラート郡（A. Chat Rat）バーンタン区（TB. Ban Tan）のHS村の出身者である。ES氏は、ハーナーディーにでた父親とともに、YL村のそばのドンクリエット村（B. Don Kliet）に移住した。一九三九年のことである。数年後、「レン・サオ」（「娘と遊ぶ」の意。若い男性が配偶者を求めて同村内、近隣村の娘たちを訪れる慣行）にでかけたノイ村で現在の妻と知り合い、一九四六年に結婚してN村に婚入した。そして、第一子を得た翌年に、家族全員で新たにMN村へ移ったという。

ES氏の記憶ではMN村の成立年は一九四七年であり、Y氏の回答より二年早い。

［開村後］三年ほどしてから（一九五〇年ごろ）、まずコーンケン県ナンポン郡（A. Nam Phong）ブアヤイ区（T. Bua Yai）のタールア村（B. Tha Lua）から二、三人が、ローイエット県からも四つ、五つのグループがわれわれの水田をみにやってきた。ついでコーンケン県のD村の人びともやってきた。しかし、彼ら［の出身村］を知るようになったのは、その後の売買関係を通じてだった。……［自分がN村に移ったころ］チュアサーイ・ルーイの親世代の者たちは、すでに一帯をチャップチョーンしており、よそ者から土地を買ったことはない。YL村の水田面積は少なく、村の人びととは少しずつの米をもってきてN村とMN村との間を往復しながら、耕地と村を確保（*chap wai*）していた。でも、水田を大規模に開墾

するということはなく、ほとんど森林原野（*pa*）のままでおかれ、チュアサーイ・ルーイの人びとはそこで狩猟をよくしていたようだった。……ハーナーディーでやってきた人びとは、当時のY氏（前出）やP氏を頼った。もともとこの土地の住人である彼らは、自らつくった水田は売らず、チャップチョーンしておいた林野の外縁の土地を、後からやってきた人びとに売っていた。移住者たちは当初、ナーコーク（*na khok* 陸田）としてこれを耕し、さらに後にハーナーディーでやってきた人びとに売って、北方のナークラン郡や南のチュムペー（A. Chumphae）方面へさらに移って行ったものだ。

ES氏によると、MN村に仏教寺院が建立された一九七五年ごろには、もとの先住者よりも、他県から次々と移住した人びとの数が上まわったという。ルーイ県出身者のある先住者は、土地を移住者たちに徐々に売却したのちに、チュムペー郡フエイソー村（B. Huai So）方面へでている。すなわち、開村して一〇年もたたぬうちに、MN村は耕地を求める他県出身者によって膨張した。

三　ハーナーディーの移住者たち（1）

一九八三年時点で、MN村に住むD村出身者は二六戸であった。入村がもっとも早かった人びとは、一九五〇年前後に移住している。最後の移住者グループは一九七三年ごろに入村している。その後、一九八一年に同村内の水田だけを購入したD村居住者がいる。以下では、D村からのもっとも初期の開拓者に焦点をあてる。彼らがD村をでたのは一九四〇年前後のことであり、その時期は、D村から多くの人びとがハーナーディーのために他村へでた時期ともいわれている。

事例1　CD兄弟のMN村への移住経過

MN村に移住した最初のD村出身者は、CD氏（一九一四年生まれ）の兄弟たちである。彼らがハーナーディーのためにD村を離れたのは、早くとも一九四二年ごろである。当初の目的地は、MN村ではなく、ナンポン（Namphong）湖の真北に位置するコークパクン村（B. Khok Pa Kung, A. Non Sang, C. Udonthani）であった【図3参照】。CD兄弟の両親は、ともにローイエット県出身で、D村を開拓した世代に属する。両親はローイエット県から一五日の道のりを歩いてD村にいたり、耕地を占有したといわれる。そして、D村で男子六名、女子一名をもうけた。その後、父親はD村で死亡している。長男にあたるCD氏から順にしるしておこう。

1	CD	男
2	サーリー	男
3	トンミー	男
4	カイ（兄）	男
5	カイ（弟）	男
6	ファアット	女
7	ブンミー	男

D村では、両親はトゥンボー（Thung Bo）と呼ばれる地所に水田を約三〇ライもっていた。収量は年間二〇〇〜三〇〇ブンだったが、二〇〇ブン以上を消費した。(9) 豊作の年には余剰米は売らず、自給用としてカチョー（かご）に入れて保管していた。CD氏は、次のように一九四〇年ごろのD村を回想する。

他の豊かな村人は、余った米を隣町のタープラ（The Phra）の華人に一ハープ（*hap* 約六〇キログラム）当り二五サタンで売り、その金で一着二～五サタンの服をタープラ市で買っていたものだ。［自分の］両親の水田は洪水の被害をうけやすく、しかも塩害がでる水田でもあったため、飯米はいつも不足がちだった。これがハーナーディーに赴いた理由だ。

CD氏は、母親および兄弟六人とともにD村をでる。一九四二―四三年ごろである。一行には、牛車二台、牛四頭に加え、「親類」（*yat*）でもあるノンヤープレーク村（B. Nong Ya Phraek）のチャン・セーンケーオ氏（Mr. Chan Saengkaeo）が含まれていた。そして、以下のコースでD村を北上する（名称はすべて村名）。

第1日　D村→Don Han→Nong Khoi→Nong Khai Nun（タープラ近く）→Kut Khwang→Non Sa-at［泊］
第2日　Phet→Tum→Kut Sai Wo［泊］
第3日　Hin Lat→Huai Yang→Khok Sum→Bo Nok Khao［泊］
第4日　Mae Nam Phong を渡ってウドンタニ県へ入る→Nong Tana→Khok Pa Kung 着

KP（Khok Pa Kung）村にはすでにD村からの移入者がいた。後述するCN氏がCD氏たちより四、五年早く訪れていたように、この村は当時、ハーナーディーでD村を離れた人びとにとって、当面の目的地とされた開拓村であったことが窺える。CD兄弟のうち、カイ（兄）、カイ（弟）とファットの三人はKP村で六、七年間過ごす。CD氏ほか三名はそれより長く九、一〇年を過ごすが、彼らはいずれもこの村に住んでいた間、年に何度もD村へ帰っている。知人や友人に会うためである。

KP村でも米の収量は不足がちであった。カイ（兄）氏（一九一八年生まれ）はここへ移った翌年に結婚し、妻の両親がもつ水田一五ライを妻方のキョウダイとともに耕作した。しかし、妻方のキョウダイも七人と多く、水田は分与（*baeng bai*）されなかった。そのようなところへ「MN村によい耕地がある」という情報がもたらされた。ハーナーディーでドンクリエット村へきていたレー氏（D村出身。CD氏のイトコにあたる）が、KP村のCD兄弟を訪れたときのことである。そして、まずカイ（兄）夫婦と二人の子ども、カイ（弟）夫婦、それに妹（ファット）夫婦の三世帯が三台の牛車を駆って、次の各村を経由してMN村へ向かった。

第1日　Non Muang村［泊］
第2日　Don Po村［泊］
第3日　Pron Chaeng村（A. Sibunruang）［泊］

そして四日目にMN村に到着する（推定一九四九―五〇年）。カイ（兄）氏の経緯をたどろう。

MN村の周囲は、ほとんど森林原野（*pa dong*）だった。でも、すでにルーイ県出身者の家屋が一五軒あった。(10) 彼ら先住者たちがここへきたのは四年前ということだった。

カイ（兄）氏はKP村をでたときには六〇〇バーツの所持金しかなかった。MN村へ移った一年目には土地を買わず、先住者であるルーイ県出身者のM氏の水田（ドンクリエット村近くにあった）を耕作させてもらう（*rap chang*）ことで、飯米を得た。三〇〇ブンの収穫は、水田所有者であるM氏に一四〇ブン、カイ（兄）氏には一六〇ブンの割合で分配された。

翌年、先住者の一人から、一〇〇〇バーツで約二〇ライの土地を購入する。その内訳は水田一ライ、森林一九ライである。この年の収量は七〇ブンであった。足らなかったので、当時の村長Y氏が所有する水田を一ライにつき一五バーツで耕作し、村内で飯米を購入した。当時の相場は一〇ブン当り三バーツである。

三年目には田圃を六ライにまで拡張し、二五〇ブン以上の収穫があった。さらに翌四年目は一〇ライほどに広げて、五〇〇ブン以上の収量を得ている。そして、六年目にルーイ県出身者のN氏から、新たに二〇ライの水田を一万バーツで購入した。七年目、カイ(兄)氏はD村へもどったときにケナフとトウガラシの種を得て、MN村に持ち帰り栽培を始める。ケナフは一ライほど植えたところ、約一〇〇〇キログラムとれた。これをシーブンルアンの市場で売り、二五〇バーツを得たという。当時のケナフの売値はキログラム当り二五サタンであった。また、トウガラシでも一〇〇バーツ以上の収入があった。さらに、サトウキビをも栽培し始めたのは翌九年目で、砂糖汁をとり、厚み三センチほどの筒状固形にしたものを一個一バーツで売っている。最初に六〇〇個作り、シーブンルアンの市場で完売した。近年(一九七四年)になって、やはり先住者であるU氏から畑三〇ライを一万バーツで購入する。そして一九八四年には、カイ(兄)氏はサトウキビ栽培をやめてキャッサバにきりかえ、今日にいたっている。

長男のCD氏は、弟たちに遅れること約三年、すなわちKP村で九年を過ごしたのち、MN村へ入っている(推定一九五三年ごろ)。

自分[CD氏]がやってきたとき、MN村は約四〇戸ほどの小村で、ルーイ県出身者が多く、言葉がわかりにくかったのを覚えている。カイ(弟)をはじめとするD村、ノンヤープレーク村、ナンポンなどコーンケン県からの人びとのほか、ローイエット、マハーサーラカム県よりの人びとが徐々に住み始めているところだった。彼らはルーイ県出身の先住者たちと区別して、自らを『南側[ないし低地]からきたタイ人』(*Thai tai*)と呼んでいた。

CD氏は、まず一年目にY村出身のB氏から五〇〜六〇ライの森林を三〇〇〇バーツで購入する。そして、そこに拓いた高みの田圃（*na khok*）で陸稲を収穫した。

森（*pa*）には象がいた。そこは悪霊（*phi*）やマラリアに満ちたところだった。先にきていた弟たち、特にカイ（兄）、カイ（弟）の二世帯と共同で耕作した。初年度の全収穫一二〇ブンは四〇ブンずつ三等分した。『共働共食 *het nam kan, kin nam kan*』だった。二、三年目になって、陸稲で七〇〇ブンほど収穫できるようになった。

陸稲は旱魃に弱かったという。水田を手に入れたがっていたCD氏は、一九七〇年代のなかごろになって、ようやく念願の水田三〇ライを一万四〇〇〇バーツで購入する。そして、一九七七年に「土地利用済確認証」を他の人びとに先んじてとりつけたという。現在は、自宅の屋敷地内にモチ米とウルチ米用の二つの米倉をもち、年間平均一一〇〇〜一二〇〇ブンの収量を得ている。必要に応じて、モチ米の売値は一ブン当り二一〜二二バーツ、ウルチ米は一ブン当り三一〜三二バーツで、村内やシーブンルアンで売ることもある。農繁期には、村内に住む二人の息子に手伝わせて、収穫米から年に七〇〜八〇ブンの米を与えている。

CD兄弟たちは、若干の時間の差はあるにせよ、六名全員がD村をでてKP村で止住したのちにMN村へ移住した。だが、今日もMN村にとどまっているのは、CD氏、カイ（兄）氏、カイ（弟）氏の三氏のみである。カイ（兄）とともに先陣をきって移住した妹フアットは、MN村に入って間もなく、NM村［MN村から北西約一二・五キロメートルに立地］によい条件の土地をみつけたので、その後MN村をあとにしている。さらに、後発隊としてCD氏とともにやってきた弟のサーリ氏とトンミー氏は、最初年の収穫が陸稲で二〇〇〜三〇〇ブンはあったが、さらにハーナーディーでFH村［MN村から北西五キロメートルに立地］へ移り今日にいたっている。MN村を離れたといってもいずれも近隣村で、たがいの連絡は容易な距離にある。現在、兄弟たちがD村へもどることはほとんどない。カイ（弟）氏はいう。

以前は、友人（*siao*）や知人（*khon sanit*）がD村にいたので、少なくとも年に一度は帰ったものだが、皆でてしまい、（親しい者が）誰もいなくなったので、D村をなつかしく思うことはないよ。

事例2　CK氏のMN村への移住経過

CK氏（一九一八年生まれ）は、先のCD氏よりさらに遅れて、一九五七年にハーナーディーでMN村へやってきた。しかしながら、D村を離れた時期はCK氏の方が早い。彼が両親、キョウダイとともにD村をでたのは一九三八年であり、CD氏のキョウダイたちより一足早く前述のKP村に移入している。そして、ここに一九年間滞在した。

D村にいたとき、[自分の] 両親は二〇ライの水田をもっており、年に三〇〇〜四〇〇ブンの収穫があった。しかし、悪い水田（*na bo di*）で、飯米は不足がちだった。村をでるときに両親は水田、家屋、何頭かの水牛と牛を売ってから牛車を購入した。……KP村へ行くことは（初めから）決まっていた。D村の人（*khon ruam ban kan*）であるI氏が連絡をとっていたからだ。われわれの一団は自分の兄弟七人、両親二人の計九人、さらにD村の知人だったN氏とその妻で、牛車五台のグループだった。ほかに（CK氏自身の）母方の親族（*khrua yat*）が七、八人、KP村まで同行し、見送ってくれたあとでD村へ帰った。

その行程は三日であった。一泊目はドンポー村（B. Don Po, A. Muang, C. Khon Kaen）、二泊目はタナー村（B. Ta Na, A. Muang, C. Udon）で過ごし、三日目にKP村に到着したという。

到着後、両親は三〇ライの土地（*na pa*）を購入し、五〇〇ブン（初年度）から八〇〇ブン（三、四年目）の安定した米収量を得た。九年目の一九四六年に、CK氏は、同村にハーナーディーでやってきていたウボンラーチャタニー県ファヤート郡（A. Fayat）出身の娘と結婚する。同年、オークヒエン（*ook hien* 妻方の両親と同居後、独立家屋に住むこと）してからも妻の両親の田圃を耕作し、年間三〇〇ブン以上を得ていた。[11] だが、以後一〇年間に五人の子ども(男子三、女子二)が生まれ、飯米が不足気味となり、他所によい水田をみつける必要が生じたという。

KP村をでて先にMN村へ入っていたカイ(兄)たちが『誘い人』(*knon sak chuong*)で、MN村へ行くことを勧めてくれた。そこで、一九五七年、自分の家族七人は、DH村からハーナーディーにきていたMLじいさんとPばあさんの家族七人を併せた計一四人で、牛車七台(うち五台はCK氏のもの)で移動した。KP村をでるとき、水牛と牛以外はすべて売り、約七〇〇〇バーツの金をつくった。

MN村にはCK氏の姉(N)が先行しており、[12] 三〇ライほどの土地をもっていた。姉は、牛車一台と牛二頭でその土地を先住者から入手し、約一〇ライを水田にしていた。CK氏はMN村に入ってしばらくの間、カイ(兄)氏の家に(無料で)とどまるが、結局、ドンクリエット村近くにあったその姉の土地すべてを七〇〇〇バーツで購入する。

最初の年は一七〇ブンの米がとれた。[13] [家族を養うには]とても足りなかった。自分は他人の水田を耕作せず、村内で魚と米とを交換した(たとえば魚四尾と米一かご=約二キログラム=というように)。ほかにはキログラム当り三バーツで売れたケナフを植えて、一〇〇キロは収穫した。自給用にウリ *taeng*、赤タマネギ *bua thiam*、タバコ *ya* やトウガラシ *phik khang* (?)などもつくった。

二年目、CK氏は水田を約一五ライに拡大して三〇〇ブン以上の収穫を得る。六年目を迎えるころには、水田は二二ライほどになり、収量も六〇〇~七〇〇ブンに増加した。一二年目にはほぼ現在の規模になり、平均して八〇〇から一二〇〇ブンの収量がある。ちなみに、一九八三年には一一〇〇ブンがとれ、雨が不足がちだった一九八四年は七〇〇ブンであった。収量が増加するのと同時に、CK氏はさらに五人の子どもをもうけている。現在もまだD村に親類や知人をもつＣＫ氏は、二年に一度はカティナ衣奉献祭（*ngan bun kathin*）や供養飯儀礼（*ngan bun chaek khao*）〔ともに次章参照〕の際にＤ村にもどるという。しかし、彼自身の兄姉は、以下に示すように、全員がＫＰ村を経てのちにさらにハーナーディーで他村へでている。

1　ブン（長姉）：Ｄ村→ＫＰ村［住］→ＮＫ村（B. Nong Kham, A. Chumphae）に移住後死亡
2　ルン（長兄）：Ｄ村→ＫＰ村［住］→ＫＤ村（B. Kut Din Chi, A. Na Klang, C. Udonthani）に在住
3　ロート（次姉）：Ｄ村→ＫＰ村［住］→ＫＤ村（B. Kut Din Chi, A. Na Klang, C. Udonthani）移住後死亡
4　ノイ（三姉）：Ｄ村→ＫＰ村［住］→ＭＮ村［住］→ＫＰ村に在住
5　ＣＫ（インフォーマント）：省略
6　ワン（妹）：Ｄ村→ＫＰ村に在住
7　パン（弟）：Ｄ村→ＫＰ村に移住後死亡

四　ハーナーディーの移住者たち（２）

移住による「新天地」での暮らし向きは、開拓者としてどのような形で耕地をものにするかで大きく左右される。ＭＮ村開村初期のころに着目すれば、当事者の境遇と能力が、可能性に満ちた生活の確立にとって、いかに大きな要因であったかが明確である。Ｄ村出身者ではないが、以下に述べる移住者の今日にいたる経緯はこのことを示す端的な例である。すなわち、現在のＭＮ村の有力者とされているＥＳ氏（前出）とＴＳ氏の場合である。

ＥＳ氏は先にも触れたように、Ｄ村出身者からみればＭＮ村の先住者になるが、彼自身も村の創始者ではなく、ハー

ナーディーの過程でMN村に移入した立場にある。そして、のちに村長を務めた経験のもち主である。一方のTS氏は、前述のCD氏とほぼ時を同じくしてMN村入りしたコーンケン出身者である。現在のMN村の宗教的指導者でもあるが、まさに後々のMN村で多数派となったハーナーディーの移入者たちによって選ばれ、支えられている人物である。

事例3　ES氏のMN村への移住経過

ES氏の両親は、チャイヤプーム県チャットラート郡（A. Chat Rat）のファサート村（B. Hua Sat）に二〇ライの水田をもっていた。平年で一五〇ブンほど、豊作年では二〇〇ブンほどの米が収穫できたが、「砂状の土壌で質がよくなく、ひんぱんに旱魃にみまわれた」水田であった。ES氏が一三歳の年（一九三九年）、両親は同村の八世帯とともにウドンタニ県シーブンルアン郡のドンクリエット村へハーナーディーにでた。この村へは、父親の兄弟が先にチャップチョーンしにいっており、連絡があったためである。両親は、ES氏を含む子ども八人全員で離村した。そのとき、水田を四〇〇〜五〇〇バーツでファサート村の知人に売却している。

ES氏の両親の世帯を含む九世帯が、ドンクリエット村に入って後、しばらくして、ファサート村方面に雨が降ったという知らせが届いた。この知らせで、一緒にやってきた他の八世帯は、すべてチャイヤプーム県の方へひきかえす。結局、ES氏の両親の家族だけが残り、兄弟とともに占有し始めた。約五〇ライの森林を確保したが、すぐには耕作できなかった。初年度とその翌年は、当時ドンクリエット村の住民だったケンター氏（A. Wangsaphung, C. Loei 出身）の水田を、一人当り年間一〇〇ブンの籾米という条件で耕作した。兄弟一人ずつがそれぞれに行った。

三、四年目には自分たちの土地で一五ライほどの水田耕作ができるようになり、約二〇〇ブンを収穫した。七年目（一九四六年）、二〇歳になったES氏は、YL村（前出）出身の娘ソムシーと結婚するためにN村（旧MN村、一九四二年開村）へ婿入する。ES氏の両親は、以後もドンクリエット村に住んだ。ES氏は、妻の両親が占有して拓いた六〇ライの水田がよい水田（*na di*）だったため、年間一〇〇〇ブン以上の収量があった。結婚の翌年に第一子が生まれる。この年、屋敷地を現在のMN村に移し、妻の両親とともに全員が住んだ。ES氏は以後七人の子どもをもうけ、妻の両親の老後を世話した。現在は同居したその両親も亡くなり、よい水田はすべてES氏のものとなっている。

ES氏はMN村への移住後約一二年して、初めてチャイヤプーム県の彼の出生村へ様子伺いによっている。「誰も知人がおらず、『どこからきたのか』と尋ねられた」という。彼が生まれ故郷へもどったのは、あとにも先にもこの一度だけである。

事例4 TS氏のMN村への移住経過

一九一五年にナンポン郡（A. Nam Phong）のブアヤイ区（T. Bua Yai）で生まれたTS氏は、同区内にあるタードゥア村（B. Tha Dua）で現在の妻と結婚、六人の子ども（うち二人は後に死亡）をもうけた。一〇ライの水田をもち、年間約四〇〇ブンの米を自給用として得ていたが、洪水が頻繁にあり、よい水田が欲しかったという。タードゥア村出身の義姉の息子がMN村にハーナーディーででていたので（一九五〇年）、TS氏はまず水田をみるために、単身でMN村を訪れている。そして帰村後すぐに、一〇ライの水田といくらかの畑をタードゥア村の知人に総額一五〇〇バーツで売却し、子ども四人と妻とともに、再びMN村をめざした。一九五二年のことである。TS氏は回想する。

まず、到着したその日から、当時の［MN村の］Y村長の家の裏側にあったスックという人の家屋と屋敷地を、一八〇バーツで買って住んだ。二年早くきていた義姉の息子から森林二〇ライを五〇〇バーツで手にいれたが、最初の二年間はこれを水田にするのに費やして、米はつくらなかった。だから、Y村長が決めた条件（年間一〇〇ブンの籾米）で（Y村長の）水田を早朝から暗くなるまで耕作した。家族全員が充分食べるのに二〇〇ブンは欲しかったんだが……。

ＴＳ氏自身の水田は、三年目を迎えて耕作可能となる。森林（二〇ライ）は五、六ライを残して、一五ライほどを水田にしていた。そして、この年には一五〇ブンの収穫があった。(14)

当時（一九五〇年代初頭）、ハーナーディーでＭＮ村に移入した多くの人びとは、先住者が確保していたいくらかの水田を買って、移住したその年から耕作したものだが、自分にはそれほどの金銭的余裕がなかった。

翌四年目（一九五五年）には、同じ水田面積で、前年の倍である三〇〇ブンの収量があった。しかし、収穫後ＴＳ氏は、水田を含めた計二〇ライのすべての土地を六三〇〇バーツで売却する。相手は、コーンケン県ノンルア郡（A. Nong Rua）のメン村（B. Meng）から、ハーナーディーでＭＮ村にやってきた人である。そして、ＴＳ氏はすぐに平坦部の森林一〇〇ライ（うち一〇ライが水田化されていた区画）を三四〇〇バーツで手に入れた。

この土地は村の『公共地 *thi din satharana*』だった。だから、自分がだした費用は、この年（一九五五年）に着工されたばかりの仏教寺院に、僧房（*kuthi*）や講堂（*sala*）をつくる経費にあてられた。

新しい土地を耕作した翌年、二〇〇ブンの米がとれた。さらに翌年、その次の年とＴＳ氏は水田面積を徐々に拡大し、三〇〇ブン、四〇〇ブンの収量を得るようになる。四〇〇ブンの米がとれたその年、水田は一五ライ程度であった。そして、同年の収穫後、ＴＳ氏は再びそのすべての土地をハーナーディーでコーンケン県からＭＮ村にやってきたばかりの移住者に一万五〇〇〇バーツで売り渡し、八〇〇〇バーツで現在の四二ライの土地（当時の内訳は水田二〇ライ、森林二二ライ）を手に入れる。一九五七年のことである。翌年には、この水田から六〇〇ブンの米を収穫した。以後、ＴＳ氏は土地の売買はせず、今日にいたっている。ＭＮ村に移住後、さらに六人の子どもをもうけたので、ＴＳ氏の家族は一二人になっている。

ＴＳ氏は、「土地を売買する額は、知人、親族ほど安く、見知らぬ者にたいしてほど高くなる」という。同じハーナーディーでやってきた彼の仲間たちは、よりよい条件の水田を入手して今日の財をなしたＴＳ氏の「土地ころがし」の過程と手腕を評して、「ＴＳは『第一級の農民 *saoma ek*』だ」といっている。

一見、計算高い現実家で投機家肌のＴＳ氏は、同時に、ＭＮ村の仏教寺院設立以来の信仰熱心なターヨック（*thayok* 寄進総代）である。自他ともに「法の守護者 *phu baksa thamma*」を認じている。また、ＭＮ村には「村祠 *lak ban*」（後述）があり、仏日（*wan pha, wan sin* 陰暦の新月、白分八日、満月、黒分八日で八夜、十五夜、二十三夜、月末夜の四度。十五夜、月末の二夜は、特に大仏日［*wan pha nyai*］と呼び、僧侶が具足戒二二七条を誤りなく読み上げ、前回の大仏日からのいたらぬ行為を告白し悔い改める布薩日）ごとにここへ献花・献灯するのも、ＴＳ氏の役割の一つになっている。

五 「村の守護霊」祭祀をめぐる先住者と移住者

先住者との土地の売買関係が成立して初めて、「よそ者」のハーナーディーによる移住は可能となる。絶えず移住者の出入りがあるために、同質性を欠く村の常態からすれば、両者の間には「定住者」（先住者）と「侵入者」（新参者）という形で顕れるほどの尖鋭な緊張関係は生じないのが普通であろう。移住してきた時期的なずれをみれば、先住者のグループ内にも、先住と新参者の双方が含まれており、集落人口の動きはきわめて流動的である。ＭＮ村の場合、二つの異なる集団ということから、たがいが「チュアサーイ・ルーイ」と「タイ・タイ」という分類規準をもって、草分け的な先住者とその後の移住者とを明確に区別する傾向が長くつづいている。しかし、これまで両者が対立するような事件はなかったといわれている。

ＭＮ村が開村して後に、大挙して移入することになった人びとのなかには、「［草分け先住者である］ルーイ県からの人びとは、われわれ『タイ・タイ』に耕地を売って『みんな』チュムペー方面へでていった」と見ている者が少なくない。さらに、「ルーイ県からの人びとは、［当初から］売るために土地を占有・確保していたのだ」ともいわれる。いずれにせよ、現在のMN村では、草分けの先住者たちは、すでに「いなくなってしまった人びと」として語られている。今日のMN村の住民はすべてがハーナーディーでやってきた「タイ・タイ」であるという勢いなのである。

MN村は、新参の移住者には、すでに彼らの集落となったかのようにみえている。しかしながら、実際には今日も四世帯ほどの草分け先住者グループがMN村に居住するほか、自らを「チュアサーイ・ルーイ」の系譜に位置づけている人びとも少なくない。しかも、その意識は、かつての「村の守護霊」祭祀（*liang phi puta*）の変遷と密接に結びついている。外部の観察者がみても、MN村という一行政村は、紛れもなく一つの集落である。住民が相互に売買の関係を結び、同じ空間をシェアしてきたにもかかわらず、歴史的経験を異にする住民の視線からみれば、たがいに異なったMN村の姿がある。

MN村では「村の守護霊」をめぐって、先住者と新参者の間に、対照的な姿勢と視線がみられる。ハーナーディーによる新参の移入者にとって、草分けの先住者がすでに祀っていた「村の守護霊」にたいする年中儀礼は、「［供物である］豚や鶏、酒を用意する経費が高くつく」不合理なものであり、「村の守護霊」それ自体が、病や災禍の元凶だったという。だが、他方の先住者にとっては「村の規律、生活の規律」としての意味をもっていた。

MN村の初代村長を務めたY氏（前述）も、今日なおチュアサーイ・ルーイを自認する人である。現在、下半身の自由を失ったY氏は、家族の者以外に、常に五、六人のチュアサーイ・ルーイを自認する人びとに囲まれて余生を送る。彼によれば、土地の占有にともなうMN村の成立と「村の守護霊」の祠（*bo puta*）の設置とは不可分のものである。

恐ろしい悪霊がいる森（*pa*）を皆で分割しあう。たがいに口約束でおおまかな広さに分けて、めだった大木に×印をつけてゆく。境界はもうけなかった。一定の範囲内の木々を伐採して森を切り拓いてゆく。木をきりだしてから火をつけて焼く。だがその前に、木をきりだすと同時に、家屋つくりと『村の守護霊』の祠つくりにかかる。それをすませてから開田し始めた。田圃の境界は、雨が流れ落ちるような高みになるところだ。

Y氏を中心とする開村者たちは「沼 *laeng nam*」のそばに水田をつくって水稲（*khao na*）を植えた。のちのハーナーディーの移入者がするような陸稲（*khao hai*）を植えることはなかった。水稲以外には、トウガラシ、トウモロコシ、ウリなどを栽培したという。

開村者たちは、「村の守護霊」にたいして儀礼を執り行った（*liang puta*）。村内からクジで選出したチャム（*cham*）と呼ばれる儀礼執行者をリーダーに、年二回の儀礼を、祠を設置した森のなかで執り行う。この森は、特にプーターの森（*dong puta*）、タプーの森（*dong tapu*）と呼ばれ、チャムが儀礼を行うときをのぞいては入ってはならなかった。雨が降って土がやわらかくなり、耕起をする直前の、おおよそ陰暦六月ごろには、豚六頭と鶏六羽を、（収穫後の）陰暦二月ごろには豚四頭と鶏四羽を、それぞれ（水曜もしくは木曜日に）「村の守護霊」を祀る祠に献上した。「村の守護霊」の儀礼は村落単位のものであり、他村出身者は参加できない。彼らには彼らの「村の守護霊」があるからである。さらに、仏日には、①精米しない、②耕作しない、③水牛、牛を使わない、④炭を作らない、⑤生類を殺さない、などの規律（*kalam*）を守り、仕事を休む日としていた。年中行事化した儀礼以外では、みだりに祠がある森の中へ入ってはならない。儀礼を行う日をのぞいて、一本の草木も折ってはならない不可侵の聖域である。ただし結婚で村外から入る者がいれば、必ずチャムとともに祠へ詣って報告する。また、村の人間が村外へ長くでかける場合も、祠への報告と安全祈願を行う。無事にもどればお礼参り（*kae bon*）をする。

［そのような規律は］村の『法律 *kotmai*』のようなものだった。もし、犯す者がでると村の連中はすぐにチャムに知ら

せ、その人を『村の守護霊』の祠へ連れてゆく。そして許しを乞う。そのときには、酒とアヒルあるいは鶏一羽、米、そしてローソクの代わりになる『ココリ *thian kam*』を用意する。当人が持参しなければ、チャムが用意して整え、許しを乞うたものだ。

「村の守護霊」への儀礼は、一九七一年以降、実施されていない。MN村から「村の守護霊」が「追放」(*kap lai*)されたためである。Y氏は回想する。

ハーナーディーで他村からやってきた人びとは、(右記の)われわれの『きまり *wimai*』を知ってはいたが、守らなかった。『きまり』に無関心で仕事をする者が多く増えてゆくにつれ、そのために悪霊の犠牲になる者がで始めた。(やがて)『きまり』を犯した当事者だけではなく、他の人びとまで『村の守護霊』の怒りの災いを被るようになった。さらに、そのつど『村の守護霊』に許しを乞うことも困難になってきたので、人びとは集会をもち、僧侶に相談することになった。その結果、『村の守護霊』をおいだして今日の『村祠』をもうけた。

この「追放劇」をアレンジし、それにたちあったのが、前述した移住者の一人であるTS氏である。TS氏は次のように述懐する。

〔当時の〕MN村では、病やいろんな災難にあう人びとがでていた。原因は『村の守護霊』にあるといわれていた。そこで、僧侶でありモータムでもあったブンマー師(Phra Bunmma)〔当時ウドンタニ県ノーンサーン郡〈A. Non Sang〉のファイクラチャイ村〈B. Huai Krachai〉に止住〕のところへ自分がでかけて、MN村へきてもらうように招請した。そして、『村の守護霊』に伺いをたててもらった。師は花とローソクそれぞれ五対(*khan ha*)を用意して問うた〔以下もTS氏談、師=僧侶、守=『村の守護霊』〕。

師:『(守護霊にたいして)ここにもう何年いるのか』

守：『一〇〇年になる』

師：『すかせた腹を、いつもどこで満たすのか』

守：『いつも探している（*ha kin*）』

師：『新しく生まれ変わりたいか』

守：『生まれ変わりたい』

師：『ならば、（仏教の）戒律を遵守できるか』

守：『できない』

師：『できないのならば、なぜ生まれ変わりたいのだ』

この問いに『村の守護霊』は答えなかった。そこで［僧侶のブンマー］師は追放を決め、儀礼（*phithi kan ban*）をとり行った。まず、土をもってきて一握りずつつかんで口もとへやる。呪力を吹き込める（*phuk sek*）ためだ。そして、この土を村の境界にまき放つ。次に、村の四方（東西南北）に木柱を一本ずつ埋め込んで土をかぶせた。『村祠』［ラック・バーン *lak ban* 村の柱の意］をつくったのはそのあとだ。

TS氏は、MN村中央に位置する集会所のすぐ隣りに新造された「村祠」をラック・バーンと呼ぶが、人によって多様な呼称がある。ブ・バーン（*bu ban* 村の臍〈中心〉の意）、アハック・バーン（*ahak ban* 村の守護者の意）、さらにはラック・ウパクット（*lak upphakhut* ウパクット仏〈雨乞い仏〉の柱の意）などがある。どの呼称であっても、村落を災禍から守護する村の礎柱、中心という意味で使われている。また、「村祠」には精霊ではなく、仏教的な守護力が祀られているとする点でも同じである。移住者の人びとは、「われわれは、『精霊』ではなく『法 *thamma*』によって守護されている」という言い方をする。[15] 開村以来の歴史を刻印する「村の守護霊」は、森から生まれた水田や屋敷地とは無関係な仏教守護力にとって代わられたわけである。「タイ・タイ」の人びとは、この「信仰改革」では、草分けの先住者との間に、何らの争いも生じなかったように語っている。当時すでにルーイ県出身者たちがMN村では少数派となっていたことも一因であろう。しかし、現在も同村に住む先住者であるY氏たちはいう。

儀礼はしなくなったが、われわれ(チュアサーイ・ルーイを自認する者)は『村の守護霊』を祀っていたころの『きまり』を守りつづけている。このことは、ハーナーディーで移入してきた人びとには強制するべきものではない。当人次第のことだから。

開村当初からMN村に住む人びとには、当時の生活規範は今日も規範でありつづけている。ハーナーディーによる他村移入者があって約二〇年を経て、それは公の領域から私的な領域へと退いたのだが、その変化は、新しくMN村を担う世代が成長する時間のうちに緩やかに進行したとみるべきであろう。地域的信仰の差異は、国教としての仏教の枠内で解消されているようにみえるのが、MN村の宗教世界の実状である。

3-3 「ハーナーディー」をめぐる若干の考察

これまで紹介してきたハーナーディーによるD村出身の移住者は、彼らより一世代以前の常態だったと推察される占有(チャップチョーン)ではなく、すでに先住者が占有した土地の購入を通じて田圃を開拓し、自らの生活を築いている。そのことは、MN村に移住した者だけに限られることではない。

ウドンタニ県ナークラン郡(A. Na Klang)クットディンチー区(T. Kut Din Chi)ノンサノー村(B. Non Sano)へ移住したKK姉妹とその両親の場合も同様である。彼女の両親には五人の子どもがあった。D村では年間二〇〇ブンの米がとれたが、充分ではなく、一九五五年にハーナーディーにでた。家族全員が、他の村人とともに牛車一〇台以上の大集団でD村を北上した。MN村を通過し、ノンサノー村まで一一日を要している。当時の当地にはすでに占有をすませていた有力者がいた。両親は一〇〇ライの森林を八〇〇〇バーツで購入したほか、空き家だった現在の家屋と屋敷地を六〇バーツで得た。田圃を拓き、五、六年後には三〇〇ブン以上の収穫を得て余裕がもてるようになったという。

一般に、年代が現在に近づくほどに、入手する土地の購入費も高額になる。一九七三年にMN村に移住したター・シーハヤック氏（仮名）は、水田四〇ライを含む一〇〇ライの土地を（現在）ドンクリエット村に住む所有者から二万九〇〇〇バーツで購入している。MN村開村まもないころにやってきたター氏のイトコが、二七ライの水田を含む三〇ライの土地を、わずか三〇〇バーツで得たことを、ター氏は比較のためによく引合いにだす。現在もD村に住むPC氏が一九八一年にMN村で購入した水田三二ライは、五万四〇〇〇バーツであった。耕作はMN村に住むPC氏の知人が行うが、農繁期になるとPC氏はコーンケン県での勤務先（東北地域農業センター）を休んで、妻子とともにD村からやってきている。

ハーナーディーは、いくつかの先行集落を中継するような形で展開する。兄弟がいくつかの場所に分かれて止住し、連絡をとりあって、よりよい条件の地にさらに移動することは珍しいことではない。移住は必ずしも単線的な一方通行の行動ではない。むしろ、出生村と第一、第二の移住先との間をゆきつもどりつ進行してゆくのが普通である。すなわち、移住者にとっての開拓村は、当初からの定住地では必ずしもなく、中継地としての性格をもつ場合が多い。

すでにみたKP村は、一九四〇年代には、MN村に止住することがなかった移住者にとっても、開拓村であると同時に、あたかも同郷者の「開拓中継村」のような役割を果たしていたようである。現在、コーンケン県チュムペー郡のバーンパイクットヒン村（B. Phai Khut Hin）に住むフアット・マイカミ氏は、一九四〇年にハーナーディーで父親に率いられてD村をあとにし、KP村に移住した。父親はここを拠点にコーンケン県チュムペー郡のノンワー村（B. Nong Wa）

へ一か月、さらに同郡内のノントン村（B. Nong Thong）へ赴いて、二四ライの土地を二六〇バーツで買いつけた。そして、次女の夫が先にここへ単独で入村し、開墾する。その後、次女をはじめとするフアット氏のキョウダイがKP村をでてノントン村へ移住した（一九四六年）。同年にKP村で妻を失ったフアット氏自身はキョウダイたちとは行動をともにせず、再婚によって現在の村に婚入するのである。

人びとが直接的に述べる移住理由は、それまで所持していた田圃が洪水・旱魃の被害をうけやすかったり、土壌が劣悪であったりすることに加えて、その相続状況や扶養家族の成員の相対的多数によって、飯米が確保しにくいというものである。ハーナーディーとは、したがって、当事者が耕作する田圃の自然的・社会的条件が、そのとき、あるいは将来の飯米確保に不安をもたらすがゆえに、他村の田圃を検分した上で移住することである。

しかし、だからといってハーナーディーは必ずしも離村を余儀なくされた貧民（*khon yakchon*）ないし食い詰め者がとる行動とはみなされてはいない。それどころか、よりよい収量が望める耕地を得て、暮らし向きを向上させる契機をもつ、積極的な行動としてとらえられる傾向がある。このような行動は、先代からの移動・止住のパタンの延長線上にあるものである。出生村にとどまることそれ自体に、さほど積極的な意義が認められていないこともその背景をなしている。

基本的に、ハーナーディーによる移住行動には、いくらかの物見遊山（*pai thiao*）と、それにともなう情報が先行している。そして、自身による耕地の下見・検分行動がつづく。ついで、当地の先住者（土地を占有した者）との買いつけ約束がすんでのちに、家族・キョウダイ全員の移住が行われる。その行動は、決してあてどなくさまよう冒険的探索ではなく、きわめて計画的である。しかも、人びとによって収集・交換される複数の情報が実際の行動に先行する点で、広範な社会的行動である。

人びとの移動性は、ハーナーディーに限らず、移住をともなわなくても村人の生活の端々に窺える要素である。多くの人びとがMN村へ向かっていた当時、D村にとどまった者も、絶えず村外へでていたといっても過言ではない。まず第一に、不安定な稲作の自然条件がもたらす、その都度の飯米確保のために人びとは行動した。曜日ごとに行程の安全を願う儀礼的行為があったことは、旧来から村内の人の動きが激しかったことを示している。ある古老男性(一九一一年生まれ)は、約半世紀前のD村の一光景を次のように回想する。

昔も今と同じように洪水と旱魃はあった。そんなときには夫婦やキョウダイぐるみで、牛車で籾米を求めて約一五日かけてウドンタニ方面へ向かったものだ。そして、籾米を得たらすぐにもどってきた。人びとは、それぞれに米を探しまわっている人から、どこへ行けばよいのかを聞く。米がなくなったら、また行く。同じ年に何度もでかけた。洪水になった年は、今日のように、外で仕事をみつけて得た金で米を買うのではなく、米を探したんだ。そのような遠出の出発のとき、安全を祈って縁起をかついだ。日曜なら顔をきれいに洗う。月曜はひとまず横に寝ころんでからでる。火・水曜は甘いもの(菓子や果物)をひと口食べてから、木曜なら顔に白粉を塗って、金曜なら少し村のなかを散歩してから牛車にのる。土曜には身内で少し痴話げんかをし[故意に争いごとを演じ]てから牛車を寺院の方へ向けてでる。[16]

さらに、飯米を求める行動に加えて、ラオ人男性にはさまざまな形での一時離村的な行動が顕著である。よく知られる季節労働のための出稼ぎに限らず、「嫁探し」(*len sao*)や各地に散住する親族・知人間の「相互訪問」(*ma yam pai yam*)、さらには、僧侶や見習僧になった後に、そのようなネットワークを通じて、各地の寺院に止住する出家者の行動などがある。その行動範囲は、近郊から遠方の県、さらには隣接国とさまざまであり、そのまま訪問先に住んでしまうことも珍しくない。それらはいずれも「どこかへでかける *pai thiao*」という日常語で表現される、いくらか無目的な行動の延長にある。

離れた村にもどることもあれば、そのまま配偶者や職を得て他所に生活をもってしまうこの行動に、「男は籾米、女は

精米 *chai pen pluak, ying pen san*」というい いまわしの意味を理解することができるように思われる。そして、この行動には社会移動（social mobility）の一つのチャンネルともなっている側面がある［Kirsch 1966 : 370–378］。同時に、その社会的結果として、出身村と到着地間を往来できるルートが生まれ、村外の情報を人びとにもたらす回路が形成されることになる。すなわち、それは複数の村落を往来するような生活の移動形態を可能にする背景となる。前述したナーイホーイも、かつての情報交換の重要な担い手であった［Johnston 1976 : 41］)。ハーナーディーは、基本的には出生村を離れて外部世界を経験する行動のルートに立脚していると考えられる。異なる点といえば、それが単なる旅ではなく、より具体的な目的をもつ離村行動として顕れる点である。すなわち、それは離村と定着の連続的な過程のなかで進行する、一つの基本的な生活の構築・維持様式とみることができる。定住とは、そのような生活様式の一局面として顕れる。ハーナーディーで移住したインフォーマントもその両親も、同じく移動の途にある人生であった。ハーナーディーとはよりよい収穫の手段としての耕地をゆきつもどりつ探し求める（*thiao ha*）生活行動を意味していたと思われる。

すでにみたように移住者たちの間には、自分が生まれた母村を偲ぶ意識は強い。しかし、その望郷意識は、空間としての村にあるよりは、移動しながらも連絡をとりあうキョウダイ、親族、知人を主とする親密な人間関係にこそある。そして、ある者が移動することによって、他の者もまた連鎖的に移動のチャンスを得る。そのような社会関係の流れのなかで生活世界が認識されているがゆえに、耕地としての田圃も、所有されるべきものというより、水牛や牛と同様に、使用されるべき生活上の道具であったと解すべきであろう(17)。

しかし、いずれにせよ、移住をともなうハーナーディーは、その実行において勇気と決断を要した行動である。移住先で、より豊かな生活が必ずしも保証されるわけではない。聞き取りに応じてくれた移住者たちは、それぞれの過程を経た、それなりの成功者なのである。

一九九〇年、筆者はＭＮ村を五年ぶりに訪ねた。村へいたる道は美しくラテライト舗装され、ＭＮ村とその周辺村には電気が通じていた。大きく変化したのは、村の景観だけではなかった。当時寄宿させていただいた農家の主人、インタビューに応じてくれた古老たちもことごとく故人となっていた。ただ一人健在だった古老は、涙を浮かべて故人の話をした。そして筆者の背中をさすりながら、すでに他界した故人がもどったようだといっていた。帰国後、MN村で知り合った若い男性から手紙がきた。自分の友人が日本へ仕事をしにゆくから相談にのってやってほしいという内容であった。また、勤務先でやはりMN村の縁者からの国際電話をうけもした。その数か月後には、同様の別の人物から横浜からの電話をうけた。開拓村の最前線の面影を残していたMN村の末裔たちは、個々人をつなぐ社会関係の連鎖を最大限に運用しつつ、海を越えての出稼ぎに、暮らしの活路を求めている。

3-4 宗教構成からみた村落類型

東北タイでさまざまな開村経緯をもって生まれたラオ系村落を訪ね歩いて行くと、集落ごとに宗教儀礼の構成が異なることに気づく。開村して数十年も経過した村なら、寺院は必ずといってよいほど建造されている。最大の指標は、「村の守護霊」祭祀の有無である。移住者があふれる過程で、MN村の守護霊祭祀が破棄された経緯を先にみた。開村の経緯と人びとの移動との間には、個々の村落宗教の構成とどのような関係があるのだろうか。

仏教寺院は、相当数の人口が移動する地方国の開設においては、僧侶も追随して、新しい土地に寺院を建立する際の労力も確保できた。しかし、開村当初は人口が小規模な村落では、寺院の用地と建築資材が確保されても、建立に着手するには、村内人口の増加をまたなければならなかった。また寺院に止住する僧侶も、村内の子弟を得度させて寺院に住まわせる以外には「駒うす」状態であったため、出家歴の長い他村の僧侶が、開拓移住のルートにそって頻繁に招請されたり、ひきとめられたりしている［本書第六章、cf. Wat Pa Udomsomphon 1978 : 23］。ある意味で、仏教寺院は一村落の境界を超え、交易の範囲や国家へと連続しており、外来者にも明瞭な制度である。言い換えれば、よそ者に常に開かれた空間をなしている。これにたいして「村の守護霊」祭祀は、領域的には個別の村落空間にのみ関わっている。その祠は、森林原野を拓いた当の住民が想定する異界の精霊との合意に基づいた、生活領域の暫定的な確保の過程——開村史——をそのまま表現している。

すでにみたように、D村周辺やMN村が位置するウドンタニにいたるまで、チー川ぞいの集落では、先行研究が「伝統的」なラオの慣習としるしてきた「村の守護霊」祭祀を破棄しているところがかなりある。ところが、筆者が一九八九年から九二年にかけて広域調査したムーン川ぞいのラオ系集落では、逆にそのようなケースはまれであり、ほとんどの集落が「村の守護霊」祭祀を維持している。この違いは、一面では開拓移住の最前線となった集落とそうでない集落での宗教構成の差異を示すようにもみえる。破棄についての詳細は、第五章に譲り、ここでは人びとの移動と「村の守護霊」のあり方に焦点をあてて、村落と宗教構成の類型を検討しておく。

東北タイのラオ系集落の空間構成に特徴的なのは、森（*pa*）と生活世界（村落 *ban*）との対照である。人びとが森を切り開いて生まれた生活世界には、家屋宅地（*hian*）と水田（*na*）のほか、畑（*hai*）・菜園（*suwan*）がつくられてゆく。生活世界からすれば、森という空間は、人工的な空間として馴化されていない闇の異界でもある。と同時に、幾多の生命を抱きながら生活世界自体を生む豊穣なる世界である［林 1993b］。

森と生活世界は、観念的には相互に循環する世界としてとらえられる。すなわち、ひとは生きるために森を拓く。人びとの移出によって破棄された村落は森へかえる。かつて森を拓いた人びとは死後、墓標も作らずに、森のなかにある共同の自然墓地（*pa cha*）に眠った。後述するように、未耕地を含む森林空間を自由に占有できる時代が終息したことで、両者の循環の意味は、この半世紀ほどで大きく変化している。だが、現在も日没後に森のなかへ単独で入る行動は忌避される。森には、霊が充満しているからと説明される。つまり、二つの空間が表象する世界の変容・循環の観念は、人びとが開拓移住の歴史のなかで経験的に構築してきたものであり、もっとも持続的な宗教的知識の一部をなしている。したがって、森と生活世界との境界は常に曖昧なものである。

森の外縁部と村落の内部には、それぞれ宗教的な建物がつくられる。それが「村の守護霊」を祀る祠と仏教寺院である。両者はいくつかの点で対照的である。簡素な高床式家屋が建ち並ぶ村落にあって、寺院はひときわ大きく、堅固であるのにたいし、「村の守護霊」の祠は村外れの森のなかにあって、人びとが住む高床式家屋のミニチュアよろしく木や竹で組み立てられる。開村と同時に寺院を建立した村落もあるが、例外なく「村の守護霊」の祠の完成が先行する。

MN村の例でみたように、土地の占有による開拓が可能な時期では、相互に譲歩・了解しあって占有する範囲を取り決めていた。そして、親族・同郷集団が緊密な共同、相互扶助のもとに森を切り開いて開墾する。伐木するが、それを焼いて農地作りに入る前に、家屋と「村の守護霊」を祀る祠造りにとりかかる。祠の周囲は森のままに残される。そこは荒してはならない「村の守護霊の森」として、林野の自然墓地、沼沢池とともに公共地（*thi din satharana*）となる。

仏教寺院が統一的な様式を備える一方で、「村の守護霊」の定義は村落ごとに一様ではない。原語を字句どおりに訳すと「父方、母方双方の祖父の霊」となるために、祖先の霊を意味するものと理解されがちであるが、必ずしもそうでない。名前は忘れさられているが、最初の開村者の霊、すなわち具体的な故人の「祖霊」であると言及されたり、あるいは切り開かれるはるか以前からその地の森に住んでいた霊が、開村者の手によって善き守護霊へと変化したもの、などと説明される。定義が異なっていても、なぜどの村落でも同様の呼称を使うのかを説明することはできる。つまり、この守護霊は、祖父母たち昔の祖先が開村以来、継承してきた霊である、とする解釈である [cf. Rhum 1987]。

筆者は、ある村の古老男性に「村の守護霊」は誰の霊かと聞いたことがある。その回答は次のようなものであった。

『村の守護霊』は子どもを沢山もっている。妻はイシ（*ishi*）という。『村の守護霊』は身長三ソーク（一・五〜一・七メートル）、年齢は七〇〜八〇歳くらいで頭は禿げているが、毛髪を少し残している。目鼻は人間と同じ数だけある。上半身は裸で、局部を覆う黒い布を着けているだけである。妻のイシは黒い服を着ている。

興味深い点は、他の村で聞き取りをしても、同地方を扱った数少ない事例研究においても、「村の守護霊」は必ず男性として語られることである。他の精霊と同様の霊であるが、生活世界との曖昧な境界にあって、そこに住む人びとと牛、水牛といった家畜の安寧を保証し、豊穣を妨害する異界の他の霊から守護する存在として語られる点も共通する。

人びとは、「村の守護霊」に供物を捧げる儀礼をとり行う司祭チャム（*cham*）をクジで選出する。あるいは、守護霊が直接その男性にとり憑いて決める。いずれの方法であれ、選出される司祭は例外なく男性である［Suthep 1968；Tambiah 1970；Condominas 1975］。しかし、憑依による司祭選出の方法には、村ごとに異なる方法がみられる。とりわけ、「村の守護霊」祭祀をつづけるムーン川流域ぞいの集落では、手のこんだ方法を聞くことが多い。憑代者を意味するコンソン（*khonsong*）と呼ばれる女性の身体に霊が入り、その女性が新しいチャムを指名するというものもあれば、モー・シエンコーン（*mo siang khong*）といって、女性二人が向きあってもつ魚籠に霊を招き寄せ、霊がその魚籠を運ぶ（魚籠は女性二人がもったまま、新しい司祭の候補の家屋まで動く）という事例がある。しかも、いずれの場合でも、憑依に関わる女性が未亡人か子どもが産めない体の女性に限られる。

共通する他の点は、儀礼に関するものである。本格化する雨季を前に陰暦の六月に行われる「村の守護霊」への儀礼（*phithi liang phi puta*）では、必ず降雨占いをする。東北タイのラオ系集落では、チャムが雄鶏の首を切ってその声帯の向きをみるのがもっとも広範に行われている。鶏を使わないところでは、亀を放して歩く方向をみたり、豚を供犠する際に、地面に流れる血潮の方向で降雨の状況をみるものがある。「村の守護霊」への捧げものとなるのは、北タイやラオスで報告される水牛ではなく、圧倒的に鶏が多く、豚がそれに次ぐ。例外的に鹿を使う村落もある。後述するように、最近では変化しているものの、「村の守護霊」には酒やキンマの供え物は必需品であった。そして、MN村の事例が示すように、さらに内外の研究者が指摘してきたように、「村の守護霊」祭祀のもっとも共通する特徴は、作法にかなう儀礼を実施しなかったり、その存在を愚弄すると、「村の守護霊」は旱魃や洪水、疫病という形で集落全体に災禍をもたらすという信仰にある。

切り開かれるべき空間としての森は、この「村の守護霊」の両義性にこそ示されている。同時に村落内部の未耕地の開墾の進行とともに、その形態と意味にはある変化が生まれたようである。それは集落ごとの宗教の構成が、それぞれのコンテクストで改編されてゆく過程である。

前述したチー川ぞいの村落では、仏教、魂の儀礼は基本的に共有されているが、「村の守護霊」祭祀と悪霊に関する儀礼の実践とその布置が、村ごとに異なる。類型化しておくと、①「村の守護霊」に代表される守護霊儀礼と悪霊祓いを行うモータムがともにみられる村、②守護霊儀礼を撤廃してモータムが優勢な村、に大別される。さらに、①のタイプは、①-1：モータムがほとんど村落社会のなかで周縁的な地位しか占めない村、①-2：守護霊とモータムが競合しながらも分割並存している村、との二つを区別できる。タイプ②では、モータムもしくは僧侶が守護霊に関する一切の儀礼を破棄させており、守護霊祠を撤去し、村の中心部に「村祠」を建てている【写真1・2】。「村祠」の呼称はさまざまであるが、タンマ（「仏法」*thamma*）を祀る「村の中心」、「礎柱」として受容されている点はすべて共通する。(18)

①-1の類型は、タンバイア［Tambiah 1970］が記述したような村である。そこでは、悪霊祓い師は少数で影響力もなく、守護霊に関連する多数の儀礼執行者の類型がみられるとともに、魂の強化儀礼師が僧侶についで圧倒的な社会的威信を得ている。

①-2では、守護霊とモータムの「棲み分け」が行われている。極端な例を挙げておくと、一八七四年ごろに開村され

写真 1　調査村の「村祠」

写真 2　「村祠」の内部

たコーンケン県内のＮＩ村では、モータムは「村の守護霊」儀礼には一切参加せず、モータムの信奉者も参加しない。一九七九年には「村の守護霊」の災禍に苦しんでいた人びとを救うため、内外のモータム五名が六日間かけて村の領域を「境界分割 *pakpan*」した。それ以後災禍は治まる。三日にわたって土中深く打ち込まれた杭は、現在も結界の目印として村内に残る。村の空間は、結界によって「村の守護霊」とモータムが守護する二つの領域とに区切られ、モータムの守護域には「村の守護霊」は侵入できないという。同一の村落空間に、異なる宗教的守護力が対抗する形で並存しているわけであるが、だからといって「村の守護霊」を祀る者とモータムに身を寄せる者との間にめだった葛藤はない。

②では、本章でみたように、「村の守護霊」祭祀の撤廃にいたった経緯として、ほとんど同類の語りが存在する。すなわち、度重なって起こった干魃、洪水、疫病の発生原因を「村の守護霊」の悪霊化とみなすこと、儀礼は供犠が中心となっているが、高価な供物が負担になる上に効果があがらぬ、といったものである。また、「村の守護霊」の祠を破壊して「村祠」を建造することを主導する人物に二種類のタイプがある。一つは、村外の僧侶である。そして、もう一つは村内に住む在俗者モータムである。ＭＮ村での事例のように、「村の守護霊」にたいしては、モータムと僧侶の役割は部分的に重なるところがある（第五章参照）。

これらの村落類型は、地理的にある一定のかたよりをもって分かれているというよりは、類型の異なる村々が、たがいに隣合わせになって集まっている。また、開村の時期の新旧も直接的な原因ではない。相互に近接する一つ親村と二つの枝村があった場合、親村が①-1であり、二つの枝村が②と①-2の型であったりする。また、その逆の場合もある。

だが、開村以後の経緯からすれば、「村の守護霊」祭祀を残す村落は、開村以来の開拓者の親族を数多く残しているのにたいし、撤廃した村落では、後々の移住者の数が上まわり、村の守護霊祠をたてた創世期の開拓者親族が少数者になってしまっているか、あるいは守護霊を祀っていた司祭チャムの親族が他村へ移住して皆無となっている。そのような集落での「村の守護霊」の定義には明確な相違がみられる。つまり、前述した二種類があるように、残す村においては祖霊として語られ、司祭の地位は尊敬されている。逆に、撤廃した村もしくはモータムと共存するような村では地域、土地の霊として語られることが多く、チャムはほとんど名目的な役割しか果たしていない傾向がある[19]。

「村の守護霊」祭祀を破棄させたモータムや僧侶は、悪霊の知識体系と関わりながらも、旧来の土着の精霊信仰と抵触する点で、歴史的には新しい宗教的役割を演じているということができる。このことは、ラオ系集落の宗教世界の変容をきわめて明確な形で示している。ただし、ここでいう変容とは、モータムに代表される仏教守護力への信仰が、土着信仰の色彩濃厚な「村の守護霊」祭祀にとって代わったという進化論ではない。その変容過程は、「村の守護霊」を現在も祀る村にも共通してみられる。

すなわち、「村の守護霊」祭祀が今日も存続する村落での儀礼は、それ自体、かつて行われていた儀礼と必ずしも同じではない。かつて農作業の開始前と収穫後の年二回実施していた儀礼は、耕起（田おこし）に先んじて実施される陰暦六月の儀礼のみが年中行事として残り、その内容も簡略化されてきている。さらに、以前は、儀礼の日に「村の守護霊」の祠の前で生きたままの鶏の首を大量にひねったが、現在の供物は蒸した鶏を数羽だけというのもある。加えて、以前では祠に供えられなかったローソク、花、線香を献上する例も増えている。このような集落では、僧侶を招いて「村の守護霊」に仏教在家五戒（*sin ha* 不殺生、不偸盗、不邪婬、不妄語、不飲酒）を与えている。すなわち、「村の守護霊」祭祀にも仏教儀礼の形式が入り、清浄な霊として祀られている。戒律の一つに触れるので、そのような集落では「村の守護霊」に酒は献上されず、仏教傘下に組み込まれた上での「伝統的」信仰として語られているのである[20]。

第4章　村落宗教の概要と「現在」

4－1

東北タイ・ラオ系村落宗教の概要と「現在」——D村から

一　はじめに

これまで、開拓移住の連鎖における東北タイのラオ系集落の成り立ちと、村落宗教の動態的な構成をみた。村落類型でいえば、D村は②の「村の守護霊」を撤廃したタイプに属している。本章では、D村における村落仏教の実践論理の構造と変容を中心に、その全貌を記述する。

特定の村落で観察される宗教儀礼や行為について、住民は多様な解釈を外来者に教えてくれる。それらを総合し、観察者の側で単一の理念型的な宗教体系として描きだすことは可能である。しかしそれらの形態と意味は、それ自体で完結する宗教的象徴のつらなりにおいてのみ了解されるべきではない。人びとにとっての宗教の実践と知識には、物理的空間としての居住環境を構築してきた移動性とその停滞、文化的・政治的空間としての生活世界に浸透する国家過程の関与といった、歴史的な経験から紡ぎだされている側面がある。したがって、村落社会の構造的な変容および宗教の象徴的諸形態の変容とその意味の変化は、たがいに直接的に反映しあうというよりは、両者間に生じるさまざまなレベルでの複雑な表象化の過程を経た上で対応している。

すでにみたように、東北タイ・コラート高原上のラオ人居住区は、北部や中部タイと異なって、実質的な王権支配を欠く政治的緩衝地帯であった。強力な権力機構の周縁に位置したということである。こうした政治権力からの歴史的孤立を理由に、同地方のラオ人の社会と文化にタイ系民族の原像をみる向きもある[cf. 赤木 1989 : 12–14]。しかし、それは地域的「辺境」にたいする外部の政治的権力の動きと無関係であったことを意味するものではない。むしろ、移動の生活史が示すように、政治的には相対的な自由を謳歌し、その文化が自生的であるほどに、外部世界の動きが、取り込まれるべき対抗力として認知される。つまり、東北地方は、外部の政治権力の波動をより直接的に反映する性格を併せもってきた。コラート高原上のラオ人居住区は、すでにみたように二〇世紀初頭以来バンコク中央政府による政治的なタイ化、宗教的な国教化政策の洗礼をうけてきている。D村も例外ではない。水野が同村で最初の定着調査を行った一九六〇年代では、国家主導の地域開発政策の渦中におかれている。一見、閉鎖的にみえる村落社会は、内外の要因によって絶えず外へ開かれ、変容しつづけてきた。したがって、一村落で観察される宗教儀礼とそれについての人びとの解釈も、人びととの生活世界を内側から構築してきた移住性とその停滞、同時に外部から浸透する土着の力、国家権力の関与などの歴史的な社会経験と不可分の関係にあるとみなくてはならない。

可耕地の外縁的拡大によって生活世界を切り開いて行くラオ人たちの移動の波が、コラート高原からひき始めて久しい。しかし、個々の人びとの生活史のなかで育まれた経験知や宗教的観念は、今日の村落社会においてもさまざまな形で目にすることができる。老若男女を問わず、警戒しながらも情報の運び手としてのよそ者に寄せる強い関心、何かことをなす場合の相互扶助精神の強調、森林原野の世界への畏怖と憧憬の感情などは、開拓時代を彷彿させる。村の外部世界に知り合いを訪ねて放浪し、生活の方途を築いてゆく男性の生きざまもそうである。外の世界から身を護るとともにそれを克服するような力にたいする観念と行為は、あちこちに生活世界を構築するもっとも根源的要素でありつづけている。

本章では、相互に関連する二つのことを明らかにしたい。

一つは、近親間の共同にみるような、互酬的な社会関係の背後にある宗教的意味についてである。水野は、近親間の互助行為を、世俗的な功利的計算(「損得相互依存の感覚」)のみの問題として理解したが、互酬性や共同は、より広い宗教世界に関わる行為であり「かなり深い意味論的背景をもつもの」[口羽・武邑 1985 : 321] であるという論点について、実践されている儀礼の事例分析から検証する。仏教儀礼では、功徳は獲得されるばかりではなく分配されもする。その様態を詳細にみることで、互助行為の意味を宗教実践の文脈で再考する。

もう一つは、村内の宗教が変容してきたという観点から、人びとの宗教的な行為の「意味づけ」の仕方、仏教実践の論理それ自体の拘束性、ないしイデオロギー的な側面を明らかにすることである。最初に掲げた課題を究明する場合、意味論的な説明方法は、往々にして宗教的な行為とその意味は特定の社会構造(現世での相互扶助行為)の統合性を補強するもの、という宗教世界と世俗世界の二元論を前提とする機能主義的理解に陥りやすい。したがって、ある宗教的な説明がもちだされる文脈を検討することによって、構造的に理解しうる仏教実践の論理の、文化的な局面と社会的な局面とを区別しなければならない。国家の標準的な制度としての仏教のあり方、村落社会に浸潤する貨幣経済がひき起こす近年の社会変化によって、両者の間にはその根底で著しい葛藤がみられる。しかし、それは表向きには、国教の帰依者の名のもとに隠蔽されていることを明らかにしておく必要がある(1)。

二　仏教寺院

外来者の目に入るD村の宗教的指標は、仏教寺院と「村祠」である。D村では「村祠」はラック・バーンと呼ばれる【図4】。寺院は村の北東のはずれに、村祠は集落のほぼ中央にもうけられた集会所の隣にある。D村では、中部地方でよくみかける家屋玄関前の柱上祠（*san phraphum*）は一般的ではない。さらに、ラオ系村落の土着信仰のシンボルであるピー・プーター（*phi puta* 以下「村の守護霊」）を祀る祠（*bo puta*）も一九五〇年に撤去された。[2] 普段、人がその前を通り過ぎるばかりの「村祠」にたいして、仏教寺院には黄衣をまとった僧侶、見習僧たちが止住する。頭髪、眉毛を剃った僧侶たちの服装は、バンコクの大通りや他地方でみる僧侶と同じである。僧侶たちの「制服」、僧房に飾られる国旗や国王の御真影は、この村がタイ国の一村であることを印象づける。守護霊への信仰と儀礼を廃したD村では、寺院を中心とする仏教は、積徳行（タンブン）の制度として、また、国家と結びつく国教として、明らかに行為のレベルにおいても位階的にも、優位な支配宗教として定着している。仏教は、村落社会で成熟者がたしなむ「趣味」としてみても、最良のものである。それゆえに寺院の歴史は、そのまま集落の社会構造の変化を物語る。他方、悪霊の禍としての精霊世界の観念は明確な痕跡をとどめているが、これについては、「村祠」の背景を含めて後述する。

鉄扉をもつ寺院の門は、寺院をD村と共同管理する枝村DNと向きあうようにしてそびえる。扉を支える両翼の塀壁面に、地母神メー・トラニー（*mae thorani, nang thorani*）の像がレリーフ状に彫られている。寺院の境内はたっぷりと広い。大きな講堂と一つの僧房が訪問者の目をとらえる。境内北側の奥にある巨大な菩提樹の前に、建設中の布薩堂がみえる。それらは簡素な高床式木造建築である住民家屋と違い、堅固で立派な造りである。だが、まちや他地方の僧院と比べるとかなり貧弱であり、東南アジアの都市の仏教寺院を特徴づけるあの輝くばかりの色彩がない。カラフルなものは、わ

図4　D村

ずかに寺院の入り口に設置された門だけである。村の南側には小学校があるので、集落はこの二つの施設の間に挟まれた形になっている。開村初期に草分けの親族が、居住区を数回変えたのちに、つまり、今日のD村の原型が整ってから建立されたといわれている。一八七八年ごろのことである。一九一五年に現在のDN村が枝分かれして以来、両村が維持してきている。法的には在来多数派マハーニカイ（*Maha Nikai*）の私立寺院（*wat rat*）である。一九八二年に「浄域」

をもつワット（*wat*）となった（第一章参照）ので、得度式が実施できる。かつてD村の男子は、得度式を「浄域」をもつ近隣村やまちの寺院で実施した。他所の寺で得度し、D村の寺にもどって止住していたのである。安居期の前後で出家者数は変異するが、村の寺院に常住するのは、かつても現在も両村の子弟が主である。(3) 村の寺の名前ワット・ポーティバンラン（*Wat Phothibanlang*「聖菩提樹寺」）は、以前の名称が近隣村NKの寺院と同じであったことから、一九五八に改名されたものである。しかし、当該住民が寺院をこの名で呼ぶことはほとんどない。普通に「ワット」といえば、D村ではこの寺院を指す。

建築構造物としての寺院は、大小とりまぜての僧房三、仏堂一、講堂一、演舞台一、鐘楼一、火葬場、寺院を囲む塀にそって並ぶ種々の墓群、僧侶の沐浴用の池より構成されている。寺院のなかでもっとも重要な建造物である布薩堂（レンガ・セメント製）は、一九八三年の定着調査中は、建設の途上にあった。布薩堂は、得度式を行って僧侶を生み出す場であり、教育省宗教局が課すしかるべき条件を満たして初めて建築許可を得る（第一章注（6）参照）。一九五九年に着工されたこの建物は、その後、三〇年近くかかってようやく完成をみている（一九八八年）。内外の人びとが仏教儀礼で布施する寄金を使って、少しずつ工事を進めてきた結果である。

同様にして、あらゆる仏教儀礼の集会場所となる講堂（木造）は、一九六二年ごろに改築されたものである（最初のものが建立されたのは一九四〇年）。一九七一年、寺院境内に火葬場が整備されたのを皮切りに、七二年には寺院の門扉を設置、翌七三年に鐘楼が寄進された。寺院で目だつもう一つの建造物は、寺院を包囲するようにして造られている石柱墓標と塀壁である。遺族たちが境内に墓を設置し始めるのは、一九四〇年代に入ってからである。塀壁に遺骨を埋め込むタイプの方は、一九七六年に始まった。塀壁は境内をすべて取り囲むにはいたっていない。後述するように、この塀を拡張しつづけてゆくことも、寄金の用途の一つになっている。このように、共有される建物としての寺院は、文字どおり一日にしてなったものではない。時間をかけて今日にいたっているものであり、建物それ自体は、まさに人びとの共同作品とでもいえる位置づけをもっている。

寺院のことを、それを支える人びとは「われらの家」（*ban khong hao*）という。つまり、公共物である。積徳行を主とする年中仏教行事の儀礼舞台、祝祭の会場として人びとが集まる場である。寄進された食器、日用品を収容する公共の台所兼食堂でもある。選挙、集会、巡回映画などの催し物があるときは、村の公民館として機能する。さらに、年中儀礼での積徳行に訪れる人びとには村外の者が含まれるように、寺院は外部の人びとにも開かれている。村外出身の遊行する僧侶、異民族である行商や見知らぬ旅人さえ、自由に宿泊できる場所である。一時的に逗留し、僧侶の食べ残しをもらって寺院に起居する者は、自らを衆目に曝すことで、怪しい者ではないことを示すことになる。すなわち、内外の人を集める村の寺院は、常に地域、果ては国家へと外部に開かれており、行商のようなスタイルの交易や多様な情報交換が行われる場として、社会的交通の一結節点をなしてきた。D村では設備がともなうにしたがい、村の寺院はコミュニティ・ホール的な機能をいっそう強めているとともに、大規模な儀礼を行う際の中心的空間となっている。

一九八三年一〇月、D村に二つめの新しい「寺院」が誕生した。通称ワット・パー（*wat pa* 以下「森の寺」）という。「森の寺」が建設され始めて、従来の寺院を人びとはワット・バーン（*wat ban* 以下「村の寺」）と呼ぶようになった。「森の寺」はワットと呼ばれるものの、「村の寺」とは性格を異にしている。法的には、正規の認可を経ていない僧侶の「止住区画」（*thi phak song*）である。機能的には「森の寺」は瞑想のための道場である。両者はともに、僧侶が自由に止住し、一般在家者が積徳行できる場であるが、「森の寺」には祝祭の場としての性格は欠落している。村を挙げての年中行事には、ここに常時止住する僧侶は、その都度招請されて「村の寺」に参加する。

「森の寺」は「村の寺」の東裏奥の公共地に位置する。かつて祀っていた「村の守護霊」の祠があった地所である。布薩堂はもちろん、鐘楼その他の墓群もない。小さな内陣をおく講堂だけがある。この講堂は、一九八三年九月に、壁なしで一応の完成をみた。ただし、一人用の庵風僧房が七基設置されている。

「森の寺」が開設される経緯については第六章で詳述しているが、ここは集合的な仏教儀礼とは基本的に縁のない瞑想修行の空間である。したがって、「森の寺」に関連する組織的な委員会はもうけられていない。「森の寺」に止住する僧侶たちは、朝、布施する人びとの便宜を考えて「村の寺」の僧侶たちとほぼ同時刻に托鉢にでるようにしている。しかし、正午前の食事布施をしにくる村人はごくわずかである。そのため、僧侶の食事は老僧たちの親族関係者や女性修行者であるメーチー（*mae chi* 剃髪して白衣をまとい、在家八戒を遵守する女性修行者。法的には出家者ではない［Maechi Charin 1978：林 1986b：115–120］）が用意している。現在、「森の寺」は隠居した老人が仏教の実践をあらためて自ら志したときに行くべき場所であり、逆に、「村の寺」は両親の要請によって出家する若者のための寺、および祝祭を実施する場所としてとらえられている。

三　僧・俗の関係

宗教の所在を身体をもって示すのは僧侶や見習僧だけではない。日々の托鉢（*tak bat*）や頻繁に実施される仏教儀礼で観察される在家者の喜捨行為もまたそうである。また、在家者のなかには、僧侶が直接関わらない魂の強化儀礼を司式できる者がおり、「村祠」をつくった悪霊祓い師も含まれている。いずれも、すべて古老の男性である。仏教儀礼でも彼らが他の在家者を主導する。彼らの多くは出家経験者で現在隠居の身である。村の知識人でもあり、仏教に関する知識も、若い現役僧よりははるかに豊かである。他方で、修行者として白衣をまとい、苦行を重ねる高齢女性の姿がある。およそ、老人はことごとく宗教的行為に熱心である。

村人の家屋には、世帯主夫婦の寝室（*hong poeng*）がある。かつてよそ者はもちろん、同居する娘婿さえ入室が禁じられた部屋である。その寝室の一角に、目の高さよりやや上部に、板切れをとりつけただけの簡素な仏棚がある。仏棚には、バンコクから流れてくる市販の小仏像を安置する人びとが多い。国王、女王陛下の写真とともに、客間に高僧の写真を飾る様子は、他地方のどの農村にも共通してみられるものだ。彼らは、タイ国籍を与えられたタイ仏教の信徒なのである。しかも、登録されたタイ全国仏教寺院の半数を擁立運営する人びとである。

ここで、現在のタイ国で国民の九五％以上が信仰し、国教に準じた地位を与えられている仏教の僧侶の活動について簡単に述べておこう。

持戒と出家至上主義をとる上座仏教では、僧俗の区別は厳格である。僧侶として出家することは、剃髪し眉をそり、黄衣を着て労働せず乞食によって修行することである。出家できる寺院であればどこでもよい。戸籍は剝奪される。特定の個人と特定の寺院が結びつくような檀家制はない。つまり、自分の菩提寺がない。寺院は無限定の布施によって維持され、僧侶は誰からも布施を得ることができる。サンガに属する出家者とは、二〇歳未満の見習僧（一〇戒遵守）と二〇歳以上の僧侶（具足戒＝二二七戒を遵守）である。僧侶には、出家期間の長短から、慣習的に得度している一時出家者と長期出家者がある。捨戒が容易で還俗手続きも簡素であるため、一時出家者は、通過儀礼として安居（陰暦によるため毎年ずれるが、太陽暦で七〜八月から一〇〜一一月初めにおよぶ）期間中の一五日から三か月間を寺院で過ごす。もっとも、現在の長期出家者も、当初得度した契機が、このような一時出家による場合も多い。両者に形式上の区別はない点が上座仏教文化圏全般の特徴でもある。

捨戒が許されるということは、得度と還俗が何度でも行えるということである。高学歴化の兆しを見せ始める昨今では、その実施年齢は後退しつつあるが、男子は生涯に一度は出家経験をする。あるいはしようと望んでいる。仏教の外護者を認じてきたタイ国の歴代国王も出家する。出家して初めて社会的に一人前（*khon suk*）になるという見方は、規範的価値として依然根強い。官庁、企業では、出家のための有給休暇（約三か月）をもうけている。男性はその意志次第で、生涯に何度も出家生活を経験することができる。(4)

出家の目的それ自体から、さらにいくつかの出家者の類型を区別することができる。近年のタイ国内の名刹に掲げられている訓示板のように、徴兵、納税などの社会的責務から逃れるための出家というものもあるが、基本的な類型は四つである。すなわち、①慣習による出家（*buat tam praphеni*）、②葬儀に際しての霊前出家（*buat na sop; buat chung sop*）、③華人の生活様式の影響をうけたと考えられる「願かけ」、病気回復後など返礼（*kae bon*）のための出家（*buat bon; buat ba*）、④寺院での学習を目的とするもの（*buat rian*）である［Siriwat 1981：72–73］。国家主導の世俗教育機関が今日のように整備される二〇世紀初頭から中葉まで、④の学習を目的とする出家は大きな比重を占めてきた。現在では大勢としては①が卓越する。しかし、都市部での出家年齢と出家期間は年々遅くかつ短くなる傾向がある。

また、人生の時間軸から「成人式型」と「老後型」の出家類型も想定しうる。前者は本人の意志によるというよりも、両親の希望による性格を強くもっているのにたいし、後者は老齢者自身の自発的な出家である。かつて慣習的に得度し、還俗した経験をもつ再出家者も、初めて出家する者も含む。このタイプは寺院で学ぶことを目的とする学習型の系譜とも重なるが、特に知識を習得するというよりも、隠居の身にある者が、心の安寧を得るような宗教的体験を求めて出家する場合を代表する。農村部では、老後の寺院通いや俗人として仮出家する行動（後述）が顕著であるが、老後の出家はその延長線上に位置づけられる行動ともいえる。

ところで、タイ国における出家者の活動（学習）内容には、伝統的に二種類の型がある。一つは教義・聖典学習（*khanthathura*）で、仏法の知識を得るために三蔵を読みながら仏陀の教えを学ぶものである。いま一つは止観・瞑想の修法（*wipattsanathura*）である。これは心を清浄にして煩悩を断つよう試みる観法を学ぶ。前者はパーリ語を学習し仏法を暗記する知識の習得（*fai pariyat*）であり、後者は体験的修行による仏法の感得（*fai patibat*）をめざす。両者は本来、相互補完関係にあるべき体系の二本柱であるが、特に後者はパーリ語を学ばなくとも習得できる点、また、充分な観法修行は現実の生活・実務に役立つ呪文のような特殊な能力を身につけることができるといった風潮もあったため、王族の短期出家者は、アユタヤ王朝以来現バンコク王朝まで観法を学ぶのが一般的であったとされる［Damrong 1973：66–68］。

なお、このような活動内容の相違はかつてのタイ国サンガの二つの集団である「都市部」（*khana khammawasi*）と「林住部」（*khana arannyawasi*）の区別に対応する。サンガが二種の派をもつ形で統治されたのは、スコータイのリタイ王の治世、一三六一年を初めとするといわれる。「都市部」は右部（*fai khwa*）と呼ばれ、畿内の寺院（*wat phainai*）に止住しもっぱら正法を学ぶ僧侶の集団を指した。「林住部」は左部（*fai sai*）と呼ばれ、寂静を求めて森林山野の寺院に止住し、瞑想止観（*samata wippasana*）を実践することを学ぶ僧侶の集団である［Plum 1981：26］。

サンガを中央集権的行政機構に組み込むことになった「サンガ統治法」（一九〇二年）の制定以来、各地方の管区僧長（*chao khana*）は双方の学習体系を担うことを義務づけられた。しかし、教理を主とする聖典学習が、タマユットニカイの寺院を拠点とする王族エリートサンガによって、教理教科書の制定（一九一一年）、教法試験の整備（一九一五年）へと制度的に整備されていった［石井 1975：179–184］のにたいし、観法を実践する「林住部」寺院の系譜は、タマユット派成立以前に制度上消滅している［Sirirat 1982：202］。すなわち、止観・瞑想の修法は制度的に統制されることはなかった。にもかかわらず、その実践は、東北地方（特にウボンラーチャタニー）を拠点に、個人的な師弟関係を通じて継承され、存続したとされている［Maha Bua 1971：3–4；O'Connor 1978：146–47］。すなわち、個人的な止観・瞑想を重視する僧侶たちは、制度的な統制をすりぬける形で、地方周縁の人びとに直接その影響を与えている。まさに、教理学習が整備された同時期の東北地方では、瞑想術にたけた高名な頭陀行僧があらわれて瞑想修行を流布しつつ弟子を生んでいったように[5]、観法学習は任意の師弟関係のなかで存続した。

近年、瞑想修行はその制度的な重要性が再認識されている。ある寺院では短期的な観法学習の実践講習を奨励する[6]。それは、出家・在家者、世代の如何を問わず、世俗教育の卓越によって後退しつつある仏法の実践を活性化するためである。

生涯に一度仏門に入ることは、仏教サンガの成員を絶やすことなく、仏陀の教えと実践を繰り返し後代に伝える善行である。他方で、労働を禁じられた僧侶になるということは、働かずに暮らせるという機会である。この意義は大きい。経典を学ばなくとも、それまでの自己の半生を経験的に省察するきっかけになるからである。

他方、在家の人びとは自ら寺院を建て、自らそれを維持する。また住民男性は、自ら僧侶になってさまざまな寺院に止住する。僧侶に食事を用意し仏教儀礼に参加して布施することは、ことごとく積徳行となる。生前に功徳を積み、来世によりよい生を得ること、また、現世においても将来、よいことがあるように功徳を積むこと、これが人びとの仏教実践に広くみられる基本的な考えである。

功徳は一種の財である。その蓄積は再生のための力となる。村人は理想的な救済目標が解脱にあることを知っている。しかし切実に希求されるのは、この功徳の蓄積によって死後も再び人間として、しかも現在よりも境遇のよい人生を得ることである。つまり、彼岸志向でありながら結果が求められる場所は、他者とともに繰り返される日常的な現在にある。

どの文化においてもそうであるが、理論家でもないごく一般の人びとが語りのなかで表現する他界観、再生への過程は、常に曖昧で体系的でないのが普通である。タイの仏教徒にそれでもなお共通する見解は、人は死んでからは、その霊が生前の行い、功徳の多寡によって、地獄（*narok*）・この世（*lok*）・極楽（*sawang*）へと散って再生までの時間を過ごすというものである。身体を離れた霊が赴く複数の霊界は、霊が再生するまでの待機期間の長短を示す階層的空間として顕れる。また、極楽とはよりよい境遇に生まれることであり、地獄は動物やより低い境遇に生まれるというように、霊の滞留空間ではなく、転生の評価的結果として語られることもある［cf. 水野 1981：166］。

上記のことは同じくD村のラオ人においてもあてはまる。若い男性は出家を期待される。その動機は異なるが、見習い僧を経験した後、さらに僧侶として出家する傾向が支配的であり、中部タイの標準的な出家形態をもっていながらも、僧侶への出家行動が他地方よりも顕著である。さらに老後の再出家も盛んである［石井・坪内 1970；Kromkan Satsana 1984］。東北地方では栄達の一手段としても考えられてきたせいもあるが、出家行動にたいする意欲は一般に強い。統計的には、D村の位置するコーンケン県は人口当りの出家者比率が東北地方のなかでももっとも高く、地方のなかでもとりわけ仏教振興の地の趣きを呈している(7)。

事実、ラオ人の居住域である東北タイは、首都の役人にも「振興地域」として位置づけられている。宗教政策に携わる教育省宗教局のある官僚によれば、国教である仏教を精神的にも、行動の面においても実質的に支えているのは、出・在家者を問わず、東北部のラオ人が国内で第一人者であるという(8)。すなわち、厳しい自然環境にあってラオ人たちは確かに貧しい。しかし、金がなくても、彼らは仏教の精神的な信仰心を確実に継いでいる。東北出身者には、生涯出家者として学びつづける者が多い。近年の瞑想教化にもっとも強い関心を示す在家者は東北の人びとである。特定寺院にカティナ衣を献上する儀礼（*bun kathin* 最大の布施行とされる）をコンスタントに実施するのも彼らである。

「敬虔な東北人」とみるこの官僚は、宗教的敬虔さのみならず、東北地方の人びとが忠実に文部省宗教局の諸政策に対応し行動することも評価の基準としている。彼にいわせれば、一九六〇年代以降、特に学生革命（一九七三年）、国家統治改革団クーデター（一九七六年）を契機とする七〇年代の政治的変化にともなって、タイの「伝統的な」仏教の実践形態は大きく揺れ動いた。それは、すでに一部の識者が概観したように、特に都市部において顕著なものとなった［Sombun 1977, 1982］。すなわち、政治分野における僧侶の活動はもとより、出家者の減少、一般在家者の仏教にたいする実質的関心の減退である。近代的な教育機関、行政機構の整備にともない、仏教サンガの旧来の役割の衰退が顕著になった。社会の動きに、仏教サンガの対応は立ち後れた。そこで、一九七〇年代末以降、宗教局は仏教サンガの役割をより活性化する目的で、瞑想の普及、世俗教育との対応を中心に、一般在家者の仏教儀礼の振興などを政策の一環に組み入れている。それは、一言でいえば、制度機構としての仏教サンガが時代に取り残されるような状況に鑑みて、かつてのタイ社会で占めていた伝統的な地位を回復、刷新しようとする試みである。

D村で近年開催されるようになった「仮出家者の儀式」(*phithi buat chi phram* 剃髪せず白衣を着た俗人のままで瞑想三昧を一週間続ける体験的修行)は、一面ではそうした宗教政策を反映している。儀礼の開催運営にあたって、宗教局からの指示も考慮されている。この儀式を、東北タイ農村全域で年中行事化しようと促進するのは、宗教局と連絡をとりあった東北地方サンガの長老住職たちである。彼らは、一週間におよぶ儀式次第を組織的に運営するための事務所を提供し、各村落の人びとに呼びかけて会場を設営させる。儀式の初日にあたっては、県知事、郡・行政区レベルの役人が開催を宣言し、儀式の遂行期間中も、役人を動員して公式行事的な性格を喧伝している。ただし、儀式に参加する当事者の側には、実践としての瞑想修行に励もうとする積極的な参加への動機が、そうした「上からの」回路とは別に存在している。にもかかわらず、その参加は、制度的には仏教振興の地方的な政策と軌を一にする行動となっている。

いずれにせよ東北地方は、村落、地域を超える政策動向と呼応している点でも、「国教繁栄」の地である。中央の関係官僚の目には、「国家に内属する宗教」である仏教の護持を、模範的に示す優良地方なのである。東北タイ農村の寺院は、それぞれの地域に村を開いた人びとが自ら建立してきたが、七〇年代後半から八〇年代にかけて、すでに存在するそのような村の寺院に加え、さらに別の道場的な寺院(瞑想のための精舎)を建立する動きがみられる。D村も例外ではない。その名称(イサーン)と、国内における一地方として誕生した一〇〇年近くの歴史からすれば、活発な東北地方の仏教は、一面においては、中央政府との連結回路をより強固にしつつ、国家の制度傘下におさまっている、ということができる。

四　土着の宗教観念と村落社会

以上のように東北タイは、タイ国全体にあって「仏教振興」の地であるが、人びとの日常生活や生き方を輪郭づけ、方向づけているのは仏教だけではない。

結婚式や快気祝い（加えて最近では就職祝い）で、大勢集まった人びとが新郎新婦や病み上がりの人の手首に次々と紐をまきつける儀礼がある。これは東北地方ではスー・クワン（*su khwan*）もしくはパー・クワン（*pha khwan*）と呼ばれる。僧侶は参加しない(9)。儀礼の主目的は、人びとがそれぞれにもっているクワン（*khwan* 以下「魂」）を強めることにある。「魂」は、わが国の奄美諸島にみられるマブリ同様［吉田 1984：198］、身体内に宿るとされる宗教観念（生霊の一種）であり、生命体の統合的な維持をつかさどるエッセンスとして東南アジア一帯に広くみられる信仰である［Phya Anuman 1962：119］。

この世に生きるひとは一組の「魂」をもつ。病や心配事は「魂」を弱める原因となる。D村の人びとは、「魂」はみえない紐状のもので身体につなぎとめられるようにして宿っていると説明するが、遠く離れていってしまったそれはたぐり寄せて体内にもどしてやる必要がある。さらに、新たな環境に適応できるようにその紐を強化するのがよい。そのための儀礼として行われるのがこのスー・クワン（魂振り）儀礼である。

また、東北地方の村々にはいくつかの守護霊が簡素な祠に祀られている。村の守護霊、水田の守護霊、畑の守護霊、沼の守護霊、寺院の守護霊などは、先に述べた「魂」と違って、ピー（*phi*）という語がつく霊である。守護霊は、守護してくれると同時に祀る人びとに制裁を加える。またそれ以上の数で、守護も何もしないが、人びとの平穏な日常生活を乱し、人の体内にある「魂」を弱めて、ついには死にいたらせる霊もある。つまり、「精霊」というカテゴリーで身体の外部にある両義的な力を表現するものである。

守護霊は、普通、階層的な構造をもって祀られる。階層的というのは、守護霊の位階上の地位が定まっているということである。それは霊にたいして人びとが行う儀礼の開催順序、供物の内容などから明らかになる。村によって、祀られている霊の数、名称はさまざまであるが、村の守護霊、生業に関する田畑の守護霊などは共通して存在し、階層的な序列をもって儀礼が行われることに変わりはない。

D村の古老が語る半世紀前の守護霊の布置を具体的に再構成してみよう。水野の調査時点よりさらに以前のことである。それは、必ず未耕地である原野の世界と生活世界を生み出そうとする開拓移住者との接触から始まる話である。開拓した最初の人びとが出会うのは、どこの村でもそうだが、先住者を含む異界の精霊である。それらは森（原野）が象徴する。自然の生命が循環する森の世界には、人びとがやってくる以前から見知らぬ精霊（人）が住んでいる。その精霊たちに、まず人は開拓の許しを乞わなければならない。そのために森の世界の「住人」と通交できる霊が必要となる。それが、人間の世界に加護を与える「村の守護霊」であり、森の世界と住人を統治・支配する。またさらに、開拓者の近親集団ごとにも別の守護霊が祀られる。これはピー・ティアオワダー（*phi thiaowada*）と呼ばれた。また、世帯家屋ごとの空間を守る霊でピー・シア（*phi sia*）という祖霊がある。祖霊は、家屋に宿り、柱にいて人びとを見守っている。人は、悪霊、予期しない霊のいたずら、きまぐれから身を守るために、家屋、親族、村というそれぞれの生活空間に守護霊をもっていた。

精霊は菜食主義者ではない。守護霊には供犠が必要である。供え物は、以前からのしきたりにしたがえば、酒や肉類（鶏や豚）である。人びとは、精霊も自分たちが欲する同じものを欲し、酒を飲んでよい気分になりたがっているからという。この種類の儀礼において、人びとは守護霊を祀る「司祭」の指示にしたがう。村であれ親族であれ、世帯であれ、それぞれに同様の儀礼が執り行われる。

田畑の守護霊をのぞく自然界の霊は、一般に無数の生命に宿る霊である。彼らはよくも悪くもない。しかし、自然環境に働きかける人間が何らかの害を被った場合、人間によって悪霊の貼紙をつけられる。薬草や木皮、獣骨を削って水に溶かし込んだ民間薬を服用しても病気が快癒しない場合、その病は、そうした悪霊の仕業とみなされる。その場合、とり憑いた悪霊を祓うことによって治す儀礼を行う。治療儀礼は、それぞれの状況が必要とする儀礼の専門家―俗人―によって司式される。

このように、人びとの日常生活には、仏教とは一見異なる宗教世界も展開されている。概括的に述べると、東北タイのラオ系集落では、仏教、魂、精霊に関する儀礼が行われている。これらの世界がどのように統合されているのかを考えるとき、仏教が国家の制度宗教として標準化される一方で、精霊祭祀が多彩な変容ぶりをとげているという集落間比較の観点が有効であろう。すでにみたように、タンバイアが描いた村落宗教体系の各要素のうち、「村の守護霊」と悪霊に関する儀礼は、集落ごとに同じ様態をみせているわけではない。さまざまな名称をもつ精霊への信仰は、生活世界に根ざすヴァナキュラーな実践である。集落の歴史においてもっとも持続的な要素であるとともに、その表出形態を多様に変化させてきた領域をなしている。

土着の信仰が代表し、さらにその他の信仰世界に通底するものは「異界」の観念である。この他界あるいは外部世界の一類型は、人びとの生活にもっとも持続的な影響を与えているもので、仏教的来世として想定されるような、功徳によって輪郭づけられる他界とは異質な霊界である。つまり、異界には再生の手段をもたない霊が充満している。ラオ系の人びとはつい最近までよい土地を求めて原野を切り開く開拓者であったが、霊はそのような暮らしのなかで常に意識されてきた闇の力を象徴している。異界は人びとの手によって生活世界に組み入れられていない無限大の外部世界であり、常に身体の外側に位置するものとして意識される。

来世での生れ変りの現実が仏教功徳のつくり上げる現実とすれば、この異界の現実は、「仏教以前」から人びとが繰り返し再生産してきた虚構の一つである。そして「仏教以後」は、仏教に包摂されつつある現実である。その包摂の程度は村落ごとに異なるが、D村における異界は悪霊の巣窟であり、生活世界の周縁から排除される世界として容体化されている現実である。すなわち、もはや人びとの生活世界を守護する力を引き出す場ではなく、ネガティヴな現実として存続している。

4-2 仏教実践の諸相（1）

一　日常的慣行

D村の宗教的世界で最大の天蓋をなすものは仏教である。老若男女、儀礼の専門家、非専門家を問わず万人が参加し、行為する一つの宗教的世界である。人は仏教に帰依して功徳を積む。仏教は、寺院とそこに止住する出家者だけのものではない。在俗の男性そして女性のものでもある。仏教は制度、行為、観念のさまざまなレベルで集落の景観と現実の人びとの生活、人生周期のなかにとけこんで生きている。僧侶への食施と、寺院を舞台とする村落挙げての仏教儀礼がそれを象徴する。前者は、日々自らが仏教徒であることを刻みこむ儀礼的行為である。人びとを集め、饗宴をともなう後者は一年の周期を彩る年中行事となっている。両者はそれぞれ静と動の、さらには男性と女性にとってのそれぞれの積徳行を対照的に表現する。

D村の一日の始まりを告げるのは、僧侶たちの托鉢風景である。沐浴を終えた僧侶たちは朝六時ごろ食を乞うために自分の鉢を腹の前に抱え、出家歴の長い順に列をなして寺院をでる。見習僧たちがあとにつづく。さらにD村では本来僧侶とともに行動しないメーチーが同行し最後に歩く。全員が視線を足元近くにむけ、注意深くかつ威厳を保ちながら歩く。静かに明けゆく朝のように、無言の列は定まったルートをひたひたと進んでゆく。D村の寺は、枝村DNとともに維持管理されているので托鉢のルートには二つの順路がある。D村の方から入るルートと枝村からまわるルートである。新しい安居が始まるとこの順路を変更する。

立ち並ぶ家屋の軒先に座り、托鉢僧の一行を迎えまつ人びとがみえる。ほとんどが各世帯の主婦、つまり女性である。蒸しあがったばかりのモチ米を篭もしくはアルミ製、プラスティック製の皿に盛っている。町では米飯、副食品のほか線香、花、ローソク等を布施するが、D村では副食はほとんどない。

近づいてきた僧侶たちの行列は長老僧を先頭にしてとまる。向きあう相手はたがいによく知ったものばかりであるが、そこで言葉が交わされることはない。微笑みを浮かべる者がいる。何か願い事をするようなまなざしもある。女性たちは履物を脱ぐ。そして、座して僧侶を拝む。左手に籠、皿をもってたちあがる。右手の指で適当な塊のこわ飯をちぎるようにして取りだし、托鉢僧が抱える一人づつの鉢に入れてゆく。沈黙のなかの動き。入れ終えた者は再び腰を落として合掌する。僧侶は返礼しない。両者の間に、早朝の冷気のように厳かな断絶がみえる。

計ったように、用意したこわ飯が残さずきれいに配られる。全員が入れ終るまで布施者は座っている。そして僧侶全員が鉢の蓋を閉めるのをまつ。再び、合掌する。出家歴の長い僧侶が托鉢に加わっていれば、このとき短い会話が交わされる。「息子はどうしてる」「コーンケン市の自動車修理工場に働きにでています」「親思いだな」。短く切上げると、托鉢僧の一行は黄衣をなびかせるようにして次に人びとがまつ軒先へ歩を進める。

仏門に入れない女性にとって、僧侶の托鉢に応じることは、日常化した積徳行である。つづく正午前の食施では、寺院に人びとが食事を届ける。太陽が照りつけるなかを天秤棒に丸いお重式の弁当箱をぶらさげてめいめいに寺院へ向かう姿がみられる。「おばあさん、どちらへ?」と聞けば、威勢よく「食事のお布施よ!」(*si pai phaen !*)と返ってくる。

なかには数組の弁当箱をぶらさげている老女がいる。近所に住む娘世帯から預けられたものだ。娘らは野菜の水やりで寺院へは赴けない。かといって、食事の布施はしたい。おばあさんはわが家に弁当箱が届けられるのをまって、代表して積徳行のためにでかける。

寺院の講堂には、おなじみの老女の顔が並ぶ。まず、草履を脱いで講堂にあがり、食事の入った容器を、一段高くなっている内陣の手前において正座する。そして三跪拝してすっと内陣につきだす。それから後ろへさがり、すでに集まっている人びとの話の輪に加わったり、野良へ急ぐ場合は後片づけをことづけたりしてでてゆく。

食事は、弁当箱の蓋をあけて内陣に上げなくてはならない。僧侶がやってきたらただちに食べられるように準備しておく。水は、境内の貯水タンクからプラスチック製の水差しに入れておく。だが、こうした作業が女性ばかりだとはなはだ不都合なことがある。内陣には女性は上がれない。そのため昼の食施では古老男性が必ず一、二人やってくる。

早朝の托鉢時とは異なり、用意される食事はこわ飯ばかりではない。副食品も多い。モンキー・バナナやミカンもある。正午少し前に食事の仕度が整うと、運んできた女性の一人が鳴り子をうつ。その音は僧房へ届く。僧侶たちは、ぞろぞろとでてきて、内陣に席を占めるやいなや、黙々と眼下に並ぶ皿に指を運ぶ。彼らがしばしば体調を崩すのは、雨季の間のこの食事のときである。副食が多いのは嬉しいことらしいが、腐りやすいものもある。だが、少々腐敗していても献上されたものは食べなければならない。僧侶の必需薬は腹痛止めである。

正午を過ぎるころに食事は終る。それまでの間、食事を運んだ女性たちの多くは、談笑しながら講堂に座りつづけている。水を飲み手を洗い終えた僧侶たちは、同じ席で合掌姿勢に入る。これをみて女性たちも、正座しなおして手を合わせる。僧侶の側からの誦経が講堂内に響き始める。祝福経である。わずか一分足らずの誦経でもって正午前の食施は終わる。長老僧はさっさと退場する。若い見習僧は、簡単な後片づけをすませてから、後を追うように僧房へもどる。

朝の托鉢風景は、七月から一〇月にかけての安居期に入ると姿を消す。人びとは朝も寺院の講堂へ食事を届けるようになる。だが安居期間中は、人びとは草とりを主とする農作業で多忙をきわめる。食施は個人の信心次第なので、忙しさにかまけて誰も朝の食事を届けなかったということが起こる。また、近隣の町への勤め人も増えて、普段寺へでかけることが思うに任せないこともある。そうした状況に対応するために、D村では一九七六年から食施の輪番制（*wen mo kaeng*）をしいた。また安居期間中は、輪番で朝の食施にくる人びとは、僧侶が食事し終えるのを見届けることがない。食事を準備すると、僧侶が食べる前に祝福経を誦じてもらう。これを聞いてただちに野良へと向かうのである。出家者にとって、安居は同じ寺院に留まる時期であるが、対照的に、俗人たちは農作業で動きまわる。片づけも後回しとなる。

日常的な僧侶への布施行には、乾季（とりわけ三月から四月にかけての暑季）における寺院内の飲料水タンクへの給水がある。高齢女性が食施を独占しているのにたいし、力仕事となるこちらの布施は、若い男女とりわけ未婚の女性が行う。D村では雨季の間に、各戸でも大きな水瓶に雨水を溜め込んで飲用とする。だが、この水も早くて一二月、よくもって一二月には底をつく。村内の井戸水は塩分を多量に含むために、村の中心から約二キロ離れたSM村の井戸を頼って何本ものポリ・タンクを手押し車に積んででかける。これは主に娘たちの仕事である。その「水汲み部隊」の行進が昼下がりの光景となる時期には、僧侶も女性たちの労働を頼みとする。境内にある飲用水タンクの水が底をつき始めると、見習僧が大太鼓を打ちならす。村内への補給願いの知らせである。時には、境内に設置した拡声器を通じてその旨を告げる。寺院に水汲み部隊が到着するのは、夕暮れごろになる。

日々の食施についで観察されるのは、ワン・パもしくはワン・シンと呼ばれる仏日での持戒行である。在家の人びと、とりわけ中・高年の女性が寺院に詣でて、ひとときを過ごす。安居期間中は、寺院の講堂に寝具を持ち込む。僧侶が遵守する二二七条の具足戒のなかから五つないし八つの在家戒を受け(10)、読経三昧で一夜を明かすのである。元来、仏日は僧侶が把持している具足戒を誤りなく読み上げ、いたらぬ行為を悔い改める布薩日である。ところが、在家者の側にはもう一つの意味がある。精霊が活発に動く日だというのである。特に主婦は、他界した近親の霊が帰ってくる日として、高床式家屋に備えつけられた階段の最頂部に二本のローソクを灯すことがある。

仏日に寺院へ向かう中高年の女性たちには、すましたような表情がある。安居期間中は、ござを小脇に抱えて悠々と夕刻の村路をゆく姿がある。清楚ないでたちは「よそいき」である。美しいラオ風の腰衣《シン》、白衣の上着にショールを掛け、右手には花とローソク、線香をいれた器がある。これらは、当人の「趣味のよさ」を公然と示すものである。仏日は在家仏教徒の模範的なスタイルを標示する。しかも、それは男性のものではない。

安居期間中の仏日。寺院に集った女性たちは、講堂で泊り込んで一夜をともに過ごす。この「お籠もり (*cham wat, cham sin*)」に筆者も参加する。読経の合間に、老女たちは異邦人をかまってくれ、身の上話に花が咲く。だが、翌朝寺院からござを抱えて下宿へともどる路すがら、出会った若い女性たちに「年寄り!」(*thaokae laeo !*) とからかわれた。もともと食施、仏日でのお寺詣り・持戒行では、在家男性の姿は数えるほどである。しかも、仏日の寺院に未婚女性が加わっていたことはまずない。仏日でのお籠もりや寺詣では、おばあさんたちのライフ・スタイルのようである。逆にいえば、年端のゆかぬ生娘がでる幕ではない。筆者の参加は、D村の若者からすれば、およそ年齢的にふさわしくない行動でもあったわけである。

二　年中仏教儀礼

D村の歳時記を彩るのは年中行事化した仏教儀礼である。この種の仏教儀礼は、不特定多数の人びとを集め、公共的な積徳行の機会・演出される儀礼である。儀礼はそれぞれの名称をもつが、そのすべてにンガーン・ブン (*ngan bun*) という言葉がつく。ンガーンとは仕事、労働を意味する。ラオ人の社会では、祝祭、祭り、もしくは儀礼の意味で使われる。功徳を積むことは、この世での重要な祭りなのである。

図5　仏教儀礼時の坐列構成

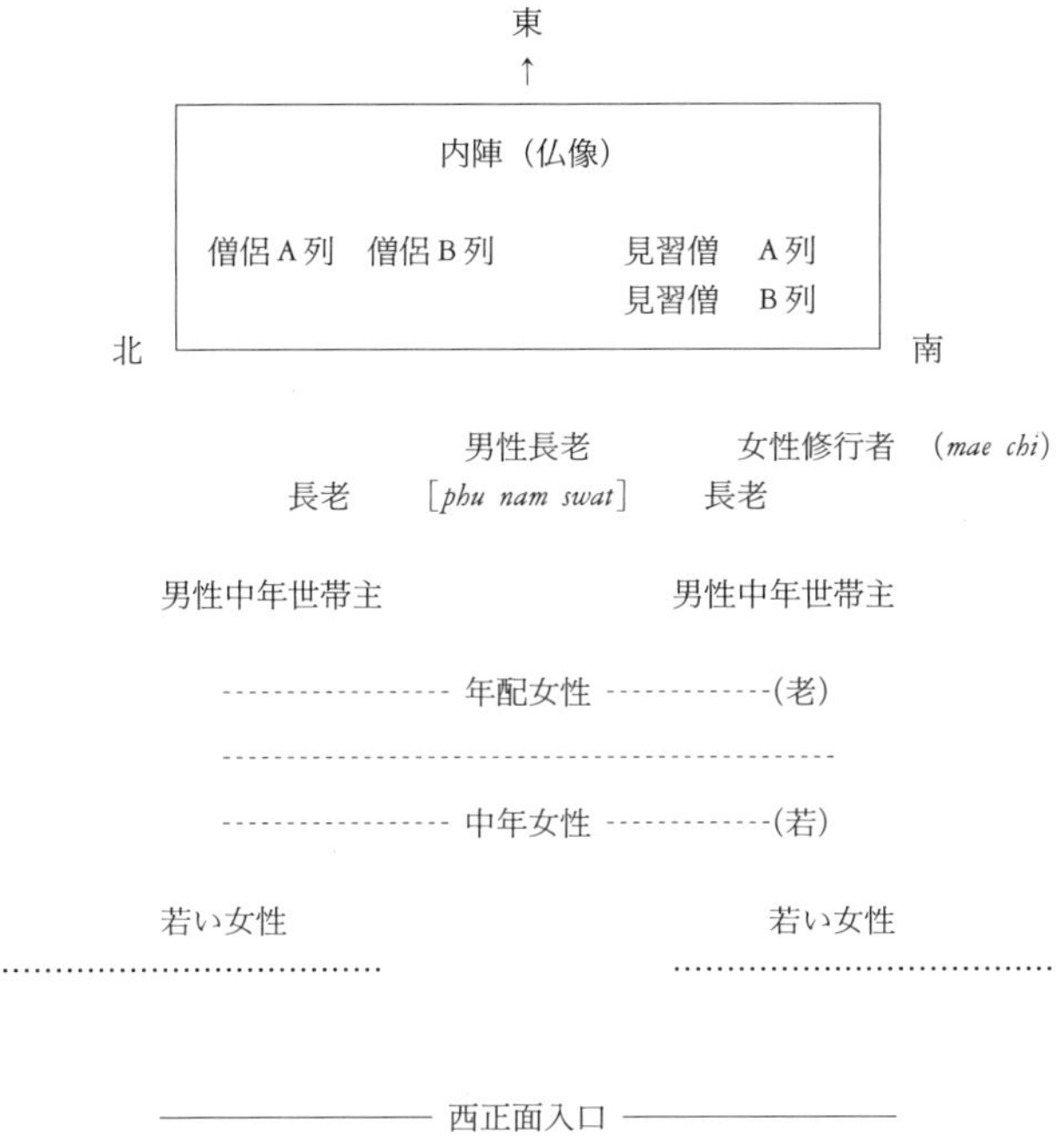

祝祭会場となる寺院の講堂には老若男女が集う。饗宴をともなう年中行事では、在家の男性が表舞台にたつ。儀礼の進行、指示はすべて男性が行う。在家代表として内陣にあがり、僧侶に寄進するのも男性である。老女が日々通っていた寺院の光景が一変する。しかし、表だって派手な動きはみせないものの、儀礼のための道具づくりや在家者側の読経にその役割を果たすのが、座席後列に並ぶ女性たちであることに変わりはない【図5】。

一九八三年に、D村では一三種の仏教儀礼がのべ一六回実施された。年平均で一か月に一回以上も村を挙げての集合儀礼が開催されていることになるが、そのうちの九回が乾季にあたる一月から四月の農閑期に集中している【表2】。この時期は、家屋の新築・増改築にともなう儀礼も頻繁に実施されるため、寺院のみならず、村全体が一種の儀礼ラッシュの季節を迎えて賑わう。すっかり色彩を失っている同時期の田圃

表2　D村で実施された年中仏教儀礼（1983年）

1	「新年の積徳行」*bun pi mai* ＊	開催日新暦	1／1
2	「焼き米献上祭」*bun khao chi*		1／28
3	「仮出家の儀礼祭」*bun buat chi phram* ＊		1／30～ 2／5
4	「黄衣奉献祭」*bun thot pa pa* ＊		2／2，3／20，4／9
5	「ジャータカ誕生祭」*bun phawet*		2／6・7
6	「ソンクラーン灌水祭」*bun songkran*		4／13～16
7	「村の除祓儀礼祭」*bun boek ban* ＊		4／16
8	「仏塔祈願祭」*bun ku* ＊		5／26
9	「入安居祭」*bun khao phansa*		7／24
10	「飾地飯供養祭」*bun khao pradap din*		9／6
11	「クジ飯供養祭」*bun khao sak*		9／21
12	「出安居祭」*bun ok phansa*		10／21
13	「カティナ衣奉献祭・ローイカトン」*bun kathin*		10／22・23，11／5・6

・＊＝新たに年中行事化されている儀礼
・6月から8月の三ヶ月間まったく集合的仏教儀礼はない
　全13種で計16回の儀礼が行われたがそのうちのほとんどが農閑期に集中する
・バンファイ雨乞い儀礼は実施されず。三年に一度開催される

の景観とは対照的である。この時期、俗人は他村の寺院へも僧侶を招請し、村の僧侶たちは他村から招請される。時には儀礼の司式者となるべき僧侶や専門家が不足するので、儀礼を滞りなく行うために、僧侶の招請合戦の様相をみせる。事実、僧侶にとってもっとも慌ただしい時期である。おおがかりな儀礼では、他村、他県の寺院にも招請されてでかける。少しばかり体調を崩していたとしても、これに応えなければならない。拒否すれば戒を犯すことになる。年中儀礼のラッシュ時に葬式などが重なると、疲れがひどく眠れなくなって時には逃げだしたくなる、と若い僧侶はこぼす。

ラオ人の間では、年中行事化した儀礼を総称してヒート・シップソーン（*hit sipsong* 一二の規律）という。具体的には、全村挙げて行われる一二種類の集合的な宗教行事を指している［Wimonphan 1973］。D村ではこの呼称はことさら耳にしないが、ヒート・シップソーンにはタイ国中部地方にはない儀礼がある。それがカオ・チー（*khao chi* 焼き米）献上祭、バンファイ儀礼であり、カオ・プラダップディン（*khao pradapdin* 飾地飯供養祭）、カオ・サーク（*khao sak* クジ飯）供養祭である。年中行事としての意味は、この「規律」という言葉が含意するように、集合儀礼を行うこと、村落共同体の統合力を強める目的などがあったとされているが［Phaithun 1978：53］、現在のD村では饗

宴をともない、まとまった額の寄金を集める機会になっている。寺院・僧侶への寄金、寄進が全世帯参加の形をとって盛大に行われるのである。

これらの仏教儀礼で、委員会役人が拡声器を使って盛んに村内に「報告」するのが、寄金額と寄進者の名前である。「リートばあさんは二〇バーツを寄付しました。さあさあ、おじいさん、おばあさん、みんなこぞってタンブン・タムターン（*tham bun tamtan* 積徳行）しにきてください」[11]。背後でカセットテープからのモーラム歌謡を大音響で流しながら、委員はひっきりなしに呼びかける。まるで寄付を強制するような勢いである。しかし、賑やかな喧噪の中心に入り、三宝に帰依し、そのときだけであるとはいえ僧侶から在家戒をうけて、寄金はした、なすべきことはした、となれば帰路につく人びとの顔は満足気である。功徳を積んだ、という強い実感をもたせるのは、他者とともに儀礼に参加することにほかならない。

いまいちど、一九八三年に実施された年中儀礼について見てみよう【表2】。儀礼では、一世帯平均一〇〜二〇バーツの現金のほか、定められた寄進の品として、枕やござ、野菜や果物を持ち寄る。現金は寺委員会が保管し、俗人長老の意見をもとに、村長立会いで用途が決まる。そのほとんどは寺院整備費にまわされる。品物は寺院に保管され、村人の公共物となる。たとえば、ジャータカ誕生祭（ブン・パウェート）では総額二七七〇バーツの寄金があった。黄衣奉献祭は、D村と何らかの関わりをもつ村外在住者が、D村の寺院に僧衣と金品を献納する儀礼である。二月に行われたこの儀礼では、内外合わせて六七六六バーツが寄せられている。このように、積徳行は村境、県境を越えて行われる。どこの寺院であろうと三宝に寄与することになるからである。

年中儀礼のうちでも、先のジャータカ誕生祭とカティナ衣を奉献するカティン儀礼は特に重要と評価される【表3】。カティン儀礼は、後述するように仏教儀礼最大の布施行とされている。

こうした布施中心の実践仏教を組織面で代表しているのが、いくつかの年中行事や仏教儀礼に関する委員会である。

表3　年中行事としての集合的仏教儀礼の重要度評価

	儀礼の名称	評価(%)
1	bun phrawet（ジャータカ誕生祭）	102（82.9）
2	bun kathin（カティナ衣奉献祭）＊	85（69.1）
3	bun khao sak（クジ飯供養祭）＊	35（28.5）
4	bun bang fai（雨乞いロケット儀礼）	13（10.6）
5	bun songkran（ソンクラーン灌水祭）＊	8（ 6.5）
6	bun ok phansa（出安居）	6（ 4.9）
7	bun khao phansa（入安居）	5（ 4.1）
8	bun thot pha pa（黄衣奉献祭）	5（ 4.1）
9	bun buat chi phram（「仮出家」の儀式）	3（ 2.4）
10	bun khao chi（焼き米献上祭）	2（ 1.6）
11	bun khao pradap din（飾地飯供養祭）＊	2（ 1.6）
12	others	1（ 0.8）
13	bun pi mai（新年の積徳行）	—（ 0.0）

註／重要と考える三つの儀礼を回答（被調査者は123名の世帯主）
＊：故人の霊が帰るとされている儀礼
bun bang fai(雨乞いロケット儀礼)は三年に一度開催される

すなわち、D村にはオフィシャルな宗教としての仏教、寺院に関与する次のような委員会がつくられている。いってみれば、現金がらみの積徳行に対応する管理委員会である。

①　年中仏教儀礼で集められる寄金の管理委員会（*khana kammakan kep ngoen yam bun*）

村の寺を会場とする全村挙げての仏教儀礼の際に寄金を受け取り、帳簿に記録、拡声器で村内にむけてそれを読み上げる。儀礼が終ると現金を一時的に保管し、帳簿と照合する。D村、枝村DNよりそれぞれ四名ずつ委員が選出されている。

②　火葬のための委員会（*khana kammakan kep ngoen chapanakitsop*）

村の寺の境内北奥にある火葬場の使用料（一〇〇バーツ）を徴収管理する。両村より二名ずつ委員が選出されている。

③　葬儀委員会（*khana kammakan phithi sop*）

葬式をだした家へ行き、喪主である遺族、家人に代わって弔問客からの香典を受け取り、帳簿に記録し集計する。また、人びとの援助をも呼びかける。両村より一名ずつ委員がだされている。

④　ターヨック・ワット（*thayok wat*）

本来、寺守りを意味するが、寺院を中心とする仏教儀礼のための会場準備や、寺院運営、活動についての連絡係である。D村から四名、DN村からは二名選ばれる。しかし、必ずしも信仰熱心な男性が選ばれるわけではない。事実上のターヨック役を果たすのは、出家経験をもつ長老男性たちである。

二か村の村長がこれらの委員会を統轄する。委員会の設立は、建設途上にあった布薩堂の建立を計画的に押進することと、寺院の設備向上を図るために奨励されていたものである。逆にいえば、実質的には、それまであった自発的な布施行や寺院の管理を、組織的・効率的に行うための形式的なものに過ぎない。委員に任命される人びとは、仏教教理に詳しいとか、篤信家であるからという要素とはまったく無縁であり、公務として事務・財務管理を行う。委員会は、村内における寺院の行政管理的手段として「上」から作られた組織である。集められた寄金の用途や委員会の運営に関する具体的な問題に示唆を与えるのは、村の長老たちである。

実際に、寺院管理や寄金の運用について発言権をもつのは、ターヨックの例でみたように出家経験をもち、かつ常日頃寺院に出入りしている長老男性で、その多くが俗人としても何らかの宗教的リーダーである人びとである。あたかも、元老院のように実質的な関与を果たすものであるが、これは特に組織化されているわけではない。

三　積徳行の社会的類型とその位相

年中仏教儀礼での布施行は、もっとも派手やかな積徳行である。積徳行の最上の方法に関して問えば、村人は似たような回答をする。一般に、身銭を切って行う寺院や僧侶への布施を挙げる人が多い（cf. Spiro 1970 : 110）。特に、共食饗宴をともなう祝祭的な儀礼の開催を評価する傾向がある。これは、寺院の施設を拡充するための寄進、息子を僧侶にすることなど、行為としての積徳行を目にみえる形で具体化するからである。つまり、他者にも追認されるという要素がからんでいる。いうまでもなく、理念上、仏・法・僧の三宝に貢献することは、すべて功徳を生む行為とみなされている。仏陀に帰依し、戒律を遵守したり教説を聞いたり学ぶこと、自ら僧侶になることはすべて功徳を得る方法ではある。

D村における積徳行のパターンを、日常生活時間と個人の人生時間の双方のレベルで整理しておこう。前者では、日々の僧侶への食施、仏日に寺院に詣でての持戒行、村を挙げての年中儀礼のほか、折々の招福儀礼（僧侶を自宅に招いての食施）がある。後者には男女差がある。男性には見習僧としての出家、二〇歳以上に行われる僧侶としての得度式がある。近年では隠居後の再出家がある。他方の女性は生涯をとおして仏教出家世界への直接的な参加による積徳行の手段をもたないが、息子が出家することで功徳を得る。しかし最近の傾向では、隠居の後、一時的に白衣を纏う修行者となって持戒行に専念することが、積徳行として行われている。

寺院を中心的な舞台とするこれらの積徳行は、出家、布施行、持戒行の三つの主要な類型に分けることができる。いずれの類型でも、功徳はその行為者が個人的に蓄積できるものという基本的な考えがある。功徳の量は悪行によって減る。しかし、功徳の蓄積が重要視されることとは対照的に、年中儀礼の布施行などでは、避けるべき悪行の観念は稀薄なものになっている。これは、とりわけ男性の解釈においてそうである。戒律に定められていても、儀礼での饗宴に用意される肉料理のために必要な屠殺、酒類の手配などは、いずれも悪行であるが、こうした行動とその結果は、しばしば功徳を生むための資本にたとえられる。つまり、悪行は必ずしも功徳の現実的観念と対立しない。

機能的に功徳の獲得手段と方法をみれば、功徳の入手経路は僧侶、寺院への布施などと、半ば日常化された形の制度として存在しているために、その動機や目的についてはほとんど不問にされる。極端にいえば、強奪した金品を寄進しても功徳は得られる。自己を取り巻く社会にあって権勢を表明する目的で盛大な仏教儀礼を主催しても、同じ功徳であることに変わりはない。

しかし、そのような論理とは裏腹に、少数ではあるが、精神主義的な見方も同時に存在する。不純な動機でする積徳行、布施するものが盗品であれば、功徳は半減するというものである（しかし、それでも功徳にはなるという）。

上座仏教は戒律仏教ともいわれる。仏陀の時代からその戒律内容が変更されることなく今日まで連綿とつづいている。僧侶は、二二七条の具足戒を授戒師（*upacha* 戒律を授ける長期出家者）から与えられて初めて仏門の修行者となる。得度式とは、出家とは、この脱世俗人としての戒律を授けられることにほかならない。そして、その持戒者としてのしるしを示すものが、黄衣であり、剃髪なのである。同時に、前述したように在家者のための戒律もある。

一般の在家者にとって、在家戒を守ることは相当の忍耐を要求される。布施行が前面にでる年中仏教儀礼にたいして、仏日では僧侶に八戒もしくは五戒を乞い、これを遵守する。安居期間中の一昼夜にわたる「お籠り」はかなりの苦行である。一時的であるにせよ、こうした苦行は、主観的に確認される功徳の精神的な獲得手段としての意味を与えている。

持戒行の個人性が明瞭に示すように、人びとは自身の発心によって功徳を積む。しかし、功徳は自分が積むためだけにあるわけではない。古老たちから、筆者が頻繁に耳にしたたとえがある。それは、功徳は食事と同じというものである。功徳は、自身を養い、他者をも養うものであり、同時にたがいに分配しあう財産のようなものである。このことを顕著に示すものが、他界した霊への功徳の転送の儀である。東北地方では広くヤートナーム（*yat nam* 後述）と呼ばれ、年中行事化したいくつかの仏教儀礼のみならず、持戒行のしめくくりにも必ず行われている。功徳は、他界した霊をも含む他者との関係においても機能する。

四　異界・再生・守護力

D村では積徳行は社会的行為の一部である。しかし、人びとの宗教的経験を意味づける論理は、仏教的来世での再生にまつわるものだけではない。年中行事ではないが、時節を選んで開催されるさまざまな儀礼で、あるいは、日々の暮らしのなかでも、人びとは異なる世界と向きあう。

一二月ころから三月にかけての乾季の暮らしの風物詩を彩るものに、新築儀礼（*phithi pluk ban*）がある。新築儀礼そのものは、基礎工事である礎柱の打ち込みの際に行われる。土台工事を終えて床板をはりつけてから、階段を上がって家屋に上がる儀礼（*phithi khung ban*）を新築儀礼に付随するものとして行う。乾季の間に、人びとは家屋だけでなく米倉も増改築する。また、結婚式や快気祝いは安居期間を避けて実施されている。これらの儀礼で必ず行われるのが、魂を強化する儀礼（*su khwan*）である。すべてモースー（*mo su* 魂振りの専門家）ないしパーム（*pham, phram* 字義どおりには王宮に仕える「バラモン」）と呼ばれる招魂儀礼師が行う。

また季節を問わず、その都度行われているものに、病をもたらしたとされる悪霊の診断、除祓儀礼、新生児や幼児の身体に悪霊が入らないようにする予防儀礼としての捲糸儀礼（*phuk khaen*）などがある。これらは、モータムが依頼をうけて実施する。また、出家経験が長くさまざまな儀礼の知識と経験をもつ僧侶は、積徳行を司式するだけでなく、俗人に招請されて、長患いの病人にたいする延命儀礼（*phithi to ayu*）や聖水散供（*ap nammon*）などの儀礼も司式する。

右記の儀礼は、ことごとく除祓・招福を目的とする。つまり、日常生活において災禍を防ぎ、安寧を願うものである。儀礼の背後には森・原野に象徴される精霊の世界の存在がある。守護霊祭祀で想定され、悪霊祓いが現実化する「異界」である。ある意味では、コミュニケーションが成立する日常生活世界の影であり、馴化されない自然の何ものかがうごめく領域である。常に人びとを包囲しながら、畏怖の念を呼び起こさせる点が、仏教的来世と異なっている。今日D村における異界の観念は、守護霊祭祀の撤廃によって悪霊の巣窟的な世界としてより強くイメージされている。異界そのものを直接的に表現する現地語はない。しかし、「森」を意味するパーが、悪霊の集結する場として了解されていることからも、今日では森が異界を代表する世界ともいえる。そして、人びとが日常化している積徳行を通じて構築する仏教的来世との関わりにおいて、持続的に展開されている時間・空間的な概念である。二つはたがいに別のものでありながら、浸透的な関係にある。しかも、それらは非宗教的なセクターの変化と関連している。

つまり、異界の観念は、経験的には人びとの日常生活に影響をおよぼす「力」として認知されている。「力」とは、疫病や災害、日常の安寧平穏を攪乱するような作用である。同時に、そのような作用に抗って日常を回復するのに貢献する作用も「力」である。常に生活世界の外部にあるという点においては、仏教的来世も同様だが、異界の観念の方が言語によって記述・概念化されない点において、より情緒的な形態を強くもつ。すなわち、認知される枠としては、仏教的来世よりも広く大きい。仏教的来世それ自体が異界の一つとして語られることもある。その場合、他界した霊を再生に導く(あるいは、力を無化する)世界、つまり特殊な世界としての異界である。もう一方の異界は、再生の概念とはおよそ縁のない、肉質を欠くあらゆる生物の霊が跋扈する世界ということになる。すなわち、こちらの異界は、再生して存在が変容することがない「不死性」によって満たされる世界である。

D村の人びとにとって、宗教とは、一義的には死と生に関わる知識と実践である。死とは、一つにはよりよき来世と結びつく現象である。来世とは、前述したような積徳行が対象化する世界である。先行研究が繰り返し説明してきたように、教理の知識をもたなくても、功徳を積むという行為によって人は仏教徒として認知される。その行為を動機づけるのは、生前に積んだ功徳が多いほどに、死後、よりよい来世を得ることができるという論理である。だが、その前に、再生を実現可能にしてくれる世界へ霊を赴かせなければならない。これが功徳の「貯蓄」論理の前提にある。つまり功徳は第一に、再生するための財、ひいては力としての意味をもつ。功徳を蓄積する行為は、来世でのよき生を実現させるための「よき死」につながるものである。すなわち、再生への回路を定めもつ死でなければならない。言い換えれば、死は、霊を異界に迷いこませるものであってはならない。

再生の文脈では、生は輪廻転生の一局面に過ぎない。しかし、世界としてのこの世と来世は、観念的には非連続なものとして現れているが、行為の観点からすれば、現世の生は不可視の来世での境遇に間接的に働きかけることができる、もっとも重要な時間である。

来世で達成されるべき目標は、現世を起点として働きかけられる。人びとがあまねく望むことは、日常生活の安寧と平穏である。それは、来世での望ましき境遇と対応する。仏教儀礼のほかに、D村では、現時点での生活世界の安寧を積極的に保持しようとする儀礼が行われる。それらは、僧侶が介在する仏教儀礼とは別のものであるが、行為者からすれば、仏教的来世での再生を可能とする目的にかなうものである。つまり、異界と再生の概念が交叉する儀礼としてみた方が適切である。人びとの宗教的世界観を構成するのは、それぞれの儀礼自体の構造が特徴的にみせる現世志向、来世志向という二元論的な行為ではなく、異界を遠ざけ、仏教的来世での再生を確実なものにするという、一定した方向づけを与える行為なのである。現世は、仏教的来世からも異界からも切り取られて存在している。これらの世界は構成原理をそれぞれ異にするが、功徳によって、力によってたがいに結びつけられている。とりわけ、現世は双方に働きかけることができる点で、至高の世界（paramount reality）［Schutz 1973：233］である。つまり、人びとが宗教的な問題をもつということは、そうした現世に関連づけられながらも、現世を超越する世界をも含めて行為するということなのである。

五　悪霊祓い師モータム

モータムは、男性であれば誰でも師匠について学習することによってなれる儀礼執行者である。D村のモータムはほとんどが出家経験をもつ村の長老である。

D村の宗教の所在について考えるときに、ある意味でモータムほど重要な存在はない。彼らは村の「信仰改革」をもたらした立役者のみならず、村落社会がおかれている時代の流れを読んだ人びとでもある。

モータムがD村に定着するのは一九三〇年以降のことである。それ以前では、悪霊祓いをはじめとする同様の儀礼を遂行する人びとがいた。前述したモー・ティオワダー（字句どおりには神祇の専門家）もその一つで、今日もD村で語り継がれている儀礼執行者の類型である。それぞれの近親集団の長老が担っていたとされている。このような俗人の儀礼専門家の実態は、人びとの社会史のなかに埋没してしまっている。だが、現在のモータムについて調べてゆくと、いずれの俗人専門家の場合でも、人びとがコーンハクサー（*khong haksa* 以下「守護力」）と総称する概念と結ばれていることが明らかになる。守護力とは、これまでの議論でいう異界の力を制する、あるいは無化するような力である。それは、現世の生に貢献するものである。しかし、酒を飲み歌い踊って守護霊（ないし神祇）を来臨させたと語られるモー・ティオワダーと異なって、モータムの守護力の源泉と効能の保証は、仏教帰依者としての瞑想止観と、仏教的禁欲主義によっている。今日のD村では、モータムが守護力の儀礼執行者の主流として定着している。

「村の守護霊」祭祀が行われていた時代、D村には数々の精霊をあがめ、災禍の原因と考えられた悪霊、自然霊の診断者、霊媒、司祭など多数の役割遂行者がいたという。現在でも、モー・ティオワダーのほかに、その儀礼的役割の違いによって、モー・モー（*mo mo*）、モー・カムルート（*mo kamloet*）、モー・ウィサー（*mo wisa*）といった名称が伝えられている。モー・モーとは、訳せば「占い師」程度の意味であるが、暦、異界の霊に通じる知識をもつ儀礼専門家であった。この役割は、現在のモータムや招魂儀礼師であるモ・スーが継承しているという。また、油と水を混ぜた聖水を吹きかける儀礼によって、新生児を悪霊から守るモー・カムルートも、モータムならば代行できる役割である。最後のモー・ウィサー（字句どおりには「知識の師」）のみ、今日ではモータムと鋭く対立する儀礼執行者である。これについては次章で論じる。

つまり、モータム、招魂儀礼師には実際に長期の出家経験をもつ者が多く、そのために暦に関する知識や経文、パリッタ（*paritta* 護呪経典）を知っている。よって、特化した儀礼のエキスパートを包含することができる守備範囲の広さをもっている。しかも、D村では、両者ともに仏教の在家戒を日常的に遵守し自他ともに仏教篤信家を認じている点が共通する。さらに、数の点ではモータムが多いせいもあって、数多くの儀礼専門家の役割は、今日のD村では、ことごとくモータムが代替しているような印象を与えている。

モータムはいくつかの通過儀礼を司式するほか、「村の守護霊」を追放した一九五〇年以降にD村で年中行事化された「村開き儀礼」(*phithi boek ban*)も実施する。この儀礼は旧正月ソンクラーンの期間中に行われる。時期的には、農作業が始まる前にあたる。「村祠」に隣接する村の集会所に僧侶を招き、「村祠」から引かれた木綿糸を僧侶の手にとらせて読経してもらう。俗人の参集者は、モータムとその信奉者である女性と子どもが主である。経をあげて村を浄化したのち、同じ場所で聖水散供を行う。

ここでD村における「村の守護霊」追放劇について触れておこう。

D村では、一九三〇年と三四年に大洪水があり、これと前後して疫病(コレラ)が流行したと伝えられている。うちつづいた災難は、今日の古老の回想では、「村の守護霊」が悪霊の侵入を許した、すべての不幸や災いは「村の守護霊」が原因だった、と語られている。当時はそのような事態に対処したのは、前述のモー・ティアオワダーであった。ところがその治療も効果なく、多くの住人と家畜の被害がつづいた。コメもとれなかった。成功しない儀礼を繰り返すうちに、人びとは「気紛れな『ピー・ティアオワダー』はただ豚や酒を要求するばかり」とみるようになった。これに代わるようにして、モータムが人びとの信頼を集めるようになった。モータムは仏法の力(タンマ、ないしクン・プラタムという語で言及される)や薬草の知識に詳しい治療者であった。そして、一九四五年に「村の守護霊」を追放する案が、モータムを中心に村会議に提出された。

すでにD村ではモータムへの賞賛は、モー・ティアオワダーを凌ぐものになっていたが、「村の守護霊」は開村以来のものであったため、当時の村長はじめ他の住民は、すぐには同意しなかった。モータムの意見が通るのはその五年後のことである(この歴史的背景については次章参照)。一九五〇年、モータム七名が集まって「村の守護霊」追放は決行された。七人のなかには、今日（調査当時）存命するD村の長老のモータムも参加している。だが、陣頭指揮をとったのは、彼らの師匠にあたる近隣村NKの長老モータムであった。彼らはまず、多くの見物人がいるなかで、家屋が密集する村の中心部にあたる場所に「村祠」を建てた。それから、「村の守護霊」の森へ入り、そこにあった祠を鉈鋸でたたき壊したのち、撤去した。前述した「村祠」での行事（村開き儀礼）は、この年から始まる。

仏教は在家者にとって一つの制度様式である。僧俗を厳密に区別する上座仏教では、役割それ自体の類型的特徴にのみ着目すると、出家と在家の図式は、そのまま僧侶を宗教的専門家に、在俗信徒を非専門家として二元的に把握しがちである。通過儀礼およびその他の儀礼にみるように、直接、仏教と関わりのない儀礼の執行者は、あたかも非仏教的な信仰体系に属しているかのような印象を与える。しかし、仏教に関する知識に焦点をあてれば明らかなように、出家と還俗のサイクルにおいて、二つの担い手の間には絶えざる周流がある。出家して間もないD村の若い僧侶に知識を与えるのは、先輩僧だけではない。むしろ、かつての出家経験者であり、現在は、「非仏教的」と範疇づけられてしまいがちな儀礼を司式する、同じ村の俗人長老男性なのである。D村のモータムは、寺院の運営や儀礼における俗人（時には僧侶側の方針、作法について指示を与える。さらに、仏教の教理が正面から取り扱わない、霊魂や精霊に関する知識と儀礼にも精通している。僧侶と俗人の世界の間にまたがる半僧・半俗のような在俗信徒である。

このような俗人専門家に着目した研究は、すでに検討したタンバイアの研究を嚆矢として、制度論、象徴論的にも民間バラモン（本書でいう招魂儀礼師）をとり上げている。招魂儀礼師は、タイ国の全地方に広くみられる俗人専門家の類型ともなっている［Tambiah 1968a, 1970；Swearer 1976；Kirsch 1977；小野澤 1983］。対照的に、きわめて秘儀的な悪霊祓いに関わる儀礼は、その担い手とともに、もっとも社会的集合力を生み出す仏教の制度的展開と縁遠いか、あるいは、その呪術的使用として位置づけられている。

在家仏教徒の模範であるD村内のモータムの位置づけは、制度仏教の観点からではみえてこない。むしろ、東北タイの開拓移住民が築き上げてきた仏教実践の観点を別に用意すれば、了解可能なものとなる。先行研究が重視してきた全国的に遍在する招魂儀礼師（民間バラモン）はD村にもいる。しかし同村のモータムは、招魂儀礼師を、市販のお手本読みの小手先の儀礼執行者として、その宗教的社会的権威をほとんど認めていない。彼らは直接師匠から学ばず、印刷されたものを読んで儀礼を司式しているに過ぎないから、というのである。そのようにいわれる招魂儀礼師の側も、儀礼専門家としてはモータムが一枚上であることを認めている。事実、モータムは「魂振り」儀礼も結婚式も司式できるという。にもかかわらず、モータムを自認する者が、それに関わることを筆者は見聞していない。その理由を明らかにするデータはないが、結果が同じ効能をもたらすものであっても、霊魂の活性に関わる方法が象徴構造としては逆であることによっているのかもしれない。(12)

D村では、そのような役割図式が該当しない。むしろ、俗人の在俗仏教徒の模範として、悪霊祓い師であるモータムが、圧倒的な社会的信頼を得ている。現在のD村の女性世帯主のほとんどが、一種のクライエントとして「信奉者」（*luk phung luk thian*）の名で特定のモータムを頼っている。次章で詳しくみるように、移動する東北タイのラオ人社会にあって、モータムは人びとの仏教実践と密接に関連する歴史的・宗教的意味をもっている。

また、モータムは薬剤を投与しても快癒しない病人には、依頼に応じて診断儀礼を行った上で悪霊祓いの儀礼を司式する。その際、患者に仏教在家戒を受戒させる。病人の祖霊が関与しているとなると、僧侶を介して死者への功徳の転送を指示する。その供物献納儀礼は、トート・バンサクン（*thot bangsakun*）といわれる。(13) モータムはクン・パタムあるいはクン・プラタム（*khun phatham; khun phratham* クンはマレー語 *guna*〈呪文〉に起源する）と呼ばれるタンマ（*thamma* 仏法、法力）を自宅の寝室に祀る。寝室には、ハン・プラタム（*han phratham* 以下「仏法棚」）を設置する。「村祠」に設置されているものと同じである。一九六〇年代以降になると、モータムでない人びとの各世帯で一般的な仏棚（*han busa pha*）が急速に普及するようになる。(14) モータムの模範的仏教徒としての一面を窺わせる事実である。仏法を起源とする守護力は、かつての「村の守護霊」に代わって、人びとの生活世界の安穏平安の媒体となっている。モータムには、師匠の教えによっていくつもの流派が村や県境を越えて存在する。D村では三つの流派がある。主流派はモータムの数のみならず、双系の親族、非血縁のクライエントも含めた信奉者も多数擁している。

六　社会的共同と仏教儀礼

1　儀礼パフォーマンス

二月初旬、暑季が近いとはいえ、コラート高原の朝はまだ冷え込む。D村の人びとは軒先の焚き火で暖をとる。筆者のその日は、寺院講堂での一杯の酒から始まった。村のなかでも、酒宴がここかしこの家々で行われている。飲めや歌えと若い男たちは大騒ぎである。咎める者は誰もない。地酒のシーシップ、バンコク産のウィスキーを水のように飲む。生牛肉のミンチ、内臓のスープ、肴はどこも同じで、豪華である。ある家で食べていると、さっきまで飲ませてもらった家の兄さんが一座に加わる。みんな、少しずつ食べる。酒がまた入る。

長い行列が砂煙をたててやってきた。寺院からもちだされた、一〇メートルはある横長の布が、女子どもの手に添えられてねり進む。ブッダの生前の功徳を讃えるペンキ絵が描かれた長大な画布である。人びとは嬉々として小学校の方向、すなわち村の最南端の方へ向かう。追いかけているつもりなのだが、酩酊している筆者の足元はふらつく。前進する行列の横を駆け抜けようとしたとき、足をすくわれた。つんのめって、両手に抱えていたカメラが村路の砂のなかにめりこむ。起き上がって驚く。太鼓腹のおじさんが上向きに倒れている。この人にぶつかったのだ。だが、おじさんは微動だにしない。行列の後塵を拝してやってきたおばさんの一団が、事態を了解しないでうろたえる筆者をみて笑っている。ふとみまわすと、行列の行く手から外れた小路には、「行きだおれ」がごろごろしている。

あっけにとられているところへ、六〇歳になろうとするのに、大の酒好きで女好きのK叔父がその「行きだおれ」の合間をぬってよたよたと近づく。全身から酒が臭う。そのころ、筆者はK叔父宅にやっかいになっていた。昨晩から飲みつづけているのを思い起こして納得がいった。ろれつがまわらない口調で、いつものように説教じみていう。「こら、こら、何を驚いとる。こいつらは先に極楽ゆき（*khun sawang pai laeo*）なんじゃ。お前は、まだいっとらんのか」。そういったきり、向いの家の玄関先にある瓶から汲んだ水をがぶりと飲み、軒先に寝てしまった。

ペンキ絵を運ぶ行列は、いったん「村祠」へ立ち寄ってから学校方向へ行き、村内を巡回するようにして寺院へもどってきた。境内では野外映画の準備が進められている。夜八時開演である。巨大な黒いスピーカーセットが、夕刻からたち始めた砂塵を遮るようにして何基もたっている。スクリーン用の布が音をたててはためく。その横を行列はやってきた。講堂を時計回りにまわり始める。先頭を行く長老男性が銅鑼をしきりに打ち鳴らす。そして三巡してようやく行列がとけた。ある者は正面入り口から講堂へ入り、ある者は帰路につく。

境内を見回す。映画の上映機材を大型トラックで運んできた市内の巡回映画屋の男たちに、村の若者が話しかけている。仕事の話らしい。映画は三本だてで五バーツ。電気は寺院内の僧房から引く。使用料七〇バーツが寺委員会にお布施として支払われる。今日は、村人に人気がある香港のカンフー映画が二本もあるので、すでに前評判は高い。

冷たい闇が迫っていた。身体の震えを感じたとき、講堂からパーリ三帰依文の斉唱が聞こえてきた。行列に加わっていた子どもたちは、境内にでていたが、長老男性と女性たちが斉唱しているのである。今日はブン・パウェート（*bun phawet*／*phrawet*）の前夜祭であった。ブッダの前生譚が説かれるジャータカ誕生祭である。筆者は、朝でたきりであった寺院の講堂にようやく再びまいもどった。

年中行事化した仏教儀礼は、寺院内部で行われる戒律の授受、布施行だけにとどまらない。どの儀礼も程度の差はあれ、村全体が沸騰するような盛大なイベントである。普段は野良にでている人も集まるために、村内の人口が急に膨らむ。そして人の動きは激しく、騒々しい。ラオ人の好む生肉ミンチ、内臓スープを料理する音と臭いと饗宴、パーリ経文斉唱の響き、寄金額を公表する村内放送など、必ずといってよいほどこれらはつきものである。時には野外映画、モーラム、出店、賭博、美人コンテストが境内で繰り広げられる。講堂内部の禁欲的な雰囲気の裏を返したような、喧騒そのものというべき光景が展開される。

上に述べたジャータカ誕生祭は、時期的に収穫直後に実施されるせいか、各戸どこでも、準備される酒肴に食事は大盤振る舞いの感が強い。一年をとおしての儀礼のなかでも、前々夜から酒好きの男たちが浴びるように飲み、果ては場所を選ばず寝てしまうのは、この儀礼だけであった。儀礼の凄惨さを印象づけられるのは、死者のように飲み倒れがでることではなく、他の人びとがそれに見向きもせずにワアワアやっていることであった。文字どおり、この世のものとは思えぬほどの享楽の宴が延々とつづく。見方によっては、仏教儀礼の外縁での出来事なのであるが、人びとがこの世を楽しむことに命がけとなる光景なのである。

年中行事化した仏教儀礼で前面にでる情動感は、享楽的な饗宴の場面にとどまらない。儀礼そのものにおける僧侶の役割にもみてとれる。村外の寺院から僧侶を招請する場合、人びとの間で評判の僧侶に人気が集中する。タイ国の標準語ではなく、ラオ人の言葉で仏法を語るのはもちろん、聞く者に心地よい声質をもち、ドラマチックな語りができる僧侶である。そのような僧侶は、よく通る声で自在の速度とリズム、抑揚感をもってブッダの遭遇した生涯を鮮やかに織りなしてみせる。講話というより楽曲を奏でる感じに近い。いわば音声のパフォーマティヴ・アートである。人びとはそのような心地よさを求めて説法に参加し、聞き入っている。これまでに何度も参加して内容を熟知するものであっても、古典の独奏を聞くようにして、僧侶の語り口に酔いしれるのである。

翌日の早朝から行われた仏陀の前世の生涯を語るテート・マハーサート（*Thet Mahasat*「ジャータカ本生経」）では、他村、他県の寺院から招いたそのような僧侶の競演となる。特に愛するわが子を捨てるほどの自己犠牲（布施心）が最大の報果を生むくだりでは、涙して聞き入る者もでる。この場面に、布施行の真骨頂がドラマティックかつ感動的に演じられる。逆に〝お粗末〟な僧侶の説法にも俗人聴衆の反応は正直である。合間の説法がいかに理路整然とした見識高いものであっても、面白くないらしく、数分もしないうちに舟をこぎだす姿がみえる。あるいは、そそくさと三跪拝してしばし講堂の外へでる者もいる。しかし、語りが上手な僧侶には満場が聞き惚れる。そのときの講堂内の一体感は、一つの異なった世界をリアルなものにする。

人びとは聴衆にまわるばかりではない。儀礼を共有する醍醐味は、人びとが自ら儀礼を構成する一部になることにある。たとえば、パーリ文を訳語である現代タイ語とともに斉唱する。これもまた、全身に爽快感を与えるらしい。これをすれば気持ちがよいというD村の高齢女性たちは、腹から頭の先にかけて声をだすのだ、と筆者に手ほどきをしてくれる。お籠りの一昼夜、彼女らの読経三昧におともした翌朝、筆者は疲労困憊してしまっていた。おばあさんたちは寝具をまとめて講堂をでる。家にもどらずそのまま野良へ赴く人が多い。疲れませんか、と聞くと「どうして疲れるの、すっきりするためにお寺へ来るのよ」。天秤棒をいさましく担いでかける女性たちの後ろ姿には、半ば徹夜の苦行の痕跡などみじんもない。

村落で繰り広げられる仏教儀礼は、騒がしい饗宴だけに終始するわけではない。むしろ、喧噪に満ちた饗宴は、個人の静謐な仏教実践をきわだたせる。強いていえば熟年者の参加領域と、子どもを含む若者の参加領域が明確な対照をみせるのである。饗宴が盛り上がるほどに、また、あくことなき快楽の追求が演出されるほど、講堂に残り、経を誦じる力は増幅されるかのようだ。

一種の宗教的確信が個人の精神や意識を形成するように顕われるのは、まさしく五感を総動員するこうした公共の儀礼環境においてであろう。ギアツによれば、宗教は「環境、政治権力、富、法的義務、個人的情愛、美の感覚と同じように社会的秩序を形づくる」ものである［Geertz 1973：119］。また、「宗教的概念は特定の形而上学的な脈絡を越えて広がり、広範囲の経験（知的、情緒的、道徳的経験）に意味ある形態を付与することを可能にする全体的観念の枠組みを供給する」［Geertz 1973：123］。すなわち、人びとが儀礼環境で経験する宗教的な象徴は、日常生活の常識にも影響をおよぼすことになる。宗教的なるものはそれ自体の世界を明確な形で呈示するが、他方で世俗内の規範とその実践とも関わる。以下で論じるのはこの問題である。村では共同の観念が強力に社会的に表現されている。それでは、上記のような仏教儀礼は、どのようにそれと関わるのだろうか。その関わりかたは、儀礼開催にともなう物理的な共同作業が共同の規範を宗教的に醸成する側面があるが、決して単純な形ではつながっていない。

2　共同規範と村落社会

バンコクや中部タイの人間は、泥棒も同然で恐ろしい。チェンマイや北タイの農民たちは、施しの気持ちをもたず心を許せない。その点、東北地方の農民は誰にでも親切で気心が知れればたがいに頼りあえる。相手が華人であっても、プーク・シアオ（*phuk siao* 生涯友人の契りを交わすこと）できる――これは、老若含めてD村の男たちがよく聞かせた、手前味噌のラオ人ないしイサーン礼賛である。彼らは、他のどの地方の住民よりも助け合いを重んじるという。事実、それはバンコクに住む彼ら東北出身のラオ人の生活態度にも窺われる。

開拓移住の生活パターンをもちつづけてきたラオの人びとにとって、相互扶助とは、単に規範的なものに終始するものではなく、実質的な労働、人的資源の確保という、現実に必要とされるものであったことが推察される。そのことは最近まで、開拓移住をしつづけてきた他村への移出者が昨日のことのように語ることである（第三章参照）。

実際に、D村では、相互扶助の実行、相互依存の感覚をもつことが「大人」としてのあり方に直結する。「この村で生きて行くには『何があっても尋ね、助け合う（*het nyang ko tham khao*）』こと、つまりその人がいやな性格でも耐えておたがいに頼りあう（*asai kan*）ことが大切だ。だから大事なことは助け合いだ。決して人からのけ者にされる『無関心な人間（*khon bo ao chai nuban*）』、『他人を助けない人間（*khon bo soi lua kan*）』になってはいけない」。村入り後しばらくして筆者が教えられた古老男性の言葉である。このような処世訓は、同じラオ系村落でも、寄り合い所帯的で都会的ともみえる人間関係が観察されるD村では、いっそう強調されているように思われる。

同時に、処世訓の背景には、タイ農村一般に見られる社会的行為の互酬性の論理がみられる。「(人が)水牛を世話するのはその子牛を得んがため、(親が)子どもを育てるのは老親扶養のため、(子が)老親扶養をするのは財を得んがため」[15]。古老が教えるこの慣用句は、相互依存とは自己のための、手段的な相互扶助の結果でもあることを教える。

D村では、社会的な規範としての互助的献身は現在も重要視されている。近親内では多様な互助形態がみられる[16]。ヘットナムカン・キンナムカン（*het nam kan, kin nam kan*「共働共食」）という言葉は文字どおりに農地で共働耕作し、収穫米を同じ家屋で食べるという行為を指すのみならず、広義に相互扶助の規範を含意する表現である。ただし、ラオ人の村落社会すべてにおいて規範的な意味をもつイディオムとして一般化されているわけではない。他県では、まったくそのような規範的意味をもたず、単に動詞として使われている。だが、D村およびD村から移出した人びとが住む村や元村では、規範的な意味を強く含む。農地を共有し世帯をともにする親子間の相互扶助は自明視されているが、経済生活に困窮し、親との共同が強く期待されるときに「共働共食」が会話のなかで頻繁に表われる。

水野が指摘したように、親子間では、世話と奉仕の関係が強い。子は「比較的自由」で「相対的独立性」を保っていて、家族の成員を律する明確な「役割規範」がなく、親子間でも「損得相互依存の感覚、相互に相手を思う気持ちを価値ありとする間柄の論理」がみられる。さらに、追跡調査の結果から、口羽らは近親関係の主な規範を二つ挙げている。

相互に尊敬と庇護が期待される長幼の序と、「もてる者」と「もたざる者」の間の互助や庇護・奉仕の互酬関係である［口羽・武邑 1985：316］。

D村では家族の構成員、農地所有の状況によって多くのバリエーションがみられるが、均分相続が基本型である［口羽・武邑 1983：302］。しかし、財の相続分与形態に特徴的に見られるように、親にすれば老後を世話してくれる子にはより多く財を与えることで子の奉仕に応じる必要がある。普通、その子は末娘だが、口羽らはさらに「どの子にどの程度の親の援助が与えられるかは、子の親への奉仕の度合や親の個人的満足の度合によって、かなり親の恣意に依存する面がある」として、相互の利害計算のバランスによる傾向が強いことを指摘する［1983：304］。

また、「共働共食」に表現される近親間での共同の価値規範は「基本的にはかなり拡散的（diffusive）であり、誰が誰に対して何をしなければならないという、明白に義務を規定したものではない。支配的な規範は夫婦、親子、キョウダイを中心にした近親というネットワークの範囲内の保護者と被保護者の二者関係にみられる互酬性であり、その継続性は当事者間の共通な利害関心に依存していていているように思われる」とし、「タテの関係として、二者関係は保護と奉仕という形態をとり、保護者と奉仕者の間には、かなり任意的、選択的な要素がある」と考察する［1983：307］。村落を構成している各世帯は各自の家屋に住む。しかし、家屋を別にしていても農地を共同耕作し、日常のあらゆる生活分野でできる限り助けあう。彼らの間には強い共同規範や共同感情が支配的にみられる。こうした世俗内の規範的価値と、これまでに述べた宗教的な世界と、何らかの構造的連関をもつことが予想される。

第一章でみたように、タンバイアはD村と同じ東北タイ農村での宗教儀礼で表現される互酬性と村落の社会構造に着目している。来世を志向する積徳行を、生者からの働きかけが優越する「現世」中心の行為とみてとったタンバイアは、長幼の序を重視する村落社会の構造が、彼がいうところの「民間バラモン（俗人長老）」と僧侶（年少者）との間で交わされる魂の活力増幅の儀礼と功徳のシェアにおいて実演されているとみた。しかしながら、積徳行は長幼の序の社会的範疇にのみ収斂するような、世代間の現象に留まるものではない。互酬的関係の背後にある宗教的意味の構造をさらに掘り下げて分析するために、タンバイアの議論を踏まえつつ、D村での仏教儀礼の具体的な事例を検討しておこう。

3　積徳行の評価と儀礼環境

すでに水野は、タイ国農村の社会構造を理解する上で、村人の宗教的世界を把握することが重要であるとし、仏教が人びとの生活の道徳的支柱をなしていることに着目していた。タイ的な家族の秩序をかたどる一般的原理を構成する一要素として「仏教的心像がかもしだす価値観」にも言及している［1981：166, 110］。にもかかわらず、仏教や儀礼的表現を社会構造との脈絡で分析することはなかった。上述のような社会的規範と社会関係における情緒的な問題を、宗教的世界の側からとらえることはなかった。

カウフマン（H. K. Kaufman）［1960］、タンバイア［1970］の調査結果との比較を狙って、村人自ら積徳行をランクづけしたのが【表4】である。村の宗教構成や事情が異なるので、最初にD村での積徳行の方法について語ってもらい、得た回答から類似するものを範疇分けした上で項目を決めている。その結果、前述した積徳行の類型のなかでも、とりわけ布施行や出家が高く評価されている。上位五つのうち、4をのぞく他はすべて大規模な儀礼環境において集合的に実施される積徳行である。これは、従来の調査結果となんら変わるものではない。しかし、この位階的な図式をそのまま積徳行の手段的な体系としてとらえるには問題がある。

というのも、まず、実践の場面を異にする積徳行が混在する。さらにその評価には男女差がある。たとえば、前掲【表4】の結果を男女別に分けてみると、出家できない女性の方が、男性より出家や在家五戒の遵守を多大な功徳を得る手段と評価する傾向がみられる【表5・6】。さらに重要なことは、用意された項目を前に、ランクづけにのぞんだ回答者が

表 4　123 世帯主による積徳行（タンブン）の評価

総合	高ランク 1	2	3	4	5	6	7	8	9	低ランク 10
A	25	10	19	15	11	9	15	6	2	—
B	16	20	15	9	11	13	13	8	6	—
C	12	20	24	11	11	10	6	10	7	—
D	7	10	13	24	18	10	13	14	2	—
E	11	18	11	19	10	8	9	10	14	2
F	12	14	4	12	18	11	17	16	6	—
G	5	5	11	9	17	21	12	21	9	1
H	14	9	11	5	14	18	19	14	6	—
I	8	5	3	5	1	11	7	12	59	—
J	1	—	—	2	—	—	—	—	—	1

註／A：カティン儀礼の際に僧侶に寄進すること。B：建設中の布薩堂を完成するために寄金すること。C：息子を僧侶にすること。D：僧侶の日々の托鉢に応じること。E：自ら僧侶になること。F：在家戒（五戒）を日常的に遵守すること。G：主要年中仏教行事に参加して寄進すること。H：仏日に寺院で在家戒（八戒）を遵守すること。I：他界した両親に功徳を廻向すること。J：その他／回答者 12 名は「すべてのタンブンは同じように重要であり、評価づけできない」としている

表 5：女性世帯主（24）による行為のランクづけ

＊総合	ランクづけの順位（数字は人数） 高ランク 1	2	3	4	5	6	7	8	9	低ランク 10
1	7	2	4	3	1	2	4	1	1	—
2	2	5	3	6	2	1	2	1	1	—
2′	2	5	—	2	5	3	2	1	1	—
3	4	3	7	2	3	2	1	2	—	—
4	1	4	3	7	2	1	0	5	—	—
5	4	1	3	—	2	5	3	2	—	—
6	—	1	1	1	3	5	7	5	1	—
7	2	2	2	—	3	2	5	6	2	—
8	1	1	1	1	—	1	—	1	—	—
9	—	—	—	—	—	—	—	—	—	1

1　：カティン儀礼の際に僧侶に寄進すること
2　：（もし可能であれば）自ら僧侶になること
2′：在家戒（五戒）を日常的に遵守すること
3　：息子を僧侶にすること
4　：日々の僧侶へ食事の布施を行うこと
5　：仏日に寺院で在家戒（八戒）を遵守すること
6　：主要年中仏教行事に参加して寄進すること
7　：建設中の布薩堂を完成するために寄金すること
8　：他界した両親にタンブンすること
9　：その他

註記／回答者 2 名は「すべてのタンブンは同じように重要であり，評価づけできない」としている

表6：男性世帯主（99）によるタンブン行為のランクづけ

＊総合	ランクづけの順位（数字は人数） 高ランク 1	2	3	4	5	6	7	8	9	低ランク 10
1	18	8	15	12	10	7	11	5	1	—
2	14	18	13	9	8	11	8	2	4	—
3	8	17	17	9	8	8	5	8	7	—
4	6	6	10	17	16	9	13	9	2	—
5	9	13	8	13	8	7	7	9	13	—
6	5	4	10	8	14	16	5	16	8	—
7	10	8	8	5	12	13	16	12	6	—
8	10	9	4	10	13	8	15	15	5	—
9	7	4	2	4	1	10	7	11	59	—
10	1	—	—	2	—	—	—	—	—	—

1：カティン儀礼の際に僧侶に寄進すること
2：建設中の布薩堂を完成するために寄金すること
3：息子を僧侶にすること
4：日々の僧侶の托鉢に応じることと
5：自ら僧侶になること
6：主要年中仏教行事に参加して寄進すること
7：仏日に寺院で在家戒（八戒）を遵守すること
8：在家戒（五戒）を日常的に遵守すること
9：他界した両親にタンブンすること
10：その他
註記／回答者10名は「すべてのタンブンは同じように重要であり、評価づけできない」としている

多少なりとも困惑を示し、なかにはランクづけは不可能であると述べたケースがあったことである。数人の男女が「功徳を得るのは方法の問題ではなく、気持ち（*satha* 信心）のあり方にある」と答えている。きわめて精神主義的なこの考えは、宗教的信念の一局面を示すエミックなデータである。すなわち、寄進や布施のみを積徳行を代表する行為として取りだし、そこに費やされる金額の多寡が問題であって精神的な態度は無関係である、とみてしまう論理は成り立たない。積徳行の実践形態は、観察者にとって位階的な体系を構成するようないくつかの類型に還元することはできないのである。

以下では、あらゆる積徳行に共通する意味の論理を総合的に探索する目的をもって、高ランクに属する得度式とカティン儀礼の二事例をとり上げる。

表7：息子を僧侶にするのが良いことであるとする理由

	回答の内容	回答数
1	両親に功徳（bun）を譲るため	49
2	息子自身が佛法（phratham）を学ぶことができるため	34
3	昔からの慣習（prapheni）であるため	19
4	息子自身が道徳，作法，良い考え方などを習得できるため	13
5	息子自身が功徳を獲得できるため	12
6	両親が功徳を得て極楽に転生できるため	10
7	両親を尊敬することを学ぶため	4
8	息子自身の精神によいことであるため	2
9	亡くなった両親へ功徳を譲ることができるため	2
10	後継者世代に佛法を伝えることできるため	2
11	重要なことであるため	2
12	わからない	2
13	両親が満足することであるため	1
14	近親が功徳を獲得するため	1
15	息子自身が有名になるチャンスを与えるため	1

A ［事例Ｉ］得度式の場合——功徳の宗教的文脈と社会的文脈

出家することは，多大な功徳を得る宗教的行為として評価されていることは先にみた。功徳を得る主体は得度して自ら出家世界（サンガ）に参加する当人自身である。しかし，この高い評価の背後にはもう一つの理由がある。【表7】が示すように，儀礼のスポンサーとして出家させる両親に功徳を振り向ける行為（1位）とする考え方である。表中の回答は，村人の即答をそのまましるした後，ほとんど何らの分類基準をもうけずに整理したもので，他の回答（たとえば，6，9，13，14位のもの）も1位のものと異なる意味をもつものではない。重要なことは，出家によって当事者個人が獲る功徳が両親，近親を中心にしてシェアされるということである。

このように，功徳の獲得という宗教的行為はその行為と主体を包含する社会的世界の広がりのなかで成立し，意味づけされている。個人が社会生活を他者との依存関係においてとらえるように，個人を中心とする積徳行は社会現象であり，宗教的世界が超越する日常生活世界での相互行為としての側面をもっている。したがって，積徳行は特定の社会的状況でも把握されなければならない。積徳行についての社会的・宗教的見方は相互に影響しあって成立している。

具体的にいえば，このシェアの範囲は積徳行が成立する儀礼環境と

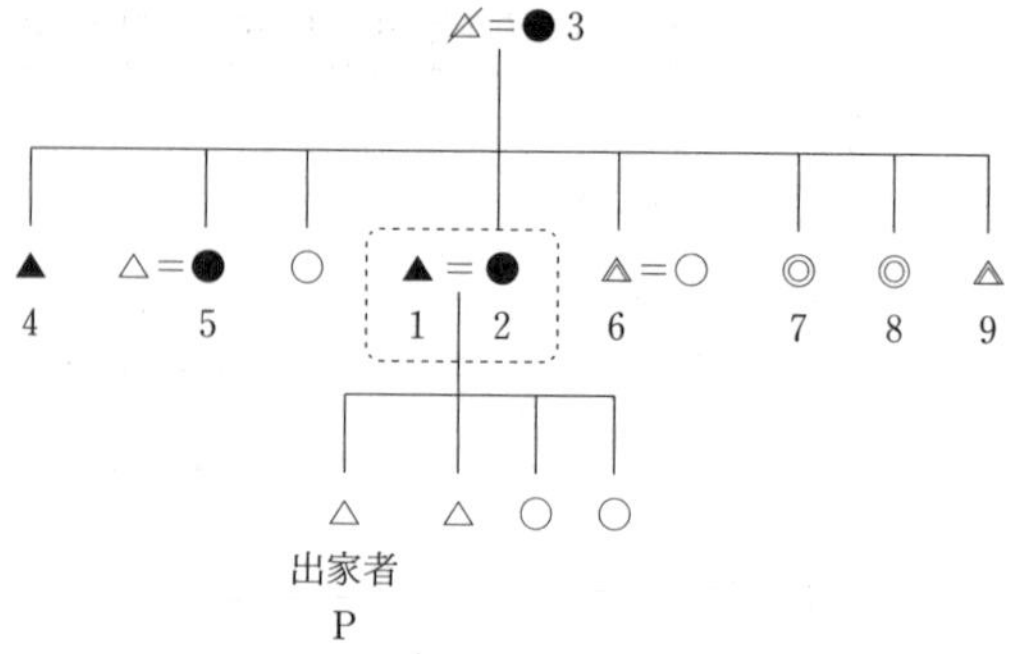

図6　得度式をめぐる近親間互助の事例

関わる。得度式の目的そのものからすれば、それは僧侶と出家志願者の間のみで成立するものであるが、現実の儀礼は人と金品を動員して遂行される。得度式を主催するのは出家者当人ではなく、当人と血縁、社会関係をもつ親族や非血縁者である。

【図6】の事例では、1、2の両親が儀礼に必要な費用の九割を捻出し、3〜5も現金で援助を負担している。6〜9および多くの非血縁者である村人は、儀礼で使う物品の調達、ないし準備手伝いの形で参加している。総経費は四〇〇〇バーツで、前述の年中儀礼の寄金額と比べれば、この儀礼で消費される経済的規模と社会的重要性の程度も知れよう。現金の供出がもっとも歓迎される傾向があるが、参加者は儀礼を成立させるさまざまなレベルでの「援助」の程度に応じて功徳を獲得できるとされる。たとえ他村の者であっても、人びとは「功徳を積みにいこう」と誘いあって儀礼に参加すべくでかける。突然の訪問者に主催者たちは戸惑うどころか、「よくぞ功徳を積みにきて下さった」とばかりに歓待する。

儀礼は多数の参加者を包含しつつ進行するが、シェアされる功徳の多寡は社会的親密度とも対応する。事例では出家者Pが自らの両親、近親、そして儀礼の参加者である匿名の人びとの順に功徳を廻向するという。もっとも多くシェアされるのは母親である。その理由は、母親は出家者を長く身ごもった末に産み育てており、多大な恩を与えてきたとされるためである。母親への功徳が特に、カー・ノムソット（*kha nomsot*「母乳代」）と形容されていることがその重要度を語る。

報恩を意味するこの表現は、両者の互酬的な関係を明確に示している。母親へ譲られる功徳は（出家者を）養育した返礼としての価値を帯び、社会的に共有される価値を顕現させることによって得度式の重要性を構成する。その意味では、儀礼の主人公は、出家者自身と出家世界から疎外されるその母親(女性)の両者なのである。ここでは、母親が出家者の養育・保護者であることに留意しておきたい。

儀礼での功徳のシェアの背後には、世俗での互酬性の関係論理が明確に演出される。その核は、事例では出家する当事者の両親・近親であるが、非血縁者であっても、出家当事者を世話したような関係をもつ人びとが功徳をシェアされる中心的な受益者となる。また、シェアのあり方は一方通行ではない。村に住み込んでいた筆者に得度式のスポンサーをかってでてくれた村人がいた。筆者が出家してその人に功徳をシェアすることで、擬制的な親—息子関係が成立するという。このように功徳のシェアは、単にある互酬的な社会関係を規範的に確認する目的としてのみならず、逆にそのような社会的関係を成立させるような方法としても認識されている。

B 〔事例2〕カティン儀礼

積徳行が成立する儀礼環境が大規模になるほど、その功徳をシェアする関与者もより多く生み出すことになる。このことを総合的かつ十全に示す仏教儀礼がカティン儀礼(カティナ衣奉献祭)である。功徳を獲得する儀礼として最高位にあり【前掲表4】、ジャータカ誕生祭と変わらぬ重要性が評価されている儀礼である【前掲表3】。

カティン儀礼は村を挙げての集合儀礼である。しかし、主催者が複数となる得度式やその他の儀礼とは異なり、主催者が一世帯主に限られる。つまり、一つの寺院にたいして一人の主催者(実際にはその親族も)が名乗りを挙げる布施である。その人物が全村を代表して多額の金品とともにカティナ衣を僧侶に寄進するため、最大・最高の布施とされる。したがって、過去においては主催者がなく開催されないこともしばしばであった。現在でも「一生に一度でよいからカティン儀礼の主催者になることが夢」といわれている。

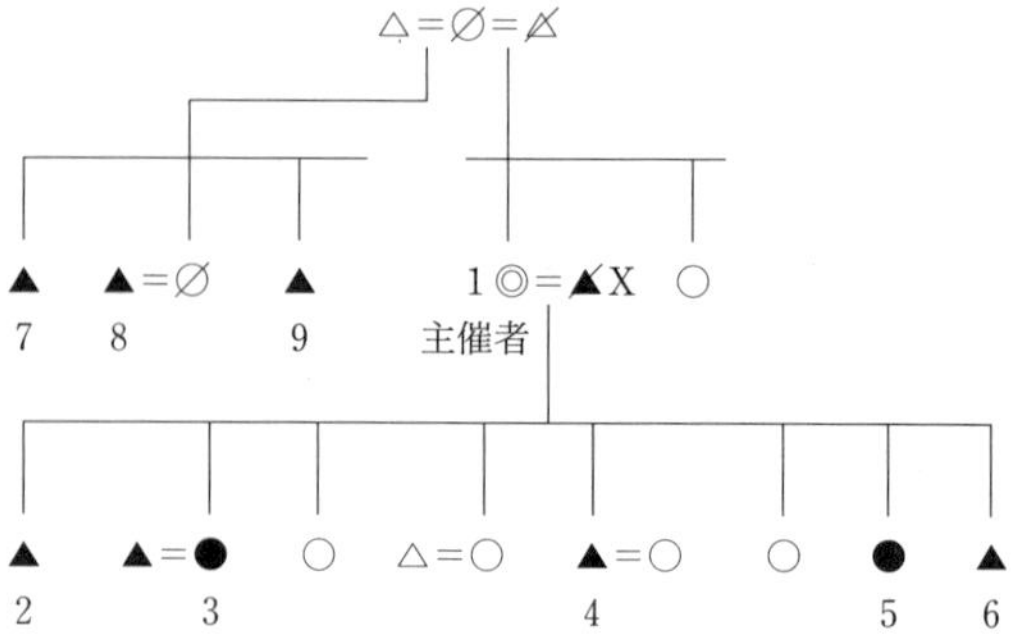

図7　カティン儀礼をめぐる近親間互助の事例

D村では、この儀礼は亡くなった近親（もしくは配偶者）への功徳の廻向を公的に行う「供養飯儀礼」(*bun chaek khao*) を兼ねることが多い。【図7】の事例も、没後六年の亡夫Xへの「供養飯儀礼」を兼ねている。総計費四万バーツという支度金は、既述の仏教儀礼の際の額と比べて空前ともいうべき額であり、この儀礼の位置づけを物語る。

得度式同様、カティン儀礼は主催者とその近親間の共同事業的な側面をもつ。主催者1は支度金の大半（二万七〇〇〇バーツ）を支出しているが、すでに独立した子ども五世帯（図中2〜6）も共同して、それぞれ二〇〇〇バーツずつ（計一万バーツ）を負担しあっている。他の物品に関しても、得度式での事例同様に、近親間での援助が緊密に行われて準備されている。主催者の異父キョウダイ三名は、それぞれ精米五〇キログラム、キンマ、ココナツ二〇個、現金一〇〇バーツ（図中7）、枕一個、自ら現金五〇バーツ、子ども四世帯からそれぞれ三〇〜四〇バーツの寄金（図中8）、枕一個、ござ・布を数枚、子ども世帯からそれぞれ三〇〜四〇バーツの寄金（図中9）を用意している。また、図示されてはいないが、主催者の亡き夫方の親族二名が一〇〇バーツの現金（D村出身者）、枕一個と現金二〇〇バーツ（隣村在住）をそれぞれ携えて参画している。

儀礼は二日にわたる。初日は遠来の親族も含め、主催者宅に近親者が右記のような金品を持ち寄って集まる。僧侶と寺院に献上するための食事や菓子、供養品をつくるためである。このようにして集まることはホームカン (*hom kan*「寄り集う」) とラオ語で呼ばれているが、儀礼に備えての近親間での共働と共食をも意味している。

カティン儀礼に限らず、僧侶が関与する仏教儀礼の準備に際し、近親者どうしが彼ら親族の中心となるような親元の家に集まってたがいに助けあってともに作り、ともに食事をとることを一様にホームカンという。そのような場では共働作業も重要であるが、特に食事をともにとることは、たがいに腹を満たし心を満たすこととされている。食事は功徳にたとえられ（*kin khao kin bun*）、近親者間で共働共食をとおして功徳をシェアすることが強調される。

経費の半分以上は、前夜祭を兼ねた寺院境内での映画会や講堂・主催者宅での一般の村人への食事と酒のふるまいにあてられている。得度式をはるかに上まわる規模で村内外の人びとがこの祝祭的饗宴に参加し、催し物に興ずる。重要なことに、このような参加行動もすべて多かれ少なかれ、功徳のシェアに与るものとされている。饗宴でふるまい、ふるまわれる関係の反復は、儀礼に付随する要素であるどころかもっとも核心的なものである。それは見知らぬ者をも引き込んで功徳をシェアする外縁を拡大するとともに、儀礼の公共性を確固たるものにしていく。

翌日、主催者とその近親たちは寺院でカティナ衣をはじめ僧侶の日用品、小仏像、現金を僧侶に献納する。この後に他界した夫に功徳が転送された。僧侶が読経する間に一つの器からもう一つの器へ水を移しかえる。そして僧侶が功徳を転送する相手の名前と生前の世帯番号を唱える。最後に僧侶が祝福経を唱える。すなわち、僧侶への布施行であるカティン儀礼は、親族の共同を取り巻く形で村人（他者）が参加し、主催者自らの功徳の獲得の確信と亡夫がよりよき来世を得るために、さらに、その再生までの速度を早めるために、文字どおりに功徳をシェアする儀礼をもって終止符を打つ。

4　ホームカンとヤートナーム──功徳のシェア

ところで、故人の霊にたいする功徳の転送（廻向）は、上座仏教圏では広く行われている実践である。これは、遺族が食事や金品を僧侶に献上して得た功徳を転送すると、故人の霊は功徳を得た結果として、それらの品々を受け取ること

表10　寺院を中心とする年中儀礼と功徳の転送（1983）

儀礼の名称	開催月日	霊が帰る儀式	功徳の転　送
1　新年儀礼	1／1		○
2　焼き米献上祭	1／28		○
3　「仮出家」の儀礼祭	1／30-2／5		○
4　黄衣奉献祭	2／2；3／20；4／9		○
5　ジャータカ誕生祭	2／6-2／7		○
6　灌水祭	4／13-4／16	●	○
7　村の除祓儀礼祭	4／16		○
8　仏塔祈願祭	5／26		○
9　入安居	7／24		○
10　飾地飯供養祭	9／6	●	○
11　クジ飯供養祭	9／21	●	○
12　出安居	10／21		○
13　カティナ衣奉献祭	10／22-10／23；11／5-11／6	●	○

ができるという考えに基づく［Gombrich 1971b：213］。功徳転送の儀は、東北タイ、ラオスのラオ人社会ではヤートナーム、タイ国の中部地方ではクルアット・ナーム（*kruat nam*）、トルゥアット・ナーム（*truat nam*）と呼ぶ。いずれも、僧侶が詠唱する経文とともに、水を一つの器から他の器へと移しかえる作業をともなう。功徳を象徴するこの水を、寺院境内の樹木や地面、墓、そして寺院塀壁に彫られた地母神メー・トラニー像に振りかける。ヤートナームは、僧侶が関与するさまざまな儀礼において、半ば制度化された形でみられ、故人の霊を供養する機会となっている。

【表10】が示すように、D村では年中行事化した仏教儀礼の終了時に、祝祭の幕をひくようにして必ずヤートナームが実施されている。遺族は、故人の名前や生前の世帯番号を僧侶に告げてヤートナームをする。功徳が徐々に蓄積されることによって異界での霊の立場は向上し、最終的にはよりよい転生を得るとされる。これは、まったく現世における蓄財と社会的地位の上昇と同じ論理であり、霊の世界が村人の日常生活をそのまま投影した世界として認知されていることを意味する。極楽へ直行した稀な場合をのぞいて、通常の故人の霊は、異界に閉じ込められたままで自由に移動することができず、ひたすらこの世からの功徳が転送されるのをまっているという。ところが【表10】中の儀礼10と11（人によっては6と13も加える）の際には、他界した故人の霊は遺族のもとへ帰ることを許される。このとき、ヤートナームを行うと、功徳は他界した霊に直接届くとされている。これらの儀礼以外では、葬儀のしめくくりとなる供養飯儀礼（後述）、および安居期間中の仏日にお籠りをする者が転送する場合でも、功徳は直接届くと考えられている。

その他の仏教儀礼や世帯単位で僧侶を招いて行う招福儀礼（*thambun bian*）でも、ヤートナームは実施されている。ここでも僧侶を介して世帯番号の告示をする。ただし、このときに転送される功徳は、地母神メー・トラニーやテーワダー（神祇）がいったん受け取った上で故人の霊に配送し、「閻魔」（*yomaban*）に通知するとされている。

もとより、遺族には故人の霊が仏教的来世に通じるどの霊界にあり、いつ転生するのかは知りうることではない。重要なことは、ヤートナームにみられる功徳の転送行為それ自体が、行為主体の善行として継続的に行われる点にある。D村では、他のタイ農村同様［Tambiah 1970：190–191；Ingersoll 1975：247］、功徳の転送行為は特定の故人の霊の転生に関わるばかりではなく、より広く生きもの全般の霊、再生のための功徳が不足している霊へ無差別に功徳をふりむける行為（わが国でいう施餓鬼）として実践されている。したがって、仮に故人の霊がすでに転生しているとしても、功徳の転送は無意味ではない。むしろ、それは広く功徳を分ちあう一つの積徳行の型をなす実践である。すなわち、功徳の転送は、それ自体で宗教的かつ社会的な善行となっている(17)。

ところで現在のD村には、北タイ農村のように年中行事化した祖霊祭祀やこれを祀る祠はない。また、故人の霊を守護霊として積極的に崇拝することもない。しかし、夫婦間の不和や世帯成員間に問題が生じたとき、故人の霊は、世帯主の子や孫に高熱をひき起こすピーシア（*phi sia* 祖霊の意）としてあらわれる。このような事態に遭遇すると、人びとは祖霊が、功徳を転送するようにと警告しているのだと了解することが多い。不和の原因は、夫婦や世帯成員が相互に分かちあいの気持ちを失っているからである。積徳行もせず、功徳の転送も忘却しているような事態であることを、祖霊は、世代下の子どもや孫を病気にさせることによって当時者たちを懲戒するというわけである。このように功徳の文脈で語られる精霊の災因論は、世代を越える人びとのつながりを思い起こさせると同時に、D村では故人の霊が祖霊として、遺族の功徳の転送を動機づける存在になっていることを示している。

このように、功徳はこの世と異界、さらに仏教的来世を結び合わせる救済財として顕れている。功徳は、時空間を超越するのみならず、主体をとおしてそれぞれ異なる時空間を通交可能なものとしている。このような功徳のあり方に留意しつつ、功徳のシェアを儀礼的に表現するホームカンとヤートナームとを比較検討しよう。

ホームカンは基本的にこの世での近親、他者間での功徳のシェアであるが、ヤートナームは積徳行の主体と他界した霊との間での功徳のシェアである。カティン儀礼で明瞭にみられる双方の儀礼行為は、その規模や必要性は小さくなるが、他の仏教儀礼でも実施される。ホームカンは通過儀礼である得度式、葬儀のほか、重要視される年中仏教儀礼(ジャータカ誕生祭、クジ飯供養祭、灌水祭)でも各親族を単位として行われる。どの儀礼で行うかは親族によって異なる。時には、一軒の世帯家屋に集まらず相互訪問の形をとってなされることもある。

積徳行の類型からすれば、ホームカンは金品を寄進する布施行に限られるが、ヤートナームは高齢女性を中心とする持戒行でも実施されるため、実施の頻度は圧倒的に高い。持戒行を終えてのヤートナームでは花、ローソク等の最小限の供養品を献上する。年中仏教儀礼で高ランクに挙げられたものは、この双方を含んでいる。

ホームカン、ヤートナームともに、僧侶が直接、間接に関与する積徳行の流れで遂行されるように、シェアの前提になるのはこの世で積徳行を実施する主体の存在である。しかし、功徳とは不可視、不可量の精神財のようなものである。このシェアはいかにして可能なのだろうか。布施行でのヤートナームを例にとろう。

獲得された功徳は、目にみえない財として説明されはするが、主体自身は故人の霊が受け取るのは実体のない功徳というよりも、寄進した物品であると語っている。「故人の霊は腹をすかせ、着る服もないといって夢で訴えたり、何か予期せぬことをしてわれわれに知らせるものだ」という。先のカティン儀礼の主催者も、ある日突然、故人の霊が物品の不足に困っているのではないかと思い立って儀礼主催者を志願した。功徳の廻向で霊が獲得するのは、寄進に供される食事や枕、ござ、布そして現金なのである。[18] あの世とこの世の境界を越えるために、それらの品々は功徳として変換されなければならない。そのために僧侶が介在する。物品を功徳へと変換させることができるのは、世俗から切り離された境界人としての出家者なのである。

高齢女性を主体として持戒行のあとに実施される故人の霊への功徳の転送(ヤートナーム)は、物品というよりは、禁欲的な苦行で体得される功徳を主たる媒体とするために、ある意味では精神主義的に洗練された形式をなしている。それは、功徳のシェアをより普遍化する儀礼的実践の範型である。

筆者は、安居期間中の寺院に籠りながらの持戒行に居合わせて、集まっている老男女は「天の神 *thephabrut, thephada*」であるというたとえをよく耳にした。彼らは、仏教儀礼ではヤートナームを欠かさぬ篤信者であり、持戒行では清浄なる供養品をもって、他界した近親および数多の霊の再生を援助するからであるという。この種の功徳の廻向を善行として実践し、いわば仏教の神体系における聖なるバラモン神のような役割に自らの行為を重ねるのである。このように、持戒行でのヤートナームの行為それ自体が、広く功徳を分ちあう積徳行の、もっとも純粋で基本的なパターンをなしている。

繰り返しになるが、功徳の問題は、個人にとっての現世の終止符、すなわち、死を超えた仏教的来世と関わる。人間としてよりよき来世に再生するという救済目標の達成は、常に功徳の多寡に依存している。それゆえ、生前にできる限り功徳を積むように努めることが望ましい。しかし、そこには功徳が目にみえない無形の救済財であるがために生じる不安がつきまとう。

積徳行の主体は、功徳の量を豪奢な布施品によって、功徳の質を苦行によって認知するよう試みているような傾向が窺える。無論、その実践は個人の選択によっている。同時に、どのような形であるにせよ、功徳が蓄積されるべきものであるという社会的通念を行動のレベルで示すのは、死期を前にした高齢者である。彼らは、あらゆる儀礼をとおして功徳を積み、体感することに無類の努力をはらう。「もてる者」(現世にいて功徳を『手中にする』＝蓄積、転送できる＝人間)と「もたざる者」(現世を離脱し功徳を自ら蓄積できず与えられるのみの霊)との狭間にあって、功徳が一人の生涯で蓄積されるものだけでは来世によりよき生命を得るために充分かどうか確信をもてない問題として、痛切に実感する。

個人の宗教的な救済目標の達成が、当人の被養育者もしくは後継者に委ねられる最大の心理的要因がここにある。自らの来世のために、当人の死後も子や孫たちが功徳を廻向しつづけてくれることが必要であり、社会的にも期待されることになる。ライフサイクルから功徳のシェアをみると明らかなように、死によって開催される葬儀は、遺族が死者へ譲るための功徳を積む儀礼として執行される。それは功徳をもつ生者が「転送しなければならない」供養行であり、以後も繰り返される功徳の廻向へと連続してゆく。

すなわち、個人が獲得した功徳を故人の霊に譲ることとは、まず第一に生前の故人から何らかの恩恵をうけた者に義務づけられている供養の行為である。親子関係でいえば、子どもを養育し保護してきた親(保護者)が老後を迎えると、子どもが老親を世話、扶養するように、それはこの世での報恩—孝行の延長線上におかれる行為である。また、功徳の廻向を期待してやまない霊界の故人とは、早々に転生して来世でのよりよき人生を望みつつ、功徳を渇望する自己の存在の投影でもある。故人への功徳の廻向は、遺族にとっては、宗教的世界へ向けられる老親扶養、すなわち、故人の生前の恩恵に報いるものとして行われる。また、現世にとどまる近親者は、生前の恩人がそうであったように、奉仕的な庇護者・「もつ者」としての立場から故人の霊を再生(誕生)へ向けて育む。

積徳行を組み立てているのは、心理的要因ばかりではない。この功徳の廻向への期待は、財産分与という経済的な利害関心ともからんでいる。相続財は、譲るべき子どもの頭数に、親の取り分を含めた数で分割される。親の取り分となることの財（主として不動産の水田および家屋）は、当人の死後老親扶養につくした同居子に、等分された財に上乗せして譲られる。親の取り分というのは、親自身を世話した子どもに与えられる財である。重要な点は、老親扶養が受益者の条件となることである[19]。

この財は、特にビア・パオ・ピー（*bia phao phi*「死者を火葬する財」）と呼ばれる。同居子へは、他の子どもよりいくらか多く財が分与されるのは慣例であり、その財が字句どおりに火葬に使われる財産として説明されることはない。むしろ、先に死を迎える世代に属する親が、財を処分しても自分を供養する積徳行の資金を捻出せよ、という期待を込めた言葉であることを、長老たちはよく知っている。実際に実施される葬式や供養の儀礼も、とりたててこの財を使って行っているわけではない。しかし、この財には、廻向されるべき功徳を生む消費財としての意味と、確実に功徳をこの世から届ける役割を期待される受益者との、契約的な関係も含意されている。功徳を得るためには資本がいる、という解釈とともに、相続財が、あの世を組み込んだ上で世代をつなぐ元手でもあることを示唆する。

筆者は、将来同居する実娘がないために、近親内から養女をとっていた老夫婦の世帯に下宿していた。ある日、義母と口論した養女（当時一六歳）が実家にもどってしまった。養女と和解するために義母がいい聞かせたことは、いずれこのビア・パオ・ピーを譲るのだ、ということであった。一見、財で養女を引きとめるような光景である。財を相続することが、義父母への功徳の転送と不可分なことであると、養女がただちに了解したとは思えない。しかし、養女は、朝の托鉢僧に応じる食施を義母から任されたある日、功徳を積めたことを、一人前の証であるとたいそう喜んだ。老人の世話をすれば確実に財が与えられるという約束は、単に報酬をめぐる功利的な関係を結ぶということにとどまらず、功徳を分かちあうことができるような「大人」の関係を言い渡されることでもあった。それは、功徳を得ることとシェアすることを通じて、この世ならぬ関係を取り結ぶということなのである。

つまり、生前の互助関係、互酬性の関係が来世にまで拡張されている。これは、行為の因果論、存在の転生を説く仏教的な時間・空間認識によってのみ可能なものである。彼岸をも含めて採算が合うかのように、互酬的行為としての積徳行の論理は、親族間、恩恵者と被恩恵者の高低をもつ二者間の社会的結合を意味づける。つまり、霊的存在と日常的存在の連続が現実化され、宗教的世界では転倒する保護者と被保護者間での儀礼的関係の成立によって、相互扶助の行為が規範化される。

しかしそれは、周期的に解消してゆく社会関係である。持続的な意味付与作用というよりは、具体的状況におかれた二者の間で、忘却と不孝という緊張をはらみつつ、断続的に反復されるのである。これは、世代の時間的深度をもつ親子（先行者と後継者）の間の供養行として典型的にみられる、功徳のシェアの通時的な局面である。タンバイアが指摘した長幼の序の原理に根ざす積徳行の意味はここに含まれる。だが、重要なことは、それは具体的な利害関心を共有し、縦関係としての保護者と被保護者の互恵関係にあった夫婦やキョウダイ、同世代の当事者間にも顕れるものであり、必ずしも長幼の序の原理に収束するわけではないことである。積徳行の社会的意味はさらに選択的、恣意的な関係においても発現する。

他方、ホームカンでの功徳のシェアは、同時代の仲間を対象とした共時的な表現である。シェアされる功徳のベクトルは供養行としてのヤートナームとは異なる。つまり、ホームカンでの功徳のシェアは現時点で互助関係が進行中の家族や親族間で、また、あるときは、将来互助関係に発展する可能性をもつ同世代の他者（非血縁者）を含めた社会圏で展開される。最終的に霊を再生させるヤートナームが、解消に向かう互助関係を正当化する儀礼行為であるのにたいして、ホームカンは現実生活で生じる矛盾や緊張を隠蔽しつつ、既存の互助関係を維持するのみならず、新たな関係を創出し、拡大しようとする現世中心の行為である。前者は明確な供養の形態をもつ仏教の儀礼的表現であるが、ホームカンでの功徳のシェアは、より選択的で操作的、かつイデオロギー的な表現形式をもっている。

ホームカンの儀礼環境は、濃淡とり混ぜての共働共食を演出する舞台である。僧侶の誦経によって彼岸と直接向かいあって遂行されるヤートナームにたいして、僧侶が居合わせないホームカンは、より現世的で社交的な雰囲気が前面に出る。[20]また、ヤートナームは基本的に二者関係（霊と供養者）を核としているが、ホームカンは他者へ開かれた儀礼環境を外縁にもつ。無差別・無志向的に匿名の他者をも関与させる集合的な儀礼の場では、その規模が大きいほど功徳をシェアする範囲は拡大する。そこでは、功徳の廻向にみられる供養の論理が、公共的な形で参加者に刻み込まれる。

参加を通じて、互酬的な関係をもつ社会的間柄は宗教的に意味あるものとされ、同時にその関係が創出される。このような積徳行の論理が供給する意味を背景にして、緊張をはらむ日常的な社会関係のなかに相互扶助、互助献身を現実的に価値あるものとする倫理的な説明の枠組が成立している。そして、それが強い共同感情を生むような情緒的基盤を構築している。

4-3 仏教実践の諸相（2）

一　通過儀礼のステージ

今日のタイ国で広く観察される通過儀礼は、得度式、結婚式、葬式の三つである。以前は、D村でも一三〜一四歳の男子にコーンチュック（*kon chuk*）と呼ばれる髷落しの儀礼が行われていたが［パコン 1982；cf. Gerini 1893］、現在はみることがない。誕生から幼児期までの儀礼は、病院など世俗機関の浸透によって、かなりの程度省略されたり、変容しつつ存続している。また、今日行われている儀礼は、ほとんどが民間信仰のスペシャリスト（D村ではモータム）の指示によって行われているため、儀礼の作法が執行者によって異なっており、必ずしも統一された体系をもっていない。さら

表8　通過儀礼の諸相

儀礼の名称	対象者の性別	対象者の年　齢	司式者	儀礼の場	儀礼の様式
1　妊婦の胎児への儀礼	女	7カ月以上の妊婦	モータム	自　宅	保護・除祓
2　新生児への除祓儀礼	男女	生後1－3日	モータム	自　宅	保護・除祓
3　四斎日の捲糸儀礼	男女	生後－6歳	モータム	モータムの自　宅	保護・除祓
4　見習僧の出家式	男	12－19歳	僧　侶	自　宅	タンブン
5　僧侶の得度式	男	20歳－	僧侶/モースー	自宅一寺院	タンブン
6　結　婚　式	男女	—	モースー	自　宅	招　福
7　葬　　儀	男女	—	僧　侶	自宅一寺院	タンブン

に、近年ではバンコクで出版される儀礼次第をしるした冊子を参照する者もある。(21)

【表8】は、現在、D村の人びとにほぼ共通し、実際に行われるものとして再構成された通過儀礼の全ステージである。以下では、六〇年代ごろまでは実施されていたが、現在のものとして表には含められていない、(＊を付した)儀礼をもとり混ぜて、その概要を示しておく。

①妊婦と胎児への儀礼

タムモンコン・デックコート (*tham monkhon dek khot*) と呼ばれることがあるが、妊娠七か月以上の妊婦にたいして、妊婦の自宅で悪霊の侵入を防ぐ目的でモータムが行う。出産直前に依頼して行われることがもっとも多い。

②新生児への除祓儀礼

新生児を悪霊から守る儀礼。特にむずかる乳児を安らかにすることから、ピティー・ケー・カムルート (*phithi kae kamloet*) と呼ばれる場合がある。生後一～三日の間に、プーク・ケーン (*phuk khaen*) と略称される捲糸儀礼を施して悪霊の侵入を防ぐ。もとは世帯主である父親が行っていたが、今はほとんどモータムが代行している。

＊③ロン・ヒアン儀礼 (*phithi long hian*)

訳せば、家屋を降りる儀礼。生後一か月以上の子どもの健康を祝って、母親が子どもを抱いて高床式家屋の居間から階段を降りる儀礼。子どもに大地の衝撃を感じ取らせるため、最後の一段はとばして飛び降りる。火曜日に親族内で行うとされていたが、現在はみられない。

＊④剃髪儀礼（phithi tat phom pa）

生後約二か月すると、近親（sum）の長老男性が子どもの頭髪をすべて剃る儀礼。月曜、土曜日（ともに魅力を生む吉祥日）のいずれかに行う。今日みられない。

⑤仏日の捲糸儀礼（phuk khaen wan sin）

特に名称はない。通過儀礼というより、純然たる予防儀礼であるが、生後六歳位までの子どもにたいして、②と同様の儀礼を仏日にモータムの自宅で施してもらう。子どもがよく泣いたり、元気がないとみた母親が連れてゆく。

⑥見習僧の出家式（buat［pen］samanen）

一一、一二歳から一九歳までの男子が、僧侶から十戒を得て出家する儀礼。実施する年齢は、家族事情による。僧侶を自宅に招請して口頭で戒律を受ける。

⑦僧侶の得度式（buat［pen］pha）

二〇歳以上の男子で、二二七条の具足戒をうけて得度出家する儀礼。期間は、正味二日にわたる。僧侶となる前日、出家志願者としてのナーク（nak 龍蛇）になる段階が含まれている。ナークになる以前に、寺院での生活および読経に慣れるために住職にしたがい、寺院で起居するモープ・ナーク（mop nak）と呼ばれる一種の研修期間がある。第二次世界大戦以前では数週間におよんだといわれるが、現在では一～三日間である。その間、普段着の上に白衣を羽織るほかは、俗人と同じように行動する。それを終えた志願者は、近親の長老に剃髪してもらい、ナークとなる。翌日、ナークのパレード（hae nak）で行列をしたがえ、寺院境内に入り、講堂でスークワン・ナーク儀礼（su khwan nak ナークの魂強化）、プーク・ケーン・ナーク儀礼（phuk khaen nak 招福儀礼）の後、布薩堂において授戒師の資格をもつ僧侶から戒律を授けられ、黄衣をまとうことを許される。翌朝、志願者の自宅では、魂振り儀礼、捲糸儀礼を行った招魂儀礼師によって、再びバイシー・スークワン（baisi su khwan 須弥〈メルー〉山を型どる祭具バイシーを囲んでの招魂、招福のための）儀礼が催される。

⑧結婚式（kan kin dong kan; kan taengnan）

招魂儀礼師による新郎新婦の魂振り儀礼が主となる。二つの異なる血統が関係を結ぶことから、キンドーンカンと呼ばれる。招魂儀礼師が司式する。

⑨葬儀（kan sop）

自然死の場合、すぐに遺体を洗い清め、棺桶をつくって入棺する。死者をだした家に僧侶を招き、読経してもらう。火曜日にあたらぬ限り、翌日午後に火葬する。その際、遺族および死者に生前世話になった者が、一時的に見習僧として霊前出家（na sop）する。骨拾いは火葬の日より三日目であるが、これが終了するまで僧侶が連日喪主宅に招請される。納骨は、正式にはブン・チェーク・カオ（供養飯儀礼）実施後に行う。骨拾いの直後に供養飯儀礼をしない場合は、寺院境内にある遺骨安置小屋（村人は「死者の祠 hong phi, rong phi」と呼ぶ）に骨壷をおく。服喪の慣習はない。

これらの通過儀礼の背後には、いくつかの特徴的な傾向がみられる。まず、妊産婦と胎児への儀礼から得度式（見習僧、僧侶）にいたる時点で、男女差が認められる。また、成人年齢に達してからの儀礼は、積徳行として行われるようになる。僧侶の得度式は、男性の成人式としてのかつての機能を減じてきているとはいえ、やはり男性が一人前になる儀礼としての慣習的な意義を失なっていない。また、結婚式は、その後につづく出産によって初めて一人前とみなされるのであるが、女性にとっての得度式に対応する成人式のような意味をもちつづけている。葬儀は近年いっそう派手に行われる儀式の一つになりつつある。

二　通過儀礼が意味するもの

抵抗力のない新生児は「魂」が安定していないという。生命力が頂点に達するのは、成年期や働き盛りの年代である。そして加齢するにつれて人間の「魂」は弱まってゆく。この世の活動力、生命力のメタファーである「魂」の概念は、霊が移属すると考えられている世界と仏教的来世の時間的境界に位置するものとしてうけとめられている。したがって、受胎から誕生にいたる時期は、霊の世界がもっとも強く意識される。出産──生命の誕生──は仏教輪廻の文脈で、ある霊が再生したものと説明されることもある。しかし同時に、仏教以前から支配的であり、今日も根強く存続している異界と抵触するようにして、形が定まらない柔らかい魂の萌芽がこの世に生じることである。

受胎に始まる生命の誕生は、特に異界の介入が意識される段階である。

三人の子どもの父親でもある壮年男性が、筆者をからかうように、仏日には奥方が綺麗にみえるのだと笑って話す。性交におよんではならない「禁断の日」だからである。なぜ、仏日に性交がよくないのか。まず、敬虔な在家仏教徒が遵守すべき五戒の一条に抵触する。仏日は戒律を守るべき日である。さらに、異界の精霊たちが活発に動く日でもあるためである。そのような日に交われば、悪霊は尻をさす。射精して受胎すれば、悪霊の侵入を呼んであとで泣きをみる、というのである。奥方の方は、仏日は他界した近親の霊が子ども世帯のもとへ帰ってくる日であるから、夫婦間の性交は慎むべきだという。

また、実際に臨月が近づいた妊産婦は、胎児が正体のしれない精霊に受肉されないように、また、悪霊の何らかの危害をうけることを防ぐために安産を保証する儀礼をうける。モータムは出産およびそれまでの期間に悪意に満ちた精霊が自らの転生のために胎児に宿ったり、産褥死が起きないように安産を祈願する。

産声を上げたばかりの子どもは、儀礼では、人間の子ではなく、名もない精霊の子として扱われる。儀礼を執行する者によって違いがあるが、人間として「認知」されるのは生後およそ二、三日後である。その間、子どもは二つの世界の境界にいる。モータムは「精霊の子であるならば連れされ」と、かの世界に向かって宣告し、母子が寝ている部屋に精米をまいたり、赤子に捲糸儀礼を施す。これは新生児を人間の子として認めると同時に、周囲の人びとには、異界の存在がもっとも現実的になる期間である。

生命の誕生は、人びとにとって異界と(仏教的)再生の論理が交錯する出来事である。新生児は、僧侶が説くところでは、過去の生命の生れ変りである。この語りは、「法事」として行われる供養飯儀礼で常に説かれている。供養飯儀礼にカオトム・マット(*khao tom mat* ココナツミルクをかけたモチ米にバナナの果肉をくるみ、バナナ葉で包んで蒸した菓子)を充分に用意するのがよいのは、功徳をうけとる霊が、すでに子どもに生まれ変わっているものだからであるという。[22] 仏教的論理には、功徳を前提とした切れ目のない輪廻転生観が支配する。逆に異界の論理は、その切れ目から始まっている。

やがて新生児は稲籾を風選する竹製の箕(*kradong*)に三日から一週間のせられる。これは悪霊から子を護るのによい。普通、人間はそんなところで寝ないからである。精米に気をとらせるのと同様、悪霊にたいする一種の目眩ましである。また、それらの道具はいずれも人びとの暮らしを支える生命力の象徴、吉兆のしるしである。うぶ湯を使うときも、子どもはこの箕にのせられたまま移動させられる。この時期がすめば、次は「ゆりかご」(*u*)である。といっても、簡単な木製スタンドに腰布を袋状に取りつけただけのものだが、ここに子どもを入れ、ブランコのようにして揺らせるのである。母親だけでなく、近隣の人びとにも揺らされて「ご対面」とあいなる。

現在では、生後すぐに子どもに命名する。かつては近親の長老が生後しばらくしてからつけたというが、今日特に定まったしきたりはない。以前、乳児にはきまって不浄な名前をつけて呼んだという。悪霊から身をかわすためである。たとえば、男ならハムノーイ(*ham noi* 小さい睾丸)、女はヌー(*nu* ネズミ)である。この名称は、男性の場合、今日もし

表9　成長にともなう世代の一般呼称（男性）

誕　　生：	生後2～3日後に人間，それまでは精霊
幼 児 期：	*ham noi*／〈卑〉→ *bakham noi*
少 年 期：	*dek*／〈卑〉→ *ham noi*
青 年 期：	*num*／〈卑〉→ *dek*
成年期前：	*phu yai*／〈卑〉→ *num*
成年期後：	*phu thao*，*phu kae*，*phu yai*

注：〈卑〉とは，その世代にふさわしくない行動を軽蔑するときの呼称

ばしば世代を示す場合に使われる【表9】。

乳児には母乳のほか、熟したバナナをくだいたものを、おもゆ状にした米と混ぜて与えることもある。大過なく出産を終えても、乳児の食欲不振、泣きつづけるばかりで元気をなくしてゆくことは極端に恐れられる。仏日になると母親はわが子を抱いて定まったモータムの自宅へ詣でる。子どものかんの虫を治し、悪霊の害を防ぐための捲糸儀礼を施してもらうためである。また、母乳がでなくなれば、薬効をもつ種々の草木皮を自宅に蓄える民間医療師モーヤーに頼んで薬を作ってもらう。子どもが離乳期を迎えて、蒸したモチ米をかみ砕いて食べれるようになっても、モータムやモーヤーへの訪問は断続的に行われる。

幼児の間は、育て方に男女の分け隔てはない。だが、一二～一九歳の間に男子は両親の判断にしたがい、見習僧として出家するのが普通である。これは二〇歳を過ぎてから具足戒をうける僧侶の得度式と異なり、世帯内だけで行われる小規模なものである。男児が最初にうける男子だけの儀礼である。

他方の女性は、一〇代の半ばから後半にかけて婿を迎え入れる。結婚式は女性の人生のなかでもっとも華やかな舞台である。これに先だってコー・サーオ（*kho sao*「結納の儀」）がある。結婚式は双方の近親、友人、近隣の人びとが無確定に参加して集合儀礼として行われるのが普通であるが、結納の儀は、基本的には新郎新婦の親族のみが主となる。

男性にとっての出家、女性にとっての結婚がそれぞれに示す儀礼的局面には、対応関係がある。まず得度式は、息子が正覚を得るための出家というより、これまで生命力を保護し、育くんでくれた人へ功徳をふりむける人生最初の孝行の機会となっている。通常、その対象は出家

者の両親であるが、特に父親よりも母親へ功徳がふりむけられる。母親は出家者を自らの胎内に一〇か月も抱き、さらに一人歩きできるまでその胸のなかに抱きつづけてきており、多大な恩恵を与えているからである。養育してきた子どもは、出家によって世俗生活から離れてしまい、直接的に養育者を手助けできなくなるが、養育者は自らの功徳を「母乳代」として得たこと、子どもが寺院で生活することをことのほか喜び、また誇りとする。(23)

男性は、僧侶としての出家生活を終えてから結婚することが望ましいといわれてきている。他方、出家できない女性にとっての結婚式は、仏教功徳とは無関係な儀礼にみえる。しかし、新婦方が得る新郎方の婚資金は、男性の得度式で養育者に譲られる功徳とまったく同じく「母乳代」と表現されている。つまり、男女ともその成人の刻印が押される儀礼においては、養育者にたいする報恩を示している。両者間で交換されるのは、得度する男性の功徳（精神財）、女性の場合の金子・モノ（物質財）というように対照的である。だが、それらを「譲渡」するという点で共通する。そして、「譲渡」する経験によって双方とも成人したことを認められ、それまでの養育者と新たな社会関係をとり結ぶことになる。それまでの通過儀礼は、養育する保護者（両親を主とする年長者）が被養育者（実子を主とする年少者）にたいして施すものであると同時に、予防・除祓儀礼が主題となっていた。得度式と結婚式にいたり、初めて儀礼を主催する養育者も儀礼をとおして被養育者の側から恩恵をうけることになる。つまり、子どもの成長にともなって、儀礼の焦点は、悪霊からの防御という目的から、子どもがうけた養育者の恩を、功徳や現金の形で「返財」することを公共の場面で表明するものへと移行する。成長して成人するということは、そのような関係をとり結ぶということである。両者ともに同じ生活世界にあって表現されるこの精神財・物質財の分ちあいの関係こそが、養育者を送りだす葬儀において最大限に強調されるものである。

ところで、成長してゆくという過程は、「魂」もしくはそれを身体につなぎとめている紐を固く、強くする過程としてもとらえられている。男性の成長過程の意味は、この表現はそのままあてはまるが、女性には若干異なった見方がとられている。D村の日常生活で目にするどの夫婦喧嘩でも、必ずといってよいほど勝利をおさめる女性はたいそう気丈夫にみえる。しかし、男女ともに、女性は男性よりも「魂」や心根が弱い存在（*khwan on, chai on*）なのだという。成長しても、女性の「魂」は男性のように堅固なものにはならない。その相違は、たとえていえば、身体の肉質の相違と対応している。さらに、生涯をとおした異界との関わり方の違いとも関連している。

老若を問わず、D村の成人男性にとって、男らしさとは、強い筋肉をもち、それを覆う強靭な皮膚をもつことである。筋骨隆々である必要はない。男性の関心は皮膚にある。極端な言い方をすると、刃物や弾丸をもはねつける強靭さを備える皮膚が理想である。だが、物理的な力だけではなく、「硬い」皮膚という場合、身体（およびその拡張としての生活世界）の外部から侵入し、身心のバランスを崩すとみられている精霊をもはねつけるという意味がある。したがって成長した男性ないし「男のなかの男」とは、異界からの力を遮断するか、その力を制御できる男という隠示的な意味をもつ。対照的に、女性にとっての女らしさとは、柔らかい肉質（*nim*）、日差しをうければ焼けてしまうような白い皮膚にある。つまり、男性の形質的な「硬さ」にたいして、感覚的な「柔らかさ」である。その表現には、同時に、肉体的な成長と関連する「魂」の弱さ、異界との不明瞭な境界性が示されている。

男性が社会的に成人する契機は出家であるが、女性は初潮を迎えること以上に、子どもを出産することが一人前の女性としての社会的証左となる。事実、「儀式」それ自体にみられる日常からの隔離、その後の両者の暮らし方には、相通じる点が少なくない(24)。しかし、それ以上にきわだった対照がある。サンガに入る男性は、形ばかりではあっても、儀礼の舞台では功徳の源泉となる。仏教的来世を現実化する役割を演じることにより、運命の定まらない両義的な力が集積する異界を相対化する契機をもつことになる。男性は僧侶という経験を通じて、この世と仏教的来世の狭間に立つからである。一方、女性は妊娠・出産という事態において、異界の脅威と直接向きあうことになる。新たな生命は、異界の再生できない霊が、絶えず隙を狙ってわが身とせんとして狙われている。産褥死が極端に忌み嫌われるのも、妊婦と胎児が、異界との窓口を作ってしまうことになると考えられているからである。女性にとって出産は、この世と異界との狭間におかれるような経験である。たとえ近代的設備の整った病院で出産しても、この考えは根強い。過去盛んだった儀礼が衰滅しても、妊産婦と乳幼児への除祓儀礼が今日も持続的に行われているのは、この理由による。

すなわち、男性は出産を経験することがないばかりか、出家によってこの世での「象徴的な死」を演じる。これにたいし、女性は自ら新たな生命力をこの世に引きだすことに関わるために、女性の成長は、危険に満ちた異界との接触、虚構ではない死の危険において認められている。男女の「魂」の性格の一般的な相違、さらに成長についての考え方の相違の背後には、このようなこの世を超えた世界との関わり方とその相違についての意味論がある。

三　性差における成長と老い

男女の性差についての語りは、宗教的観念が深く関わっている。同時に、男女が共通して認める「大人」の概念も一方にある。それは、一つには、功徳の概念に特徴的にみられる仏教的な交換の論理によっている。前述したように、それぞれの通過儀礼を概観して明らかになることは、成人式を迎えるまでの時期、人は保護者から守られる立場にあり、成人式を転機として保護者に恩を返す儀礼の位相をもつ点である。葬儀においてそれは劇的な終幕を迎える。つまり、人は恩恵をうけて育まれ、その恩恵を多少なりとも返し始める節目において一人前となり、保護者の立場を引き継ぐ家族の長としてそれをアレンジする立場において社会的にも文化的にもプー・ヤイ（*phu yai*、あるいは *phu nyai* 大人の意）になってゆく。

恩恵をうけた近親や他者に、それを返すことは「大人」としての基本要件である。そして、社会的に「大人」を完成させるもう一つの要素は「老い」（aging）である。年をとるということは、肉体の消滅へと向かうことであり、性差を曖味にすることである。同時に、魂が乾いてゆくようにして固くなることである。それは、人生経験をともなった個人の意志や、精神的な強さとして語られるものである。「老い」は、性差を解消してゆく方向をもって確実に進行する。しかし、それとても、男女がまったく同じになることを意味しない。

D村では特に「隠居」に相当する言葉はない。しかし、両親と同居して老後の世話をする子ども夫婦が仕事熱心で親思いであれば、親は年老いてゆくにつれて農作業から遠ざかる。そして、寺院に足しげく通うようになる。とりわけ、家事や育児から解放された女性はそうである。彼女たちが功徳を積むことにいそしむ老後の生活スタイルを演出している。無論、このような境遇を経験できる者は「幸せ者」である。それは食べ養うための営為から距離をおくことができるというよりも、自ら育てた子ども（さらにはその配偶者）が老いた親を援助していることそれ自体が、その人の老後の地位を評価する尺度となっていることによっている。

男性の場合はポー・ニャイ（*pho nyai* 翁）と呼ばれることで、「大人」の成熟度は頂点に達する。それは、一般に世帯主・親族長老としての実質的な権威と関わる。つまり、末子が独立できる状態となって、父親が子どもから援助をうける側にまわるとき、逆説的にも、対外的に家長としての権威が認められる。保護してきた子どもから老親扶養される時期を迎えて、初めて家族を「統御支配」することができたとみなされるわけである。その時点で、多くの場合、農地管理の権限も子ども世帯に委譲される。肉体の衰微と魂の乾きは、農作業に関する統御力を奪うが、対外的な宗教的・政治的力を蓄積する内面化過程と平行する。

メー・ニャイ（*mae nyai*）と呼ばれる高齢女性は、男性同様年齢とは無関係に、親として子を「保護」する側の立場から徐々に解放された「大人」である。女性の乾きは、肉体的・生理的な面において男性よりも顕著な形で顕れる。閉経を迎えた高齢女性は、その状態を「すんだ」（*la*）という。髪形は男子のような断髪になる。中部タイほどに顕著ではないが、普段着がサロンから股通しの腰布（*chonkaben*）になるような服装の変化［cf. Terwiel 1979 : 207］も認められる。そして体力の衰えが進行するほどに、寺院通いに熱心になる。

女性には、寺院通いは異界からの距離化を意味しない。近親の他界した霊および霊一般に功徳の転送を行うのは彼女たち高齢の女性である。ここでは、出産と違って、異界の力から逃れようとするのではなく、自ら主体的・選択的に異界の力を無化するという転倒がみられる。異界との接触は持続している。だが、それは仏教の実践的行為として行われる。仏教儀礼での座列では、高齢女性は、男性の背後に控えて僧侶と対座する女性のなかで最前列に並ぶようになる。男性優位の階梯内で、在家仏教徒としての位階が上昇するわけである。他方で、高齢男性は、村を挙げての仏教儀礼の檜舞台にたち始めるとともに、異界を統御する知識に習熟し、それを操ることが許されるような社会的立場を得るようになる。

男女ともに、「大人」になることは、社会的に望ましい人生周期をまっとうすることで成就する。図式的にいえば（子どもを含む他者を）保護し、（子どもを含む他者に）扶養・援助される経験と立場を時間的に経ることである。男性は異界にたいしても新たな世代にたいしても操作制御できる側に立ってゆく。だが他方で、女性は再生にむけて霊を「育む」という形で異界と積極的に向きあうことになっても、力をもてないために、男性の守護を必要とする構造になっている。D村ではモータム（高齢男性）と信奉者（女性）の関係がまさにそれである。

体力が衰え、病気がちになる老人は、そうした社会関係を望ましいものとして具現する存在である。非常に尊敬され、大切にされる。同時に、男女とも老人の判断には多大な信頼が寄せられる。それは、肉体的には社会の周縁に退きながら、宗教的世界との関わりにおいて自らを求心化することができる立場にあるからである。

生命力が乾ききる、いわば枯渇する状態が死である。「魂」は身体から離れ再びもどることがない。「魂」は消滅する。あるいは「魂」は「霊」（*winyan*）へと名前を変えて目にみえない空間に浮遊するともいう。[25] 誕生と同じく、ここでも異界が前面に現れる。他界した霊は、異界に迷いこむことなく、仏教的来世にむけて転生しなければならない。葬儀は霊の行方を確定するための手続きである。異界に属する悪霊とは対極的な境遇を養育者の霊に与えるものである。同時に、故人が実施できなくなった積徳行を、生前に恩恵をうけた近親ないし知人が代行する最初の機会である。そのことで生前の立場は転倒する。すなわち、かつての養育者は、葬儀を契機として被養育者からの功徳の転送をうけ、新たなる「誕生」へ向けて育まれてゆく。葬儀は被養育者がかつてうけた養育者からの「保護」にたいする報恩・供養として行われると同時に、儀礼をとおして奉仕的な供養の論理を現実のものとする。

人生はさまざまである。子どもに恵まれない夫婦もある。結婚しない女性もある。出家できないまま老いた男性もいる。だが男女ともに、供養してくれる相手をもつことはできる。養子縁組は頻繁に行われ、特に年長―年少者の関係ではなくても、ともに助けあって生きる非血縁者が、そのような世界を超える相手となる。未婚のまま適齢期を過ぎた女性も、両親やキョウダイを養うことで、一人前の「大人」になる。出家しなくても、敬虔な信仰心をもち、家長あるいは他者にたいする適切な行動や振舞い（保護―援助）をしていれば、やはり一人前である。「大人」のしるしは、出家、結婚、出産それ自体の経験の有無にのみ求められているわけではない。それらはいずれも、身体に関わる経験であるが、そのような経験をとおして、どのように「大人」になってゆくかが問題なのである。

四　葬制の分類と推移

葬儀は当事者不在の状態で執行される通過儀礼である。儀礼過程としてはもっとも複雑な構成をとる。僧侶を介して故人を葬るために遺族が主体となる個別的な儀礼でありながら、村内の長老や近隣者をはじめ、村外者も関与するためである。「死」をめぐる人びとの観念と行為が錯綜しつつ顕現する。生物学的な現象である「死」が、生活世界にたいして人びとが行う現実の定義やそこで構成される社会規範を根源から脅かすものとすれば［cf. Berger 1973：52］、この危機状況に対応する社会的制度装置としての葬制と儀礼過程の分析は、人びとが築いている支配的な社会規範の一面をも提示する。さらに、葬制それ自体の移り変わりは、当該社会そのものの構造的変容を、隠示的・明示的に示すことにもなるだろう。

従来の調査研究が報告するように、タイ農村における通常の葬儀は積徳行の形式をとる。(26) 前述したように、葬送儀礼は故人の霊が異界にさまようことなく、仏教的来世へといたらせることを最大の目的とする。霊はいくつかの位階的な構造をもつ霊界を経て転生するという。その長い過程もあって、葬儀の主目的は故人へふりむけるための功徳を積むことにある。儀礼を共同主催する人びとにすれば、それは故人にたいする義務であると同時に、孝行を表現する機会である［Tambiah 1970 : 179 ; Turton 1972 : 251］。また、その他多くの会葬者にすれば、葬儀は村レベルの共同作業の機会である。つまり、喪主宅を舞台として、金品や労働力提供の形での援助、参加が展開される。人びとは自らも功徳を積む機会として葬儀に関与する。つまり、葬儀は功徳を分ちあう「まつり *ngan bun*」的な演出をともない、遺族の哀惜の念や厳粛さは、会葬者の享楽や喧噪にとって代わられるように展開する。僧侶、寺院への喜捨行為に呼応するように、遺族は会葬者を酒宴でもてなす。すなわち、通常の葬儀は饗宴を主旋律とする儀礼環境のなかで、共同作業と功徳のシェアを同時に進行させる。

どのように死ぬか、は死者の霊と葬儀の類型を決定する。他のタイ農村同様、D村でも「死」のタイプで葬制は異なる。「死」は、近親者にみとられる一般的な「自然死」と、事故死や産褥死、幼児の死や自殺などの「異常死」に二分される【表11】。その基準は、生命が自然な時間的発展をとげて終息してゆくか突然断たれるかということ、また、近親者もしくは被養育者にみとられて死ぬかそうでないかの区別による。このことは、死霊は一般にピーと総称されるが、横死や自殺者の場合はピー・タイホン（*phi taihong*）として区別されていることと対応する。

前者の場合、葬儀は＜死→火葬→骨拾い→供養飯儀礼＞の四段階を基本とする。供養飯儀礼を実施してから遺骨を墓

表 11　死のタイプによる葬制の分類と基本的過程

<table>
<tr><th colspan="4">自　然　死</th><th colspan="3">異　常　死</th></tr>
<tr><th>過程</th><th>日程</th><th>供養飯儀礼連続型</th><th>供養飯儀礼非連続型</th><th>過程</th><th>成年者の場合</th><th>未成年者の場合</th></tr>
<tr><td>死</td><td>第1日</td><td colspan="2">・遺体の清め→安置
・棺つくり→入棺（死亡が夜の場合は翌朝）
・僧侶の招請→饗宴</td><td rowspan="2">死—土葬</td><td colspan="2" rowspan="2">・寺院で入棺 → 共同墓地へ土葬（死亡が夜の場合は翌朝）
・土葬した日の夜から三晩にわたって僧侶を喪主宅に招き読経</td></tr>
<tr><td>火葬</td><td>第2日</td><td colspan="2">・寺院の火葬場における火葬堆の準備
・村人の喪主宅への金品のもちより（「ホームカン」）
・僧侶の招請→供養のための見習僧得度式
・出棺→村人の葬列への参加→寺院にて火葬
・僧侶の招請→饗宴</td></tr>
<tr><td rowspan="2">骨拾い</td><td rowspan="2">第4日</td><td colspan="2">・喪主宅における供養品つくり → 骨拾い → 遺骨を2分化 → 一方を火葬場に埋葬</td><td rowspan="3">再火葬—供養飯儀礼</td><td rowspan="3">・3-5年後に遺体を共同墓地より掘りだして火葬
・つづけてその日のうちに供養飯儀礼を行なって納骨</td><td rowspan="3">—</td></tr>
<tr><td>・遺骨の一方を喪主宅へもち帰る
・僧侶の招請 → 饗宴・娯楽
・供養品つくり</td><td>・遺骨の一方を境内の仮安置所へ収納
・僧侶の招請 → 饗宴</td></tr>
<tr><td>供養飯儀礼</td><td>第5日</td><td>供養品つくり → 僧侶への食事布施（喪主宅）→ 寺院への寄進 → ブンの転送 → 遺骨を墓に収納</td><td>死後2年以上おいて一晩二日にわたり行い，その後納骨する</td></tr>
</table>

へ納める。この供養飯儀礼の開催時期によって、葬制はさらに二分される。儀礼の場は喪主宅と村の寺院を中心とし、功徳行として行われる。異常死の場合は、死者が成年者であるか否かによって葬制はさらに二分される。ともに共同墓地にすみやかに土葬する。産褥死では母子は別々の棺に納めてから土葬する。遺体は喪主宅にとどめたりもち運んではならず、棺作りや入棺はすべて村の寺院（境内と講堂）で行う。異常死の場合の霊は恐れられる。その処理に積徳行の特徴はない。人は再生するために、この世に残る人びとや世代をつなぐ連鎖的な輪のなかに死ななければならない。

自然死の場合、火葬は火曜日をのぞき、死の翌日の昼下がりに村の寺院にもうけられた火葬場で行う。火曜日はワン・ケン（*wan khaeng*）と呼ばれ、死霊が悪霊の侵入ないし攻撃をうけやすい日とされる。そのために火葬を避ける。これは村の長老、儀礼の専門家の見解によるもので、遺族もそれにしたがっている。また、田植や刈入れ時の農繁期中の葬儀では、火葬の儀は順延されないが、後述するように儀礼の最終段階である供養飯儀礼が順延されることが多い。僧侶や生前に多大な功徳を積んだとされる人物が亡くなった場合（王族など）、死者を対象とする積徳行のために、火葬までの遺体安置の期間を長くするのが普通である［Keyes 1975b : 60］。しかし、D村で再出家した老僧の死はこの限りではなく、一般俗人と同じ次第であった。なお、火葬のためには、村内で選ばれた火葬委員をとおして一〇〇バーツが徴収される。これは、積徳行として村の寺院に寄進される。

骨拾いは、火葬日から数えて三日目に火葬場で行う。次段階の供養飯儀礼を連続して実施する場合は午前中に、延期する場合は午後にすませる。遺骨は二つに選別する。まず、要所（後述）を箸で選びだし小さな容器に移す。残った遺骨はすべて別のつぼに入れ、火葬したその場の地面を掘って埋める。供養飯儀礼を同日よりつづけて行う場合、小さな容器の方はいったん喪主の自宅に持ち帰る。そして、その夜、翌朝とつづく供養飯儀礼をすませてから寺院内の墓に収納する。供養飯儀礼を別途後日に開催する場合は、骨拾いの直後に境内の仮安置所に納め、墓に納骨する日をまつ。

供養飯儀礼の開催期日は、遺族の判断および準備のための経済状態に依存する。事例からみると、開催時期には主に三つの選択肢がある。一つは、骨拾いの当夜から翌朝にかけて行うものである。その場合、儀礼の規模は小さいが、納骨できる墓を前もって用意する必要がある。二つめは、喪主が出安居明けに行うカティナ衣奉献祭のホスト役となり、併せて供養飯儀礼を行うものである。これはもっとも大きい功徳を故人の霊へ送る好機とされるが、必要経費も莫大なものになる。[27] これを行う親族は、遺骨を収納する墓も、後述する塀柱式のものとは異なり、より高価な卒塔婆（ストゥーパ）型の墓（*that*）を用意する。[28] さらに、火葬後二年以上おいてからの二月もしくは三月の乾季の間の仏日を選んで一晩二日にわたり行うことがある。この場合、供養のための寺院への寄進は個々に行うが、近年では供養飯儀礼を実施しようとする複数の遺族が同日に開催し、他の村人をもてなすための映画やモーラムなどの興行者を共同出費で雇う方法がとられている。

表12　火葬場と墓制の推移

年　代	1860年代（開村）	1937-1938	1971	1976
火葬場所	共同墓地…………→	……………→	/寺院の火葬場 …………	…………→
遺骨の収納所と様式	共同墓地………→	・共同墓地……→ ・寺院 ・墓（ストゥーパ型石柱）→ ・寺院 ・（仮安置所）…………	/寺院の火葬場 …………	……………→ ・墓(ストゥーパ型)→ ・塀柱式 ………→ …………→
注　記	〈1860年代〉 ・遺骨はすべて火葬した場所に埋葬し，木の徴標をたてる ・年中儀礼，供養時ともに参らずに放置される	〈1937-1938〉 ・遺骨の2分納様式開始。遺骨の一部を寺院内の墓に納骨 ・1940年代以降，定着	〈1971〉 ・共同墓地に埋葬していた遺骨を寺院の火葬場に埋葬。現在の様式が整う ・火葬場の使用料（100バーツ）がタンブンとして必要になる	〈1976〉 ・納骨様式として塀柱式が加わる。収納費600バーツがタンブンとして必要 ・現在，ストゥーパ型の墓は68基，塀柱式は35カ所設置される

いずれの時期に行うにせよ、カティナ衣奉献祭と併催しない場合の通常の供養飯儀礼は、火葬日より三日目（骨拾いの後）ないし、それ以降になる場合は二年以上おいて実施するのが望ましいとされる。遅れる場合は、死後三年目に実施しているケースが多い。その間に、儀礼に必要な多額の資金を故人のキョウダイや子どもが用意するためともいわれるが、実際に今日では供養飯儀礼に一万バーツ以上を費やすことはまれではない(29)。

供養飯儀礼を、骨拾い後につづいて実施すると、葬儀の全日程は五日となる。後日あらためて実施する場合では、葬儀は骨拾いの後の遺骨の「埋葬」でいったん終了する。このような葬制の基本型は、D村が開村されて以来行われているが、現在の火葬場と墓をともなう遺骨の処理は、近年になって始められたものである。【表12】が示すように、かつては遺体を村から離れた共同墓地（*pa cha*）で火葬したのち、遺骨はすべて一つの素焼きの壺に入れ、墓標もたてずにそこに埋葬していた。卒塔婆型の石柱をつくり、寺院内に遺骨を収納し始めるのは一九四〇年前後のことである。今日、遺族は旧正月である灌水祭の日に墓や遺骨に灌水するが、かつては葬儀がすめば共同墓地へは一切訪れることはなかった。

現在、D村の寺院の外縁は、未完成のブロック製の塀壁といくつかの卒塔婆型の墓が取り囲んでいる。ブロック塀を造成し始めたのは、一九七一年に寺院内に火葬地が確保された五年後のことである。塀壁は多数のセメント柱で仕切られて延びる。この柱内に小さな空洞をもうけて骨つぼを収納する。寺院の境内に墓をつくって納骨することは、故人の供養であると同時に、寺院を美化する積徳行になるという。特に、この塀柱式の納骨法はそれを明瞭に示している。つまり、ここに納骨する遺族は一律六〇〇バーツの経費を徴収委員をとおして納める。金は寺院を取り囲んでゆく塀壁を拡張するための資金となり、増える塀柱に新たな遺骨の収納場所を生んでゆく。

村の寺院に納骨の場所と火葬場が収束した今日、共同墓地は故人の特別な遺志がない限り、自然死のケースで使われることはない。近年の墓についての考えかたにみるように、村の寺院は「死」をめぐる人びとの積徳行をより可視的に表現する場となり、一方の共同墓地は異常死の場合に限り使用されるために、二つの死のタイプは、より対照的なものになっている。

異常死の場合の葬法の特徴は、死後すみやかに共同墓地に土葬することである。その場合夕刻時は避ける。自然死の場合とは異なり、棺には何らの装飾も施されない。僧侶が護呪経を唱えたのちに共同墓地へ運ぶが、その際も、多くの遺族の男女が肩で直接担ぐのではなく、そのためだけに雇われた四人の男性が、二本の竹を棺の担ぎ棒にして運んで行く。異常死による遺体を火葬すれば、肉体を失った霊は必ず村へもどってきて、人びとの注意をひくためにさまざまな災禍をもたらすという。葬ったその夜から、死霊を鎮めるために僧侶を三晩続けて喪主宅に招請し、死者の荒ぶる霊を鎮める。参集者は近親者のみで、自然死の場合での葬儀に特徴的な儀礼的喧噪はまったくない。横死直後の死霊、とりわけ成人のものはこの世に執着を強く残すので、人びとに危害を与える存在と解されている。

未成年者（*phu noi* 特に定まった年齢はないが、葬儀に関しては、新生児から一〇代後半程度の未婚の男女）が死者となった場合、葬儀は土葬と読経で完了する。成人の場合では、死後三年から五年の時間をおいたのち、遺族は僧侶とともに共同墓地へ赴き、土葬した遺体を掘りだして、その場であらためて火葬する。その場合、遺骨は二つに分け、一つを共同墓地の一角に埋め、もう一方は供養飯儀礼を行ってから寺院の墓に納骨する。すなわち、成人の場合は功徳を転送するために火葬とそのあとの追善供養が実施されるが、未成年者にたいしてはなされない。「功徳が少ないから」といわれるように、成人でない死者にたいする積徳行は、社会的に積極的な意義をもたない。

危険な死霊を遺体に封じ込めるようにして土葬するため、共同墓地は村の生活世界とは一線を画した空間となっている。人びとの環境認識からすれば、それは自然界に属する。「森林原野」が象徴する自然界は、人びとの生活世界に脅威を与える悪霊の温床と語られるように、異常死は村全体に一種の緊張感をもたらす。個人の死は、転生すなわち正常な生命の循環をめぐり、村レベルの問題としてもたち現れる。歴史的経過をみれば、通常死および段階を経て馴化される異常死での死者の遺骨灰の放置場所は、ともに寺院へと移ってきた。そのことによって、従来からの共同墓地は、この世に何らかの執着を残したまま他界し、功徳転送もなされない横死者の霊、荒ぶる霊のみが放置される空間へと特化してきている。並行するこの現象を、F・アリエスにならって、東北タイのラオ人社会における「死の仏教化」とみなすことができよう［アリエス 1990］。通常死による死者の遺灰を仏教寺院に納める実践は、共同墓地を埋葬の場へと収斂させた。その結果、後述するように、生者と他界した霊、そして悪霊との関わりについての考え方をも変容させている。

五　葬送儀礼にみる社会関係

1　儀礼の参与者

自然死にともなう葬儀はもっとも一般的なものである。さらに、その儀礼の様式は、主催者の遺族にとっても参与者の村人にとっても、もっとも理想的な積徳行の儀礼である。それぞれに功徳をシェアする共同作業としての儀礼環境が生まれるためである。遺族は共同して功徳を積み、会葬者である村人の視線が集まるなかで功徳を送って故人への孝行を演じる。一般の人びとは、遺族の一連の作業にさまざまな形で寄与しつつ、儀礼に参与する。故人の霊は、いわば会葬者が分ちあう功徳の流れのなかで他界し、転生への適切な経路を与えられる。

以下では、功徳をシェアする主体となる遺族とそうでない村人の動きを中心に、もっとも短期(五日)間で全日程を完了する葬送儀礼の過程をみておく。儀礼の各段階で不可欠の役割を果たすのが僧侶であることはいうまでもないが、会葬者の村人のなかにもいくつかの重要な参加の単位がみられる。

僧侶は、喪主宅と火葬場がある村の寺院を中心に葬儀に加わる。D村の僧侶はもちろん、遺族の意向によって近隣村の寺院の僧侶も多数招請される。通常、隣村DHの寺院の僧侶は必ず招請されるほか、国道を隔てたSM村の寺院にも故人の娘婿が出向いて招請する。参加する僧侶の数は、吉数である奇数名と規定されることもなく、儀礼の全日程をとおして定まっていないが、もっとも多数の僧侶が招かれるのは火葬の日である。俗人である遺族や他の人びとにとって、僧侶は功徳の源泉である。さらに、葬儀における僧侶の役割は、儀礼の各段階に応じて適切な読経を行って死者の霊を霊界へ導くとともに、生者にたいする死霊の脅威を防ぐことにあるとされている。

村内で信仰熱心な数名の長老は(30)、葬儀の具体的な進行を支持し、遺族と僧侶側の仲介者的役割を演じる。遺族は、彼らを頼り、儀礼に参加する一般の人びとも彼の指示にしたがう。長老は、生前故人と親しかった者やその喪主宅の近くに住む者が自発的に参加する傾向があり、特に招かれるという形式をとらない。

遺族および儀礼進行役の長老をのぞく一般の人びとは、通常は世帯単位で葬儀に参加する形をとる。香典や野菜、香辛料を持ち寄るのは世帯主もしくはその妻の役割である。彼らは幼い子どもを連れて訪れることが多い。D村と隣接する枝村DNでは、村人からの香典を遺族に代わって受け取り、またこれを募って遺族を助ける委員が定められており、人びとがもっとも多く集まる火葬の日に、常備する両村の世帯主のリストをもって喪主宅にかけつける。受け取った金額を記入する、いわば香典帳書記である。香典を集計しその額を公表するのもこの委員の役割である。

儀礼の各作業を遺族同様に行う者に、実の血縁者ではないが生前の故人から恩恵をうけていたり、親しく付き合っていた人びとがいる。彼らは「遠い親類 *yat bang bang*」を自称する。村人一般の範疇内にあってもっとも積極的に遺族を助け、自分の若い家族成員を儀礼の諸作業に動員させる人びとである。また、食事の場所を提供したり、食器を貸す近隣者や知人の協力もみられる。彼らは他者の葬儀に自発的に、いわば準親族のようにして参与する。

遺族が主となって行う作業労働には明確な分業がみられる。若い女性や中年女性は食事の準備、配膳を担当する。儀礼の全日程をとおしてもっとも忙しく、多くの人手がいる仕事である。青年は水くみや、火葬用の薪木を両村の各世帯から集める重労働を主に担う。そして、葬儀に必要な供養品、儀礼の用具を喪主宅でつくるのは、老女たちに限られる作業である。

儀礼の運営を直接的に担う以上のような人びとに加え、いわば遺族とともに内側からの共同作業に関与するよりは、外部からの援助者となる村人がいる。すなわち、生前に故人と深い付き合いもなく居住する家屋も離れた人びとで、数の上ではもっとも多い。故人とその遺族と社会的距離をもつという意味で、彼らは基本的には傍観者として儀礼をみる立場にある。このような人びとの役割は、儀礼を完成する慰問者として葬儀に参加することそれ自体にある。彼らは、香典や共食および供養に使用される米や野菜、トウガラシ、タバコ、キンマなどを思い思いに持ち寄って訪問し、一座を連ねて饗宴に興ずる。火葬場に向かう出棺後の葬列行進では、この範疇に入る婦女子、全世代の人びとが火葬堆に添える木の枝を用意して合流する。

2　儀礼過程（1）――遺体の安置

死を迎えるのにもっとも望ましい場所は自身の家屋の寝室である。死期が近づくと家族、親族をはじめ、生前にその人物に世話になった者や近隣者が毎夜訪れる。深夜まで「そのとき」の用意に備える。死にゆく者が生前影響力をもった人物であるほど、慰問者も多い。床にふせる者を囲むようにして雑談の輪ができる。ここにタバコやキンマは欠かせない。死に近づいた者をあたかも無視するように冗談をいいあうことは、不謹慎であるどころか、遺族になろうとする人びとへの「思いやり *ao chai sai*」である。

知らず知らずやってきた死は、雑然としたその雰囲気を一挙に終息させる。

D村の長老男性TS氏（七七歳）の死が見届けられると、故人の娘婿が庭先へでて用意していた爆竹を鳴らす。「亡くなりました」という村内への知らせである。同時に、空中に浮遊する悪霊をけちらす音ともいう。華人社会ではよくみるこの方法は、最近D村に定着したもので、かつては親族の者が近隣者に知らせに走ったという。

TS氏が数週間にわたって寝ていた床はすぐに取り払われた。三〇代を迎えた娘、その娘婿ら数名がよってたかって動かぬTS氏の上半身を起こし、着ていた衣服をはぐ。その場で水で遺体を清める（*ap nam sop*）。家屋は高床式である。水は床板の継目から階下へ流れおちる。故人の子ども、その夫、キョウダイなど近親が水をてきぱきとくみ運ぶ。体をふいてからパウダーをかける。そして、「死装束」として用意してあった真新しい白衣をきせる（*nung pha sop*）。ここまでの作業はすべて近親者がする。そして、知らせを聞いてあとからかけつけた村の長老男性は、死装束の着付けまでを見届けると、同じ部屋の北端に新しい床をしつらえさせる。あらためて遺体の頭を西向きにし、縦位置にした枕の上に頭部をおかせた。

遺体の移動がすむと、近親者や慰問者は死者の口をこじあけ、次々と一バーツ、五バーツ硬貨をつっこむ。すぐに入りきらなくなる。すると、今度は手に握らせる。人びとは競うようにして死者に金を与える。そして、最後には手に花を添え、胸の上にくませる。居合わせた男性数名が、手を合わさせたまま手首を紐で縛る。足首も同様に縛る。それが完了すると、口と鼻腔をふさぐようにして、黄色い蜜ロウを平たくかぶせる。仰向けになっている死者に白衣もしくは毛布をかけ、顔に白い布をかぶせる。これで遺体安置が完了する。

日の明るいうちに亡くなった場合はこのままでよい。ところが、今回のように死亡時刻が夕刻もしくは夜の場合は、上記のように安置した上に遺体を隠す。天井につっかえ棒をかませるようにして、死者の足元と枕もとの二か所に棒柱を立てる。柱材となる木は家屋の一部を切り取ったり、屋敷地内の樹木から調達する。その先端に布をひっかけてたらす。三角柱の簡易テントができあがり、遺体をすっぽり覆う。夜の闇は悪霊が活動する空間である。テントは悪霊の視線から死者をさえぎるためにつくられる。棺つくりと入棺も、翌朝の作業になる。

遺体を安置することによって、以後数日間にわたる葬儀会場となる喪主宅は「死者の家 *bian phi*」と呼ばれる。遺族は悲しみをあらわす間もない。慌ただしく動きまわり始める。女性は弔問客の応接体制を整えるために、食事の準備にとりかかる。男性は寺院へいって僧侶を招請したり、酒や儀礼に必要なものを揃えに走る。指示をだすのは、どっかと喪主宅に腰をすえる村の長老である。

棺は、喪主宅の屋敷地内もしくは門前で、男性——故人の娘婿、孫息子——が中心になってつくる。何枚かの古板を組み合わせるだけの簡単なものであるが、板上にモチ米をつぶしたノリを塗り古紙を貼る。さらにこの上から色紙のきりぬきを貼って飾りつけてゆく。飾りの段階では、村の長老や近隣者も遺族男性の作業を見守りつつ、手伝う。一時間もたたぬうちに完成すると、すぐに遺体を安置する部屋に運びこんで入棺させる。

愛する者の死は、時として遺族、とりわけ暮らしをともにしてきた夫、妻、あるいは結婚後も同居して故人の老後を世話してきた子ども（*phu liang* 老親扶養者の意）に深刻な動揺をもたらす。強いショックと極度の精神的錯乱は、悪霊が入りこむ危険な状態である。そこで、すぐにモータムが招かれて動揺を鎮めさせる。喪主宅の外で、悪霊を遠ざけるための捲糸儀礼が行われた(31)。

弔問する人びとへの食事の仕度は女性の仕事である。故人の娘たちが指揮する。孫娘たちは野菜を切ったり、トウガラシを石臼ですりつぶしたりして下ごしらえをする。他方、孫息子たちは飲み水をかめから移し、階下から階上へと運ぶ。これはかなりの重労働である。生前に故人と親しかった者の子どもや孫たちもかけつけて彼らを手伝う。悲しみで放心状態になった者をいたわることもなく、彼らはもっとも忙しく、時には楽しげにさえみえるように、共同作業に精をだす。

若い遺族たちの仕事分担が定まるころ、入棺された死者の枕もとに大きなアルマイト製のお盆がおかれる。生前故人と親しかった村の長老男子の指示によって、盆の上に線香、ローソク、金（硬貨と紙幣）をのせる。長老はこの盆を前に座し、その盆を囲むようにして遺族のなかから故人のキョウダイ、娘、孫を数名並ばせた。彼らは座ったまま、上半身を前に折ってめいめいに右手を盆の縁にさしだす姿勢をとる。盆に手が届かない者も、同じ姿勢をとる。その遺族を前に長老が朗々という。「これは別れである。われわれはこれをうけとめ、故人なきあともともに見守る（供養する）」。

やがて僧侶が喪主宅にやってくる。寺子が寺院の行事で使いなれたマイクと拡声器、カセットレコーダーをもちだし、遺体を安置する部屋にセットする。そして、僧侶自ら「死者の功徳のために、こぞって喪主宅を訪れて食事にくるよう」と村内に誘い伝える。これに応じるかのように、村人が続々と焼香に訪れ始める。焼香をせずに、僧侶の読経のあとの共食に参加するだけの者もいる。彼らは一様に一〇バーツから多い者で五〇バーツの金（香典に相当）を持参し、遺族が用意した椀器のなかへ入れる。その際、名前と金額が必ず紙に記入される。

すぐそばで、女性たちが忙しく音をたてて食事を準備するさなかで、先に故人との別れの辞を指揮した長老と別の古老が、遺族と俗人の代表として僧侶に五戒を懇請するために読経を開始する。一五分後、僧侶はすぐに退室して寺へともどった。その後、できあがった食事がだされて会葬者による共食となる。食べる順番がある。まず、弔問に訪れた一般の村人が食事をする。前夜から逗留していた筆者へも食事がだされた。ついで遠来の親族関係者、故人の遺族へと、順を少しずつずらせて共食が始まる。食事を準備・調理した女性たちは最後に食べる。この順序は、葬儀に限らず、儀礼のホスト役にまわる者が、他者を迎えたときに必ず守られるルールである。(32)

用意される食事はラープ（ミンチ肉料理）、タケノコのおひたし、はるさめが入った鶏肉スープなど、ごちそうである。さらに地酒が加わる。わずかな額を寄付しながら、がつがつと食べ、もくもくとタバコをふかしまくる数人の男性がいる。どの仏教儀礼の饗宴でも出会う顔なじみであるが、このような行動をとる男性は、誰彼なく声高に話しかける人物である。遠方からの見知らぬ訪問者をみつけては、彼らを酒の肴にしてワアワアと元気づく。

食事が進むにつれて、喪主宅は拡声器をとおしたテープ音楽（ほとんどはモーラム歌謡）とともに、騒々しいまでの活況を呈する。そばを通り過ぎる異邦人には、それが結婚式のものか葬式のものか、すぐには区別がつかないであろう。やがて酔った客人が踊りだす。歌いだすものもいる。棺のそばではバクチ（*len phai*）も開帳される。混沌とした饗宴の時空間がせめぎあい、人びとは賑やかに夜を明かす。その模様が、拡声器を通じて村中に響きわたる音となって闇夜を裂く。人いきれのなかに抱きこまれ、あたかも、死者を安置する家と村には一瞬の静寂もあってはならないかのようである。死の当日は、故人の霊がもっとも不安定な時期とされるが、村人一般が参加する終夜を徹したこの共食と饗宴は、儀礼の最終ステージとなる供養飯儀礼が完了するまで、連夜にわたってつづく。饗宴において主《あるじ》は常に死者の家に訪れる一般の村人である。ホストである遺族は疲労困憊しながらも、ひたすら客を迎えもてなす。人びとの喧騒に守られるかのようにして遺族たちは交代で休息をとる。

3 儀礼過程（2）——火 葬

火葬の目的は、仏教的来世に連続する霊界へ送りこむために、屍を破壊して死者の霊を分離独立させることにある。儀礼の参加者数が最大になるのはこの段階であり、さまざまな形の積徳行が広範囲にわたって行われる。

喪主宅から発せられる「音」には切れ目がない。夜を徹して流れていた音楽がとぎれたかと思う間もなく、朝がくる。そして、六時ころになると今度は人の声がする。躍動が活動へと移る。香典集計委員による積徳行の呼び声が拡声器を通じて村内に流されるのである。喪主宅からは、遺族関係者のなかから若い男性たちがでて、同世代の村人とともに数台の手押し車を駆って村内をまわり、各世帯から火葬用の薪を調達する。薪を提供する世帯にとっても、死者のためにこれを集める若者にも、この行為は積徳行である。手分けして集められた薪は、村の寺院内にある火葬場の適当な場所に積み上げられてゆく。

朝八時ごろになると、喪主宅は金品を持ち寄る村人で賑わう。すでに明け方から訪れている村の老女や遺族の女性が、その品々を使って僧侶に献上する供養品（*pha khao chaek*）をつくっている。少量のキンマ、タバコ、こわ飯、おかずなどをバナナの葉にのせて包む。このような人びとの金品の持ち寄り合いと作業は、他の重要な寺院の年中行事における親族間での共同と同じようにホームカンである。すなわち、たがいに功徳をシェアしあうための、もっとも重要かつ盛んな相互扶助行為である。持ち寄る品々は特に定められていないが、遠来の者が現金や乾物製品を提供するのにたいして、近隣の者は金のほかに米やタバコ、トウガラシ、ココナツ、グリーンパパイヤ、バナナなどを持ち寄る。

午前九時数分前に、朝の食事を寺院で終えた僧侶が喪主宅に招請された。棺の枕もとを囲むように、僧侶は東向き、北向きに並んですわる。そして、遺族はまず棺をあらため、死者への最後の食事配膳（*ha khao hai phi kin*）を行う。プーリアンとそのキョウダイが水、こわ飯、バナナ、おかずをのせた一つの盆を手を添えあって頭の高さにまでかかげ、棺の枕もとにおく。一方で、死者の孫息子にあたる者が、やってきた僧侶と見習僧への布施金を紙で包んでおく[33]。約一五分の読経が終わると、この布施金の包を入れた器を棺のなかの死者の手元にのせる。器には霊糸（*dai saisin*）をつなぎ、その先端を僧侶の手元へくぐらせる。そして、読経を主導する最年長の僧侶が単独で三宝帰依文をつぶやいたあと、この器は村の長老によって棺から取りだされ、一つずつの包みが僧侶と見習僧に手渡される。つまり、これは死者がこの世で行う最後の布施行として演じられる。

僧侶たちは布施を受け取ったのち、いったん寺院へもどる。そして、喪主からホームカンでやってきた人びとに、少し遅い朝食（こわ飯をのぞき、前夜の残り）が酒と一緒にふるまわれる。

昼下がり（午後二時ごろ）に行う出棺の前に、もっとも多くの僧侶を再び喪主宅に招いての「霊前出家」（*buat na sop* 死者の供養のための見習僧としての出家式）が行われる。故人の孫の世代にあたる一二歳から二〇歳過ぎの男子（事例では、故人の孫息子、故人のキョウダイほか、生前に故人の世話になった者の子どもや孫）が、それぞれの両親の意志によって見習僧として得度する儀礼である。数人の年長者に剃髪してもらい、招かれた僧侶から一〇戒をうけたのち、寺院におかれていた黄衣をかりうけて着用する。火葬式がすむと全員、還俗するしかけである。これは功徳を故人にふりむけるための得度であり、修行生活とは無関係である。

やがて新しい見習僧の集団ができる。彼らをも含めた僧侶全員による三帰依と読経が、会葬者でふくれあがった喪主宅に流れ始める。十分ほどで読経がすむと、僧侶全員が退室し出棺の運びとなる。見習僧になった者は、僧侶について階下へ降りる。そして、見習僧にはならなかった故人の息子たち（中年男性）が棺の頭部を、故人の娘婿とその息子（故人の孫）たちが足元の方をもち、棺のなかの死者がたち降りるようにして足元の方から棺を階段へとおろす。このとき爆竹をたてつづけに鳴らす。

階下へおろされた棺は、地面におろすことなく水平にされ、僧侶が足元側の縁に霊糸をよりあわせてつくった綱をつなぐ。葬列をなして火葬場へ赴く際に僧侶が引くためのものである。棺の上には花がおかれる。棺の足元を近親の青年・壮年男子が、頭側を女性がそれぞれ肩に担ぐなり、手を添える格好で足側の方から移動する。この時点では喪主宅前に人びとがごったがえす状態となる。

喪主宅をでてしばらくすると、棺をなかほどにして進む葬列ができる。僧侶から遺族の後方には、村中の老若男女がつづく。この集団の数は、棺が火葬場に近づくにつれてさらに合流してゆくため、どんどん増える。到着するころには二〇〇人を越えた。彼らは全員「ランプー」と呼ぶ細長い枯枝を数本手にしており、「タンブンしにゆこう」とこぞってやってくるのである。葬列の順序は、先頭から以下のようになっている。葬儀の参加者の社会的範疇を明確に示している。

1　村の長老男性。彼は棺を中心とする集団からかなり離れて歩く。喪主宅からではなく、必ず途中で合流する形で葬列の先頭にたつ。
2　村の男性一名。生前故人と親しかった者。砂を入れた器の線香立てをもつ。
3　寺院の見習僧。数人の年齢が若い者。
4　村の男性一名。2と同じ関係者で、カゴもしくはバケツにはざし米（*khao tok toek*）を入れる。火葬場に近づくにつれ、これを路の両側にまいて進む。はざし米は「死んだ米」で、再び芽をださないもの、といわれるが、これをまくことによって悪霊の気を死者からそらし、つつがなく火葬場に死者が到着するとされる。
5　遺族の成年男子一名。紙でできた白い旗をもつ。
6　村の長老。蓮の花を入れた瓶をもつ。先頭を行く1の長老よりも年少。

7　遺族の成年男子一名。死者への供養品の包みをもつ。肉、野菜、煮物などの副食品の包みと、こわ飯、タバコ、キンマの包みの二種類をカゴに入れている。

8　村の男性一名。生米を入れた器にバナナの茎を埋め込んだ線香たてをもつ。

9　僧侶の集団。最長老の主導僧が、棺からでている綱の先端部をもつ。若い僧侶もこの集団にいる。タバコを吸いながら進む。

10　寺院の見習僧。僧侶が先導する綱に手を添える。3の見習僧より年長者。

11　霊前出家を行った近親の見習僧。前から年少者、年長者とつづく。やはり棺からの綱に手を添える。

12　死者（棺）とこれを担ぐ遺族の人びと。棺に鈴なりになるような形で進む。男性は片手にココナツの実をもつ。

13　火葬に供される木枝をもつ村の人びとの大集団。老若男女が混在する。行路の途中でこの葬列をまつ人びとも多く、行列の最後尾についてゆく。

寺院境内の裏にある火葬場への行程は、仏教儀礼と場合とは異なって寺院の裏側から入るコースをたどる。村の最南端からでも葬列は約二〇分で火葬場に到着する。砂塵をついて進む人びとの行列は、火葬場へ入ると三つの集団に分かれる。上記の葬列1～10の人びとは、僧侶が読経する区画（*rongsop*）へと進む。ここはちょうど薪が身の丈ほどの高さにまで積み上げられた火葬堆の真北に位置する。13の村人たちは西側の境内を背にしゃがみこむようにして待機する。11、および12の遺族を主とするグループは火葬堆へと向かう。そして、棺は火葬堆を軸に時計と逆方向に三度まわる。そして、棺の頭側を西向きにして地面におろすのだが、このおろす直前に、棺の左側面を火葬堆に三度ぶつける。そして着地の瞬間に爆竹をならす。同時に、境内を背にして待機していた村人たちの一群が火葬堆へと集まり、手にしてきた木々を火葬堆の上へ積み重ねて行く。それがすむと彼らは再びもとの位置へもどる。

その間に、遺族のなかの老女が火葬堆わきにおろされた棺の頭側に前述した供養品をおく。そして、火葬堆の西側方向の基底部に穴を掘り、もってきた小さな花を埋める。次に棺の蓋があけられる。プーリアンが、死者の手足首をしばっていた紐をほどく。

次第を読経区画からみていた僧侶たちが、棺をおいた場所へやってくる。遺族たちは用意されたココナツの実を割る。そして、僧侶、見習僧の順で死者の頭部から足元への方向にこの果汁をかける。もっとも純粋な水だという。ついで、香水を混ぜた水をバケツに用意し、プーリアンを筆頭にして遺族が死者にかけてゆく。これに、村の長老男性、老女、壮年者、年少者がつづいてかける。

新しい霊糸が用意され、一方の端を棺の頭側に固定し、竹柱および樹木を経由して読経区画のところまで伸ばす。その区画で僧侶と南側に向かいあう俗人長老の前にもう一方の端をたらし、かたわらに二本のローソクを灯してたてる。霊糸に手を添えるのは、僧侶集団の最前列にすわる遺族の見習僧たちである。準備が整うと、葬列の先頭にたっていた長老のリードで五戒が懇請されて読経に入る。この長老は俗人側最前列中央にすわる。

読経が始まるころ、火葬堆周辺の遺族たちは、薪と木々が燃えやすくなるように整える。そして、棺のなかで仰向けに寝かされていた屍をうつむきに反転させてから棺ごと火葬堆の頂上部へのせる。うまく安定させる。そして、大きなバナナの幹を二本運んできて、棺を上から交差させ、おさえこむようにしてのせる。それから、火がまわりやすいように、灯油を火葬堆の薪の部分へかける。すべてが完了すると、読経を終えた僧侶が再び火葬堆の方へやってきて、村人が持ち寄った木枝を使って火葬堆に点火する。

火葬堆が勢いのある炎に包まれ始めると、まず、火葬の模様をもっとも近くで見届ける遺族のなかからプーリアンがでて、棺に向かい香水を混ぜた水をバケツでかける。火は消えることなく燃えつづける。次に、村の壮年男性たちが燃えさかる火葬堆を挟んで南北方向に分かれてたつ。南側にたつものは、死者の遺品となる生前使用していた衣服やかた

郵便はがき

料金受取人払郵便

左京局
承認
3174

（差出有効期限
2024年3月31日
まで）

6 0 6 - 8 7 9 0

（受取人）

京都市左京区吉田近衛町69
京都大学吉田南構内

京都大学学術出版会
読者カード係 行

▶ご購入申込書

書名	定価	冊数
		冊
		冊

1．下記書店での受け取りを希望する。

都道府県　　市区町　　店名

2．直接裏面住所へ届けて下さい。

お支払い方法：郵便振替／代引　　公費書類（　　）通　宛名：

送料　ご注文 本体価格合計額　2500円未満:380円／1万円未満:480円／1万円以上:無料
代引でお支払いの場合　税込価格合計額　2500円未満:800円／2500円以上:300円

京都大学学術出版会
TEL 075-761-6182　学内内線2589 / FAX 075-761-6190
URL http://www.kyoto-up.or.jp/　E-MAIL sales@kyoto-up.or.jp

お手数ですがお買い上げいただいた本のタイトルをお書き下さい。
（書名）

■本書についてのご感想・ご質問、その他ご意見など、ご自由にお書き下さい。

■お名前

（　　歳）

■ご住所

〒

TEL

■ご職業

■ご勤務先・学校名

■所属学会・研究団体

■E-MAIL

●ご購入の動機

A.店頭で現物をみて　B.新聞・雑誌広告（雑誌名　　　）
C.メルマガ・ML（　　　）
D.小会図書目録　E.小会からの新刊案内（DM）
F.書評（　　　）
G.人にすすめられた　H.テキスト　I.その他

●日常的に参考にされている専門書（含 欧文書）の情報媒体は何ですか。

●ご購入書店名

都道府県　　市区町　　店名

※ご購読ありがとうございます。このカードは小会の図書およびブックフェア等催事ご案内のお届けのほか、広告・編集上の資料とさせていただきます。お手数ですがご記入の上、切手を貼らずにご投函下さい。
各種案内の受け取りを希望されない方は右に○印をおつけ下さい。　案内不要

みの品を入れた包みをもっている。そして、これを棺の上を通過して向い側にたつものに届くようにほうり上げる。相手は包みが地面に落ちるのをまってこれを拾い上げ、逆に向い側のものへほうり上げてもどす。これを繰り返し、三度目に北側のものが直接、手で受け取る。この包みは、すでに火葬して死霊の執着を払った遺品としてのちに喪主宅へ持ち帰られる。

一般の村人は、この光景を遠くから見物している。炎が木製の棺を焼きつくしてゆく。棺の内部が露わになった瞬間、炎に包まれた屍は昼下がりの光のなかで脂肪をこがし、金色に溶け始めた。遺族の男性がおもむろに見物する村人たちの輪へ赴き、用意した小銭(一バーツと五〇サタン硬貨)をばらまく。これは幸運のコインとされており、集まっていた女性、子どもたちが楽しげに受け取る。一般の村人の参与はこれで終了し、人びとは境内をとおって寺院の正門からでて家路に向かう。

同時に僧侶たちも火葬場から引き上げるので、残るのは遺族と数人の長老たちのみとなる。屍が最後まで燃えつきるのを見届けるためである。とりわけ、火のまわり具合いに留意するのは故人の娘婿である。点火して約九〇分後、残った人びとも境内をとおって引き上げ始めるが、そのころには先に僧侶とともに火葬場から退場した遺族の見習僧たちも、還俗の儀を早々にすませて合流する。

火葬の夜、喪主宅では再び僧侶を招いて読経を行う。そして、前夜以上に多い訪問客に食事と酒がふるまわれ、盛大な饗宴が夜を徹して行われる。翌日(三日目)も読経と饗宴は行われる。

4 儀礼過程(3)——骨拾い

火葬によって仏教的来世に連続する霊界へと導かれた故人の霊は、骨拾いの儀礼においてよりよき転生への方向づけを与えられる。儀礼の参与者は、儀礼を主導する村の長老やこれを手伝う人びとをのぞくと、基本的に遺族や生前に故人の世話になったり、親しかった者のみに限られる。骨拾いにつづく供養飯儀礼は、先の火葬の次第と同様に、不特定多数の村人を参与させる公共的な積徳行の儀礼環境を生むが、骨拾いの儀礼自体にはそれが希薄である。しかし、僧侶の招請と読経、村人との饗宴は喪主宅で同じようにつづけられる。供養飯儀礼を骨拾いの夜からつづけて行う場合、骨拾いは午前九時には始まり、夜はよりいっそう賑やかな饗宴の時間となる。

村の信仰熱心な女性たちは、バナナの葉をもって早朝から喪主宅を訪れる。遺族の女性たちとともにホーマーク（*bo mak*）をつくるためである。すでに持ち寄られているタバコとキンマをバナナの葉でこぶし大に包みこみ、その両端にローソクを二本、木の葉を二葉添えた包みものである。これは一種の供養品で、僧侶へ献上することによって死者の霊にたむけられる。一〇人ほどの老女が喪主宅の厨房にすわって各々手分けして大量につくる。

供養品を用意する功徳が老女に限定されるのにたいして、遺族の若い女性たちはモチ米で蒸し菓子（*khao tom phat*）をつくって僧侶から死者への献納品とする。ココナツの果肉を削り、バナナの実をモチ米でくるんだところへまぜる。また、霊への食事を盆の上に揃えるのも彼女たちの仕事である。これは功徳の転送用の食事とされる。

火葬場への出発が近づくと、老女たちは最後の供養品つくりに追われる。バナナの葉で舟型をこしらえてキンマとタバコを少量のせたもので、白い木綿布に包んだ布施用の精米と一緒にカゴへ入れる。これがすむと出発である。遺族の男性たちから先に、裏側からのコースで火葬場へ向かう。特に列をなさず、各々に供養品を入れたバケツやカゴをもって歩く。一五人のグループである。

途中で、儀礼を指示する村の長老や手伝う村人が加わって、火葬場につくころには一行の人数も増える。人びとはまず、死者の灰の前に集まり、境内のポンプから水をくんで灰にかける。熱さましのためである。同時に、プーリアンと故人のキョウダイ（主に女性）が灰のかたわらに故人への食事の盆を一つおき、年長者の方が死者の霊と地母神に語りかける。「私たちは今、骨拾いをする日になりましたのでやってきました。僧侶を招いて積徳行します。どうぞ、功徳を受け取りにきて、この食事を召し上がってください。もしいらなければ食べなくてよいです。地母神メー・トラニーよ、どうぞ（故人に）功徳を届けておいてください。これは私たちの功徳（*bun khong hao*）です」。

骨拾いで招かれる僧侶は、D村の寺院の僧侶のみである。見習僧も全員ではなく、数人だけが同行する。僧侶は先端が二つに分かれた木の枝を使って、遺族に先んじて遺骨を確認しながら拾う。そして、遺族がかたわらに広げた白い布の上におく。つづいて、プーリアンを筆頭に、遺族、長老、知人の順序で次々と骨を拾い上げる。ひととおり布の上に移し終えると、布の四隅をもち上げ、アルミ製のジョウロを使って水をかける。つづいて、プーリアンを中心に、遺族の者だけが素手で骨を選別し、二つの器に分け入れる。頭、ひじ、足、胸、歯などの部分は小さい容器に入れる。それらをのぞく部分はすべてつぼ型のアルミ鍋（米を蒸すときに使うもの）に移される。そして、両方にそれぞれココナツの果汁、香水をかける。

火葬跡に残った灰土は、長老がクワでかきならしてあつめ、等身大の人間の形に盛られる。頭を西にむけて大の字に寝るような姿形の土型ができる。頭、胴体、手足が明確になると、プーリアンが一バーツ硬貨を口と鼻そして股間部にあたる部位に一枚ずつ、耳、目、胸部、掌、ひざ、および足首に二枚ずつ計一五枚をおく。さらに、首のところに二本のローソクを灯してたてる。そして、この土型を背にして、遺族は東向きにすわる僧侶と向いあって読経を聞く。遺族の列の前にでるのは村の長老であり、女・子どもは最後列にすわる。

最初の短い読経ののち、故人と生前親しくしていた村人が、先の遺骨を入れたアルミ製の鍋の口を白衣で覆い、長めの霊糸でくくる。これともう一つの遺骨を入れた容器とを並べるようにして土型の頭あたりにおく。霊糸をのばし、かたわらの樹木を経由して僧侶の手もとにわたす。同時に、土型から先に並べたコインをいったんとりのぞく。そして、すばやい動作で土型をクワで崩してゆき、灰土の山としてかきならす。ほどんど同時に僧侶の二度目の読経が始まる。

読経がすむ。再び、灰土は人間の姿形に盛られ始める。最初のものと同様に仰向けの等身大である。しかし、方向が逆になる。頭は東側につくられる。型が整うと、またプーリアンが先と同位置にコインをのせる。しかし、ローソクはひじの部位に一本ずつたてる。ついで、遺骨が入った二つの容器と、米や供養品を入れるカゴが胸部におかれ、アルミ鍋の骨つぼの上にさらにホーマークがたくさん入った金だらいをのせる。右の掌にあたる個所にはいくらか灰土を厚めに盛りあげてあり、ここに死者への食事、タバコとキンマ、蒸し菓子を並べた盆をのせる。以上のセットがそろってから、三度目の読経に入る。プーリアンとそのキョウダイ、故人のキョウダイ数人は、死者への食事盆の周囲にすわる。僧侶の読経にあわせてヤートナームを行うためである。

読経が始まると、彼らは水を入れたアルミ碗を右手にもってお盆へ注ぐように静かにかたむける。水が盆から溢れてもつづけられる。短い読経がすむと、水を含んだ食事や供養品は、東側のしげみのなかに放置される。次に、土型の上においていたものをすべてとりのぞき、供養品やホーマークなどは長老がその場で僧侶に献上する。そして、村の人や遺族の男性は灰土の人形を再び崩して、すばやい勢いでそこに穴を掘り始める。

穴は口を四角形にして四〇〜五〇センチくらいの深さにまで掘る。そして、ここへアルミ鍋の骨つぼを逆さまにして沈め、口もとにまいておいた霊糸をたぐり寄せて地上にだしておく。そして、即座に、上をむいた骨つぼの底に、鍬の一撃を加えて穴をあける。なかの遺骨が一瞬みえる。と思う間もなく次々と上から土をかきこみ、穴は埋められて行く。そして、そこに杭を頭一五センチほどだす程度に打ち込んで周囲を土で固める。表面が平らになると、土中からのびていた霊糸をこの杭にくくりこむ。一瞬にして進められるこの作業には女性は一切関与しない。ここまで完了してから、故人の娘がこの杭に水をかける。このとき、ようやく緊張感がとかれる。

以上の遺骨埋葬がすむと、僧侶は引き上げる。残されたもう一つの骨つぼは、その夜から翌朝につづく供養飯儀礼のために、喪主宅へ持ち帰る。作業を終えた人びとは、火葬時とは異なり、境内から寺院の正門をとおらずに、やってきたときと同じ裏側からのコースで家路へと向かう。

5　儀礼過程（4）――供養飯儀礼

午前中の骨拾いが終って夕刻にいたるころ、喪主宅には村内、村外の寺院から僧侶が招請される。読経と説教が行われるが、僧侶は集まった村人に供養飯儀礼の意義を次のように述べる。

食事や供養品をわれわれ（僧侶）への献納を通じて故人へ送ることは、実はすでに転生してこの世に生まれてきた者たちへの供養、食事の分ちあい（*chaek khao*）でもある。人は死んですぐ死者になる。しかし、この状態は長くはつづかない。多くの死者の霊は生きものとして、人間としてこの世に参加しているものだ。自分の親が死んで三年たてば、どこかに子どもが生まれて三歳を数えているものなのだ。だから、この供養飯儀礼をする。儀礼で菓子を供えるのは、死者が（すでに）菓子を欲しがる子どもとして再生しているからである。

この夜は、モーラムの一座がコーンケン市内から呼ばれ、朝まで村人を楽しませた[34]。食事も酒も大量にふるまわれ、バクチやゲーム（*sia kin mu*）、相性遊び（一種の恋愛ゲーム）もあって老若男女が大いに遊ぶ。遺族は饗宴の主催者としても忙しいが、村人が娯楽に興じるかたわら、翌朝のために村の長老とともに供養品や寺院への献納物である花ゴザ、マット、仏像、僧侶の日用品（洗剤、石鹼など）をあらためて準備する。さらに、故人の霊を極楽へ送るためのホーパサート（*ho prasat* ダンボール箱でつくる家のミニチュア）や功徳を送る徴標として地面にたてる「供養の旗」を共同してつくる。

翌朝は、葬儀における最後の積徳行のひとときとなる。七時には僧侶を喪主宅に招請して食事を献上する。それに先だち、香典額の最終集計や供養飯儀礼に集められた寄金などの総計が香典委員によって報告される。集まる香典額は、故人の生前の社会的な影響力によってさまざまであるが、多い者で五〇〇〇から六〇〇〇バーツになる。そして遺族の人びとはそれを演出するために、紙幣を木の葉にたとえて飾る「金樹」をつくる。香典は、遺族の葬儀費用をまかなうものというタテマエがあるが、通常、実際の儀礼に要する経費はこれをはるかに上まわるものであり(遺族の経済力によるが、供養飯儀礼だけで一万バーツが相場である。葬儀全体では二万〜四万バーツの幅がある)、そのほとんどは故人の子ども世帯、故人のキョウダイから共同で捻出されている。通常、香典の処理は経費をもっとも多く負担する近親者の判断に委ねられるが、筆者が観察した事例においては、香典は全額、寺院へ寄付されている。このことによって、遺族ではない村人が葬儀で香典を持ち寄ることは、遺族に貢献するとともに、自らの積徳行にもなると了解されている。つまり、二重の善行が果たされている。

僧侶が入室して五戒を授けたのち、遺族は寺院への献納物のいくつかを形式的に献上する。このとき、骨拾いのときに喪主宅に運ばれた小さい骨つぼがもちだされて僧侶と俗人(遺族と村人よりなる)の間におかれる。ついで、僧侶の食事の配膳が遺族一人ずつの手によって整えられる。そして、約半時間におよぶ僧侶の食事が始まる。この間、人びとは談笑しているが、遺族の一人(男性)が霊糸を僧侶から部屋全体にめぐらせておく。

僧侶の食事がすむと、故人の娘婿が最年長の僧侶へ骨つぼと瓶に入った香水をわたす。僧侶は骨つぼのふたをあけて香水を一、二滴ばかりかけ、次の僧侶、見習僧へと順にまわしてゆく。僧侶たちが全員かけ終えると、骨つぼは遺族の手にもどされ、年長者から年少者の順に同様のことを行う。遺族がすめば訪問者である。この間に僧侶は誦経しつつ聖水を作っている。準備ができると、一人の僧侶がたちあがり、部屋中の参会者全員にくまなくかかるように聖水散供を行う。人びとは合掌したまま身体をふせて、これをうける。

約三分ほどで聖水散供はすむ。僧侶たちは全員退室する。つづいて訪問客への最後の食事がふるまわれる。僧侶が残したものをいったん集めてから、人びとに分配する。足りないものは追加される。これを皆で膝をつきあわせて食べることは、とりわけ功徳をシェアすることになるという。僧侶を介しての共食はどの機会であれ、すべて功徳を得ることであり、そのためもあって功徳はしばしば食事にたとえられる。積徳行の儀礼での共食は、文字どおりに功徳を食べることである。

儀礼を主導する長老や一部の人をのぞき、訪問者の顔ぶれはいつも同じではない。同一世帯からは、世帯主や妻、その子どもたちが日をかえて訪問して共食に参加するのが普通である。供養飯儀礼での最後の共食には、特に各世帯の年長者の参加がめだって多くなる。夜ごとの饗宴にはほとんど顔をみせなかった老女たちも、葬儀のエピローグとなるこの共食には参加する。

食事の後かたづけは、遺族のなかでも若い女性たちの仕事である。他の遺族の者は、前夜用意した供養品やさまざまな儀礼道具に加えて、塩、トウガラシ、精米などをビニール袋へつめて納骨の儀の準備をする。僧侶も帰ったあと、納骨の儀自体はさほど重要な儀礼的意味をもつものではない。五日間にわたる儀礼の幕は、わずか数名の遺族の人びとによっておろされる。他県から応援にかけつけた親族のある者は、他の者に仕事を委ねて、人びとが納骨のために村の寺院へ向かう前に、手ミヤゲ（トウガラシや米など）をもらって帰ってゆく。そのような人びとを送りだしてから、納骨にゆく遺族は、手に供養品や寄進の品々をもって寺院への裏道から骨つぼを運ぶ。その数は一〇人にも満たない。村の長老も参加せず、一行の指揮は、葬儀の全日程をとおして遺族代表の役割を果たしてきた故人の娘婿が行う。骨つぼをもって先頭を行くのも彼である。

一行は境内に入るなり、僧侶への布施を行うグループと功徳の転送グループとに分かれる。前者は講堂へゆき、僧侶へ品々を届ける。後者は境内外れにある菩提樹のそばの地面に小さな穴を掘って、竹ざおにつけた「供養の旗」を地面に打ち込んでたてる。故人の娘が自らの親の名と生前の世帯番号を告げ、地母神に功徳を故人へ届けるようにとつぶやく。そののちに、米やトウガラシ、タバコを入れた「ホーパサート」を講堂の僧侶に届ける。

二つのグループは、骨つぼの収納場所と決められた村の寺院の正門わきのブロック塀に向かう。そして、故人の娘婿が一つの塀柱にくりぬかれた空間に骨つぼを入れ、上からセメントを塗り込めて平らにしてふさぐ。他の者はこれをじっとみつめている。そして、セメントが乾かぬうちに、棒切れで故人の名前と没年を刻む。最後に、一人一人が香水をその上から散布する。

それはわずか一〇分ほどの出来事である。遺族たちは境内から正門にぬけて家路へとつく。葬儀の全過程は、寺院が正午前の食事布施で賑わう前のひっそりした静けさのなかで終了する。

6　若干の考察

葬儀にはレベルの異なる積徳行のあらゆるパターンが観察される。積徳行は、この世に生きる者が、僧侶を介して実施する喜捨を前提とした行為である。同時に、その行為は他者との関係のなかで遂行されてもいる。これは他の年中行事化した仏教儀礼の場面でも、基本的に観察される。しかし、功徳をめぐる複数の次元での互酬的関係は、葬儀で凝縮されるようにして表現されている。自ら功徳を積む機会を失った死者を前に、この世に残る人びとは、遺族の立場であれ、同村人という関係においてであれ、積徳行の諸形態を総動員して「生」が意味することを互酬的関係のなかで演じる。炎が屍を溶かしてゆく場面で、個人の「死」という事態は、衆目のもとで一つの社会的処理を確かに終える。火葬にたちあう僧侶の誦経が、その場には爽やかなほどの「無常 *anitchang*」を響かせつつも、故人は人びととの残像となった瞬間に、この世から来世に敷衍される人生サイクルのシナリオを投げかけてくる。遺族が引き続いて記憶のなかの故人ともちつづける「保護—供養」の関係とは、切なくも繰り返し描きなおされる互助関係である。そのような関係は出会いと別離、懐旧と忘却の契機を同時にふくむ。それゆえ、功徳は偉大なる発明ともいうべき位置にある。「死→火葬→骨拾い→供養飯儀礼」にいたる通常の葬儀において、遺族は故人の代行者として積徳行を実施するとともに、故人の名において功徳の転送を行う。つまり、遺族にとって葬儀はまず一義的に、故人に譲るための功徳積みの儀礼である。言い換えれば、葬儀はよりよき転生を望む故人の遺志に応える孝行、報恩としての供養の義務を果たす重要な機会である。葬儀についてのこうした考えかたは、D村のすべての人びとに共有されるものであり、遺族主催の積徳行の儀礼は、(この世に残る)人びと自身にとっての「死」と転生のシナリオを直接的に村レベルで表象化するものでもある。そして、それは以後に繰り返し行われる功徳の転送行為を義務づける儀礼として、村の寺院を演舞台とする他の集合的な仏教儀礼に連続してゆく。

葬儀でのホームカンおよびその結果としての共食や饗宴が示すように、一般の村人の参加は、葬儀のもう一つの側面を明らかにする。積徳行の文脈でみれば、彼らが会葬者として儀礼に参加する基本的な動機づけは、遺族の者とは異なり、僧侶を頂点とする儀礼環境のなかで、自ら功徳を積むことにある。その参与の単位は、遺族と僧侶を仲介する俗人代表としての長老をはじめ、遺族に準ずる働きをする者や単なる訪問者など、さまざまであるが、香典や供養・共食のための品々を持ち寄って遺族が主催する儀礼に貢献することに変わりはない。いわば村人が得る功徳は、遺族を経由して彼らのもとへ届けられているようなものである。さらに、火葬での彼らの行動にみたように、故人の霊を他界させる共同作業者として、儀礼の公共性(他者性、匿名領域の拡大による)を確立させているのも大きな役割である。その核心は、喪主宅を中心に各世帯の者が会食し、この世で人びとが援助し功徳を分ちあうことを身をもって示すことにある。

村人の葬儀への参加、遺族の故人への供養は、ともに功徳をめぐる交換行為つまり互酬的な関係を二重のレベルで顕在化させる。葬儀は、一義的には、故人と遺族の間にある、時空間を超越した「保護—供養」関係を実践するものである。同時に、その関係は当時者以外の人びとである会葬者(村人)と儀礼の主催者(遺族)の間に生じる「援助—もてなし」の関係と対応する。そして、上にみたように、両者の狭間に位置する娘婿が、これら異なる次元での両者の関係を媒介する。なお、筆者が実見したD村での葬儀には、この事例の五か月前に六八歳で先だったTS氏の妻Hのケースがある。喪主は同じであるが、その際にもD村内に住む故人の次女の娘婿、村外在住であるが三女の娘婿がかけつけて同一の役割を果たしている。

ある意味で、前述した年中仏教行事や持戒行のあとに行われる功徳の転送は、この葬儀の延長線上にあるとさえいえる。まさしく繰り返されることによって、故人の霊が遺族との間に、望ましくかつ正常とされる関係を築いている。

D村での日常的な会話では、悪霊は仏教の文脈で語られている。「転生できない霊」「功徳を転送してくれる親族(*yat*)をもたない霊」というように、輪廻転生の秩序から逸脱し孤立した存在である。通常の人間の死霊と異なり、生者(遺族・知人)から何ものをも分ち与えられない境遇にある。それゆえ、悪霊は空腹であり、人びとの日常生活世界に闖入して食物や酒、衣類を得ようとするのだ、という。すなわち、悪霊は功徳の転送にみられる生者との正常な関係を欠き、ただ、他者から奪うばかりの宿命をもつ。したがって、功徳を介して死者を仏教的来世へと定位づける葬儀は、死者の霊を悪霊化させないために遺族以外の村人も参加して行う集合的な企てなのである。

六　性差と宗教的救済観

1　性差と出家の意味

解脱にいたる制度としてみた場合、上座仏教は女性を徹底的に排除する仏教の一派である。それは両性を差異化し、女性を男性中心の権威構造のなかに閉じ込める様式である [Jordt 1988 : 31]。しかし、女性が出家できない、ということは女性を仏教徒として認めないということではない。女性に出家を許さない制度を仏教徒社会の観点からみると、女性は男性とは異なる実践のあり方を築いてきたということができる［Chatsumarn 1991：60］。

D村において、村を挙げての集合的な仏教儀礼――すなわち公共的な表舞台――にたつのは男性である。出家できるという点において、男性は仏教の制度的担い手を代表する。在家信徒としても、寄金を調達したり、儀礼の次第・進行役を務めるのは、既婚の壮年から中高年の男性である。僧侶を招請し、儀礼における読経の指導権をもっているのも男性である。しかし、そうしたハレの日をのぞく日々の生活では、仏教実践に関わる男性の姿をみることがない。ごくわずかの年輩の篤信者、儀礼の専門的知識をもつ長老男性以外に、男性と仏教との接点は存在しないかのようである。

確かに、女性はおおがかりな仏教儀礼の場面においては絶えず男性の陰にかくれている。しかし、自ら出家することができないことをのぞけば、女性は、積徳行に関しては在家の男性と同じ立場にあるどころか、繰り返される日常の積徳行のほとんどを実践している。朝の僧侶の托鉢に応じるのは女性である。毎日のように寺院に足しげく通っているのも女性である。仏日に寺院の講堂を埋めつくして、持戒行と読経三昧に一夜を明かして功徳を転送するのも、女性なのである。

仏教徒の日常生活という目線で眺めていると、男性と仏教との関わりは、たとえ出家するとはいえ、時間的に断続的であることがみてとれる。しかも、その関わりの様態は、対他的というべきか、常に衆目の視線あるところのパフォーマティヴなものである。そのような場面には縁のない女性は、継続的で日常的な関わりのなかで在家仏教徒としての行為を繰り返す。こういってよければ、仏教を実践する行為には、明らかに制度と実践をめぐる男女間の「社会的分業」がある。仏教実践の行為レベルにおいては、男性は制度を構成し、制度を生み出す儀礼の代表者、立て役者であり、女性の方はいわば「縁の下の力持ち」という表現がふさわしいように、日常的な布施、持戒行をとおして継続的に仏教制度を「養育」し「維持」する。僧侶を産むのも女性である。たとえれば、仏教の養育者である［Keyes 1984］。このようにみると、在家仏教徒の積徳行という行為とそれを意味づける解釈は、もともと男性のものではなく、女性にとってのものであるとさえいえるだろう。男性は、生まれついての僧侶なのではない。得度という制度的手続きを経て僧侶となるのである。制度を制度として是認するのは女性である。男性は仏教を演じているが、女性は仏教を生きている。

先に積徳行を、出家、布施行、持戒行の三類型に分けた(本章二節、三節)。女性が実践できるのは布施行と持戒行のみである。D村のほとんどの女性は、一度男性に生まれ変わらなければ解脱の機会はないこともよく知っている。ところが、出家できない「ハンデ」をものともしていない。まず、輪廻的存在からの解脱という目標は、男女双方にとって達成しえないほどのものである。来世の再生にむけての功徳についても、生涯をとおして男女とも獲得する功徳の多寡は同じようなもの、と筆者にいってのける。男性は出家で多大な功徳を手にすることができるが、同時に飲酒や賭博を好むため、女性よりはるかに多くの悪行をする、という定見を披露される。仏教実践について、男性は得る功徳も多いが、失う功徳も多い人生だとしているのである。男性が、時に悪行は功徳の資本なのだと語っているのとは対照的な見方がここにある。

寺院もまた、男女にとって同じ像を結ぶ場所ではない。長期出家者をのぞく一般男子にとって、寺院は人生の一時期を過ごす空間に過ぎない。だが、村に暮らす女性にとっては、生涯ほぼ日常的にある時間を過ごす場所となる。息子が出家すれば、彼女は毎日のように食事を運ぶ。すなわち、女性にすれば、寺院とは男性を権威づけてやる儀礼の舞台であるとともに、彼女らが手塩にかけて供養すべき祭壇でもあるわけである。

男性は一時出家であるにせよ、出家して自らが功徳の源泉(*na bun*)になるという経験をする。女性修行者であるメーチーは、制度上、出家者でないために功徳の源泉にはなりえない [Van Esterik 1982]。しかし、D村では僧侶の托鉢時にメーチーは最後列について参加しており、俗人からうける食施の対象となっている。タイ国では、制度と実践の狭間でメーチーの位置づけは、在家者の判断に依るところが強いが [Maechi Charin 1978；林 1986b]、D村での受容のされ方が示すように、戒律を把持した修行者としてのあり方を、功徳の源泉の条件と了解しているところがある。出家もその位相でとらえられている。

出家して宗教的に権威づけられる男性が、世俗生活で女性をコントロールしているわけではない。北タイ女性の報告にもみられるように、社会構造における女性優位は、妻方居住、末娘相続が卓越するD村でも同様に観察される［Potter 1975 : 99-100 ; cf. Keyes 1975a］。一般に、男性は婿入りすることで自らの財産（農地）と社会的地位を継承獲得する。当初は「娘婿」として妻方の両親の農地で働き、その親族とうまくやって行かねばならない。男性が夫として家長の権威を十全な形で社会的に獲得するのは、妻方の両親から農地経営を任されて世帯主となるか、妻方の両親の死後、農地の所有権を継承してからになる。すなわち、男性の「表向き」「公的」な権威は、出生よりも婚姻によって顕現する傾向が指摘できる(35)。

すなわち、男性は、女性による行為とそれが構築している意味世界の上に自らの権威を築く人生を歩む。この文脈においては、出家とはまさしく成人式以上のものである。それは、男女を区別し、還俗して後には、男性そのものを表現するイデオロギー装置となる。しかもそれは、女性の側からの要請（母親の指示）という行為によって創りだされている。

出家できない女性は、制度上、自身の位階を貶められたままである。しかし、出家の位相は女性の仏教実践のなかで顕れている。男女の宗教的な地位の不均等を止揚しているのが、積徳行による仏教的来世での再生である。若い時期に出家生活を終えた男性は、その後、儀礼執行者として成熟する機会を選択できるが、継続的な修養で得る知識とカリスマ性を備える専門家（たとえばモータム）にならない限り、功徳による来世での再生の考えについては、基本的に女性と同じ地平を共有する。このために女性は、男性が断続的に積む功徳が、積徳行を継続的に行う女性よりも多いとは必ずしも考えないのである。

しかし、隠居後の長老男性が行う再出家には、上記のような局面を共有しながらも、異なる意味が含まれている。閉経した老女は、日常生活領域、宗教的な参加領域でも性的に脱俗化してゆくが、男性が老後に出家することは、村落内部の社会関係で規定される男性の宗教的権威を脱して、より自律的な実践を実現しようとするところがある。これは、第六章で述べるような近年の社会変化と関わる問題でもある。

2 性差と功徳

男女とも、人間として老い、いずれは死ぬという宿命は「人間」として変わるところがない。この滅び行くいのちという自明の論理からすれば、望まれる救いは共通のものである。それは、現世の色彩をひきうつしたような「来世」に再び生まれ来ることであり、肉化せずに方向の定まらない空間に漂う運命（腹をすかし、寒さに震える悪霊になること）を避けることである。このことは、男女ともに人間として望まれる「根源的救い」である。彼らは、現世での苦しみを再び経験したくはない、という最大公約数の願いを積徳行に託している。しかし、この「根源的救い」は男女の社会的生の定義によって、主観的にはそれぞれ異なったイメージで語られる。では、男女間における「救い」の相違とはどのようなものなのだろうか。

ジェンダーの問題を考えるにあたり、しばしばもちだされる一つの指標は、家庭内での雑事（domestic affairs）からの距離である[Rosaldo 1974]。男性も女性もともに母親に抱かれる時期がすむと、それぞれに異なる人生を歩む。D村でよくもちだされる「男は籾米、女は精米」（*chai pluak jin san*）という慣用表現が含意するように、男性は生まれ育った家庭の諸事から離れて行くのにたいして、女性はこれを軸に生活する。つまり、個人を核とする社会的範囲の拡大過程と、親族を主とする成員関係中心の再生産過程にそれぞれ関わって行く。(36)

功徳は再生のための力である。しかしながら上に述べたように、功徳は男性にとっては、絶えず二つの方向へと開かれている精神財である。一つは、女性と同じく個人の救済への方向であり、いま一つは、自ら構築する生活圏を掌握する社会（公共）的権威を生む方向である。[37] 男性の功徳は、自らが他者にとっての功徳の源泉となりうるということで、教義的には個人志向であっても、絶えず社会的な力関係と連動する背景をもつということである。この方向と意味は他者＝異人、外的世界＝悪霊にたいしても成立する。

これにたいして、女性にとっての功徳は涅槃へと通じないが、[38] 近親集団をベースとしてより個人的かつ持続的に集積されるものである。一方で、過去の近親のメタファーである祖霊、近親の死者の霊の観念は、功徳の転送をもっぱらとする女性においてより強く意識されている。日々蓄積する功徳を、霊の転生に役立つよう廻向することによって、これをも積徳行とするわけである。また、多くの女性による功徳の廻向は、近親の霊だけにとどまらず、より広い生き物一般、つまり、功徳を得られずに再生できない、異界の危険な霊への廻向（施餓鬼）の可能性の考えをもって行われている。[39] この行為は、繰り返されることによって、さまよう霊（悪霊）の暴力が、この世の生活世界に侵入する可能性を間接的に軽減させることにもなる。つまり、表面的には「供養」の形をとりながらも、文字どおり自らの身を守るためにも、積徳行を実践しているわけである。

他界した近親の霊、さらには施餓鬼のために供養するという女性の行為は、一般に主婦の仕事と重なる。この行為を裏付ける動機は、「両親、とりわけ母親のために得度する」という息子の出家の動機と対応するものである。男性の仏教との接触はここに始まる。しかし、村外へと自己を拡張する男性は、師匠について、さまざまな儀礼の技術的作法、関連する伝承、誦経文などを修得する。

D村においては、悪霊の禍を経験する成人のほとんどが主婦、中年位までの女性である。女性は、定まったモータムに依拠しているのでこれに治療を乞う。悪霊が原因ではない場合は、多くが他界した近親の霊によるものとされる。このような診断を下すのはモータムであるが、最終的には僧侶を介しての近親の霊への功徳の転送が試みられる。すなわち、悪霊とは異なり、他界した肉親の霊は「話」がわかる存在である。近親の霊は、もともと余所者の娘婿として婚入する男性（モータム）にとって、ドメスティックな権威のメタファーとしてあらわれる。功徳の廻向を指示するとき、彼はそれを仏教功徳によって制し、自身の集落内での権威を正当化するのである。それが成熟の証である。

「老い」は安定した社会でのみ発生、発見しうるようにみられがちであるが、D村では宗教的な知識と関わるものには、「人生の成熟者」と評価される要件のようなものである。

子ども世帯が独立し、孫に囲まれて家事から解放された高齢女性（メー・ニャイ）は、目下の者が敬うべき対象となる。長寿は幸運の結果であり、それはその人の徳である。しかしその賞賛は、長生きすること自体が重要であるというよりも、社会的にどう評価されているかによる。評価される一つの規準は、老後の寺院詣でである。仏日の寺院の講堂には、持戒行のために集まる高齢女性の厳かなサロンといった風情がある。

彼女たちは、中年主婦と同様に持戒行をして功徳を転送するが、その目的はより個人的な実践へと向かうことである。老齢女性の持戒行は、来世での自己のよりよき運命という切なる願いが込められるほど、苦行のようにして行われる［林 1986b: 117］。また、功徳の転送にしても、他界した近親の霊への転送という段階から名も知らぬ身よりのない精霊の供養へと向かうように、積徳行の目的や範囲が社会的関係に限定されない。相手にたいして見返りを期待しないという点では、その積徳行は、互酬的関係を越えてより精神的に純化された実践となっている。このような功徳の転送のあり方にみられるように、女性にとって成熟の証は、男性の公共場面での表出的な実践とは異なり、個人の身体を核とする内向的な実践において示されている。

第5章　東北タイにおける仏教とモータム

5-1 モータムの所在

一　儀礼祭祀の「仏教化」

聴き取りで得た複数の口述史を重ねてゆくと、D村の宗教構成の変遷が浮かび上がる【図8】。開村以来祀られてきた「村の守護霊」が一九五〇年に追放され、その祠が取り壊された同年に「村祠」が生まれている。この「事件」の前後をみると、きわめて明瞭な傾向がみてとれる。すなわち、D村における守護霊祭祀全般の衰退・消滅と、儀礼と施設ともに充実してゆく仏教の隆盛である。一九八三年に第二の寺院として開設された通称「森の寺」は、かつて「村の守護霊」の祠があった公共地内に建設されている。いずれも、モータムが関与している。さらに注目しておきたいのは、遺骨を納める空間が森（共同自然墓地）から寺院へと移った時期が、一九三〇年代末からのモータムの台頭と軌を一にしていることである。死者の火葬、納骨の場が寺院へと収斂しているのも、「村の守護霊」祭祀が破棄されて以降のことである。
D村では、精霊祭祀は表向きには姿を消してしまっている。だが、今日もかつての祖霊が警告する霊として認知されている。図8には示されてはいないが、D村では災禍をもたらすものとしての精霊の観念は持続しており、悪霊一般（*phi borisat*）にたいする強い警戒心がみられる［林 1984：90］。たとえば、病には薬や開業医で治療できるものと、悪霊によるものとの二種類があるというのは、標準的な疾病観になっている。いってみれば、悪霊は、予期不能かつ理由不明な病や災禍をおよぼすすべての元凶である。

D村ではモータムは悪霊を祓う儀礼を執行する俗人男性である。

モータムのモーとは専門家ないし医師を指す。タムは単独ではタンマ（*thamma*）とも発音され、字義どおりには「仏法 dharma」を意味する。東北タイの民俗についてしるした書は、モータムを「人びとを守護するタンマ（*thamma raksa khon*）」を学んだ出家経験者と紹介している［Bunruang 1962：98］。わかりやすくいえば、災禍をひき起こす悪霊を「法」の威力で祓う男性の儀礼執行者である。東北タイのラオ系集落をのぞいて、タイ国の他地方にはこのような呼称をもつ儀礼執行者はみられない(1)。

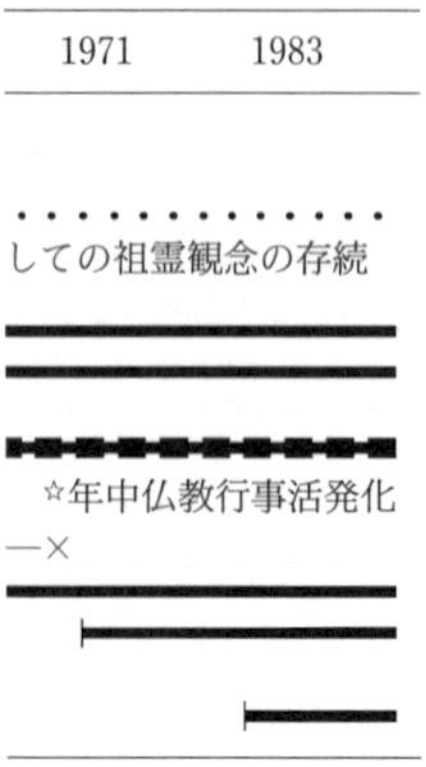

ラオ系村落を舞台とする従来の調査研究は、これまでモータムの実態を「祓魔師 exorcist」ないし「祈禱師」として記述している［Tambiah 1970：321–35；Mizuno 1971：187–213］。いずれもモータムは、土着の精霊信仰（悪霊の災禍）に立脚する「治療師」であることが強調されている。秘儀的な知識と特殊な能力をもつ少数者、民間呪医のごとくである。

農民の口述史を駆使してタイ村落経済史を著したチャティップは、国教である仏教は地方ごとに独自の形態を展開させてきたという認識のも

図8　調査村Dの宗教的指標の変化

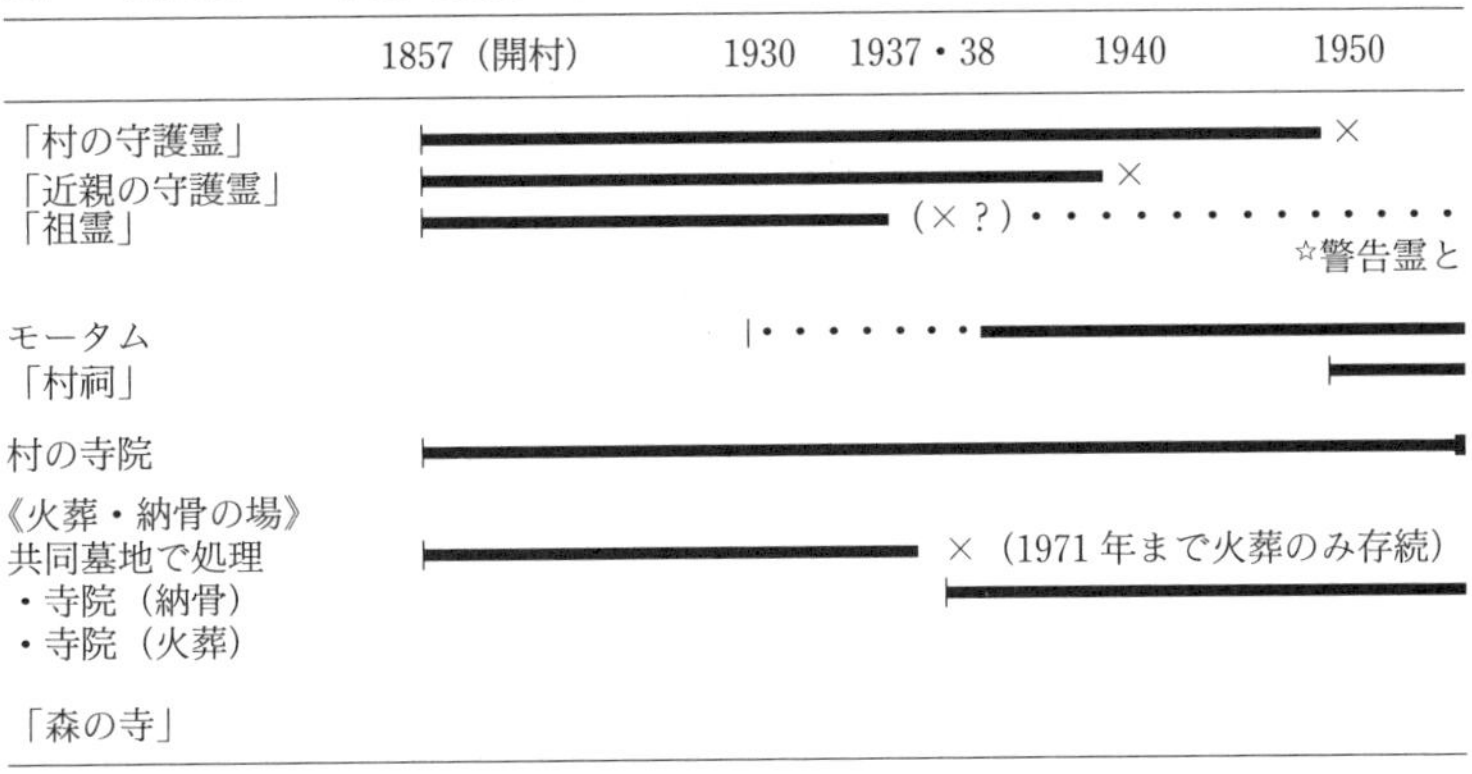

とに、東北地方のモータムについての聴き取りをしるしている。「東北タイの仏教には僧侶の代わりに仏教を広め、儀礼を司式するモータムがいる。モータムは、『タンマを学び、瞑想止観を実践する村の知識人 *panyachon* であって、僧侶ではない」[Chatthip 1984 : 89]。ここでのモータム像は、悪霊祓いのみならず、村落の仏教信仰や宗教的な知識の供給にも関わっている。

いずれにせよ、東北タイのラオ系村落におけるモータムの記述は、ことごとく断片的であり、これまでモータムそのものを考察対象とした調査研究がない。「治療師」と範疇づける民族誌では、治療儀礼の場面を通じて依頼者と一時的な関係しかもたない「村の呪医」としての機能的な側面のみがとり上げられ、治療される側との具体的な社会関係にまでふみこんだ検討はなされていない。つまり、ラオ人社会のなかでのモータムの実態の解明は事実上、無視されてきたといっても過言ではない。その理由はいくつかある。まず、モータムには体系だった教理や全国的な組織がないために、その実像が全貌できるような資料の蓄積がない。つまり、モータムは、地域ないし個別集落の社会史に埋もれてしまっているローカルな存在である。さらに、悪霊を祓うモータムが把持する「力」ないし知識それ自体の境界的性格のために、局地的・共時的な研究では包括的な議論が困難なことも一因をなしている。

現地においても、モータムの定義は多種多様である。

D村に定着した当初、筆者は当事者が現場で構築している宗教的な範疇をとらえるというよりは、一般的な宗教概念からみてモータムはどの「信仰体系」に属するのかという分類にこだわっていた。モータムの定義を、立場の異なる人びとに求めるほどに、収拾がつかなくなった。訪問先の集落でのモータム自身から得た回答は、ほぼ一致して「還俗した(在俗の)僧侶のようなもの」であった。「仏法」を実践する熟練者も新参者も、村でもっとも尊敬される長老モータムと同じ口調で、モータムはいかにあらねばならないかを語り、村内での仏教唱道者であることを表明する。このことをバンコクにある国立大学の社会学教授に話すと、モータムはアニミストであって仏教の儀礼執行者ではない、と学術的に説明された。しかもモータムとはモーピー(*mo phi* 精霊使い)でありその変種であるという。この見解は、コーンケン大学に学ぶ東北地方出身の学生たちが与えたものと、寸分変わらなかった。また、首都バンコクの寺院のエリート僧や文部省宗教局の高官も、モーピーとモータムとを区別しなかった。さらに、東北村落出身の僧侶で、出家歴二〇年以上になる僧侶と出会うことがあった。東北タイの農民に人望篤く、瞑想法の教化で著名になりつつあった僧侶である。その僧侶は、モータムは民間バラモン(*pham*)であると定義づけ、さらに苦言を呈した。「バラモンは、タイ国の王宮に仕える特権的な宗教者なのに、[モータムは]村でバラモンを自称するたわけ者である。彼ら民間バラモンは、悟りではなく現世利益のみに関心をもつ。その意味で、モータムは『在俗のえせ仏教徒』である」(2)。

異なる「定義」に翻弄されたまま、D村でのある日の夕暮れどき、筆者は一人のモータムの自宅にいた。そこへ盛装した数人の主婦が手に花を携えてやってきた。D村に住み始めて数か月になろうとしていたが、初めて見る光景であった。何があったのかと聞くと、主婦の一人が「モータムは私たち[女性]にとっての僧侶よ *mo tham pen pha khong hao*」ともらした。その日は仏日で、彼女たちはモータムの自宅へ献花しにやってきたのである。モータムについて、筆者はそこから再出発することになった。

悪霊祓いや治療儀礼は仏教以前の土着信仰を代表する。同時に、仏教を取り込みもする。東北タイのラオ系集落のみならず、上座仏教文化圏には、経典や仏像などの仏教シンボルを使って悪霊を祓う俗人の儀礼執行者が広くみられる。モータムも、この土着信仰と世界宗教の狭間に位置するような、俗人の儀礼執行者の一類型である。特殊な宗教的知識をもつ者という意味では専門家であるが、知識それ自体の社会的広がりからいえば、決して少数の専業者ではない。彼らはむしろ、稲作を主とする仕事をし、悪霊を祓う技術的・処方的な知識を、仏教実践の知識として修得した男性に過ぎない。では、なぜそのような宗教的担い手が輩出し、一つの役割類型として定着したのであろうか。その社会的・歴史的な背景と要因が、共時的・通時的に明らかにされねばならない。

後述するように、D村をはじめとする東北タイのラオ系農村では、土着の守護霊信仰が仏教儀礼で粉飾されたり、それにとって代わられている事例が多い。これは他の地方でも同様に観察される傾向でもある［岩田 1963：220；田辺 1978：123–25；Chalatchai 1984：66–68］(3)。鳥瞰図的にみれば、信仰体系としての仏教の位階的優位［Tambiah 1968b：119］とともに、村落宗教全体において仏教が卓越してゆく過程を印象づける［Kirsch 1977：263–64］。別の言い方をすれば、土着の信仰体系が仏教によって排除される過程［O'Connor 1978：239］でもある。さらに「呪術 *saiyasat* の退潮と忌避」［Gosling 1986：87］と一致するようでもある。こうした通時的かつ表向きの動きを、ここでは世界宗教である仏教の村落社会での土着化、そして土着信仰の仏教化という、同時に並行する過程を意味するものとして「仏教化」と呼んでおこう(4)。だが、この「仏教化」の指標で明らかにしたいのは、一系的な収斂の方向ではなく、人びとの手になる仏教実践が、現実にどのようにして生成されてきたのかという問題である。

ある地域の仏教実践と土着宗教の関係を考える際、さらに留意しなければならない問題は、実践宗教の成立基盤である日常の生活世界と、それを包摂する国家との関わりである。タイ国の上座仏教は、二〇世紀初頭になって今日にいたる様式を整え始めた。すなわち、タイ国は王権を頂点とする近代国家を構築するために、地方行政と教育の中央集権化を進める過程で、仏教サンガ組織を法制度的に整備してきている。仏教の制度的あり方は、国家が統合・管理し、タイ仏教として標準化されなければならないものでもあった［Wyatt 1969；Tambiah 1976：274；Tambiah 1984：162］。ある村落社会での宗教実践を考察する場合、こうした国家過程にともなって、仏教がどのように定義され、人びとの生活世界にいかなる社会過程をおよぼしたのか、という局面を無視することはできない。

さらに、第三章でみたように、「村の守護霊」祭祀の撤廃とモータムの台頭を考える指標として、東北タイのラオ系農村を形成してきた宗教的メタファーとしての森林世界の変容にも着目しておく必要がある。森を切り開きながらの開拓移住フロンティアの終息とともに、東北タイでは、人びとの生活世界との間にもうけられた自生的な境界が取り払われることによって、森に象徴される世界が空間的にはそれぞれの利害関心をもつ人びとにより支配されてゆく。このような文脈で、国家の領域支配の論理が実践をとおして受容されている。この局面は、精霊観念全般の悪霊化、および人びとの仏教実践と密接に関わっている。

以上のような観点から、本章では、村落と国家、村落宗教全般の「仏教化」と「タイ国仏教化」という相互に連関する二極の座標軸を想定し、その二極間で歴史的に構築されてきた実践と役割の類型としてモータムをとらえる。その上で、D村のみならず広域調査によって得た資料を用いて、東北タイ農村におけるモータムの形成・浸透過程を、村落宗教の生成と変容の文脈において記述する。いわばモータムをとおして、村落レベルの仏教実践の位相および国家過程との連関を、ラオ人集落の社会史においてとらえる。そして、モータムが地方レベルの仏教と土着信仰との相克において生まれていることを明らかにする。

この特殊・地域的な儀礼執行者の分析が目標とするのは、国家に包摂されてゆく東北タイのラオ系村落のなかで、上座仏教が住民の側からどのように生成・変容されてきたのかを問うことでもある。つまり、たがいに変容・影響しあう生活世界と宗教現象の狭間に視点をおき、仏教化された守護力を担う儀礼執行者が輩出する過程、およびその力についての一見整合的な宗教的イメージをともなった認識論が共有されてゆく過程を具体的に描きだすことである。すなわち、モータムは変動期における上座仏教の、村落レベルでの革新運動を創出した存在として分析される。

二　タンバイアによるモータム

ここでひとまず、従来もっとも詳しい記述と分析を残したタンバイアによるモータムをみておこう。

ウドンタニ県のタンバイアの調査村では、モータムは、悪霊を祓う仏教呪術の担い手である。村人がもっとも恐れる悪霊はピー・ポープ（*phi pop*）であるが、これは、家畜や女性に取りついて村社会を恐怖に陥れる。モータムは、いってみればこの悪霊を専門にお祓いをする。他の精霊儀礼師と異なって、悪霊を威嚇し駆逐するためにパーリ経典からの断片的な呪文を使っている。モータムは村内での社会的影響力も低く、もっとも特殊地域的な存在でもある。

モータムの位相は、適切にも他の儀礼執行者との比較によって検討されている。僧侶や招魂儀礼師とはどう違うのかという視点である。

まず、モータムは僧侶と同様にパーリ経典からの文語を使うが、僧侶が倫理的規範を説き、功徳や祝福を伝達するために使うのにたいして、モータムは悪霊を威嚇し駆逐するための聖句として操る。また、僧侶が自らの授戒師（出家する際に具足戒を授ける僧侶）と師弟関係をもつように、モータムもその師匠をもつ。しかも、モータムは僧侶が遠ざけなければならない女性の病いを主に取り扱う［Tambiah 1970：322, 334–35］。つまり、モータムは僧侶が行う儀礼行動を模倣するが、その目的や発現形態にはきわだった相違がある。タンバイアは、瞑想によって超自然的な力を得るモータムと密教（Tantric Buddhism）の伝統との関連にも言及している。それは、正統的な仏教がめざすものとは異なる「低次元の目標達成」のために存在し、モータムが操る聖句の威力は、そのような仏教呪術にルーツをもっているとする［Tambiah 1970：

324–26]。

招魂儀礼師との比較においては、実施する儀礼の差異と対照が論じられる。儀礼執行者としての招魂儀礼師は、モータムと異なって、広く全国的規模でみられる。身体内部に宿るとされる霊魂は、不慮の事故や精神的ショックで絶えず身体の外部へ遊離する危険にさらされている。招魂儀礼師は、通過儀礼（得度式、結婚式）や境界状態にある人間にたいする儀礼（快気祝いなど）で霊魂をひきもどしたり強化する。いずれも、きわめて数多くの参加者が集まるなかで、当事者の生命の全体的な統一性を回復させ、安寧を確保しようとする。対照的に、モータムが行うのは、身体の外部から侵入する悪霊を患者の身体から外界へと追放する儀礼である。しかも、それは二者関係において行われる［Tambiah 1970：335–36］。さらに、招魂儀礼師が村の在家者の仏教実践をリードする篤信家で、村落社会での年長者像を象徴的に演じる存在であるのにたいし［Tambiah 1970：255–60］、同村のモータムはリーダーシップをもたず、在家仏教徒としてもめだたない［Tambiah 1970：322］。

タンバイアは、モータムの存立基盤および儀礼の有効性を、教理伝統の上では密教にみられる仏教の呪術的展開に、土着信仰のレベルでは、精霊信仰に包含される悪霊にたいする忌避——日常性の確保——への希求の二点に求めている。他の信仰体系が村落レベルでそれぞれに集合的な儀礼と象徴の様式をもつのにたいして、モータムにはこれがない。きわめて個人的、非永続的な社会関係がめだつ。いうなれば社会的な広がりを欠くがゆえに、タンバイアの村内でのモータム像はきわめて周縁的である。

タンバイアは、その宗教的役割を分析する際の問題のたてかたとして、モータムを非仏教徒、あるいは単に仏教と土着の精霊信仰の仲介者とはみなしていない(5)。そうではなく、村落宗教体系全体のなかで、僧侶の逆像、イミテーション、「疑似」僧侶として性格づけることにより、体系相互にある構造的な補完関係をみいだしている。すなわち、功徳を生む僧侶の役割が自然死した者の霊を他界へ赴かせるのにたいし、モータムは異常死（横死、産褥死など）で生じる不吉な霊の除去に関わる、という分業の論理がそれである。これは、モータムを村落宗教の一体系の担い手として分析することによって得られた卓見である。

しかしながら同時に、モータムを一村落の閉じられた社会システムに限定して検討する余り、被施術者である顧客を前提とする以上、継続的・集合的な社会的紐帯を生み出せないような役割類型を代表させることにもなった。この点においてタンバイアは、デュルケムが与えた定義そのままの「呪術者」[デュルケム 1975:83-84]として、モータムを扱っているかにみえる。自ら敬虔な仏教徒として自認するモータムを、村落ないし地域の実践仏教の文脈で考察しないのである。このことは、モータムの役割を分析する際に、仏教オーソドキシーを担う理念型的な僧侶と村落レベルの僧侶とを機能的に同一視し、歴史的産物である村落仏教の実態を一面的にとらえて対照していることにも窺われる。モータムが演じる役割の分析は、完結した一つの村落宗教体系のなかでのみなされ、その社会的・歴史的意味が検討されない。その結果、村落で現実に構築されている仏教の様態についても、功徳による再生仏教の側面のみが強調され、標準化された「正統的」な制度仏教と同一視されることになる(第一章参照)。

以下にみるように、D村およびその周辺村のモータムは、一面ではタンバイアが記述したような儀礼執行者の役割を遂行するだけでなく、特定の女性「信奉者 *luk phung luk thian*」を擁して継続的に宗教的守護者と帰依者の関係を有しているという事実がある。また、タンバイアの著書では、モータムと「村の守護霊」祭祀との関係については検討されていないが、モータムが「村の守護霊」を駆逐している例は、繰り返すようであるが、D村にとどまる特殊なものではない。

モータムを論じるには、一村落の範囲を越える必要がある。一つには「村の守護霊」を破棄した集落では、モータムの教えがほとんど村外からもたらされているためである。さらに、なぜ「村の守護霊」が駆逐されなければならなかったのかということも検討しなければならない。そのためには、東北タイ農村の宗教的知識の生成と変容過程全般についての見通しが必要となる。そのような作業は、ひいては、制度仏教とは異なった地方村落レベルでの実践仏教のあり方を照射することになろう。そのような迂回路を経て、再びD村にたちかえり、女性信奉者の構成から、モータムを担う村の男性と女性の位相を考察する。そして、モータムになる過程と師弟関係の口述史から仏教との親和性を指摘した上で、その背景をなした国教化過程の地方での展開を明らかにする。

三　森の世界の変容

前述したように、土地占有による未耕地の開拓が終息するのに対応して、土地購入によるハーナーディーが普通になった。同時並行するように、村内に留まることになった人びとは、かつて占有済みの未耕地を急速に開田・開墾し始めた。D村とその近隣村では、一九三九年ごろから一九四〇年代後半までに、現在のものとほぼ同規模程度にまで開墾が進められている。その約一〇年間で、ノーン（凹地）の低位部から高位部へと向う開田によって、D村内の水田面積は四割増加し［Fukui et al. 1985 : 32］、村内での未耕地の開墾がほぼ極限に達したのである。それは、村内外から人を雇ってまで行われた「水田開拓ブーム」の時期として記憶されている［海田 1986 : 97］。このような動きは、土地占有権が中央当局によって認定されるもの、という事態におよび、かつては人びとの合意によっていた領域所有のあり方が無効となり、危機感をともなう形でひき起こされたものとみることができる［林 1984 : 90］。

東北地方主要県とバンコクを結ぶ鉄道網が完成して後の一九三九年ごろに、D村では、「仏暦二四七九年土地法」（一九三六年発布）が適用された。この時点では、土地占有の検分対象は田圃のみであった。田圃一ライ（約〇・一六ヘクタール）あたり二分の一バーツ（五〇サタン）を支払うとその領収書（ボー・トー・ホック *bo tho hok*）が一種の認定証として通用したという。これはD村が開村されて以来、初めて水田農地の所有者を書面で示すものとなった。人びとはこぞって未耕地を開田した。当時の村長であった古老は、「政府おでまし *ratthaban khaoma*」の時期として回顧する。バンコク中央政府による地方行政の中央集権化は、実施されてすでに四半世紀以上を経過していた。開拓村の世界には、かなり遅れてではあるが、徐々に地租改定を含む行政措置が適用されてゆくことになる。

村内に残された未耕地の急速な開墾は、未耕地の減少とともに、公共地をめぐって東北地方の村社会に新たな局面をもたらしている。

現在のコーンケン県ムアン郡にあるP村は、推定一七八〇年ごろに、ウボンラーチャタニー方面からの移住者が開いた集落である。P村には開村以来、公共地として残してきた森林があった。一九六〇年代初頭、この未開墾の森を残そうとしていた当時の村長と、切り開いて田圃とすべきだとする多数派との間に争いが生じた。そして、村長が銃殺されるという事件が起きる。その後、トラクターが入ってこの森林区画はまたたく間に開田されてしまい、多くの村人の私有地となって今日にいたっている。

また、マハーサラカム県K郡のN村では、村内の人口増加にともなって水田が不足してきたために、一九六七年当時には三〇〇ライの面積があった共同の自然墓地(*pa sa*)が、一九七四年には開墾されて一三〇ライが水田になった。在俗の「寺守り」は、瞑想のための寺院(「森の寺」)を新しく建立することでこの地所を守ろうとしている。

第三章で、ウドンタニ県S郡MN村では、「村の守護霊」祭祀が一九七一年に廃止されたことについて触れた。新しく移住してきた人びとの主導によって、それはなくなったのだが、そのことによって、MN村の開村以来残されていた「村の守護霊の森」も開墾の対象となった。現在、守護霊の森は、野菜、トウガラシを栽培する公共地として利用されている。

また、D村も同様の経験をしている。「村の守護霊」祭祀を破棄したことについては前章でみた。当時の「村の守護霊」の祠の森は、一九八五年現在「森の寺」含む周辺区画二五ライが確保されている。だが、一九五〇年に「村の守護霊」が撤去されたときに、いちはやくその公共の地所にはトウガラシやケナフが栽培された。「森の寺」とその周辺区画(旧

「村の守護霊」の森）をのぞくD村に関連する他の公共地の内訳（一九八五年時点）は、沼池三三四ライ（近隣三村と共有）、公共墓地二六四ライ（近隣五村と共有）、小川周辺区画二〇〇ライ、凹地NK区画九ライ、凹地ND区画二一三ライ（枝村DNと共有）、村の寺院前区画三ライ四タランワー（*tarangwa*）となっている。公式にはすべて一九八一年に所有権が認可されている。しかし、他の二個所の凹地（NBおよびDT区画）はすでに個人所有になっている。また、公共墓地では当時のA村長が初めて約一〇ライを畑地にして以来、開墾が進んでいる。また、他村の村長と村人がやはり凹地NK区画九ライを耕作している。

人びとが開村以来の不可侵域ないし公共地、いわば昨今いうところのコモンズとして継承してきたのは、ほとんどが「村の守護霊」の森のような森林区画や、死者を埋葬する共同墓地として利用されてきた場所であった。このような区画を今日、何らかの形で農地として利用している村落では、いずこでも、公共地とは村長が管理する「おかみのもの *khong luang*」、「政府のもの *khong ratthaban*」として認知されている。宗教的実践が築いていた不可侵域は、合意によって開墾、売買が成立する「空白地」へと変容した。

使用権の優先を認め、利用するのは早い者勝ちだが、独占は許されない。そして私有地のごとく売買される。この原則は、自由に土地占有ができた時代の相互了解とその後の土地購入時代と同じものである。ここでの「公共」とは、使用権の平等性の意味になっているが、国家所有のものになったという言説の背後には、旧来の占有・開墾パターンが持続している。その意味では、求心的な耕境の拡大であるが、やはり歴史的な開拓の連続線上にある[6]。しかし、同じ論理であっても、合意によって残されていた公共地の開墾は、森と生活世界の空間構成の意味を内側から変化させる。

このような変化を宗教実践の局面から促したのが、D村のモータムであり、MN村に招請されてきた仏教僧であった。現在、タイ国では仏教が森林保護運動に結びつけられることが多いが、かつて東北タイ農村に起こったことをひとことでいえば、当時の人びとの新しい仏教実践の勃興と森林世界の否定であった。

5－2 守護力の概念とモータム——仏教実践と異界の相克

「村の守護霊」祭祀を放逐したモータムの宗教的な位置づけを示すには、異なるレベルの実践と知識についての説明が必要となる。一つは、人びとが実践する仏教の観点からのものであり、もう一つは、精霊を操作ないし処理する知識をめぐる土着の論理とその変容である。

まず、モータムの「半僧・半俗」的な性格は、在俗の男性仏教徒が、二つの実践を行う仏教徒であることに起因する。守護霊祭祀が衰退し、森林世界を農地へと利用してきた集落では、二つの実践は、相互に異なるものでありながら、実践の背景をなす論理においては連動しあう関係にある。功徳の獲得を目的とする「再生の仏教」には、精霊の位置づけが示されている。そして「力の仏教」にはその精霊と向きあう方法が示されている。土着の宗教知識が関わるのは、この部分である。

一　再生の仏教

寺院と僧侶が象徴する仏教は超俗的な宗教世界を代表する。日々繰り返される托鉢風景が示すように、それは万人に反復されつづけている現実である。得度できる男性は、出家し僧侶である限りにおいて、功徳を生み出す役割を果たす。他方、仏門に入ることが許されない女性は、男性からすれば、その担い手を生み育て、継続的に仏教の超俗的世界を維持する生涯の「観衆」である。つまり、仏教が実践されている場は、出家と在家、男性と女性というそれぞれに異なる参加様式を併せもって成立している。男性は出・在家の双方を経験する。俗世を離れる出家仏教は、社会的には、大多数の参加する「観衆」すなわち在家者の制度である。そして、俗世で構築されている仏教観が出家者の超俗性を支持するとともに、出家者と僧団の清浄性をも要求する。

仏教的来世については、前章でみたジャータカの本生譚（*Chadok Wetsandon*）のみならず、「プラ・マラーイ経 *Phra Malai Sutta*」[8]をとおして僧侶が繰り返し在家信徒に説くところである。最大の喜捨は、必ずや最大の報果をもたらす。それは、人びとの日常生活に顕著な共働共食の背後にある互酬的関係と対応する。同時に、仏教的来世は積徳行の文脈でのみ信憑性をもつ世界である。教理の知識がなくとも、功徳は行為することで獲得できる。その機会は、常に制度的に開かれている。つまり、誰もが自らの再生の善し悪しを、自らの手で働きかけて生み出す方法が手段化されているために[7]、功徳による再生のイデオロギーは人びとの日常生活に深く根をおろしている。

仏教的来世は、人びとが抱くもう一つの現実である。寺院壁画にみるように、両極をなす天界と地獄界、それらに対応する住人の神祇（*thephada, thewada*）、閻魔（*yomaban*）と地母神（*nang thorani, mae thorani*）、そしてその間を漂う死者の霊で構成されている。生前積んだ功徳が多大なものであれば、死者の霊は神祇の領分である天界へ赴く。ただし、常人がたどりつけるところではない。再生するための必要条件は、天界に達することにはなく、地獄を脱することにある。D村での積徳行と死後の霊の行方について、人びとのさまざまな語りから、仏教的来世と他の現実との関わりを再構成すると、およそ以下のようになる。

死という現象は、この世を離れ、森の世界が表象する異界と仏教的来世の狭間に立つ事態である。また、死者になるということは、自ら功徳を積む手段を失うことである。この世を去った者に望まれるのは、異界へ迷いこまずに仏教的来世の門戸をくぐることである。それは、まず地獄の主たる閻魔（*yomaban*）とあうことである。閻魔は死者の生前の功徳を精算する会計士のようなものである。生前に悪行が多く、功徳が少なければそのまま地獄に留まらなければならない。

地獄では着るものもない。常に腹をすかせ、暑さ寒さに耐えるしかない。この地獄を脱しない限り、死者は再生できない。

だが、救いの方法は残されている。前章にみたように、限られた年中仏教儀礼で霊はこの世に帰還できる。帰還を許すのは閻魔である。この世に存命する肉親や友人が儀礼で積んだ功徳を転送してもらう。しかし肉親がいても、仏教儀礼に不熱心で功徳の転送を怠る場合がある。この場合には非常手段がとられる。地獄の住人である死者の霊は異界の霊と結託し、この世の肉親を襲う。彼らを病気にさせて警告し、功徳を送れと要求するのである。だが、この世に頼るべき者がいない死者の霊の場合、再生にいたる道は険しい。ひたすら敬虔な人びとによる不特定多数の霊にたいする功徳の転送をまつしかない。つまり、功徳によってつなぎとめることが困難な霊である。地獄は、再生のための段階とはならず、位階化の過程からは逸脱した存在となって異界へ通じる。そして、飢餓感に満ちた危険な匿名の霊としてこの世の住人や生き物を襲って喰うしかない。このために、肉親をもたない死者、あるいは放置されたままの横死者の霊は、危険な存在なのである。

このように、再生を実現する手段（積徳行）が生活世界の現実に与えられているので、仏教的来世の現実は、生活世界との関わりのなかに示されている。つまり、功徳を媒体として、死者の霊の位階化と地位向上を促進させるために、常に生活世界と通交できる現実である。逆に、功徳を転送してもらえぬ「孤児的」な死者の霊、またはそのような状況におかれた死者の霊は、再生への段階をのぼれない、制御不可能な存在として、森が象徴するもう一つの他界（異界）に投影されている。

森が象徴する空間は、精霊の世界（*lok phi*）とも呼ばれる。前述したように、かつては人間も含めたあらゆる生きものは、死後、森に移属したという。(9) 森とは、これらの精霊が住まう世界の総称である。生活世界の現実からすれば、精霊は無限大に増殖する外的な力である。森は魑魅魍魎の空間で、日常の平穏を攪乱する力が充溢している。同時に、生前勇敢であった英雄的な指導者の霊は、森の世界に混在する名もなき無数の精霊から人びとを守護するものとして祀られた。また、供物を捧げることによって懐柔・馴化しうる守護霊が作り上げられた。

生活世界に住む人びとが馴化しない他の諸々の霊は、「森の霊 *phi pa*」、「自然霊 *phi thammasat*」という、一般的な呼称を与えられている。生活世界も守護せず、その正体が認知できない霊は危険であり、この森の世界に跋扈する、出自不明（匿名）の霊、すなわち「悪霊 *phi borisat*」になる。人びとからの働きかけが未だなされていない森の世界は、秩序化されない世界として収斂し、文字どおり生活世界と対照をなす、悪霊的なるものの異界となる。生活世界と没交渉の状態にある霊、排除されたものがこの異界の住人とみなされるわけである。功徳を注がれない霊も、馴化されえない残余なのである。森が象徴する異界は、常に仏教的来世の背後に顔をのぞかせる。つまり、人びとの他界観念は、功徳に基づく仏教的来世が存在するからといって、それと対峙するこの世（生活世界）との明瞭な二元的構造に収束していない。仏教功徳が秩序化している現実は、そうした複数の現実のなかの一つの現実である。このような不確実性と具体性が、人びとをいっそうの積徳行にかりたてている。

二　「力」の仏教

前章でも言及したが、出家者が行うべき活動には、教理・聖典の学習と止観・瞑想の修法の二つがある。つまり、基本的に僧侶は、三蔵を継承する、あるいは知識を習得する学僧としての顔と、内省によって自己を超越する瞑想修行者としての顔をもつ。双方ともに同じ二二七条の具足戒をうけた存在であり、在俗信徒にとっては福田（功徳の源泉）であることには変わりない。

「プラ・マーライ経」がそうであるように、教理的な知識としても、瞑想に秀でた僧侶は神通（*aphinya*）を体得し、縦横無尽に超自然的な「力」(itthirit patihan)を操作するという考えは広く流布している。それは、万人が働きかけて直接、獲得できるものではないが、開拓村においては、出家修行者としての男性が達成しうる、一つの理念的なイメージを供給している。それをリアルなものとしているのは、森、生活世界、来世を越える、もう一つの実践空間である。

D村のモータムによれば、三蔵を学習し、パーリ語を修めた学僧は多大な功徳を積んでいるために、死から再生へいたるまでの時間は短いものの、霊そのものの行方は常人と変わらない。しかし、積徳行に励み、厳格に戒律を遵守するとともに瞑想修行に余念がなかった僧侶は、死後、異界にも新たな生活世界(この世)にも再生しない。瞑想し、空腹になることもなく暮らし、下界に神祇が泳ぐのを見おろして、永遠の寂静を楽しむ。そこには聖なる仏弟子がはべる。つまり、未来仏(Phra Sian, Phra Siariyamettrai)が住まう世界に入るのである。そこに漂う聖者は、この世で仏陀に帰依し、功徳を積むことにたゆまぬ努力を注ぐ人間と通交することができる[10]。

これは仏教宇宙論における兜率天である。学僧が解脱者のわきでる功徳の継承者とすれば、瞑想に専念する修行僧は、無限に功徳を生み出す世界そのものを築く者である。重要なことは、上記のような少数の識者以外の人びと(たとえば女性)には、この世界こそ出家者が本来到達すべき解脱、涅槃の世界であり、功徳が秩序化する再生のための世界とは異質なものとしてイメージされていることである。それは具足戒をうけられない者には、近づきえても決して自ら達成されえない世界だからである。

だが、確かに功徳蓄積の目標としては現実性を欠くが、それを目標としない人びとにとっては、解脱―入滅は、輪廻の鎖から解き放たれる永遠の静けさ(涅槃)というよりも、他の世界へと瞬時に移動し、通交・往来できる一つの能力の獲得を意味する。また、その世界そのものの存在が慈悲に満ちた清浄な「力」の源泉として認知される。このように解釈された解脱およびそれに準ずる覚悟は、ここでは、神通を把持した仏陀の超人的な「力」のイメージと重なる。僧侶であれ、俗人であれ、神通をもつ師匠に弟子入りして、師とともに瞑想してこの世界の聖者を想うことは、この界と通じることになる。

教理学習と異なって、瞑想は積徳行の一手段でありながら、もっとも直接的に解脱のイメージと清浄なる「力」に接近できる回路を生み出す。瞑想の実践では、万人がともに参加する仏教儀礼とは対照的に、集合的な装いをまとわず、もっとも個人的なレベルで仏教が求められる。それは、功徳を積むという行為を合理化するだけでなく、自らを阿羅漢に、福田にしうる可能性をもって劇的に界（この世、異界）を超える実践として行われる。瞑想による超自然力とは、文字どおり自然――森に象徴される世界――を相対化し、超克する観念である。

仏教が、森の世界を支配しつつある今日の村落社会に供給するのは、功徳による霊の再生と清浄な「力」による超越の論理である。

前者は、再生を目的とする功徳の授受・分配に関わる。同時に、功徳は霊そのものを変容させる内的な力として認知される。再生の論理が、男女出在家者を問わず、誰もが積徳行、功徳の転送、シェアによって生活世界と仏教的来世の双方の現実とのコミュニケーションを可能にし、かつ仏教的来世の現実を築いている(11)。そして、この論理にあっては僧侶の役割は、功徳を引きだす窓口として顕れる。出家した直後で説法ができなくても、僧侶は、功徳を生む儀礼装置の役割を果たすことができる。

一方の超越の論理は、功徳ではなく、異界や来世を超越することで功徳の源泉そのものの創出に関わる。受け取り、与えるためにではなく、実践主体自身を変容させる「力」を生む、自力救済の論理である。存在の位階的秩序から逸脱する点で、異界の住人と同じであるが、あらゆる現実を横断できる。そのことが神通力として顕れる。すなわち、異界の悪霊がいたとしても、その存在や意味を無効にする「力」として把握される。超越は自力救済であるにもかかわらず、他者がこれに依存することによって、再生しない曖昧な霊的存在の危険な力を外から相対化し、無化して整序するのである。

三　悪霊とコーンハクサー（*khong haksa*）

一八六一年に東北タイ・コラート高原を訪れたアンリ・ムーオはしるしている。

ラオ人はカンボジア人同様、おそらくはシャム人以上に迷信深い。熱病にかかったり、ちょっと体調を崩したりしても、すぐに悪霊（*demon*）が身体に入り込んだからだとする。なにか事がうまくいかなかったといっては、それを悪霊のせいにするし、山での猟や河での漁、あるいは森の木を切って何かが起こるとそれも悪霊のせいにする。あらゆることを悪霊のためだとするのだ［Mouhout 1864 VOL. 2 : 95］。

積徳行とともに、悪霊の起源ではなく、悪霊がおよぼす災禍の観念とその分類は、かつてもそして今日も、東北タイ農村の人びとの生活世界に強い影響を与えている。D村でも、悪霊は人間の身体にとり憑いたり、村落全体に疫病・天変地異などの具体的な異常をひき起こすと考えられている。換言すると、個人の内面（具体的には霊魂）および社会的に反復される日常性、豊穣性を外部から崩すあらゆる災禍の原因である。

今日、D村周辺には市内から薬売りがやってきたり、また西洋医学の施設を備えた行政区の保健所があるため、診断の初歩的な知識は流布している。個人が体調不良を訴える場合、まず「リンパ液 *nam luang*」の異常や東北地方特有の寄生虫に原因が求められる。人びとは売薬を服用したり、生薬の知識に通じた村内の民間医療師（*mo ya*）に相談して対処する。しかしそれでもなお快癒しない場合、原因は異なる知識体系に求められる。対処するのは、異界の知識に通じた専門家である。そこでは、診断は宗教的な問題となる。

くりかえすが、人びとが実践する宗教的行為の最大の目的は、一つには生前から死を経て来世にいたる世界を背景にして、功徳を増大し霊魂を活性化することであり、悪行を避け、死者の霊を迅速に他界へ方向づけて再生を図ることである。同時に、異界と対峙することによって、悪霊を統御できる技術的な知識を獲得したり、そのような知識を選択的に使うことにもある。つまり、ラオ人は悪霊を避ける知識を生み出すとともに、そのような知識をもつ専門家に依存する宗教生活をも営んできており、それは功徳の獲得、再生の論理と連動する一体系をなしている。

D村では、薬剤で快癒しない病いや精神錯乱、天変地異などの災禍の原因とされる悪霊ないし危害をもたらす霊的存在は、およそ次のように類型化されている。

①生活世界（集落と農地）から排除される異界に住む無数の自然霊。
②成長過程途上で横死し、生活世界への執着を残す人間（女・子ども）の死霊。
③転送されるべき功徳を要求するために憑依する祖霊。
④守護霊による制裁としての「悪霊」的効果。
⑤ウィサー（*wisa* 後述）を把持する者が戒を破ったために生じる悪霊（*phi pop*）。

今日、もっとも頻繁に言及されるのは①、②、③である。守護霊をすでに破棄した現在、④はD村に直接該当しないが、守護霊全般の両義性を示すものである。⑤も今日では激減しているが、モータムが輩出する以前は悪霊の代名詞でもあった。現在は、健常者でありながら異常な言動、行動を示す者（事例では村外からの移入者が多い）にたいして冠せられる場合がある。

①から③までは、仏教の輪廻秩序・再生過程の圏外におかれた死者の霊によるものである。このなかで、①をのぞくものはすべて確定的な悪霊ではない。②と③は功徳を転送することで、再生に向かう位階的な輪廻秩序のなかへ編入す

ることができる。しかし④と⑤は、もともと悪霊ではないばかりか、元来は悪霊の災禍から人びとを守護する存在であった。つまり、定まった儀礼の作法や使用に際しての規律から逸脱することにより悪霊へと変容したものである。両者は、基本的に人間が関与する、守護する宗教的力の両義的な性格を物語る。

四　守護力と異界

守護霊は、一定の領域・社会範囲に対応する人びとの生活世界を守護する。同時に、正しく供物を捧げて適切な関係が維持されなければ、制裁の形で祀る側の人びとに容赦なく猛威をふるう自然霊としての性格をもつ。悪霊的なるものによる災禍を防ぎ、かつそれ自体も悪霊化しない対抗力。これが守護霊とは特に区別される守護力である。前章で言及したように、ラオ語ではコーンハクサーと総称される。

コーンハクサーを直接担う専門家と、それに頼る者との間には、コーンハクサーについての見解が異なることがある。コーンハクサーの源泉は、異界を住処とする両義的な精霊ではない。だが、依存する側の人びとには、守護霊とコーンハクサーの性格が、守護という機能で相似するため、村落の次元で異界の自然霊を統御する「村の守護霊」を自らのコーンハクサーとして挙げる者もいる。また、かつてのD村では「村の守護霊」に準じるものとして、守護（および制裁）する範囲がそれぞれ定まった近親集団の守護霊（*phi thiaowada*）、世帯ごとの祖霊（*phi sia*）とその司祭があり、位階的序列をなすようにして儀礼が行われていたが［林 1984］、これらも、コーンハクサーに数えられることがある。

しかし、コーンハクサーを自ら担う者にすれば、それは、守護霊のように悪霊の災禍を防ぎうる範囲が限定されず、しかも、患者に何らかの治療儀礼を施して憑依した悪霊を除去できる「力」を内包する。東北タイのラオ人社会で双璧をなすそのようなコーンハクサーは「天空霊 *phi fa, phi thaen*」とモータムである。前者は主として女性が担い、後者は男性に限られたコーンハクサーである。

「天空霊」は、他の守護霊と同様ピーを接頭語にもつが、精霊というより親族、集落の境界を超えて治療儀礼を施すモーラム・ピーファー（*molam phi fa*）として知られている。「天空霊」の起源は不詳であるが、具体的な故人の霊、異界の霊として語られることはない［Bunruang 1962 : 99 ; Thawat 1985 : 371 ; Miller 1985 : 63-70］。笙の演奏にのって、ラムソーン（*lam song* またはナーンソン *nang song*）と呼ばれる女性の踊り手にとり憑く。踊り手は舞いながら、患者の身体を蝕んでいる悪霊を退散させる【写真3・4】。踊り手は、自由自在に「天空霊」を降臨させる。男性が踊り手となる場合もある。しかしその場合は女装して儀礼が行われる［cf. Prani 1990］。踊り手は、いわば「天空霊」の乗り物である。治療された患者で「天空霊」を信奉する人びとは、踊り手を師匠として継続的な関係をもつ場合がある。かつてのD村の近隣村でも、陰暦五月のある日、ある踊り手の家に人びとが集い、三日三晩踊り明かしたと伝えられている。

写真3　モーラム・ピーファーの踊り手と楽士

しかし、かつて盛んであった「天空霊」は、開拓村一帯、東北地方全般においても減少の一途をたどっているといわれ、コーンハクサーとしてはモータムが陵駕している。人びとが語る理由は、申し合わせたように同じである。つまり、「天空霊」は病気治しの手段として悪用されたり、守護霊同様に悪霊として降臨して家畜や人びとを深刻な被害にあわせるようになったこと、モータムがより確実なコーンハクサーなので不要なものとなった、というものである。

コーンハクサーとしてのモータムの検討に入るまえに、以下で確認しておくべきことは、生活世界にみられる悪霊を回避する技術的知識の実践と、それに依存する一般人のあり方である。コーンハクサーに頼る人びとは、専門家が行う儀礼とその解釈をとおして、異界との関わりを自らの経験的な知識としている。彼らは専門家に依存はするが、決して受動的ではない。儀礼の専門家でなくとも、人びとは遭遇する可能性のある異界の悪霊から、わが身を遠ざける努力を持続的に実践する。

たとえばそれは、出産および出産直後の乳幼児の扱いにおいてもっとも顕著にみられる。D村では乳児は「三日目まで精霊の子、四日目は人間の子」である。つまり、乳児は異界と生活世界との境界にたっている。[12] 誕生から幼年期まで、儀礼の専門家ならずとも、親たちは子どもを異界の悪霊から隔絶しようとする。シャン人社会についてミルンも詳述するように［Milne 1910：37–39］、ラオ人の間でも、悪霊を想定したたぶらかしを行う。一般に乳児を不浄な動物の名前で呼ぶ慣習があるが、それは悪霊からの隔離であると同時に、精霊に好かれて身を護ってくれるように、との考えでなされることもある［Thawat 1983：373］。

ひとの成長は、一般に異界との隔絶もしくはその制御（効果の引出しも含む）を可能にして行く過程としてもとらえられている。身体内に宿る魂からみれば、魂を育み、強化してゆくことである。したがって、異界の霊を欺いたり機嫌をとることによって危険な力を回避すると同時に、魂を保護しつつ育むような力を引き出そうとする実践は、単に儀礼の

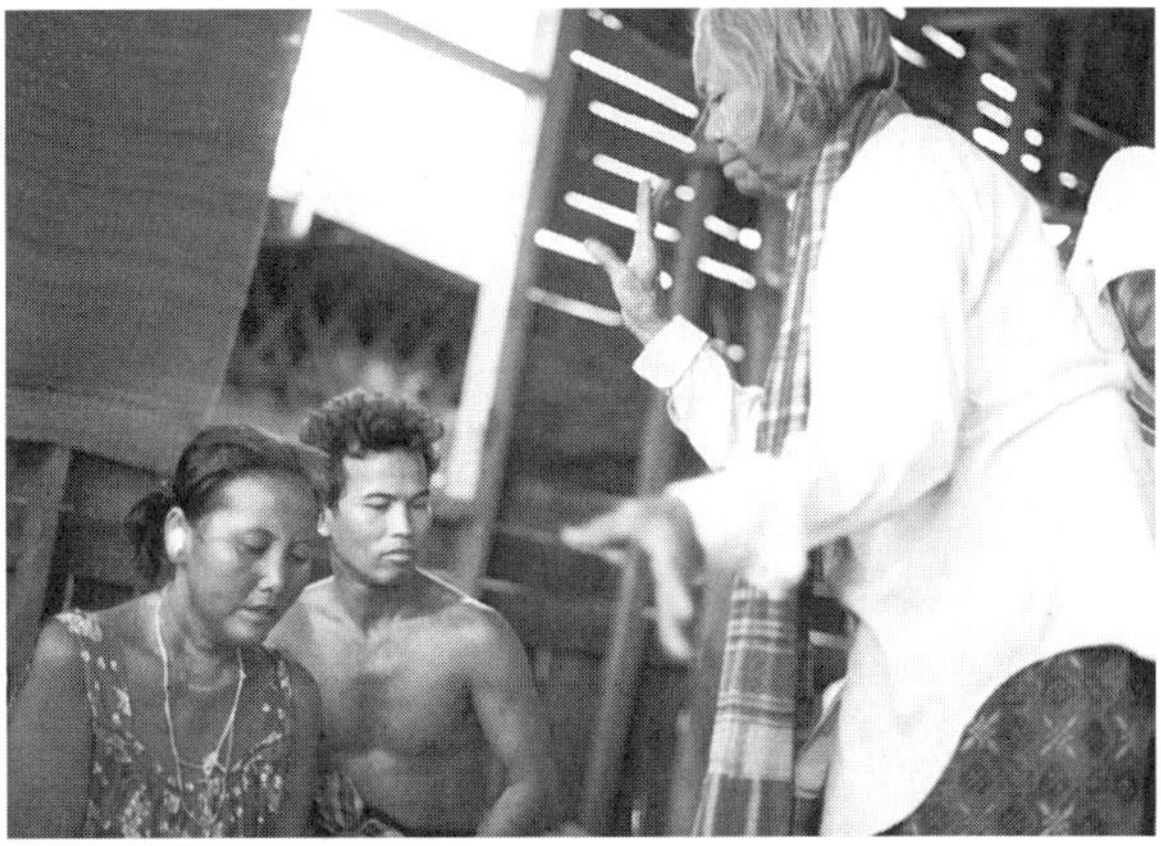

写真4　踊りながら治療を患者（左端女性）に施すモーラム・ピーファー

専門家に限られたものではない。異界から恩恵を引き出そうとする、もっとも裾野の広い実践が、かつての「村の守護霊」をはじめとする他の守護霊の効力を正当なものとしていた。逆に、異界と対峙しつつも、その荒ぶる力を制御できる技能を自らの身体のなかに生み出そうとするのがコーンハクサーといえるだろう。地上と一線を画した天空より来臨する霊、あるいは身体と直結するタンマのような宗教的知識の実践がそれである。

五　「力」の操作とウィサー

開拓村において、数々の悪霊の起源論と対処法を提供してきたのは、守護力を自ら担う儀礼の専門家である。専門家のもっとも基本的な実践は、異界の霊の力を守護霊化することと、その制裁から生じる危険を防ぐことに関わる。すなわち、特定の霊を祀り（守護霊化）、供犠を介して慰撫することによって危害をのぞく。災禍の原因となる霊が、同時に治療の役割を果たす。とり憑いた霊それ自体を除去せずに、それとの共存を図るようにして治療にこぎつける。他方で、コーンハクサーのように、担い手の身体を起点とする「力」によって、危害を与えている精霊を判断し、排除することで対処するタイプがある。

人びとが異界の霊にたいしてとる行動を専門性の低いものから挙げると、①拝み祀る—もてなす（*thu liang*）、②来臨させる（*l*[*r*]*iak*）、③見分ける（*phitcharana*）、④祓う（*kaplai*）となる。精霊を特定化し、診断する知識は師弟関係を通じて継承されてきた。人間と交信できる精霊は、同時に他の精霊の正体を特定できる。精霊の種類を特定することを専門とする人びともいた。かれらは、直接的な治療はできないが、対処の方針や相談しにゆくべき専門家を人びとに示した。したがって、精霊の災禍に対処する知識はそれぞれの役割によってかなりの程度、範疇化されている。

つまり、あたかも精霊に対処するための分業体制が存在した。精霊を見分ける専門家（*mo mo, mo raek, mo du, mo song, thiam*）、精霊を呼びだす専門家（*mo phi, mo thiaowada, thiam, mo song*）、精霊をもてなす専門家（*thaokacham, mo thiaowada, mo phi*）といった具合である。[13] 複合型もある。たとえば、D村には一九二〇年ごろまで、モー・シエンコーン（*mo siang khong*）と呼ばれる精霊診断師があった。診断師は、病人を高床式家屋の寝室に寝かせ、階下で太鼓とばちをもち、とり憑いた精霊を確定する。適切な供犠を行うために、神祇（*thewada*）に向かって数々の霊の名称を挙げてゆく。精霊が的中したり、供犠の品目が正しければ、ばちは「自然に」振り降ろされてドンと鳴る。病の原因が祖霊（*phi sia*）であるとわかり、水曜日に豚一頭、煙草、キンマを添えて供犠をする、という診断例がある。そのとおりにして患者は元気になっている。

右に挙げた専門家は、いずれも専業ではない。同一人物が複数の役割を果たすこともある一種の役割類型である。今日も守護霊祭祀を実施する村落では、誰がどの役割をしているか、同一人物がいくつの役割ができるかといったことを知ることができる。以上のような異界との関わり方をもつ少数者は、いずれも憑依によって精霊を認知し、精霊と通交できたり、交渉する能力をもつ。それぞれの処方知識は専門ごとに異なるが、最終的には、特定の精霊に供物を捧げて慰撫しようとする。すなわち、異界の力を操作・利用して「この世」の安寧を保とうとする点で一致している。

また、特定の精霊ではなく、特殊な「知識」を把持することで異界の力を制御する手段がある。この知識を、ラオ人社会ではウィサー（*wisa* パーリ語 *vijjā* に由来するラオ語。仏教漢訳としては「明」）と呼び、一般的な知識（*khwam hu*）と区別している。ウィサーは、タイ国語のウィチャー・ユーヨンコンクラパン（*wicha yu yong khong kraphan*）と類似して、弾丸や刃物を通さぬ強靭な皮膚、不死身のためのさまざまな処方箋（刺青、薬草、守護力一般）を包摂する知識の総称でもある。ある意味では、保身に寄与するあらゆる霊験あらたかなものをひとまとめにしている範疇である。[14]

D村周辺では、ウィサーは、師弟関係を通じて授受・継承される聖句（*khatha* 多くは古クメール語でしるされる）や護符・図（*yan*）のことを指す。師匠が授けたタブー（性と食物、歩いてはならない場所などの禁忌）を守ってそれらの知識を操ることができる専門家を、モー・ウィサー（*mo wisa* ウィサーに通じた専門家）と呼ぶ。今日のD村にモー・ウィサーはいない。現在では、すでに過去のものとなった危険な専門家として語り継がれている。すなわち、モー・ウィサーはウィサーを使って悪霊と対抗したり、野盗を呪い殺すこともできた。しかし同時に、利害関係にある者を苦しめたり、love magicとしても使用していた。ウィサーをかけられて死に瀕した人びとも多かった、というのである。

最悪の事態は、モー・ウィサーが自ら課しているタブー（師匠から与えられたもの）を破った場合である。そのとき、モー・ウィサーの身体にあったウィサーは、ピー・ポープ（*phi pop*）に変質・変身する。ピー・ポープは、ラオ人社会でもっとも強力な悪霊である。モー・ウィサーの身体からとびだして大気中を浮遊し、別の身体を求めて電光石火のごとく人びとや家畜にとり憑き、その肝臓と神経を蝕んで死にいたらせる。農作物にも危害を与える。ピー・ポープに対処できる精霊（守護霊）はない。供犠をして懐柔することもできない。モータムが広まる以前では、ウィサーが変質した力（ピー・ポープ）には、異なるウィサーをもって応酬するしかなかった、といわれている。

ウィサー（「知識」）は精霊ではない。担い手の身体に取り込まれて醸成する「力」である。しかもその典拠は、文字や図像という文明社会の産物である記号であって、荒ぶる自然界の力ではない。しかしながら、その変容の結果が示すとおり、ウィサーには精霊と同様の両義性が刻印されている。人びとの見方からすれば、ウィサーは身体をも含めた境界を越える超自然的な力である。そのこともあって、危険視されるようにはなったが、ウィサーをもつことが、男性らしさや「知識人」のしるしとして言及されることもある。特に、出家経験のある男性は、師弟関係を通じてウィサーをさまざまな程度で見聞、学習している例が多い［cf. Golomb 1985 : 75, 林 1997, Hayashi 1999］。

5-3 仏教守護力の担い手モータム

一 流派と類型

守護力コーンハクサーの主流として数えられるモータムは、知識の授受を介して成立する師弟関係をもつ儀礼執行者である。したがって、その教えの開祖、師匠によっていくつものモータムの「流派」が存在する。名称は、ことごとく「タム……」、「プラ（パ）……」というように仏法や僧侶を意味する接頭語をもつ。開拓村全般にさまざまな名称が聞かれ、無数に存在するかのようである。また、開拓村がもつ情報のネットワークのなかで、かなりの地域的な広がりをもって存在している。

一九八五年現在のD村では、モータムに大きく三つの流派がみられる。しかし、今日の布置におちついたのは守護霊儀礼を破棄した一九五〇年ごろで、それ以前にはさらに多数の流派が並存しており、少なくとも六つの流派までが確認される。[15] いずれもその役割、教えに関する知識は、村外からもたらされている（【付録】参照）。村内にモータムが輩出し始めるのは、遅くとも一九三〇年ごろである。現在の主流派の一つは、近隣村NKを経由したタム・オラハン（*Tham Orahan*）である。[16] もう一つのタム・ルオンポー（*Tham Luangpho*）は、タム・オラハンより少し遅れて、別の近隣村SMを経て入っている。[17] 三番目の流派はD村の隣県マハーサラカムの寺院に出家していたD村出身者が自ら導入した。同志をもたないため、村内では少数派を意味するタム・ノーイ *tham noi* とも呼ばれている。なお、「村の守護霊」を追放した中心的な流派は、タム・オラハンである。

開拓村の社会史のなかでモータムの位相がいかなるものかを問うためには、モータムという役割類型が展開させている二つの社会的局面、すなわちモータムに「なる」ということと、モータムで「ある」ということとの相違に視点を移す必要がある。前者は、特殊専門的な知識の内容とその修得過程の問題であり、後者はそれに対応するモータム以外の人びとがもつ常識世界内での問題である。

モータムを一種の儀礼執行者のタイプとしてみるならば、師弟関係を通じてその技術的な知識を学習し、継承する者である。同時に、儀礼を通じて悪霊を祓う処方箋の前提となる仏教への帰依をとく「布教者」でもある。

モータムは悪霊祓いの儀礼において、男女双方の患者と個人的な関係をもつ。それは一過的なものにみえる。しかし、患者が男性で治療が成功した場合、施術してもらったモータムにそのままそのまま弟子入りして、自らもモータムとなる事例が非常に多い。患者が女性の場合は弟子入りはできないが、その後もクライエントとして特定のモータムと持続的な関係をもつこともある（後述）。

このようなモータムと患者（クライエント）との関わりを一般的に考察すると、D村およびその周辺村落では、二つの関係のタイプがみられる。すなわち、①原則的にモータム当人のみ、場合によっては彼の世帯成員のみに関わるタイプと、②世帯を超えてより広い範囲の者に関わるタイプ、である。

後者のモータムには、それぞれ定まったクライエントが一種の取り巻き連のような形でついている。モータムは彼らを、「仏法に帰依する信奉者」を意味するルークプン・ルークティエン（*luk phung luk thien*）と呼ぶ。信奉者自身も自らをそのように呼ぶ。信奉者の範囲は村はもちろん、県境を超えることも普通である。それは一つには、前章で述べた開拓移住のネットワークと関連しており、また、あるモータムの名声が他県にも伝えられて治療を乞うた者がそのまま信奉者となることがあるからである。

したがって、モータムの社会的役割を明確にするためには、まず師弟関係の有無と信奉者との持続的な関係の有無の指標に基づいて、①弟子、信奉者をもつ者、②弟子はないが信奉者をもつ者（その範囲も非親族から親族）、③弟子も信奉者ももたないが個人的にモータムを標榜する者、といった区別が必要である。弟子をしたがえる①はおしなべて高齢者であり、②も五〇代を越えるが、年齢の高低でモータムの専門性を一般化できない。③には①からの引退者とともに、若い世代も属しているためである。

タンバイアがモータムを分析する際に比較対象として取り上げた招魂儀礼師（モースーもしくは民間バラモン）は、知識をめぐる師弟関係や被施術者との定まった儀礼的関係をもたない。つまり、モータムは、村内宗教の機能的役割だけでは論じられない側面をもつ。以下の儀礼手続きや知識の体系の記述は、①と②に焦点をあてたものであるが、すべてのモータムがその役割を均質に演じているわけではない。役割としてのモータムは、ある意味では、もっともアマチュアリズムの裾野が広い儀礼執行者でもある。

二　儀礼的役割

D村のモータムが行う儀礼は、修行と経験が浅くても施術可能であるという意味での専門性が低いものから挙げると、①その都度行われる短い祝福の誦経、②継続的に施される予防儀礼、③悪霊が憑依したときに施される診断儀礼および数種類の治療儀礼、が区別される。なお、③に精通する者には、経文を彫り込んだ護符を作る者も含まれる。

通過儀礼化しているのが予防儀礼で、安産祈願の儀礼を妊婦に施し、出産後は乳児にたいする儀礼、幼児の健康を維持するための儀礼をその都度行う。成長してからは、仏日ごとにわが子を抱いた母親が病気にならないように簡単な捲糸儀礼をモータムの家でしてもらう【写真5】。女子が成人して結婚すれば、新婦として夫との結婚をモータムにつげ、モータムは自ら設置した「仏法（法力）の棚 *han phratham*」（後述。以下「仏法棚」）に加護を願う。年輩になってからも、仏日には花とローソクをもってモータムの家へ出向き、日々の安穏を祈願してもらう【写真6・7】。このように、日常の予防儀礼においては、女性と幼児がかなり継続的かつ頻繁にモータムと接する。

また、前章でみたように、年中行事化した儀礼として「村開き儀礼」を僧侶とともに司式する。招請された僧侶は集まった人びとに戒律を授け、儀礼の開催を宣言する。パリッタの誦経をすませた僧侶たちが退場後、モータムは女性世帯主を対象に聖水散供を行う。

D村においては、モータムを他の人びとから区別するような外面的指標はない。刺青の有無はモータムであることとは直接関係はない。儀礼時には腰布をたたんで左肩からかけ、特に白衣を上着として羽織って盛装とすることがあるが、これは他の在家仏教徒とかわるものではない。ただ、モータムのある者は、悪霊を威嚇する「杖」(*sae, sae phrakam*)をもつ【写真8・9】。これは多くは竹製の棒で、モータム自らが造り大きさはさまざまである。約一メートル長

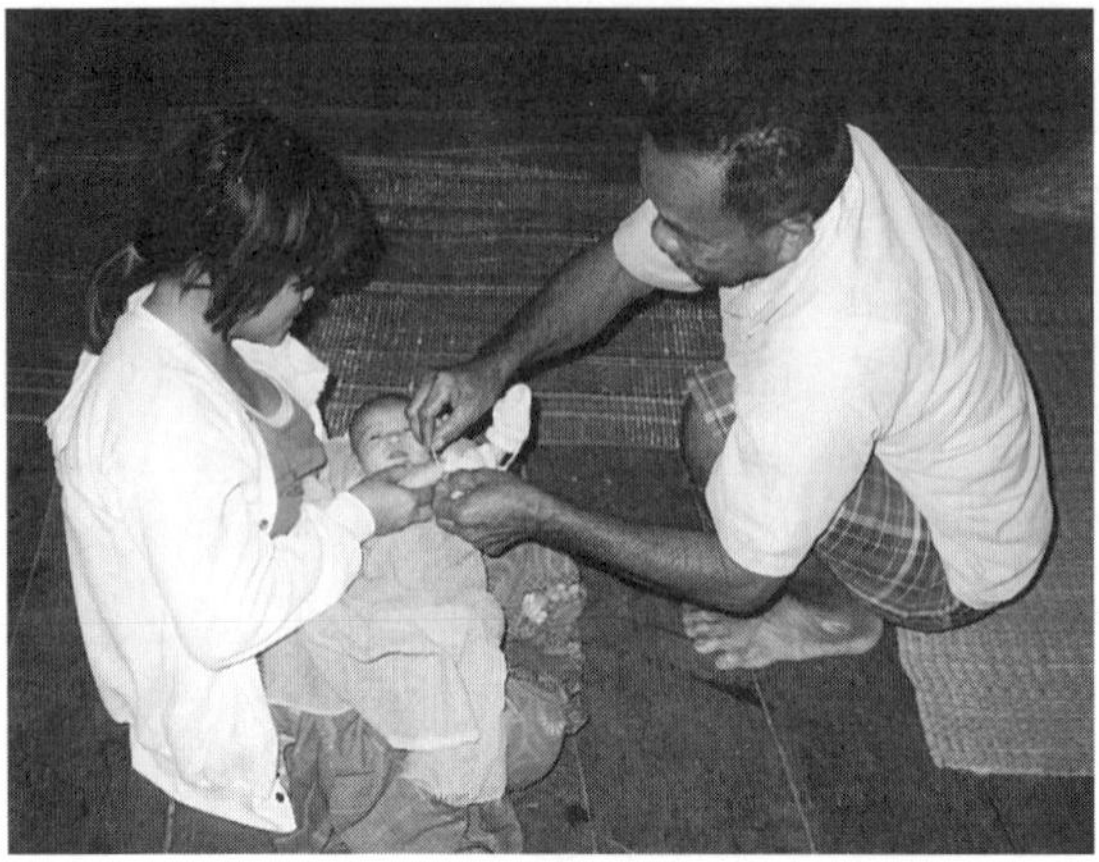

写真5　新生児に捲糸儀礼を施すモータム

写真6　仏日に盛装してモータムの自宅へ向かう信奉者

写真7　モータムの自宅に献花する信奉者

のものでは、六つの節が刻まれ、各部には古ラオ語（*tua tham*）で特に聖句（*tua akara*）が細かく密に彫り込まれている。通常これをもち歩くことはなく、「仏法棚」の上におかれる。

モータムに欠かせないものは、杖ではなく「仏法棚」である。これは、モータムの自宅の寝室内の南向きの壁にもうけられる棚で、仏像を安置する一般の人びとの「仏棚 *han busa phra*」とは一見同じものにみえる。だが、「仏法棚」はモータムの師匠がその作り方を伝えたものである。一般に一段を基本型としているが、二〜三段のものもある【写真10〜13】。その上に安置されるものは、仏像、タンマの貝葉テキスト、師匠から伝授された聖句や誦経文の自筆備忘録、師匠がタンマを吹き込んだ水をかけて作ったという大小のローソクを入れた籠【写真14】、花、ドーク・トンパンサート（*dok ton phansat*）と呼ばれる木の葉（*Erythrophloeum teysmannii* だが、これも人びとは一般に「花」を意味するドークマイと呼ぶ）を盛る皿、メール山を型どった飾りもの（*bakben*）などである。モータムには仏像を特に別の棚に安置する者もある。

特に、信奉者を多数擁する高齢のモータムほど、「仏法棚」は一般の「仏棚」とは異なってくる。仏画、師匠の肖像、タンマの貝葉テキストも併置される。さらに、信奉者が仏日ごとに寄せる「カーイ」（花、ローソク、白衣などのほか数バーツの硬貨）もうずたかく積まれている。これらのうち、タンマをしるしたテキストやノート【写真15・16】、手製のローソクは、それぞれ僧侶にたとえられている。女性は触れてはならない。たとえ妻でも誤って触れた場合には、謝罪のための儀礼を行わねばならない。

四月に行われる灌水祭の期間に限って、溶けたロウ、花屑や枯れた葉をとりさり、飾り物を新しくするモータムもいるが、仏像を別におく棚をもつ場合には、基本的に「仏法棚」の方は埃をかぶったままで、手を入れられることがない。あたかも、その場所の時間を停止させたように放置されている。また、これら霊験あらたかなるものを安置する寝室には、以前祖霊を祀る棚があったといわれているが、かつても現在も寝室は通常、よそ者は入り込めない空間である(19)。

モータムは仏日ごとに盛装し、「仏法棚」に花と小さなローソク（二本）を供えて礼拝する【写真17】。信奉者や儀礼依頼者がカーイを届けた場合は、これをそばにおく。「仏法棚」に仏像を併置するモータムは、灌水祭の期間中は仏像を降ろし、盆の上にのせかえて床におく。仏像に水をかけ、棚には水、こわ飯一握りを供える。仏像は、涅槃会（*wan witsakhabucha* 陰暦六月満月の日）後に再び「仏法棚」にもどされる。また、あるモータムは雨が降り始めてから「仏法棚」にもどす。入安居（*khao phansa*）になると、信奉者が花とローソクをモータムの自宅に持参するので、これを「仏法棚」におく。そ

写真8　悪霊を威嚇する「杖」

写真9　手製の「杖」をもつモータム

写真10　三段の「仏法棚」

のほか、結婚式後では、その都度、信奉者が花とローソク（および六バーツの現金）を持参するので、これをおく。護符（*kratuk*）の制作ができるモータムは、依頼に応じて「仏法棚」の前で護呪経や聖句の一部を銅板に鉄筆で彫り込んだものを作る【写真18・19】。

モータムは、日頃、仏教在家五戒を遵守するとともに、寝室においては、師匠が伝授したタンマの復唱をこころがける。瞑想（*khao kammathan*）と誦経文の暗唱がルーティーン化されている。頻繁に復唱されるタンマには、①聖水の作法とそれに必要な誦経文（*tham plorakaeo*）、②信奉者に唱える誦経文（*tham kamphaeng*）、③悪霊追放のための誦経文（*tham kraiyai*）、④師の教え、戒律をしるしたもの（*tham kraisong*／例：一〇種の動物〈虎、蛇、犬、亀、象、馬、熊、豹、獅子、人間〉の肉を食べない）がある。そして、その際、常に師匠への忠誠、その位階の上位にある仏弟子（未来仏）、仏陀の慈悲の想起がなされる。自ら弟子の意識（師弟関係の意識）を回復することが重要であるとされている。また、モータムの師匠が定めているタブーとして、次の二つの行動がある。一つは、死者と同じ空間で食事をとらないというものである。第四章でみたように、積徳行として実施される通常死の葬儀の際、会葬者は喪主宅で数回にわたり食事をふるまわれる。モータムは必ず喪主宅の外で食事をとる。タンマを損ねないためであるという。もう一つは、仏日には決して精霊の名を口にしないことである（筆者もモータムから仏日に精霊の話はしないと言い渡された）。このような行動も、タンマの力を保持する実践である。

三　診断・治療儀礼と悪霊の排除

悪霊を祓う治療儀礼は、診断の結果にしたがって行われる。D村では、かつて多種の専門家が分業していた諸段階の儀礼を、モータムがすべて実施しており、診断と除霊の儀礼過程は一組のものとなっている。しかし、前者は単独で診断儀礼（*phithi phitcharana*）としても実施される。病因がどの精霊によるものか、なぜとり憑いたか。これらが不明なままでは治療を施せない。したがって、非定期に依頼される儀礼のなかでは、モータムは診断儀礼をもっとも頻繁に行う。

写真 11　仏画を併置する「仏法棚」

写真 12　低い位置に作られた型（ウドン県）

写真 13　仏像を別置し，師匠の肖像を祀る型

また、診断儀礼は人びとがもっとも関心をよせる儀礼である。

モータムは診断儀礼を依頼者の自宅で夜半に実施する。長患いの場合は、奇数人のモータムがタンマに伺いをたてる。この場合、居間の片隅の南方向に、枕をおいてその上にカイ・プラタム（*khai phratham* 字句どおりには「仏法の口」）をしつらえる【写真20】。白衣、ローソク、木の葉多数を、食事時に使うアルマイト製の盆上にのせ、盆の縁に二本のローソクをたてて火を灯す。このセットは、モータムの自宅にある「仏法棚」と結びつける儀礼道具であるという。

以下は、D村のモータムが三人で実施した診断儀礼の事例である。

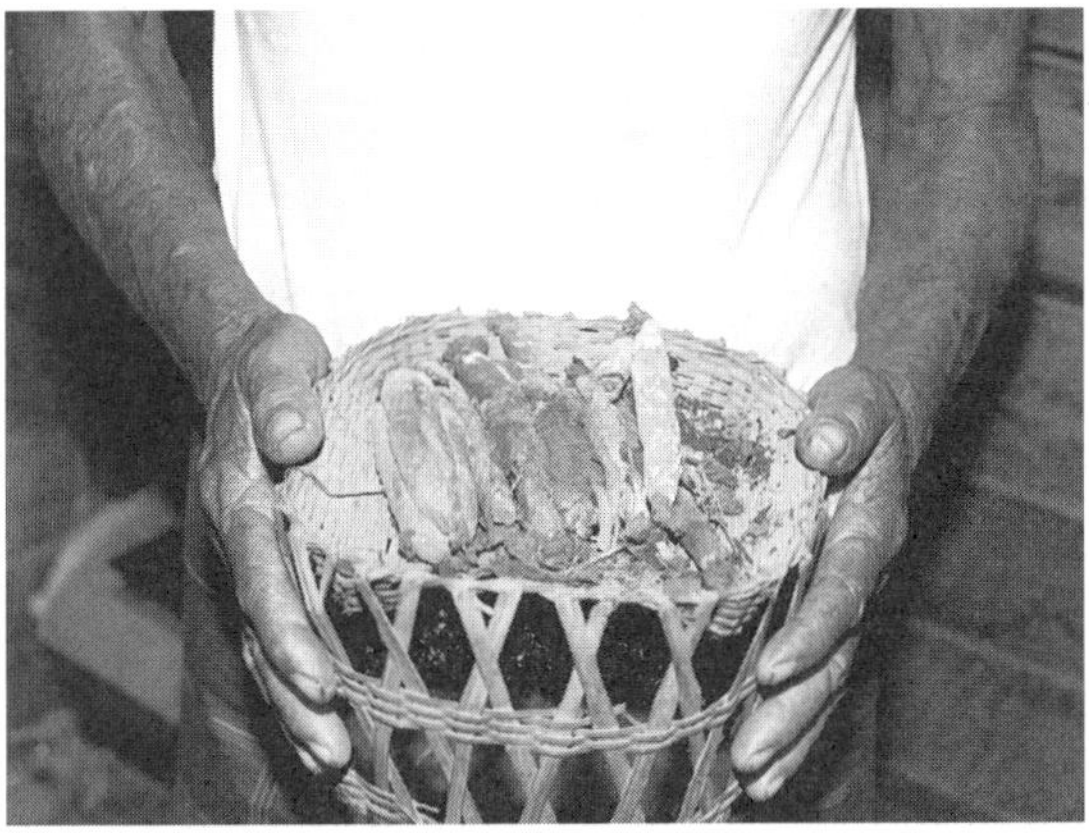

写真 14　師匠の手製になるローソク。「仏法棚」に安置される

写真 15　タンマの抜粋を記した備忘録

主婦PT（一九八三年当時五五歳）が突然発熱し、腹痛を訴えた。コーンケン市内の病院へ出向いて診察してもらったが薬を服用しても治らない。そのうち、排尿もできなくなり、食事もとらなくなった。そして家族とも話さなくなった。PTの夫はD村の長老モータムに相談した。その様子から三人のモータムを招く

ことが告げられた。儀礼当日の夕刻、「花」(ドーク・トンパンサート)を用意した夫は、まず長老格のモータムの家を訪れた。

彼は居間に上がってきてモータムの前に正座した。そして三度跪拝してから「花」一対を献上する。受け取ったモータムはこれを「仏法棚」におき、夜七時ころに行くと伝えた。これは、モータムに儀礼を正式に依頼する作法である。俗人が僧侶を招請するのと同じく、この作法はニモン(*nimon*)と呼ばれている。

午後七時をまわり、村内はとっぷりと暗くなる。長老モータムは自宅で軽い夕食をすませ、白い上衣を羽織り、聖句を彫り込んだ杖をもってでかける。いつもは話好きな長老が、同行する筆者に一言も話しかけない。ゆったり歩きながら、弟子格のモータムの家の前にきて立ちとどまり、そのあだ名を呼ぶ。弟子の妻が顔をだし、すでに患者宅へ向かったと伝える。

写真16　タンマの貝葉テキスト

写真17　仏日に「仏法棚」に向かうモータム

患者宅には、客人を迎える居間に儀礼の用意が整っていた。病人の姿はない。奥の寝室で寝ている。三人目のモータムが最後にやってきた。PTの夫と家人は、準備しておいた食事で彼らをもてなす。蒸したばかりのこわ飯、発酵魚(*pala*)の常食に加え、ゆがいた魚のミンチ(*lap pa*)、牛の内臓煮込みのスープと相当なご馳走である。しかし、村人が大好物の生ものが一品もない。すでに見物にきた人びとの座ができているが、三人のモータムがまず黙々と食べるのをみるばかりである。彼らが食べ終えて、家人と数人の客人がその残りものをとり始めた。

食後、モータムたちは一言も発しない。診断儀礼をみようと、近所の人びとが多数つめかけているので周囲は騒がしい。老若男女併せて二〇人もの見物人が、三人のモータムを囲むように高床式家屋の階上の居間に陣取っている。モータムらは家人の食事が終るのを見届けてから、カイ・プラタムを三人で囲むように座りなおした。僧侶にたいするようにカイ・プラタムに向かって三跪拝し、合掌正座の姿勢でパーリ三帰依文を唱え始める。仏教儀礼で必ず耳にする「ナ・モ・タサー・パカワ

写真 18　モータムの手になる護符

写真 19　護符を制作するモータム

写真20　カイ・プラタム

写真21　診断儀礼で軽いトランスに入った瞬間

トー……」(*na mo ta sa phakawato arahato samma sam phutthasa*)である。見物人のざわめきは一瞬にして止み、家人を含めた全員が合掌姿勢をとっている。午後八時になろうとする時間であった。

　三帰依文誦唱ののち、三人は瞼を閉じて瞑想の姿勢に入った。そして、各人がめいめいに聖句を口ずさむ。当初は緩やかに、そして徐々に早く、声色を小さくしてゆく。やがて三人の静止していた頭が左右に、そして上半身が前後・左右に揺れだす【写真21】。その間、モータムが一人ずつカイ・プラタムを両手でもち上げたりもどしたりする。そしてそれぞれに合掌、跪拝を繰り返す。精神を集中するモータムを中心に、見守る一座に緊迫感が漂い始める。眼を閉じたまま眉間にしわを寄せ、徐々にモータムの表情は険しくなる。

　唱えられていた聖句の合間に、モータムはそれぞれ突然大声を発した。患者にとり憑いた悪霊にたいしてである。しばらくするとその回答がでてくる。自ら詰問し、回答しているが、これはモータム自身によるものではなく、モータムの身体内に生じたタンマが言葉を告げている（*tham song*）。その様子は、一見憑霊状態のようにみえるが、虚脱状態にはいたらず「神がかり」とはされない。三人のモータムは、連係もなく個々に問いと答えを繰り返し、やがて波がひくように発語が減り、午後八時二〇分ころ、三人は再び沈黙の状態にもどった。

そして、普段の穏やかな表情をした長老モータムが家人に向きなおり、診断結果を告げた。それによると、伺いは二度たててみた。まず、患者の病因は（人びとが治りにくいと恐れる）ピー・ポープや祖霊によるものではない。二度目の伺いで、自然霊の一つで「渓流底にいる精霊 *phi huasok*」が関わっていることが判明した。患者は、野良仕事を終えた帰宅の途上でこの霊と遭遇したのが原因であり、病気は深刻なものではなく遠からず治る、ということであった。

患者PTの夫や縁者がモータムに質問し始めた。医者が投与している薬は適切なのか、病巣それ自体はたいしたものではないのか、云々。これにたいして三人のモータムはそれぞれに答える。家人は真剣そのものだが、見物人は興味津々である。三人の伺いの結果は一致していたということで、応答は切り上げられた。三人のモータムはカイ・プラタムに向って全員が三跪拝し、再び三帰依文の穏やかな誦唱をもって儀礼の幕を引いた。座がほどけると、患者の夫や縁者を囲んで見物人とモータムたちの談笑の時間になる。以前の診断儀礼の話題がでている。三人のモータムが帰路についたのは午後九時過ぎになった。

このように、診断儀礼では患者がその場に居合わせなくてもよい。しかし悪霊がとり憑いていてこれを祓うとなると、患者はモータムと対面しなければならない。診断儀礼によって悪霊の名称が特定化されると、悪霊の種類、病状に応じて数種の除祓儀礼（*sado kho lai phi, taeng kae, sia kho lap chok*）が実施されるが、そのいずれにおいても患者は正座させ、モータムに向かって合掌するように態勢をとらされる。そして、三帰依文を唱えさせるようにする。

悪霊は、除祓儀礼において、まず仏教の戒律を知らない「非仏教徒」として認知される。悪霊にたいして、モータム以前の異界の操作者は、何を供犠してほしいのかと最初に問うが、モータムはなぜここ（憑依された患者の身体）にいるのかを問い、何を要求しているのかを問う。ついで、どこに住んでいてどれほどになるのか、転生したいかと問う。したいと応えれば仏教在家戒（五戒）を授ける。したくないといえば、タンマを使用する。すると、悪霊とりわけピー・ポープは、うめき声を発し、患者の体内にいすわることができなくなって退散する。

モータムの流派によっては、悪霊をおびきだしたり、杖でクライエントの身体を叩くという暴力的な威嚇もするが、悪霊を身体から放逐することには変わりない。しかし、治療儀礼の段階では悪霊の正体がわかっているので、悪霊に応じて処置がなされる。その際、基本的にモータムは憑依されている患者に五戒を受けさせようとする。これは、患者自身の身体をまず清浄化する目的でなされるとともに、悪霊に受戒させる下地でもある。しかし、憑依の程度が激しい病では患者（とり憑いた霊）は受戒を拒む。そこで放逐という手続きにいたる。受戒させるか否かはモータムの力量を評価するもう一つの規準になっている。

四　モータムによるタンマの意味

悪霊を診断したり祓う際にモータムの身体をかりて語るのは、プラタムないしクン・プラタムと呼ばれるタンマである[20]。サンスクリット語 *dharma* に由来するタンマは、ここでは明らかに辞書的な意味での仏法、仏教的行為規範ではないし、後年付加された公平、公正さの意味でもない[21]。開拓村の人びとが説明するタンマは多義的である。日常の場面では、辞書的な意味でも使用される。長老格のモータムは、タンマの意味には二つあるという。すなわち、①仏教サンガに所属する僧侶であるべき規律（*thamma phra winai*）、および、②悪霊を祓うタンマ（*thamma pap*［*prap*］*phi*）、である。①の意味でのタンマを把持することは僧侶としての必要条件ではない。逆に、モータムがモータムたる所以は、悪霊を祓うタンマをもつことにある。

タンマのこの二つの意味は、異なる宗教者の役割類型に対応する。だが、モータム当人には、②の悪霊を祓うタンマは、①の意味での規律が遵守されて初めて存在するとされている。ここでの規律とは、具体的には在家戒とそれに導かれる行為を指す。したがって、モータムにとって両者は不可分のものであり、同じ仏教のタンマの二側面を示すものとしてとらえられている。

一方、僧侶でなくかつモータムでない者にとってのタンマの意味づけの仕方はいくらか異なる。まずモータムでない男性、もしくは儀礼を実際には行うことがなくともモータムを自称する男性が語るタンマとは、一義的に悪霊祓いを可能にする「呪文 *khatha*」または、ウィサーである。しかし、女性一般は、僧侶が把持するタンマと同じものと説明し、ウィサーとは違うものとして言及する傾向がある。つまり、専門家モータムは双方のタンマをともに同じ仏教に属する知識として解釈するが、その呼称モータムのタム（タンマ）の意味は、専門家と非専門家、男女間ではかなり錯綜している。

では、モータムが儀礼において使用するタンマを具体的にみよう。タンマとは、古クメール語でしるされた短い語句、数個の文字のなかに多くの意味を含めた文字、言葉としてまず存在する。文語は仏教の護呪経であるパリット（特に *mangala sutta*）や断片的な経文に由来する。当初は、記憶に便利なための表現手段として存在したと推察される。文字に過ぎないタンマは、一種の祈念法としての瞑想を通じて（身体をもって具体化されるという意味で）「仏格化」される。それゆえに、タンマは祈念者であるモータムの身体と一体化することによって災禍を避け、安寧と幸運をもたらす力となる[22]。

D村の主流派モータムの師匠が、弟子たちに残したタンマの小冊子がある。そこにしるされているのは、おびただしい数の守護仏の名前である。これらの守護仏は、仏弟子として説明される。三宝に帰依し、神祇、未来仏に加護を願う。自分が未来仏下生のときに出会えることを一心に説き、また、そのために、災禍がわが身にふりかからないよう祈念するという。つまり、モータムの「教義」には、一部に未勒下生の認識がある。現在の仏教が終焉したのち、つまり未来にこうしたタンマ、諸仏が生じる世の中は、この世の楽園、具体的な豊穣の世界である。[23] ある長老モータムは、その時未来仏に出会うために、現在の人生で功徳を積み、悪い行いを重ねないように、生肉や酒をたしなんではならず、殺生も慎まねばならない、と説いている。

そして、悪霊を祓う際には、祈念するモータムの心のなかにそれらの諸仏が来臨し、身体に生じることを願う。精霊にたち向かうモータムが、わが身の四方位を防御するためにもっとも頻繁に使用するタンマの一つは、ナ・モ・プ・タ・ヤ（*na mo phu tha ya*）である。各一字がそれぞれ以下の諸仏の名称に由来している。①パ・コナコムプット（*Pha Konakhomphut*）、②パ・ククサントモー（*Pha Kukusanthomo*）、③パ・プッターカサッパター（*Pha Phutthakasatpatha*）、④パ・タークタープーペンチャオ（*Phra Thakhta Phu pen chao*）、⑤パ・シーアリヤメータトライ（*Phra Siariyamettatrai*）。⑤の「弥勒仏」をのぞく他の未来仏についての詳細は不明である。

瞑想においてはまず、仏陀に仕え阿羅漢となって解脱にいたる諸仏（未来仏）の想起がなされる。モータムによってその数は異なっており、信奉者を数多くもつ専門性の高いモータムほどにその数は多い。もっとも頻繁に言及されるのは、①パ・オラハン（*Pha Orahan*）、②パ・チャッカラーウット（*Pha Chakkraut*）、③パ・クライサーラナコム（*Pha Kraisaranakhom*）、④パ・ケーオ（*Pha Kaeo*）、⑤パ・クライソン（*Pha Kraisong*）の五仏である。興味深いことに、これらの仏は抽象的に「仏の精髄 *lak phratham*」であると語られることもあれば、非常に具体的にそれらの名称は、経文の「部 *bong*」名であると解釈されていることもある。後者の場合では、想起する部分的な経文がそのまま、身体に生じるタンマとして同一視されている。このような傾向を示すものとして、信奉者を数多くもつ専門家モータムは、人により三蔵八万四〇〇〇の法蘊（*phrathammakhan*）を把持すると豪語する者がある。そのいずれもが経文の一部でありながら、仏として具体化されている。つまり、ここでの「僧侶」や「仏法」は、力を身体化するという意味での「仏格化」されたものとして現実化されているのである。

五　タンマの社会的位相

悪霊を祓う「呪文」という観点からすれば、タンマとウィサーは酷似する。しかし、上記のようなタンマの概念を構築しているのは明らかに仏教のシンボリズムである。それは、担い手のあり方にも表れている。モー・ウィサーが、師匠から授けられたタブーのみを遵守しなければならないのにたいし、モータムは二重の持戒者である。

モータムのタンマが効力を発するためには、仏教在家戒の日常的遵守が必須である。俗人は仏教儀礼に参加する度に、僧侶に在家戒を授けてもらう。しかし、それを遵守するのは儀礼が終わるまでのことである。家族生活を営む若い世帯主には実行困難であり、在家戒をうけることは、模範的な行為指針を形だけうけるという意味しかない。しかし、モータムは在家戒を把持しつづけている。専門性が高く、信奉者を擁するモータムがすべて高齢者なのはそのためである。仏教在家戒は、本来、僧侶が俗人に授けるものであるが、治療儀礼においてモータムは自ら戒の授受を行っている。瞑想において想起する仏僧が自らの身体を借りることになるためである。加えて、モータムの師匠が定めた食事規制——とりわけ、あらゆる派に共通するのは生肉の禁食、禁酒、殺生の禁止、節制——を日常的に守る。なかでも、在家戒の一つとも重なる禁酒はもっとも厳格に遵守されているもので、信奉者の有無に関係なくモータムを標榜する者は一滴も酒を飲まない。

ウィサーは、それを把持する者が師匠が定めたタブーを破ると悪霊へと転化した。モータムが戒を破るということは、二重の持戒を含めた不断の修練を怠ることであるが、その場合、タンマはモータムの身体に生じることができなくなり（*bo tii*）、結果的にタンマが離れることとみなされる。その状態で治療儀礼を行ったりすれば、悪霊から致命的な危害をうける［cf. Pricha 1974 : 417］。つまり、タンマは変質するウィサーのように、その威力を「暴走」させることはなく、担い手であるモータム当人のみにその行為の結果を与える。モータム自身の誤った行為は、彼以外の誰にも影響をおよぼすことがないという仏教因果論が適応されている。そして、ウィサーが異界と通交する連続性をもってみられているのにたいし、タンマにはそれを引き留める別の現実が想定されている。それが前述した解脱にいたる仏教空間である。

しかし、それにもかかわらず、タンマは学習によって獲得できる男性からすれば、かつてのウィサーの一類型としてうけとめられることがある。とりわけ、その男性がモータムでない場合、あるいは、いくばくかの知識はもってはいるが信奉者もなく治療儀礼を施す機会をもたないような専門性の低いモータムほど、ウィサーとタンマを同じ働きをなすものとして語る。それは、破戒行為によって生じる結果は異なるが、ともに「力」を生み出す符丁としての言葉、語られる記号で表現されているためである。

他方、その力を自らもつことができない女性たちは、明確にタンマとウィサーを異質なものとして区別している。同じように力を担う存在であっても、モータムの場合は、操作されている守護力の象徴、日常生活のあり方が仏教徒として彩られているためである。信奉者である女性たちは、仏教戒律には縁のないモー・ウィサーはモータムと同じ村で一緒に住めないという。このような見解は、信奉者を多数擁する専門性の高いモータム自身のものと一致する。タンマの意味についての解釈は統一性を欠いているが、一義的には仏教で読み変えられた守護力、すなわち異界とは本質的に異なる仏教空間を背景とした守護力として理解してよかろう。

いずれにせよ、その効果の局面に着目すれば、モータムが使用するタンマは、異界の力である悪霊（の力）を凌ぐ力として操作されている。つまり、異界の力と対抗する物理的な調伏する力として認知される。だが、モータムはタンマで悪霊を患者の身体から放逐はしても、抹殺はしない。悪霊が人の命を奪う力をもつことを考えると、タンマは明らかに、存在を抹消するような破壊的な力とは異なる力である。ある意味では、物理的力を無化する力、「力の不在における力」[田村 1987 : 97] としての側面をもつ。換言すれば、執念不在の「解脱界」に属する力である。

男性は、確かに異界の力に類似する対抗力として、タンマを獲得しようとする。しかし、悪霊を「放逐」するメカニズムは、悪霊を仏教に帰依させて、仏教世界のなかに取り込むことで異界の力を無化するように変容させることにある。つまり、タンマの守護力は、存在の内的変換の論理に現実化されているとみた方が適切である。悪霊が憑依して病になった場合、円滑な悪霊排除の前提として、患者自身がまず仏教徒でなければならないこと、クライエントの受戒は、霊への授戒―放逐への順序と直結することがこれを示している。すなわち、戒律は仏教徒であることの指標、功徳獲得の前提条件にほかならず、授戒は憑霊者および悪霊そのものの浄化を目的とする。

同時に、なおモータムが悪霊に対峙するときに想定されるのは、そのような持戒行によって生じる不可視の慈悲や功徳が形象化する力ではない。それはタンマを具体化する仏格化された存在、すなわち仏陀に連なる弟子の系譜が生む対抗力として認知されている。ここに、モータム以前の力の認知・操作の知識が持続していることが認められる。

生前モータムであった男性は、他界しても、彼の霊は飢えさまようことがないという。モータムにすれば、タンマを把持するということは自らがタンマになる、すなわち、タンマを身体化するということである。したがって、異界の力を無化するモータム自身の死後に異界は存在せず、ただちに、瞑想で思念される解脱界に接近する阿羅漢となるという。異なる見方をすれば、モータムは霊の力を無化する存在であるため、死後、守護霊のように祀られる対象にもなりえない。霊に依存しないがゆえに、異界には移属しないのである。ここに、精霊とタンマの存在次元はまったく異なるものであることが明らかとなる。守護力としてのタンマの力と守護霊にみられる異界の力はたがいに相容れない。したがって、双方を信奉する集落では、混淆して共存するのではなく、守護する空間を分割して並存するのである。

しかしながら、タンマとその実践を意味づける論理がさまざまに錯綜しているように、守護力についての知識が、精霊や仏教信仰という分析のための制度的指標とは直接の連関をもたずに体系化されている事実を確認しておくことは重要である。

すでに述べたように、理論的には学習によって獲得・操作できる男性には、タンマはまずウィサーという次元で認知されている。さらに、男性のなかでも信奉者を擁する専門家には、紛うことなき仏格化された法力として個人レベルの仏教実践を意味する。だが、女性をも含めた万人にとっては、タンマはなによりも万人が「霊験あらたかなるもの *khong di* あるいは単に *khong*」と総称する「依存すべき力」の表象として顕れている。儀礼における参加者の関わり方に注目すれば、三者の区別は明瞭に観察される。しかし、それぞれの知識の様態によって区別だてが可能であるとしても、専門家のものであれ、非専門家のものであれ、関わり方による個々の差異は、「依存すべき力」の名のもとにおいて解消されているのである。

同時に、タンマは旧来のウィサーのような守護力の、単なる形式的な仏教バージョンにとどまらないことにも留意しておきたい。守護力を自ら担う人びと、つまり異界の力を操作し、利用する人びととの知識体系の背後には、生の統合的な持続、もしくは、変容しつつも存続する生命という認識に裏づけられた、不死性への志向がみられる。しかし、限られた領域を守護する精霊の創造や、超自然的現象を制御する(タンマ以前の)ウィサーの獲得が、結局は生活世界と異界との連続・通交線上に成立し、その存在拘束性(両義性)を払拭せぬまま、制御不可能な性格を残す力として具体化されていたのにたいし、タンマをもつモータムは、仏教徒として生活世界と異界を超越する解脱空間(強いていえば「仏教的異界」)をイデオロギー的に構築することで、この不死性を正当化している。つまり、モータムが影響力をもつD村をはじめとする開拓村には、従来、実践されていなかった力を生む異質な宗教空間が、守護力の源泉として構築されている。

5-4 モータムと信奉者の社会的関係

一 信奉者になること

一九八三年に一三名を数えたD村のモータムは、八四～八五年調査時点でX、Y、Zの三名が亡くなり、一〇名であった。【表13】が示すように、モータムである者は、一般的にかなりの年輩者、村の長老である。つまり、モータムを自認するのみならず、他者からもそのように呼ばれる者には若者はいない。ほとんどの者が僧侶もしくは見習僧としての出家経験をもっている。そしてまた、自らを親族の指導者であると自負する者がほとんどである[24]。

D村の婦人たちは、他の開拓村と同様に、日々を災禍なく過ごすためには、守護力 *khong baksa* に頼らなければならないという。たがいに尋ねあう「誰の守護力に身を寄せているのか＝世話になっているのか "*Yu nam khong baksa phudai ?*"」という問いかけは決まり文句である。他方、モータムが信奉者を挙げる際にでてくる名前はことごとく女性、しかもある世帯主の妻（または女世帯主）の名前である。世帯主である男性が挙げられることはない。モータムが信奉者である女性の夫をも「守護 *baksa*」することは、モータムのあるグループでは普通なのであるが、それでも他のグループ同様、信奉者として男性の名前を挙げることはない。モータムを頼る一連の信奉者とは、D村では一般的には妻方の女性を示している。すなわち、男性は単に除祓儀礼を施してもらうクライエントになることはあっても、モータムからは信奉者としてはみなされていない[25]。

そこで女性世帯主に限って、自分の守護力は何かと尋ねた結果が【表14】である。調査対象一七四のうち、約九割がモ

表 13　師弟関係をもつ村内在住のモータム（DD1982-85）

MT	a	b	c	d	e	f
A	77	2Y8M	—	43.25	*	
B	57	3M	—	35.62	*	
C	59	2Y	5Y	22.20	*	
D	63	——	2Y	14.25	—	
E	74	1Y	—	3.05	*	[1]
F	60	—1D	—	18.00	—	
[X	: 82	——	5Y(?)	59.50] D		
[Y	: 78	10M	5Y	21.00] D		
[Z	: 79	4Y	4Y	32.75] D		
G	66	3Y	5Y	20.75	*	
H	74	8Y	4Y	33.00	*	[2]
I	77	——	4Y	17.00	*	
J	68	1Y4M	1Y	38.00	*	[3]

MT: モータム　a: 年齢　b: 僧侶としての出家期間［Y＝年；M＝月］
c: 見習僧としての出家期間　d: モータムの農地所有面積［rai］
e:「親族内でのリーダーの自負をもつ」と回答した者＝*
f: モータムのグループ名　D: 1982-83 年に死亡
［1］タム・オラハン　［2］タム・ルオンポー　［3］タム・＜ノーイ＞

ータムに頼ると回答した。一五五のうち一三一が村内、二四が村外のモータムを頼る信奉者である。すなわち、八割以上の女性世帯主が自分の信奉するモータムをもつ。(26) 残りの一九世帯は、モータムではない他の守護力に頼る。D村の全世帯一八三のなかで、男やもめ世帯が四・九%（九戸）であるのにたいし、寡婦（および未婚の女性一）の世帯主は一五・三%（二八戸）を占めるが、この寡婦世帯主のうち二五世帯が頼るべきモータムをもつ。(27) また、村外に住むモータムを頼る信奉者二四ケースのうちの一九ケースは、現在は他村に住むが元D村出身のモータムの信奉者である。

この質問はモータム自身と信奉者と別々に行ったが、信奉者が回答した「自分が頼るモータム」とそのモータム自身が自分の信奉者として挙げたものとは完全に一致した。つまり、モータムと信奉者の関係は、双方において明確に確認されている継続的な相互関係である。モータムの方では、誰が自分の信奉者で日常の除祓儀礼の際に頼ってやってくるのかという「名簿」ができている。モータムに信奉者の名前を尋ねると、基本的にまず自分の近親者を挙げる。ついで仏日に花とローソクを彼の家に持参する信奉者の名

表 14 「宗教的守護力」（コーンハクサー）の布置（1985）

・世帯数(1984-85)	183	夫婦世帯		146
		寡婦世帯		28
		男やもめ世帯		9*
・調査対象	174：	a	モータム（MT）に頼る	155
［aの内訳］		a－1	（D村在住の MT：131）	
		a－2	（NK 村在住/元D村住の MT：19）	
		a－3	（D村外に在住の MT：5）	
［その他］		b	世帯主に頼る	5
		c	守護霊（*phi*）に頼る	4
		d	父親に頼る	3
		e	僧侶（D村の寺）に頼る	3
		f	地母神（*Mae Thorani*）に頼る	1
		g	出身村（D村外）の村祠に頼る	1
		h	自分のプラタムに頼る	1
		i	「母親」に頼る	1

*：自分自身を頼る 2，モータムに頼る 2，不明 3，僧侶 2 名
MT：モータム　NK 村：D村の近隣村

前を挙げる。信奉者の地図は、後述するように、時間の経過（世代交代）と信奉者自身の「のりかえ」によって変化するがその異動は緩やかなものである。

自分の信奉者にたいしてどのようなことをするのかというインフォーマルな問いに、あるモータムは次のような順序で自らの役割を話している。

まず、結婚式をすませたら自分の家に彼らがやってくる。新妻だけのときもある。花五対、ローソクを五対（合わせて *khan ha* と呼ばれる）、それからお金六バーツが必要なもの。それを『仏法棚』に捧げて、新しく夫婦になった二人がここに頼る（*asai*）ことを告げる。これで二人は守護（*haksa*）されることになる。

やがて彼らに子どもができる。そうすると母親はその子を抱いてやってきて、加護を求める。その場合は、子どもの手に紐を巻いてやって災いがふりかからないように唱えてやる（*phuk khaen*）。

嫁は大切な仏教行事の入安居と出安居のときには必ず花五対、ローソク五対を自分のもとへ捧げにやってくる。このときに金をもって来る必要はない。それから三日間にわた

る灌水祭には、母親や子どもに聖水を作ってかけてやる(*ap nammon*)。あとは八夜と十五夜の仏日には、やはり母親が花を捧げるためにやってくる。この花を『仏法棚』に納めて加護を乞う。このときには金もローソクもいらない。

彼が順に述べたことがらは、他のモータムと大きく異なるものではない。そこでは、信奉者たちが緊急時に求める悪霊祓いの儀礼については、ほとんど言及されない。そのような行動は、信奉者との関わりではむしろ当然のこととして、重要視されていないのである。すなわち、モータムにとっての信奉者とは、第三者として持続的な保護者の役割を果たすべき相手とみなされている。

ところで、特定のモータムの信奉者になるには、まず、三宝帰依する仏教徒でなくてはならない。そして、モータムが把持する仏教的な守護力に、自らの「身柄を委ねる *mop tua*」、すなわち「仏法に依伏する」という儀礼的な手続きを経る。守護を乞うためには「わが身を委譲する」ことが前提となる。これは、仏教儀礼において出家志願者、在家者が戒律を乞う際の手続きである三宝帰依と、形式上同じものである。

ここでD村のモータム多数派であるタム・オラハン(以下オラハン派)とタム・ルオンポー(以下ルオンポー派)の例をとって、特定のモータムの信奉者になるための手続きをみておこう。通常、このことは母親と同じモータムに頼っている場合には行われないが、結婚によって、あるいは自らの意志によってモータムの流派を変えた場合、新参の信奉者として必要なものとなる。このときの(儀礼というよりは)作法は、両派ともに「モープカーイ・タワーイトゥア・カオ・プラプッタム *mop khai thawai tua khao phra phuttam*」(直訳すれば「仏法の御許にわが身を献上する」の意)と呼ぶ。

オラハン派では、そのモータムにいつ訪問するかを事前に告げておき、花五対、ローソク五対(一〇本)、一二バーツ(一バーツは一五グラム)重の金およびカーイ(白衣などの献納品)を携えてでかける。そしてそのモータムの「仏教棚」に(モータムとともに)対座して三跪拝し、ふたりがともにその新参者の名前、およびその家族(同居人)の名前を挙げる。このことをモープ（*mop* 身柄をあずける）という。身を委ねた上で、タンマの加護（*khun phratham*）を乞う。モータムはこれを見届けると、用意しておいた木綿糸を新たな信奉者の手首に巻きつける。信奉者になったことを認め、以後正しい仏教徒としてタンマの庇護下におかれることをモータム自身の師匠の名前とともに宣言し、信奉者の無病息災、一切成就を願うタンマ（*tham kamphaeng*）を念ずる。これですべてであるが、時には、信奉者の希望によって聖水（*nam mon*）を作って身体にかける場合もある。

ルオンポー派の場合、信奉者として帰依するためには、シー・カンハー（*si khan ha*）を用意してモータムのもとへ献上する。シー・カンハーとは、①プン・ティエン（*phungthien* ローソクの蠟）一バーツ（一五グラム）重を一対。②ティエン・ノーイ（*thien noi* 一本一サルン重［三・七五グラム *lem la salung*］のローソク）五対からなるものである。これをモータムの家にもって行く。そしてルオンポー派の開祖にあたる僧侶「プラ（ルオンポー・ユー）」に守護を乞う。これだけで完了する。さらには自分の家に棚を作って、花を毎日献納し、これを拝むのがよい。そして出安居がすんでからのすべての仏日に、一バーツ重のこわ飯二かたまり、キンマを二個、煙草二本そして水を供えて、「プラ（ルオンポー・ユー）への献上食」（*khruang thawai chan ahan bai* 〈*duangtham*〉 *Luongpho*）とする。これを欠かさぬ女性は特にメー・ブアラバット（*mae buarabat* 瞑想修行する女性）であり、仏法は必ず保護・守護してくれる。

このような手続きを経ることで、モータムは悪霊の災禍にたいするその信奉者のいわば保護者、身元保証人のような立場となる契約関係を結ぶわけである。あるいは、信奉者が日常的・継続的にタンマ（僧侶）の庇護に浴するための媒介者的な役割を果たすのである。

信奉者となったのちには、仏日ごとにモータムの家へ献花するとよいとされ、寡婦はほとんど欠かさず励行する。オラハン派の信奉者は花、ローソクをもってでかけ［前掲写真7参照］、これをうけとったモータムは聖なる誦経文とともに、モータムの大師匠へ、自分の師匠へそして仏陀に献上し、信奉者の保護を祈願する。(28)

二　モータムと信奉者の内訳

【表15】は、信奉者の内訳をモータムのグループ別に、そして両者の関係をモータム自身がもつ親族関係の有無でそれぞれみたものである（信奉者がいないモータムFは省かれている）。オラハン派がモータムに頼る村内の信奉者の六割以上を抱えている。ルオンポー派がこれについで三割を占める。信奉者の数の点においても、オラハン派は主流派である。

モータム自身、またはその妻の親族メンバーではない者（非親族）を一般のクライエント（CL）とすると、これを数多く擁するモータムは九人中三名である。彼らは村にあって傑出したモータム、いわばモータムとしての社会的成功者である。他の六名は多くが「身内」を信奉者としているため、もっぱら親族内部での活動に終始する傾向が強く目だたない存在である。前者を〈クライエント拡大型〉と仮に名付ければ、これは〈親族内向型〉のようなタイプで、モータムには二つの社会的タイプがあると区別できよう[29]。

ある意味では、非親族の信奉者を数多くもつ、いわばプロフェッショナルなモータム〈クライエント拡大型〉三名の方が特殊な存在で、他の六名が普通のモータムのあり方である。というのも、全員が初めてモータムとしての学習を志した動機が、自分と家族、親族を悪霊の災禍から守るためだったと述懐しているからである。親族の範囲を越える信奉者をもつことは、そのモータムが施す儀礼の手腕が評価されていることの証でもあり、専業的職能者としての可能性をももつことになる。にもかかわらず、基本的に双方は同じ村落にあって同じモータムであることに変わりはない。

前掲【表15】のオラハン派のなかでも、比較的若いBが親族を越えた信奉者のみをもっとも多くもつが、これは、【図9】にあるように、Bが亡くなったモータムXの直弟子にあたり、その信奉者がほとんど移ったためである[30]。その推移からも明らかなように、かつてオラハン派に属していた信奉者は、同じグループのモータムに依存する傾向がある。これ

表15　村内の信奉者の内訳（1985）

MT	a	LPLT	R	WR	CL	$	信奉者155のMTグループ別内訳
A	77	25：	2	2	21	49	
B	57	35：	0	0	35	48	［1］
C	59	7：	3	2	2	46	
D	63	7：	4	1	2	49	タム・オラハン：96［62.0％］
E	74	3：	2	1	0	36	
＊P	7？	19：	12	0	7	45	
G	66	32：	1	3	28	45	
H	74	11：	3	2	6	43	［2］
I	77	3：	2	1	0	49	タム・ルオンポー：47［30.3％］
＊Q	84	1：	？	？	（？1？）	26	
J	68	8：	0	4	4	43	［3］
#	—	4：	？	？	（？4？）	—	タム・＜ノーイ＞：12［ 7.7％］

MT：モータム　a：モータムの年齢　LPLT：信奉者の数　$：信奉者の平均年齢　R：モータム自身の親族　WR：モータムの妻の親族　CL：血縁のないクライエント

【註】Rはモータムの実子をも含む。WRは妻自身をも含む。CLには母—娘の系譜をとらずに息子をたどる者が含まれる

＊P：NK村在住のモータム　＊Q：DH（隣村）在住のモータム

#：信奉者の出身村（他郡・他県）在住のモータム4名

は、他のケースにおいてもみられる。

【図10（①〜④）】は、この二つの主流派モータムの自宅とその信奉者の家屋の配置をそれぞれ示したものである。オラハン派のモータムの家屋は、村の中心を走るようにきわめて等間隔に位置し、信奉者の家屋もこれを取り巻くような形で集まっている。対照的にルオンポー派の方は、信奉者の家家とともに村の周辺部を占める。地理的には両者は対照的である。これは、後述するようにモータムとしての教えがD村に伝播した時期の差、さらにはこれを受容したモータムおよび信奉者の親族集団（およびその家屋の配置）と関係している。

決して表沙汰にはならないが、異なる流派のモータムの間には一種の競合意識がみられる。とりわけ、師匠の仏教的な清浄性や神通力の強さ、タンマの正統性について自ら語るときに、自流派至高意識は顕著になる。にもかかわらず、それぞれの信奉者の間に、依拠するモータムないしその流派の相違から生じる党派意識めいたものはみられない。これは、ど

図9　故モータムXの信奉者の分散＝同一グループへの継承

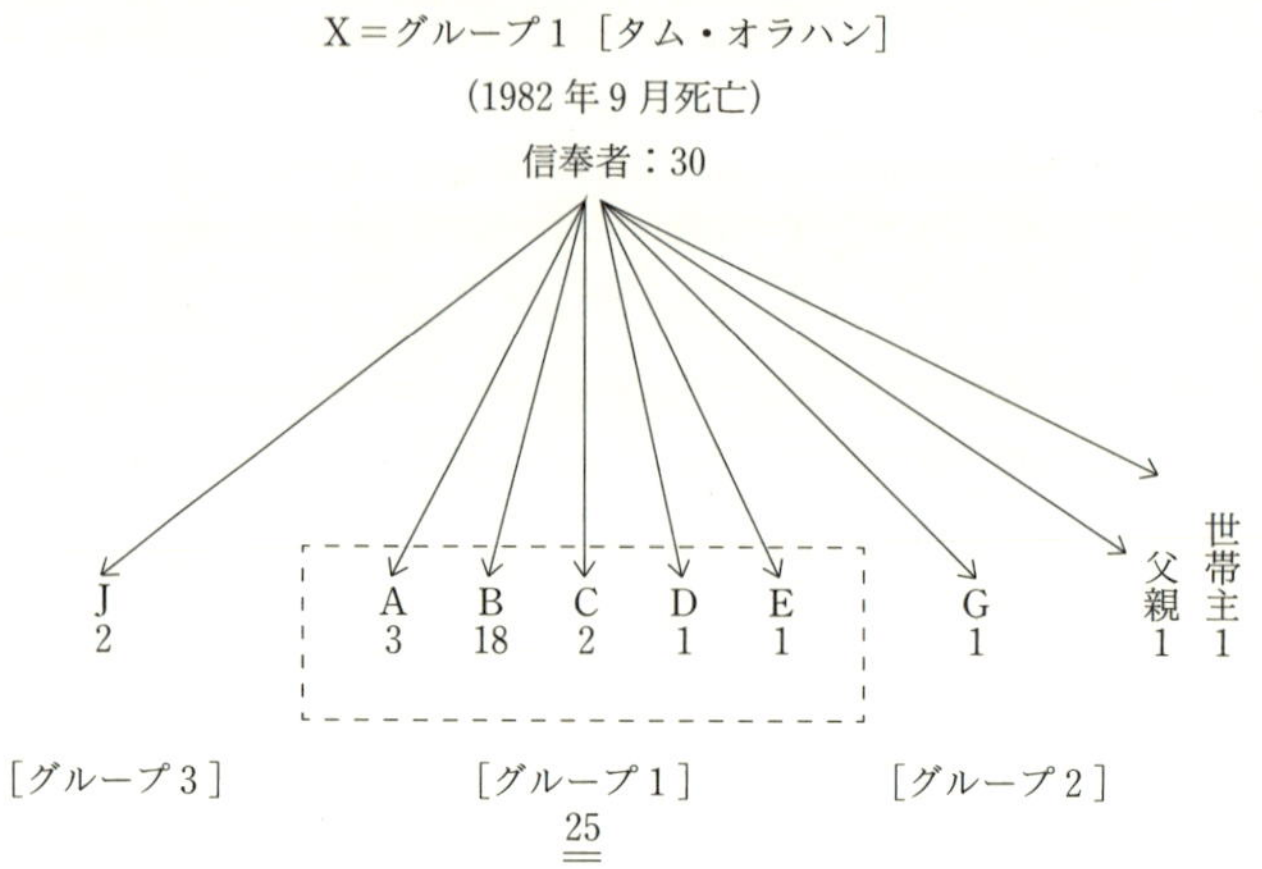

【註】BはモータムXの直弟子にあたる

のモータムでも、施される儀礼の効力、モータムの人物の評価によって、基本的に信奉者が自ら選択できる立場にあるためである。実際には極端な状況でしか生じないが、信奉者はより強力な、自分に適したタンマをもつモータムがいれば、モータムを変えることができる。信奉者は、頼っているモータム、またはその流派を単位として何らかの機能的集団や組織を形成することもない。彼らにあるのは、信奉者個人の特定のモータムへの帰依の意識のみである。

村内多数派であるオラハン派のメンバーには、かつて村長であったA、副村長を務めたC、寺委員会の役員であるB、村落開発委員のFが含まれている。【図11】が示すように、D村で最初のモータムだったといわれる故MBから、「村の守護霊」祭祀を破棄した際の中心的リーダー故X、さらに、今日のオラハン派を担うAからFのモータム、近隣村へ移ったPまで、全員が一つの親族集団に吸収されるような形で結びついている。オラハン派のモータムの背後にあるこの女系の親族集団は、村でも開拓第一世代に属する古くかつ有力な親族である。したがって、オラハン派は、社会的な影響力をもその背後にもつ多数派、モータムの支配勢力といえよう。[31] ルオンポー派のモータムには、このような親族関係はない。

では、次に信奉者の構成を見るために、モータム個人と親族の関

図 10-1：オラハン派のモータム（1985）

図 10-2：ルオンポー派のモータム（1985）

図 10-3：オラハン派の信奉者（1985）

図 10-4：ルオンポー派の信奉者（1985）

図 10　モータムと信奉者の家屋配置

図11　モータム［グループ1＝オラハン派］のメンバーと親族の系譜

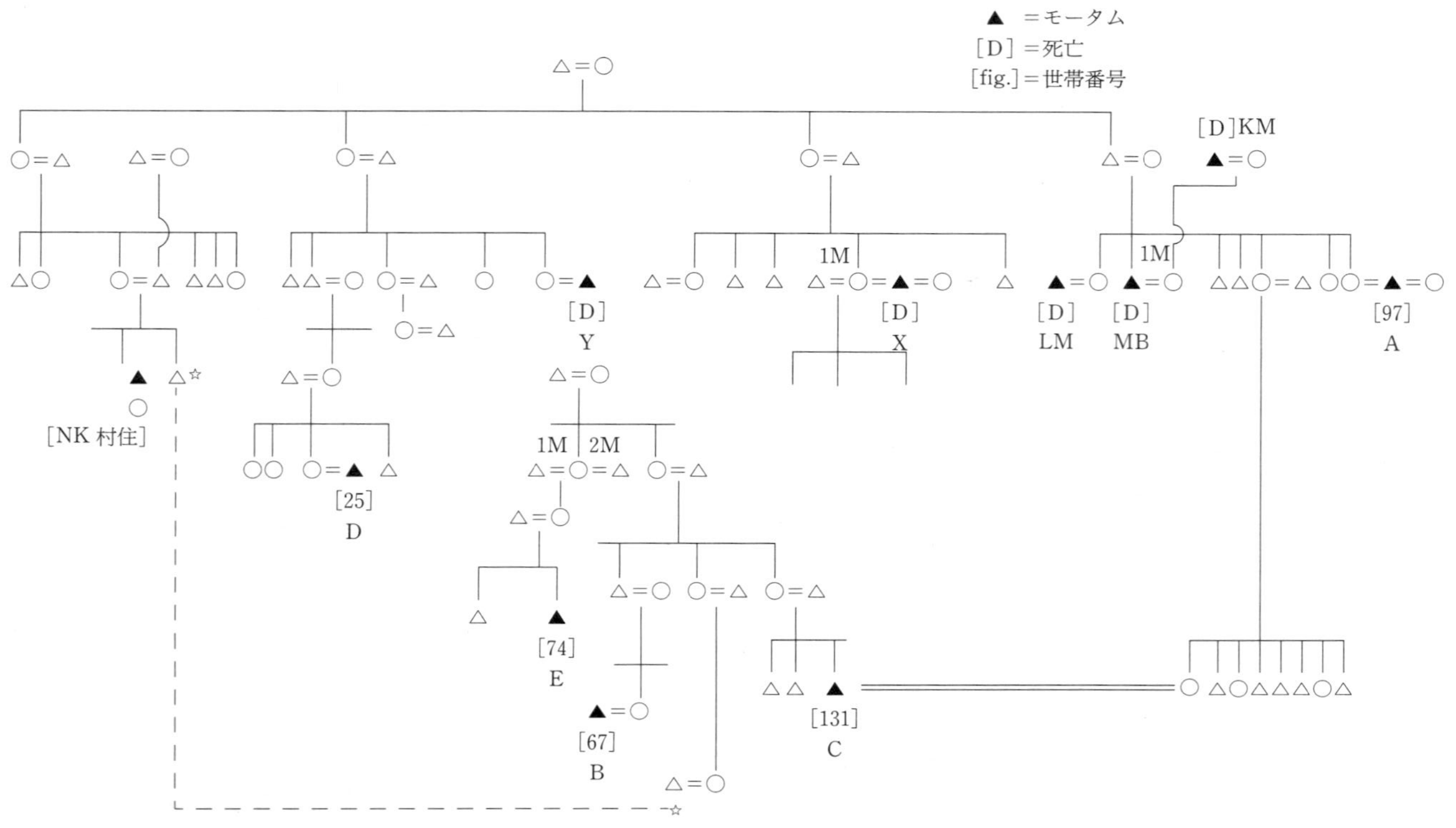

係を確認する。まず、非親族のクライエントをさほどもたない〈親族内向型〉のモータムのケースを取り上げよう。【図12】のモータムIが答えた信奉者は、再婚した現在の妻とその間にもうけた娘のみである（既婚の末娘は同居しているため言及されないが信奉者である）。ただ、死別した先妻の息子は、父であるIをモータムとして頼ると答えているが、I当人は息子を信奉者として扱っていない。しかし、息子に何か不幸があった場合には、治療儀礼を行うと答えている。

近親のモータムとして、結婚して家をでた息子は信奉者としないが、すべての実娘を信奉者とするわけでもない。Iの先妻の娘世帯26、171はIと同じルオンポー派モータムHの信奉者である。このような傾向はグループ（モータムの派）を異にする他のモータムとその子の間にもみられる。

次に自分の世帯を越えるモータムと信奉者の関係では、【図13】のように妻（子＝同居中）および自己方の親族のメンバーを信奉者とするDがある。逆に、【図14】のように自分の親族に信奉者はいないが、妻方にもつJがある。そして、【図15・16】のように自己方、妻方の双方のメンバーに信奉者をもつケースがある。

まず、ここにモータムと信奉者の関係の二つの型がある。すなわち、この五事例が示すように、すべてのグループに共通して、自分の妻とその子＝娘を信奉者とするのがもっとも基本的な関係の型である。これを一つのタイプとしてみることができる。次に、このタイプに加え、自己方、妻方双方の親族の女性世帯主を信奉者とすることができるという事実がある。これはごく一般の基本的なモータムの典型的な信奉者の構成である。

さらに、いま一つ確認すべきことは、前掲【図15】のモータムHのケースにおいてみられる、妻と娘以外の信奉者にある二世代にわたる連続性、信奉者における母系傾斜である（妻子ではなく、同じ親族の姪が、その娘とともに同じモータムの信奉者となっている）。この傾向は、グループが異なるモータムPのケースにおいて明瞭に確認される【図17】。モータムPは、もとD村出身で、現在は近隣村NKに住む。このケースでは非常に明確な信奉者の母系傾斜がみられる。

モータムと親族

▲：モータム　●：信奉者
fig：世帯番号

図12　モータムＩ［グループ2］：妻子のみが信奉者

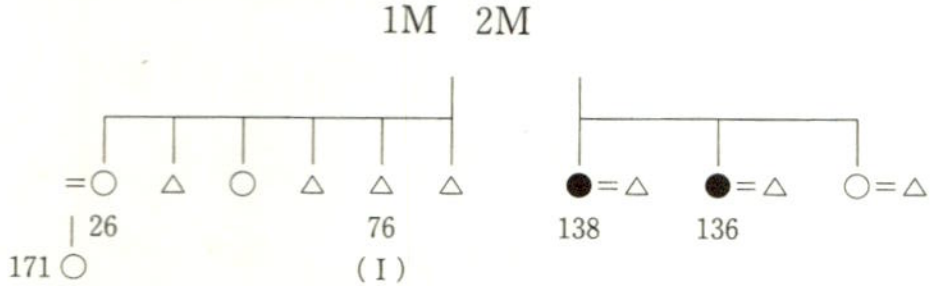

註：先妻の息子76はＩに頼るというが，Ｉ自身は信奉者とは認知していない
：先妻の息子26，171はＩと同じモータムグループのＨの信奉者

図13　モータムＤ［グループ1］：妻（子）および自己方の親

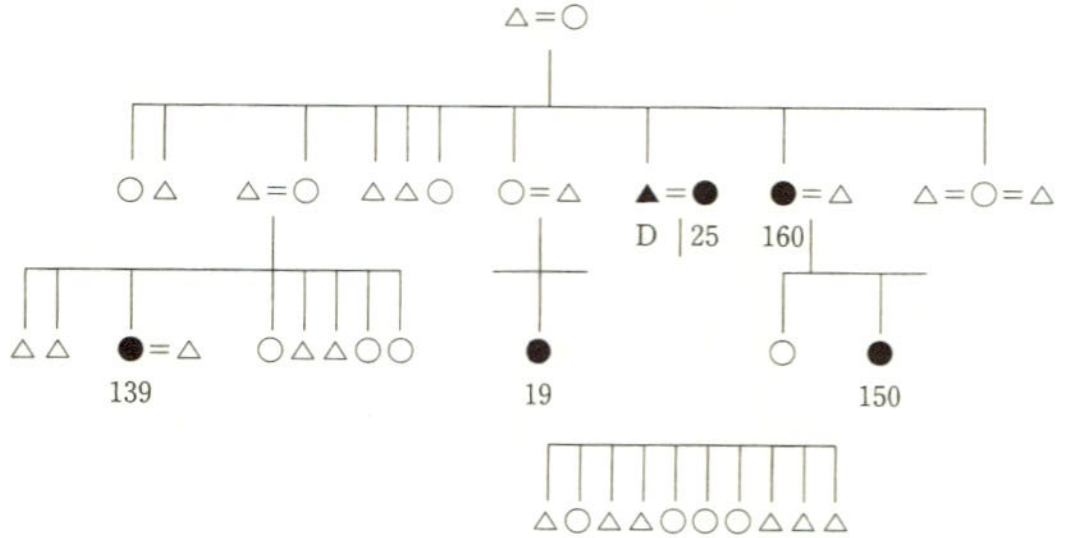

図14　モータムＪ［グループ3］
妻（子）および妻方の親族（＋CL＝4）

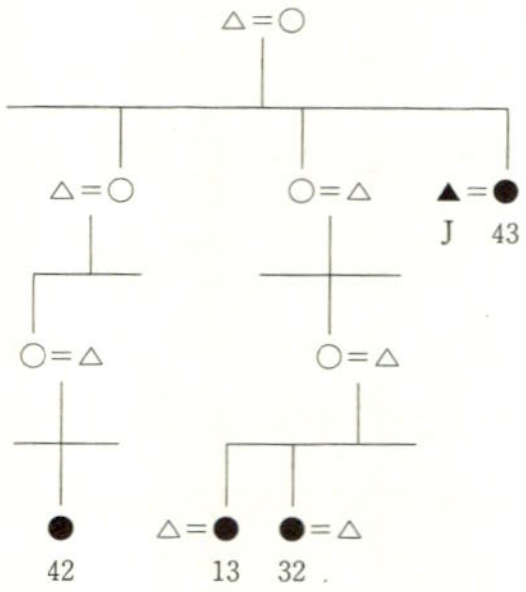

図15　モータムＨ［グループ2］
妻子，自己妻方双方の親族（＋CL＝5）

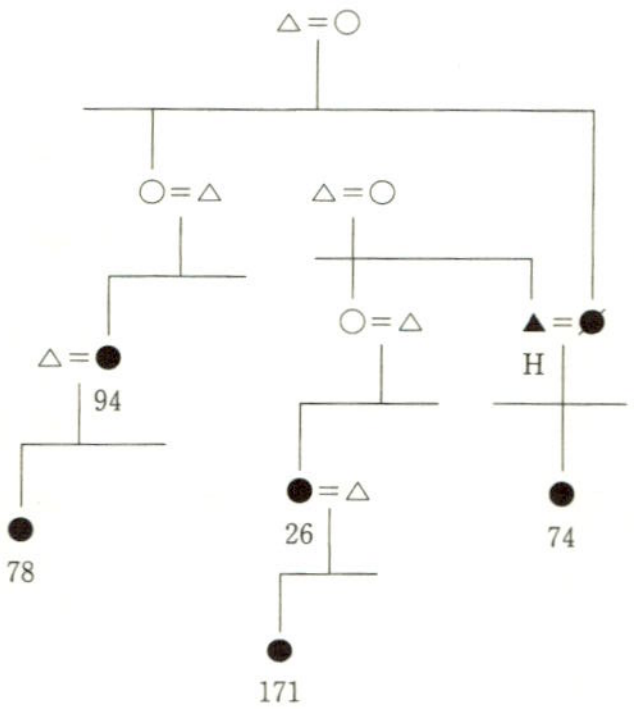

図16　モータムＣ［グループ1］
：近親内に拡大する信奉者（＋CL＝2）

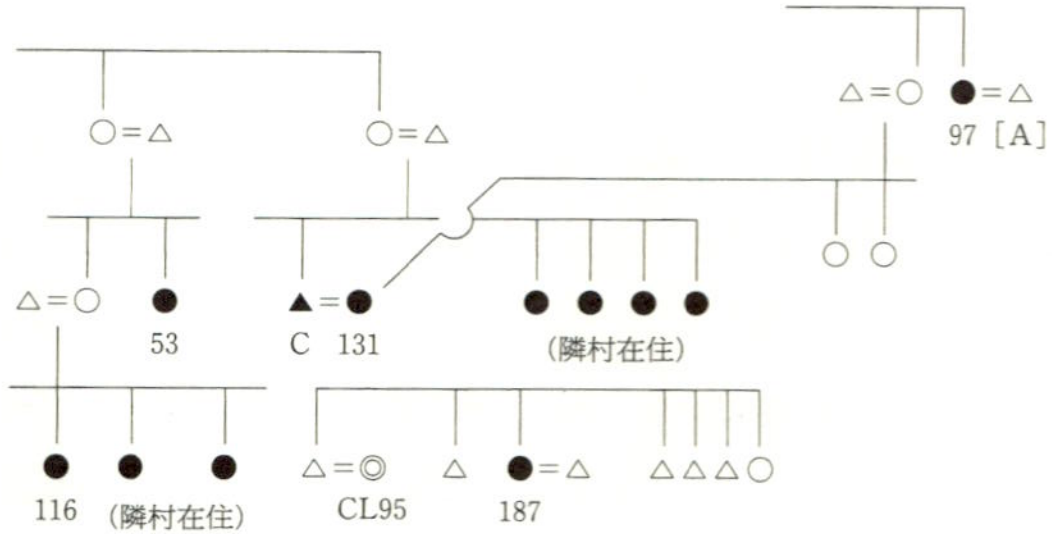

図17　近隣村在住モータムＰ［グループ１］
：顕著な母系傾斜（＋CL＝7）

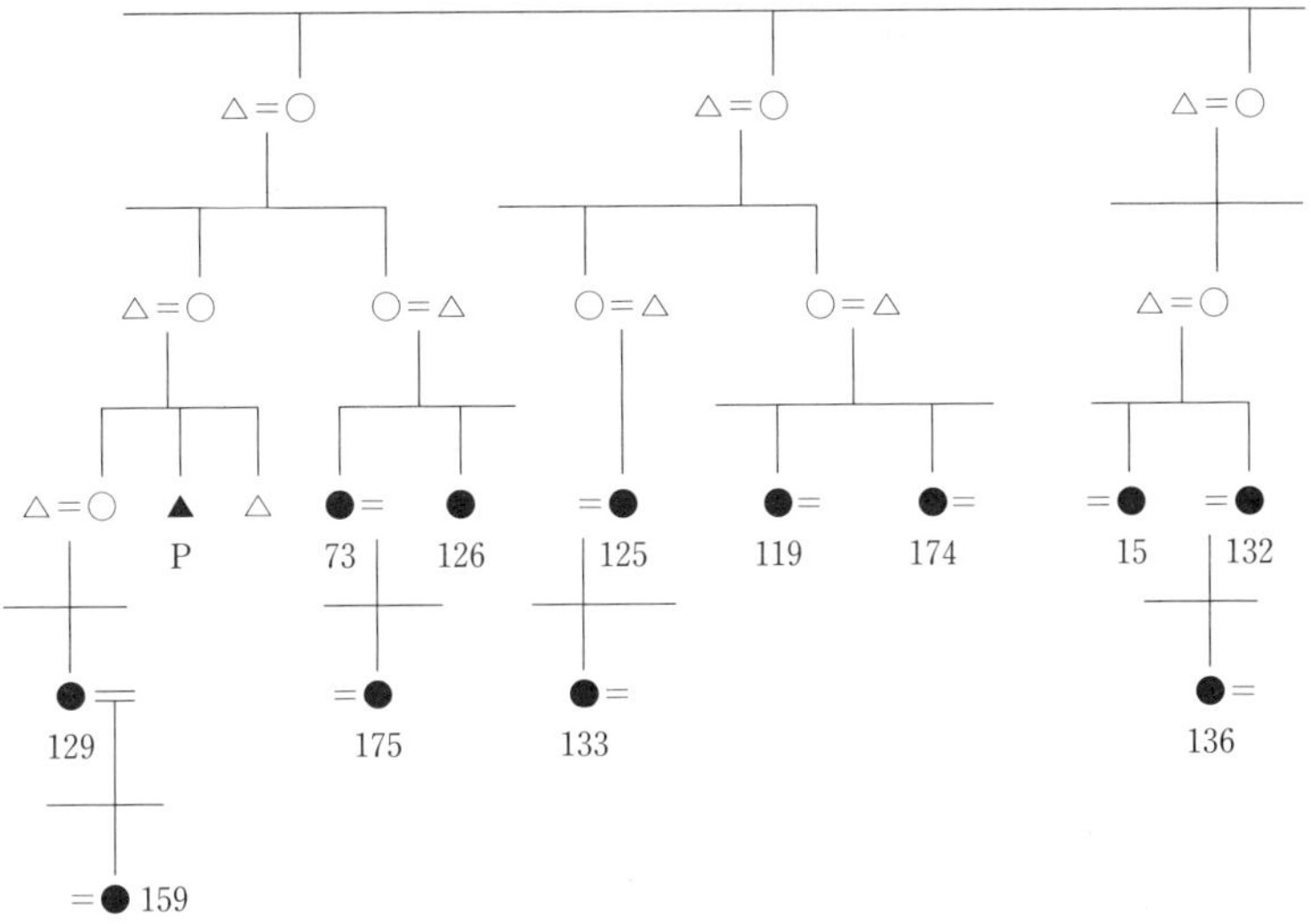

先述したように、信奉者が特定のモータムを選択するのは、基本的には個人あるいはその世帯成員の意向によるのであるが、このように親族によってかたよりがあり、特定のグループの定まったモータムが母から娘へと継承される傾向が見られる。とりわけ、【図17】のような古い女系親族ほどこの傾向が強い。

次に、村内に在住する非親族のクライエント信奉者を数多くもつ〈クライエント拡大型〉の信奉者の構成を見てみよう。このタイプのなかでも、D村の代表的なモータムAのすべての信奉者二五名の内訳を検討する。

【図18】が示すように、Aは自己方、妻方の双方に信奉者四名をもつが、現在の妻を信奉者とはしていない。これにはいくつかの理由があるが、主として妻の意志、選択理由に基づくものである。(32) 次に、残る非親族の信奉者二一名の内訳をみると、八つの異なる親族グループから信奉者が構成されていることがわかる。そのうちの五つが「世帯分け」によって母から娘へと連続して独立した信奉者となっている。多いものでは、一つの親族に五人のクライエントが含まれている。

非親族の信奉者を多数抱えるモータムはAの他に、同じグ

図18　モータムA［グループ1］
：村内在住の信奉者（25）の構成

R+WR：モータム自身：妻方の親族（2+2）

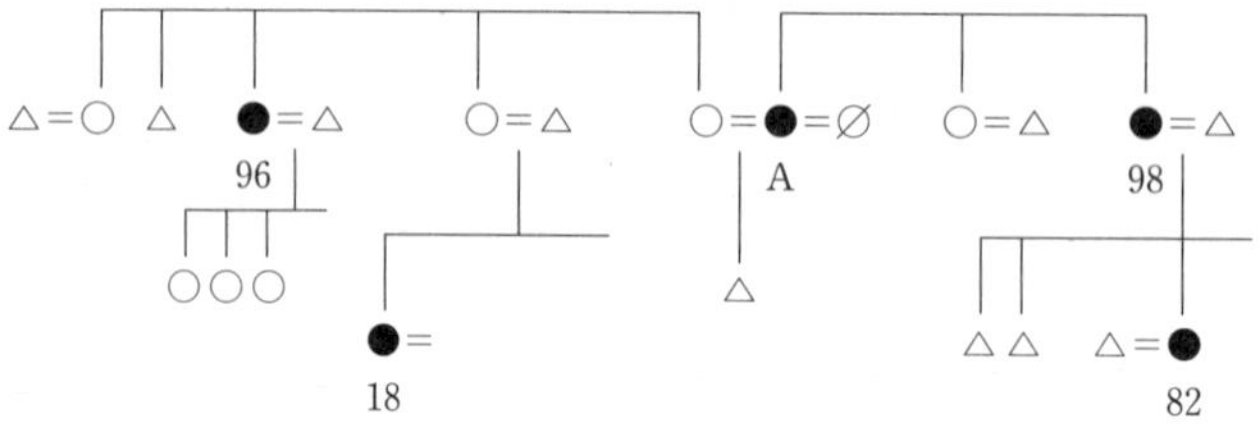

CL：モータムと血縁関係のない信奉者の親族（21）

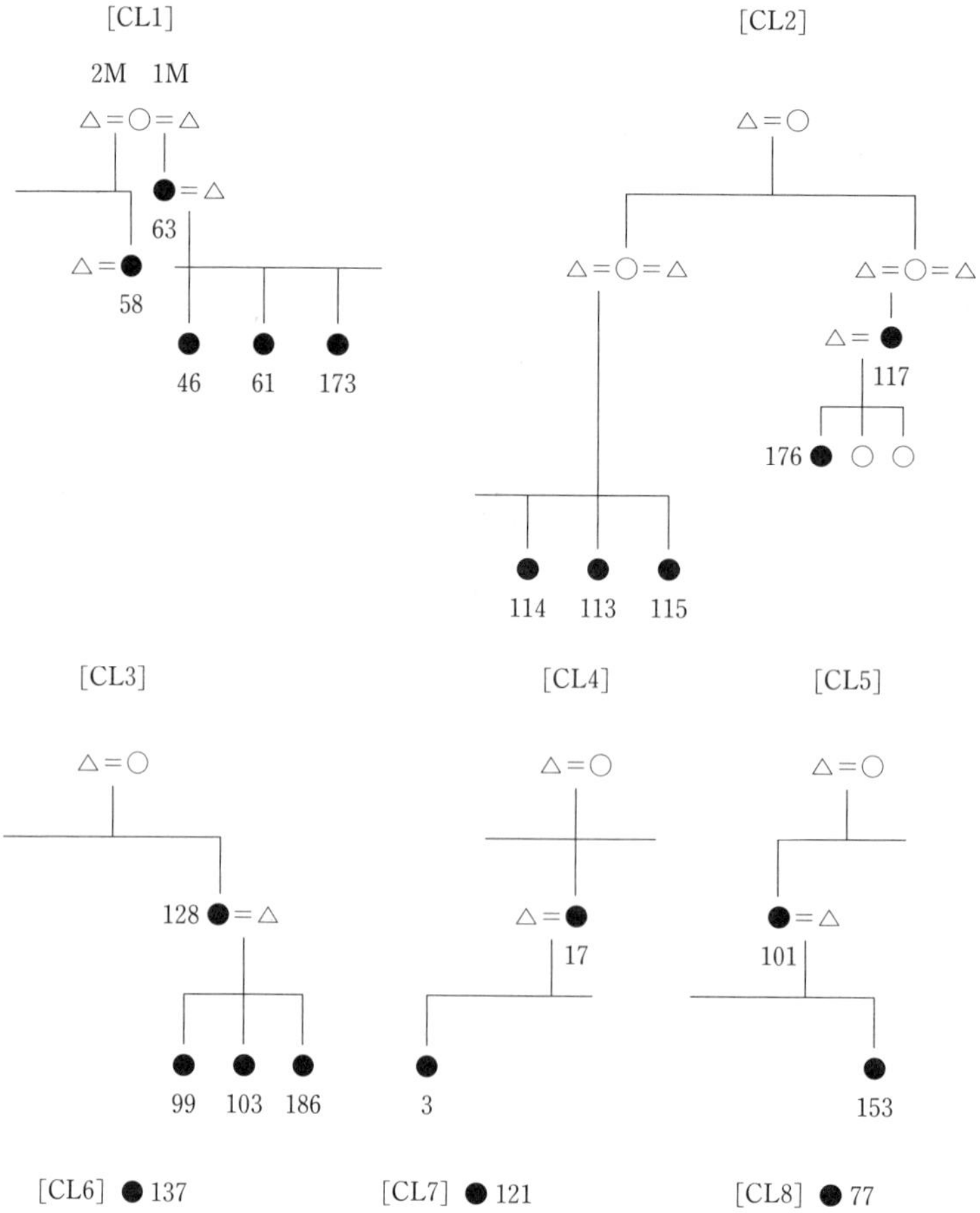

補足資料A：近親者にモータムをもたない親族の信奉者（CL）の分布例

モータムG［グループ2］：信奉者（CL）の親族（姉妹間，母娘間で信奉）

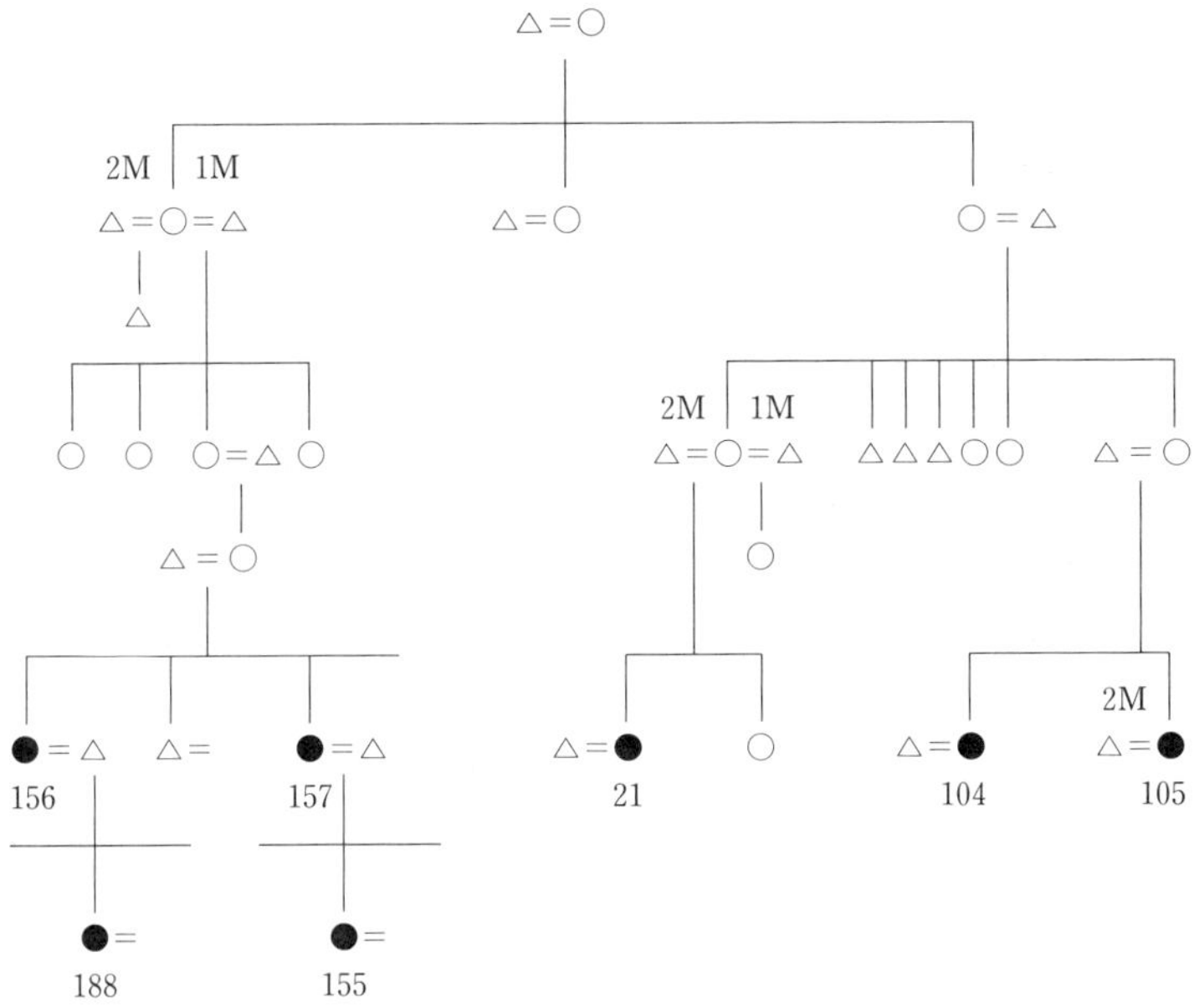

ループのB、ルオンポー派のGがあるが、非血縁のクライエントはそれぞれその内訳がやはり、八～九の親族グループによって構成されている。そして、今みたAの例と同じく、姉妹間、母娘間で連続して同じモータムが継承されている（補足資料Aをも参照）。つまり、他人であるモータムを頼るのはやはり、母から娘へと連続する親族が大きな母胎をなしていることが明らかである。

モータムの側からみた信奉者の分布、範囲は以上であるが、見方をかえて、ある親族集団の村内在住の成員が信奉するモータムの内訳を検討すると、大方の傾向として一人のモータムに集中するこれまでの例のようなケース、もしくは、同じグループの異なるモータムに頼るという分布がみられる。

同一親族内の姉妹、母娘間で、特定のモータムはもちろん、信奉するモータムのグループさえも異なる例が三ケースある。そのなかには近親にモータムをもつにもかかわらず、その影響が認められないのもある。しかし、それでも必ず母から娘へと連続するラインが一つは残るという傾向がみられる（補足資料B参照）。

頼るべきモータムは、基本的に信奉者となる者の意志によって選択される。

結婚して初めて特定のモータムに頼るのは、その女性がD村ではない他村からの婚入者である場合である。村内出身の女性は、多くの場合、自分の母親が頼っていたモータムに頼る。すなわち、自分が生まれたときから世話になっているモータムである。母親からのモータムが死亡している場合はこの限りではなく、新たなモータムに頼ることになる。その手続きは前述したとおりである。

三　モータムと信奉者の関係が意味するもの

次節でみるように、かつてウィサーやタンマを修得した男性には、悪霊祓いを専業として実質的に生計を営む者がいた。広く東北タイではモータムを標榜する男性のなかにも、高額の治療費を要求し、護符を売り歩いたり当りくじ番号を予想して金を稼ぐ者がいたという［Bunruang 1962 : 99］。つまり、未耕地を求めて生活を確立する一般の移住者に似て、移動先で信奉者をつくり、結果的に「金づる」となるクライエントや信奉者のネットワークを拡大しえた。このようなことからも明らかなように、守護力を操作する能力と技術を修得することは、稲作に従事しなくとも一本だちできる男性の生活手段、もしくは「出世」資格の一つとして認知されているところがある。

D村のモータムの場合、縁者ではない村外のクライエントから特に依頼され、クライエントの村で治療儀礼を行って得た報酬額（過去約一五年間でそれぞれ一度限りであるが、個人で最高は一〇〇〇バーツ、複数人では七〇〇〇バーツの事例がある）をみると、そうした傾向が顕著である。しかしながら、モータムが自村の信奉者から得るものは、物質的な糧や金銭的報酬といった経済的なものではない。モータムと村内の信奉者の間には、儀礼に際しての実際の治療費は、儀礼に

補足資料B：同一親族内で信奉するモータム（そのグループ）が異なる例

→特定の親族内（三ケース）で顕著にみられる。以下はそのひとつ

Dの妻の周辺（姉妹間で信奉するモータムのグループが異なる）

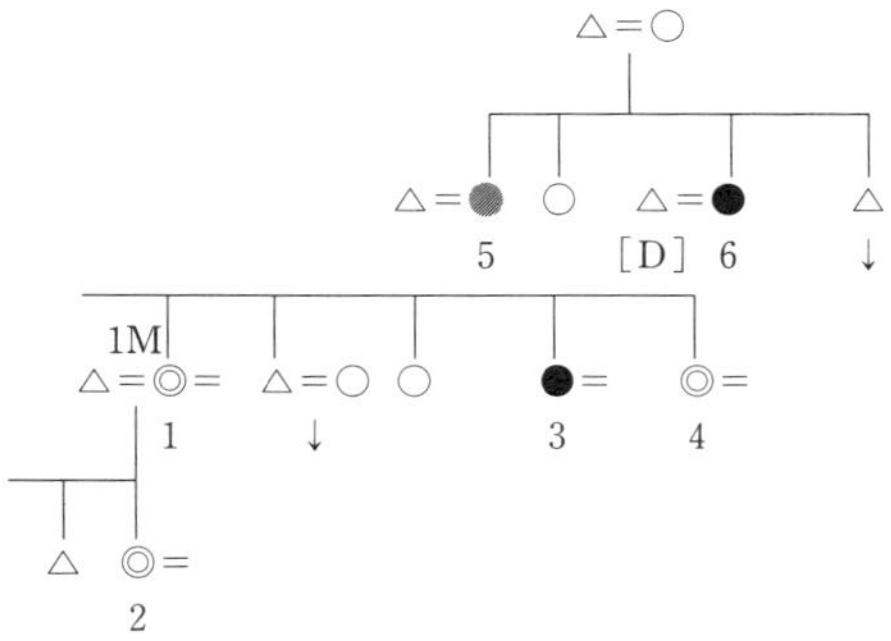

1：[162] ◎　G
2：[140] ◎　G
3：[161] ●　B (formerly : X)
4：[165] ◎　G
5：[39] ◉　J
6：[25] ●　D
☆●＝MT グループ1　◎＝MT グループ2　○＝MT グループ3　↓＝OUT

D自身の周辺（姉妹間，母娘間で信奉するモータムのグループが二分）

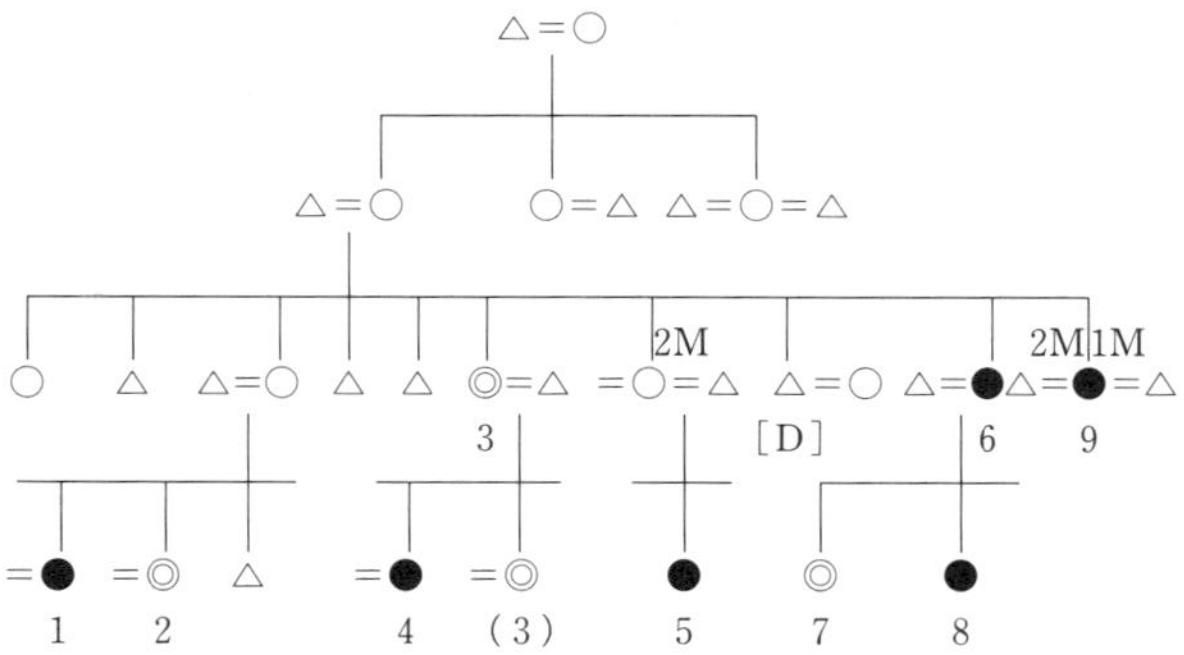

1：[139]●D
2：[140]◎G
3：[161]◎G
4：[165]●B (formerly : X)
5：[39]●D
6：[25]●D
7：[165]◎G
8：[39]●D
9：[25]●B (formerly : X)
☆●＝MT グループ1　◎＝MT グループ2

表13にもあるように，D自身は親族内のリーダーの自負はない（姉3と回答）

よって取り決められるものもあるが、多くの場合、無料もしくは五〜一二バーツの一定額であったり、依頼者自身の意向に委ねられていることが多い。つまり、村内のモータムにとって同じ村内の信奉者は、モータムの生活経済をなす単位にはなっていない。

すなわち、理論的には可能であっても、実際にはモータムを中心的な生業とすることはできない。それどころか、D村周辺では専業モータムを忌避する傾向さえある。モータムは、信奉者の世帯と同じように水稲耕作者（*saona*）でなければならないといわれる。というのも、モータムとしての収入に頼るばかりでは、彼は自分の利益のために守護力を悪用するようになる、と説明される。つまり、信奉者がつかない。

儀礼的場面が現出しない通常の日々には、信奉者がモータムにたいして示す態度は、まったく村のよき長老にたいする親しみと情愛、尊敬に満ちたものである。時に出家経験が長いモータムをアーチャン、チャンの尊称をつけて呼ぶこともあるが、ラオ語でいうよき翁（*pho nyai*）である。村内で生じる政治的問題の処理においても、行政的首長である村長は元老院のようにして彼らの判断を仰ぐことは普通である。事実、尊敬されるモータムには、禁欲的な生活を送る者がもつ冷静さ、自己にたいする厳しさから漂う威厳と同時に、人びとが人生において出会う共通の苦しみや悲しみを包み込むような暖かさ、望ましい選択を指導するような人柄が感じられる。

しかし、モータムが信奉者にたいして施す儀礼の場においては、そのような親しみを疎外するような状況が現れる。僧侶は仏像に向かって、在俗仏教徒は寺院の仏像や僧侶にたいして三度跪拝する。同様に、モータムもまた自宅の「仏法棚」に向かって仏陀と師匠の功徳に跪拝する。信奉者はこの同じ儀礼行動・作法をモータムにたいして行う。儀礼環境にあって、モータムと信奉者の間には、仏陀に帰依する聖者（司祭）と俗人とのいわば「疎外された」関係がある。では、モータムと信奉者との両者の間では何が交換されているのであろうか。ここで両者の関係を、タンマの把持をめぐる男女差の問題として検討すると、いくつかのことが明らかになる。

女性が生まれて初めて信奉するモータムは、通常母親が頼っている年長者のモータムである。したがって個人の一生からみると、信奉者は生涯において複数のモータムを頼ることになる。【図19】では信奉者SA、SBの一事例がある。現在、村でも最高齢者になるふたりの女性は、これまでの生涯でともに三人のモータムを信奉者として頼ってきた。初めに信奉者として頼ったモータムは、いずれも村のモータム第一世代である。そしてふたりめ、三人目までのモータムはすべて同一流派のモータムである。(33)

このように、女性は生涯を信奉者として人生を送ることになる。男性は師匠を得てその弟子となるだけでなく、自らもまた弟子をもつ師匠になることが可能であるのにたいし、女性は師匠、弟子ともになることができない。つまり、仏教、モータムの世界において、女性は自ら出家者、モータムにはなれない。すなわち生涯「確定的な」信奉者である。このことは、男性がモータムの信奉者として認知されない事実とも関係する。これは、悪霊祓いの知識・技術としてのタンマを担うモータムが、仏教の形式的なシンボリズムだけではなく、その制度的存続のための「断絶」の様式をも踏襲していることを示している。つまり、上座仏教においては男性のみが出家でき、女性にはできない。男性は出家に象徴される宗教的世界とのアクセスポイントをもつことができるが、女性は生涯を在家者として過ごすことと対応する。

また、悪霊の災禍を除去する儀礼の知識の獲得・継承の点で、出家することができる男性はそのような知識と接することが当然であった。もしくはこれを求めて、それをもつ師匠を求めて各地を行脚することができた。D村一帯では、出家することはモータムとしての教えをも副産物として獲得できるチャンスであった。誇張していえば、出家した男性は皆、モータムになる可能性があったということである。男性においては、出家、すなわち持戒する自律者になることそれ自体が、何らかの守護力に関する知識と接触することを意味する。あるいは、逆に守護力をもつために修行する者は、出家と等価の経験をする者とみなされる傾向がある。すなわち、国家が定めるサンガ組織に所属せず、自身の身体をもって持戒と知識の授受を介した師弟関係を結ぶことは、サンガに所属した状態と同意義のものととらえられている、

図19　一人の女性が生涯頼ったモータムの変遷例

＜例1＞信奉者SA ◎［69歳］：　▲1－3＝順次頼ったモータム2

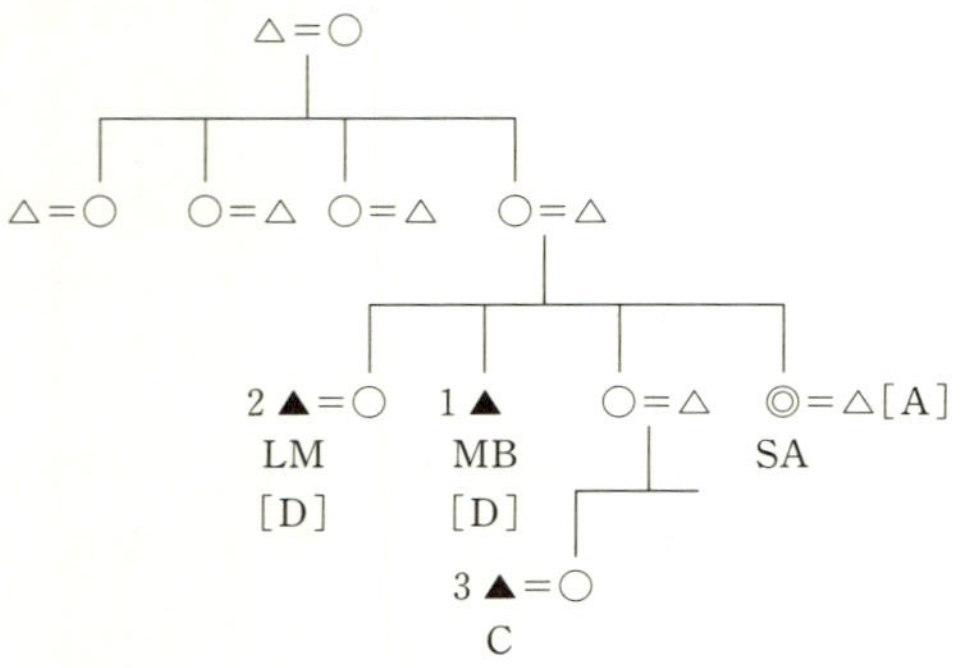

＜例2＞信奉者SB ◎［71歳］：寡婦　▲1－3＝順次頼ったモータム2

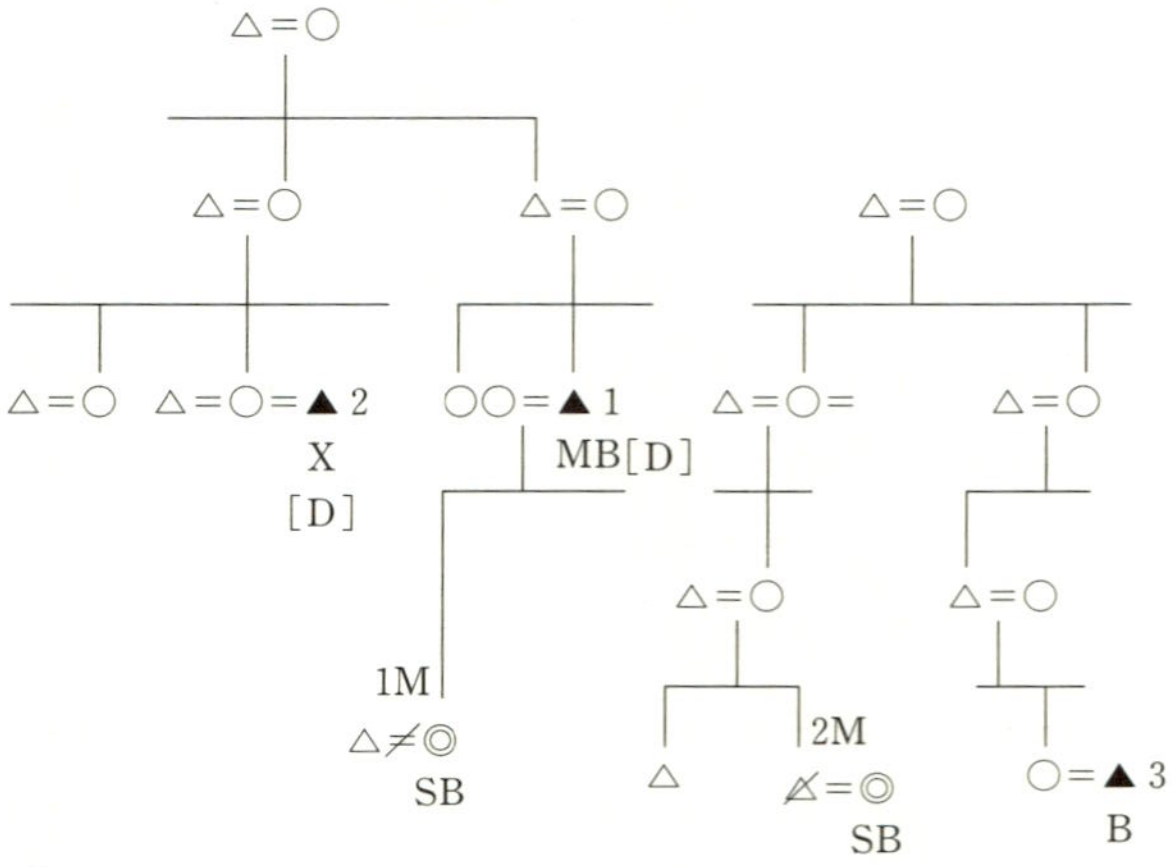

(1)　SAが最初に信奉者として頼ったのは長兄のMBである
(2)　MBの死後，長姉の夫LMの信奉者となる
(3)　LMの死後，次姉の娘の夫にあたるCの信奉者として今日に至っている
【註】：夫はモータムであるAだが，その信奉者ではない。夫はモータムとして立派ではあるが，世帯を同じくする「娘婿」である人物に信奉者として頼るべきではないという
：SAはDD村古層の親族メンバー；近親にモータムが多い

補足資料C：男性世帯主（52ケース）にみる「宗教的守護力」の布置と年齢
＜ ＞＝平均年齢

1：自分自身に頼る　23
［内訳］a：モータム（師弟関係が明確）　10　＜67.5＞
b：自称モータム（師弟関係なし）　5　＜64.0＞
c：モータムではないが「守護」できる　8　＜57.3＞
2：特定のモータムに頼る　29☆
［内訳］a：妻と同じモータムを頼る　25　＜48.6＞
b：妻と異なるモータムを頼る　2　（45；73）
c：男やもめとして頼る　2　（52；68）
☆それぞれに頼られるモータムは彼らを「信奉者」として数えていない
【註】：所属グループが明確なモータム10名中，9名の妻が健在。そのうち6名の妻がモータムとして夫を頼る。3名の妻は別のモータムの信奉者
：自称モータム5名中4名の妻が健在。妻が夫を頼るのはうち2名である
：『「守護」できる』という8名のうち，妻が夫を頼るのは3名（→）

→結婚当初，妻が頼るモータムに自分も頼っていたが，そのモータムの死後，自分で「守護できる」ようになったとするケースがある。妻は夫を頼る場合もあり，続けて他のモータムを頼ることもある（その場合は以前頼っていたモータムと同一グループであることが多い）

と考えてもよい。

幼児の間、母親が信奉するモータムの加護のもとにおかれる点では、男性も女性も同じである。しかし、モータムに頼っていた男子は、いずれ自ら守護力を把持するモータム＝守護者＝になる可能性をもつ。そして、加齢とともに、自ら信奉者をもつような立場にたつこともできる。幼年期までの異界からの隔離は男女共通するが、男性はやがて守護力を把持することによって、異界を操作することができるようになるということである。一方の女性は、自らの身体を異界から隔離しとおせることは困難である。成人し出産するという事態において、女性はまた異なる形で異界と向きあうことになるからである。

婚姻によって、男性がすでに特定のモータムの信奉者となっている妻と同居する際、一般に、男性も新夫として妻のモータムに「治療師」として依存する傾向がある。サンプル数が少なく充分なものではないが、補足資料Cは、男性にとっての守護力を尋ねたものである。半数近くの二五人の男性世帯主が妻と同じモータムに頼ると回答している。自分自身に頼ると答えた者には、モータムもしくは何らか

の除祓・招福儀礼の知識を実践できる者が含まれている。

その平均年齢に注目すると、妻のモータムに頼るとする人びとの方が、自分を頼るとする人びとのものより低い。また、自分自身を頼るとした者のなかでは、モータムである者がもっとも高い。これは、年齢とともに自分自身を守護することが男性の人生として、一つの社会的成熟の指標となっていること、そしてとりわけ、禁欲的な生活態度を必要とするモータムであることが、村社会における男性の望ましい年齢のとりかた、男性の社会的のみならず宗教的な成熟を示す一つのあり方であることを示唆しているように思われる。

女性信奉者が帰依するのは特定のモータムであるが、その背後にはモータムを介してその師匠、開祖、そして未来仏―仏陀へと上昇する清浄なる位階の体系が展開している。守護力としてのタンマをもつモータムに帰依し、信奉することは、結果的により有効な治療効果、すなわち守護力の効験性の現実化につながってゆく。それは、モータムが施す儀礼の効力についての明確なパトロン―クライエント関係であるが、守護力の実践のなかで展開される信奉・帰依―保護・守護力の享受という交換・互酬関係でもある。

以上のような関係は、仏教的来世と関わる出家者のそれと対比することができる。すなわち、僧侶が仏陀に帰依するという関係は、守護力をめぐる女性信奉者のモータムに帰依する関係として在家世界にそのまま投影されている。宗教実践におけるこのような個人間の互酬性には、仏教の規範的関係の反転というよりも、男女の異なった社会的あり方が示されている。

さらに、（聖なる仏陀＝修行僧＝モータム開祖・師匠＝モータムVS信奉者＝女性）に連なる複合的・重層的な帰依関係の流れの社会的展開にあって、「仏教化した土着の守護力の担い手」であるモータムは、悪霊に関わる治療・予防儀礼をとおして日常世界を意味あるものに修復し、同時に仏陀の聖性―師匠―弟子―信奉者（クライエント）へと連なる位階の体系を不動のものとしている。このことは、村社会全体からすれば、一つの結果として、一般の在家者に来世の現実性を求める敬虔な仏教徒としての行為のパターンを導いているように思われる。

見方をかえれば、モータムのこうした役割は、性差を含めた社会関係を宗教的に位階づけている。師匠に師事するモータムは、弟子(信奉者)をもつことによって自ら師匠としての役割を演じることができる。それは、開拓村に定着した男たちの権力をめぐる社会移動、男性としての成熟過程の一範型をなすとともに、女性を帰依者(従属者)に定位づけることによって、男性優位の宗教的世界を演出する。信奉者をもたないモータムが、社会的影響力をもちえないのはこのためである。さらに、かつてはずっと盛んであった女性が主人公となる精霊を介した守護力への信仰(たとえばモーラム・ピーファー)が、著しく危険視されるのも、このようなイデオロギーによっている。東北タイのラオ系村落社会全体を俯瞰すれば、守護力をめぐる実践は、男性が独占するようにして変容してきたといえるだろう。

四　モータム定着の社会的位相

以上のようなモータムと信奉者の関係がD村で成立したのは、モータムの実践が村内に定着して以降のことである。それを決定づけたのが「村の守護霊」追放劇であった。しかも、D村では、前述(第三章)の村落類型①とは異なって、他の守護霊祭祀も一切破棄した。当時モータムでない人びとは、「村の守護霊」の「報復」を怖れて、しばらくの間、「村の守護霊」は他県の山中に移り住んでいると信じていたともいう。しかしそれ以後、常態となっている干魃と洪水が起きても、疫病がD村に蔓延することがなかった。モータムによる仏法の力への帰依は、そのようにして村落内で信頼を得てきた。D村では今日も、どのような種類であれ、守護霊にまつわる儀礼は実施されていない。隣接する枝村DNでモーラム・ピーファーによる治療儀礼が行われても、D村のモータムの信奉者は見物もしない。

モータムへの信頼と尊敬は、確かに人びとが語るように、守護霊に代わる強力かつ安定した仏教守護力の「実績」に基づくものであろう。また、主流派のモータムたちが、開拓第一世代の女系親族と結びついているという社会構造的背景も、大きな要因をなしている。そして、他の守護霊祭祀も一掃してしまった（できた）ことの背景には、当時のモータム個人が示した世俗社会での行動が、男性の模範ともなっていたこととも関連するように思われる。

当時守護霊追放を師匠とともに提案したD村のリーダー格のモータム（調査時点で故人）は、一九三四年にD村で結婚後、黒豚の仲介販売を近隣町（タープラ）の華人を相手に四年間行っており、得た利益を元手にして、稲作のほかにその後二五年におよぶ馬の飼育販売を軌道にのせている。また、別のモータムは、第二次世界大戦勃発後東北タイで換金作物化しつつあった綿の栽培に着手し、一九四二年に村内の綿を同じく華人に販売して利益を得ていた。また、綿に次ぐ換金作物として一九四〇年代末ころからD村で栽培され始めるケナフの導入にも積極的であった（第二章参照）。

すなわち、当時のリーダー格だったモータムは、世俗的には成功した人びとでもあった。第三章でみたように、一九三九年からD村周辺の人びとは田圃に地租を払うようになった。さらに、一九四九年、すなわち「村の守護霊」が追放される前年、土地占有確認証が農地と屋敷地に適用されている。村内に残された未耕地を開墾するか、他村に農地を購入するかという時代を的確に読みながら、第二章でみた非ラオ人たちが語るナーイホーイとまでならずも、それに近い行動をとっている。変化しつつある外部世界と、積極的にかつ巧みに関わりながら、現金収入を得て自らの生活の糧としてゆく行動は、当時の他の男性がモータムになろうとした素地をなしていたと推察される。現在ではD村の好爺、在家仏教徒の模範とされているのも、このような世俗社会との関わりをつくる個人活動の側面——東北タイのラオ人男性の理想的な姿——と無縁ではなかったであろう。

聴き取りによれば、一九二〇年代後半から三〇年代にかけて、D村の人びと（男性）にとってタンマの学習は、あたかもすぐ手の届くところにあった。数多くの流派の教えが開拓移住のネットワークを通じて伝えられ、ある派の教えは衰微し、あるものは継承されてきた。入門時代のモータムたちは当時、もっとも働き盛りの世代に属した男性たちである。

そして、僧侶という役割も、タンマの具現者として顕れた時代である。

D村内のモータム個人から各派の師匠の系譜をたどってみる（【付録】参照）。すると、いくつかの師匠の位階とともに、師匠の三つの位相が浮かんでくる。すなわち、伝説化された一人の「開祖」となる僧侶、その直弟子で教えをD村にもたらした村外の「布教者」、直弟子の弟子で教えをD村内に定着させた「指導者」である。

オラハン派の師弟関係は、生涯出家者とされる高僧を頂点に、位階的な構造をなす二重の地位（弟子―師匠）を内包した縦関係である。それは、開祖たる僧侶に清浄性の起源をゆるぎないものとして与える。出家経験者の師弟関係の上に、師は弟子を生み、弟子は師匠となってその教えが継承されてきた。村境や県境を越えて広がるネットワークに基づいて、その宗教的知識は伝播・継承されている。しかし、師匠とは、自ら直接教えをうけた者である。代が遠ざかるにつれて師匠は伝説化する。D村に直接その教えをもたらした近隣村NKのモータムは、オラハン派の「大師匠 *achan nyai*」になり、実質的な尊敬、崇拝の対象となっている。そして開祖である高僧の名は、今日の同派のモータムの実践を、真正なる仏教に基づくものであることを確信させる阿羅漢として語られている。

また同じく、伝説的な僧侶が創始したルオンポー派の教えも、その継承者、もと僧侶（*nak buat*）である人物（SM村在住）によってD村近辺の人びとに説かれるにいたった。その伝播過程はオラハン派同様、〈師匠―弟子―信奉者〉のネットワークの展開、拡大によっている。それは明瞭な縦の関係であり、帰依と保護・守護力の交換関係、互酬関係を特徴とする。D村では後発のルオンポー派の教えは、主流派にはならなかったが、他村では状況が異なるように、開拓村ではモータム各派の伝播時期、経路によってさまざまな主流派がみられる。だが、周辺村の動勢からみれば、複数のモータムの流派が大きく二分して混在するD村の事例は、ある意味で特殊である。しかし、競合する要素があることから、信奉者にすれば、個人に適合するより強力な守護力を選択できる環境となっている。

「布教者」と「指導者」は出家経験をもつ還俗者で、ともに世事にたけている。すなわち、モータムをモータムたらしめる考え方や儀軌作法を提供し広めた者は僧侶であるが、D村に生まれたモータムは、すべて僧侶である「開祖」から三代目のモータムになる。三者はそれぞれの行動範囲および世代層に対応しそれぞれの師弟関係によって結ばれる系譜を共有する。

「開祖」にあたる僧侶は、例外なく各地を行脚修行する長期出家者であった。人びとから「森の僧 *pha pa*」と呼ばれているこれらの僧侶は、正しくいえば頭陀行僧（*phra thudong*）である。すなわち、一三種の苦行を実践する修行僧である。(34) 寺院でパーリ教典の学習に精進する学僧ではなく、作法にのっとって各地を転々とし、墓地および山野に洞窟をみつけては瞑想の場とする。次節でみるように、頭陀行僧は二〇世紀初頭に東北地方において多数輩出した修行僧の類型である。六〇年代後半の中部アユタヤの村落では、「selfish で公共精神をもたない僧侶」として村の人びとの眼に映っている［Bunnag 1973：55-57］。しかし、森を切り開き、そこを生活世界創出の拠点としてゆく東北地方のラオ系村落においては、瞑想する僧侶の修行形態は、集落そのものの成立形態に似て、仏教実践の一つのスタイルとして歴史的に根づいていった経緯が認められる。(35) しかも、その出会いは、開拓移住のルート、すなわちハーナーディーという「良田探し」で人びとが展開させてきた移動のネットワークと僧侶の頭陀行のルートとの接点に生まれている。

モータムではないD村の男性はいう。望ましい僧侶のあり方とは、まず「僧侶としての規律（*winai*）をもち、仏教戒律に厳格」であり、「ウィサーをも知っており、規律を守りながらそれを正しく使用できる」ことである。ここでいうウィサーは、モータムのタンマ、仏教でいう神通力の言い換えである。つまり、モータムのタンマの由来は頭陀行僧からのものであるが、ある意味では頭陀行僧は理想の僧侶のあり方と行動を、俗人レベルで表現している。

二点について確認しておこう。まず、僧侶としての規律、持戒とタンマを併せもつことが monks' monk として俗人（とりわけ男性）の側で理想化されている点である。次に、理想化された僧侶もモータムも同種の儀礼を実施することができるが、制度上、仏教僧とモータムの役割は、まったく同一のレベルにはおかれていない点である。僧侶自身は必ずしも神通力もしくはここでのタンマをもつ必要はない。D村で老後に再出家したモータムも双方の役割を区別している。逆に、神通力を把持していても、僧侶としての規律と持戒にふさわしい態度がともなわない僧侶は神通力をもたぬ僧侶よりもはるかに評価が低い。

D村に、神通力で著名な僧侶が黄衣献納祭（*thot phapa*）でバンコクから信者をひきつれてやってきたことがある。この僧侶は、霊験あらたかとされる自作の護符と瞑想姿を印刷した肖像写真を、自ら金切り声をあげて熱狂する信者たちに競売にかけ、商人のように手際よく売りさばいた。その収益はD村の寺院整備の寄金にされたのだが、同じ講堂で接客役を務めたD村のモータムたちは、何かに耐えるようにしておし黙っていた。儀礼がすんで自宅にもどったあるモータムは、あの僧侶は僧侶の姿形をしているだけだ、と痛烈に批判している。

D村のモータムの二つの流派の系譜を広域にたどって明らかになるもう一つの事実は、「村の守護霊」の破棄とモータム輩出の間には、宗教実践の面での直接的な因果関係はないということである。つまり、モータムのタンマそれ自身は、集合的信仰である守護霊を排除しなければ成立しないものではない。タンマはいくつかの守護力の選択肢の一つである。開祖との関係を濃くもつ師匠がいた両派の村では、基本的に守護霊の信仰は廃止されておらず、タンマと並存している。しかも、現在も在村する弟子の数はそれほど多くない。むしろ、その弟子たちが競合する第二、第三の村落の方でモータムが多数輩出し、ぬきんでたモータムが集団的に守護霊祭祀を排除する傾向がある。

すなわち、開祖に近い弟子が住む村落よりも、その伝播先の村落で実践されるタンマの方が、集合的な信仰の形態をより強めている傾向がみられる。これにはいくつか理由が考えられる。まず、各派の教えが遅れて入った村々は「寄り合い所帯的」村落である。これは村内の政治的権力の競合と関係する。また、高名な師匠がいたところでは、教えを継承する弟子よりも、師匠が開示したタンマの威力を頼る信奉者ばかりが増加したことが考えられる。信奉者にとっては、どのタンマに頼るかは、基本的に選択されるものであって、自ら発展継承する必要のないものである。逆に、師匠を外部にもつ村落では、その弟子の誰もがそれぞれの集落で新たな師匠になることが可能である。さらに、開示された教えはそのままのものではない。教えが改編されてゆく過程は多くみられる。そのような場合では、弟子筋の者が、村外の開祖のカリスマ性を強化し、自らとの連続性を強調する傾向もみうけられる（【付録】参照）。

つまり、開祖は僧侶であるが、俗人弟子の系譜を下るほどに、その仏教傾斜が弱まるということはない。「村の守護霊」を排除した村では、むしろ逆に、強力に仏教シンボリズムを動員し、村落全体を覆う守護力へ「格上げ」しようとする動きがみえる。モータムが司式する「村祠」儀礼の年中行事化などは、その例である。師弟関係で結ばれるモータムは、基本的には二者関係を越える社会組織を構成することはなかったが、集落内部の社会的ネットワークのなかに、もう一つの仏教実践として浸透していった。もともと、個人レベルの実践にとどまっていた守護力は、仏教化されることによって、より広範に親族、村落を包摂し、県境を超えたことになる。それは、それぞれ相対的に独立していた地方国が解体され、首都中央に直接従属して結ばれて行く政治過程と、仏教の国教化が推進されて行く経緯と並行する。すなわち、位階的な主従関係に基づく中心の創造である。

5-5　国教化過程にみる頭陀行僧とタンマ

一　「国教」としての仏教

本節では、モータムにみるタンマの実践を、頭陀行する森林僧の問題とからめつつ、上座仏教のタイ国仏教化としての「国教化」の文脈でとらえる。ここでの国教化とは、その中心的担い手となるタマユット派（*Thammayut Nikai*）による仏教純化・統制が直接、間接的にもたらした仏教サンガ組織の中央集権的官僚制化、土着信仰の排除、東北地方における瞑想修行の隆盛の過程を含んでいる。一九二〇年代以降、コラート高原のD村周辺に輩出したタンマの祖型としての頭陀行僧は、当時のサンガ、仏教再編の流れのなかでどのような位置を占めるものなのだろうか。

結論を先取りするならば、複数のレベルを含む仏教純化と政治的なレベルでのサンガ組織の統制は、たがいに矛盾する要素を内包しつつ達成されている。仏教の「純化」は、制度的には、教理体系の整備、僧侶の入門・学習を含む作法を一元的に標準化しそれを公式のものとする方向に向かったが、実践面では、開拓村の人びとがウィサーとして実践するような宗教的知識や神通力、つまり国家が統制できない力の信仰を、僧侶から排除しようとする過程として現れる。しかし、サンガ組織の統制と運営、僧俗にまたがる実践の全国的な標準化は、人びとの自発的な仏教帰依を前提とするために、「民衆の師」のようなカリスマを体現する僧侶が介在して初めて円滑に達成される。仏教実践の統制は、国家の制度的統制が介入しえない（本来、国家権力を相対化する）要素を必要としたということである。そして排除されるべき要素は、まったく異なる位相（個人の力と権威）において、仏教を制御し、擁護する国家権力の伸張に寄与することになる。

ところで、教理体系の伝承者、担い手という点では、元来エリートが受容した上座仏教は、王室を中心とする国家がその知識在庫の管理・掌握者として、また諸シンボルの究極的な殿堂としての役割を果たしてきている。タイ語でいうサーサナー *satsana* は現在の一般的な「宗教」としての意味をもつ以前は、「国家に内属する仏教 *satsana pracham chat*」であり、政治権力を把持する者が生産する政治・道徳的イメージとして確立され存続してきた。

スコータイ王朝以来、支配者の社会的地位と秩序の正当性を仏教功徳の多寡の論理に基づいて説明するような仏教の政治的イデオロギー化は、支配者エリートが推進してきている［Chatthip 1984 : 50］。権力者が手中にしてきた仏教は、彼らが教理と実践を内的に純化・更新するのに対応して、社会的には中心から周縁へと働きかけるものでもあった。王宮を中心とする国家は、イデオロギー的な文脈で、在俗仏教徒のあり方や実践のモデルをも提供してきた。国王が正法王（*thammaratcha*）であるという、王権支配の正当性の論理もこの文脈で築かれている。

しかし同時に、仏教はそれぞれの地方的形態をとって受容されており、中央のエリートも、支配の周縁領域であった地方諸国の仏教を結びつける規範・制度的な統制機構を欠いていた。一九世紀末に始まる内政改革以降、急務とされたのは、王権のおよぼしうる支配の空間的拡大とその実質的支配の分節化にともなう、仏教の国家規模での均質化である。仏教の一部を政治的に利用するよりも、仏教そのものを国家が一元的に再生産することであった。それは、王室を核とするエリート仏教の「殿堂」の拡散ではなく、逆にその求心化を促進するように働く位階化の過程を前提とした、仏教の理念的・制度的な組織化であった。

現在、国教に準じる地位にあるタイ上座仏教は、教理、サンガ組織のそれぞれの側面において、全国的に統一されたスタンダードを整備している。それは、地方行政制度の中央集権化による近代国家形成の過程と並行するものであった。仏教の理念面での純化は、モンクット親王（後のラーマ四世）によるタマユット派の創設（一八三六年）が先鞭をつけ、制度面での統制はラーマ五世による「ラタナコーシン暦一二一年サンガ統治法 *Phraratcabanyat Laksana Pokkhrong Khana Song Ro. So. 121*」（一九〇二年。以下「サンガ統治法」）を契機としている。

「サンガ統治法」は、中央政府が仏教サンガ組織を単一の集権的統治機構の下において管理しようとした最初の法律である。[36] 当初の実施範囲は、直接支配がおよんだ畿内域の寺院、すなわち王立寺院やごく一部の特権的な寺院に限られているが、東北地方へは六年後（一九〇八年）に適用された。[37] 改革以前の、地方諸国が乱立していた東北部コラート高原の仏教サンガの歴史的な実態については、未だ明らかにされていない。ただ一九世紀中葉まで、寺院を州レベルで管理する僧侶の地位（*lak kham*）がラオスの仏教サンガのものであったこと［Toem 1970 vol. 2 : 613］、「組織を構成したりサンガに所属するというよりは、個人や小集団での止観・瞑想をより重視する」仏教の特徴、が指摘されているように［Chatthip

1984 : 89]、地方・民族独自の制度的な慣例を存続させていたことは事実である。(38)

第二章でみたように、中部タイからすれば、東北地方は異民族からなる辺境の地であると同時に、農民反乱が頻発した地域であった［Tet 1981］。その仏教の特色としてしばしば言及されるのが、農民反乱の背景をなす千年王国的な未来仏（弥勒 *Phra Sian, Phra Siariyamettrai*）信仰である［Chalong 1984］。もともと正統教理（長部経典）に存在する未来仏思想は、広く上座仏教圏にみられるが、東北地方・ラオ人社会の歴史においては、奇跡をなす人物＝プー・ウィセート（*phu wiset*）信仰と結びついて、とりわけ顕著な発現形態をとっている［Ishii 1975 : 123 ; Keyes 1977 ; 石井 1982］。これは同地方における知識の担い手としての僧侶や出家行動、寺院組織のあり方などとまったく無縁な産物とは思われない。

だが、いずれにせよ史料をもちあわせないこともあって、改革以前に行われていた東北地方のラオ人社会の仏教の制度的展開は再現できない。ここでは、サンガ組織の歴史的な変容過程を追うのではなく、まず国家が地方仏教を統制する方向を確認し、その浸透の過程をみることにしたい。タイ側の資料に基づいて、現実に仏教の制度を代表してきた寺院や僧侶の動向に焦点をあてれば、国教化の過程が東北地方にもたらした結果を検討できるからである。(39)

現ラタナコーシン（チャクリ）王朝の成立以降、国家過程と仏教の擁護―浄化との対応が以前にもましてより顕著なものになる。そこでは、二つの特徴的な時期が区別できるように思われる。すなわち、パーリ聖典への回帰を目指したタマユット派が成立する以前（ラーマ一世から三世）と、改革の過程が連続することになる、タマユット成立以後（ラーマ五世以降）である。

ラーマ一世から三世までの時期は、国家が仏教シンボル群の再建復興とともに、仏教サンガの超俗性を回復することを実質的な目的とするものであった。五世王以降は、寺院建立・出家の中央認可規制、正統的教理の確立、サンガの位階的組織化にみるように、タマユット派を模範として進められた仏教の国家的統制―国教化を推進・定着させる時期である。

双方の時期を貫く一つの主題は、国王を頂点とする王朝仏教の構築と、それが君臨する国家宗教の、構造的な位階化をともなった周縁世界への投射である。つまり、仏教の宗教的な至高性と社会的な均質性を操作的に組み込もうとする政治過程である。具体的には、地方的形態をもつ仏教信仰、カリスマ僧、土着の神祇、守護霊信仰を排除あるいは包摂し、国家が統制可能な仏教──共通のイディオム──のなかに位階化を読み込ませる過程である。

地方における仏教は結果的に二重構造をみせるが、基本的な相違は、均質性のもとに覆われる。儀礼・習慣の相違は、今日、相違としてではなく、一国内の「郷土」の仏教の姿として顕れている。国教化（うらがえせばタイの国家過程）は、サンガの規律と仏教儀礼の振興によって完成されてゆくが、その所期の目的がほぼ達成される一九二〇年代に重要な役割を果したのが、東北地方出身の頭陀行僧たちである。

二　タマユット派以前──王朝仏教の復興

ラーマ一世は、現ラタナコーシン王朝を興すと、間もなく「チャクリー仏教」［Zack 1977 : 27］とでも呼ぶべきバンコク中心の王朝仏教の構築、崇拝対象となる宗教的シンボルの統一的再編にのりだす。それは、仏教が王権支配の核心的な正統性の原理をなすものとして国家規模で繁栄したアユタヤ王朝にならうものであり、仏教はまず、首都と王朝を図像的に統合するシンボルとして整備・強化されなくてはならないものだった。

その中心となる首府の寺院建立や王宮の配置構造がアユタヤ期のものを模倣していることがこれを示している。たとえば、ラーマ一世が建立したドゥシット正王宮はアユタヤのシーサンペット宮殿のコピーであり、王宮のそばにたてた寺院の精舎（*wihan*）は、アユタヤの名寺パナンチューンと同じ高さの設計になっている。この仕事は後のラーマ二世（一八〇九─二四）、三世へと引き継がれて完成する［Chai 1972 : 58–59］。

また、仏教とともに根強かったリンガム、神祇崇拝および地方・民族によって異なる土着信仰は、そうした王朝仏教の傘下におかれる必要があった。その即位二年目（一七八四年）にしてラーマ一世は、ブラフマニズムの神々は仏教の三宝に従属するものであることを布告し、リンガム像を破棄処分するよう促している（勅令三五）［Chakrabongse 1960：89］。一七八八年には、それと並行するようにして三蔵を校訂する作業に着手する［Siriwat 1982：26–31］。また、スコータイ以来の通俗仏教説話『三界経 *Traiphumikatha*』［Reynolds and Raynolds eds. 1982］の校訂作業を一九年かけて一八八二–八三年ごろに完成させ［Reynolds 1972：56–62］、シャム仏教の「オーソドキシー」の復興が推進された。

そのオーソドキシーとは、仏教功徳に基づく位階化された秩序世界を背景とする功徳の論理――再生のための仏教――を中心的に強化するものであった。王権の政治的正統性を強力に保障するこの復興は、後々の国王によっても継続されてゆく。「富なきもの、信心なきものの功徳は少ない」というラーマ三世王の考えは［Reynolds 1972：271–272］、すでにみたように、今日村落での実践仏教（功徳積み）の支配的なイデオロギーをなしている。他方で、国王を指導者とする仏教のオーソドキシーの構築の背後に、「非」仏教信仰（特に地方・民族によって異なる土着信仰）の排除・包摂の過程がある。この過程は、その後も繰り返しあらわれる主題の一つである。(40) とりわけ、後のラーマ四世となるモンクット親王が、パーリ聖典への回帰を唱える復古主義的改革派（タマユット派）を創始する時期を迎えて、その排除の方向は決定的に全国的なものになる［cf. O'Connor 1978：230］。タマユット派の僧侶は少数であったが、その活動は国家と連結してサンガ組織の具体的な再編成と対応する形で展開されたためである。

三　タマユット派の設立と東北地方への進出

当時の欧米植民地勢力が、ミッショナリーを通じてタイにも押し寄せようとする危機感に満ちた時代、モンクット親王は、堕落した在来派（*Maha Nikai*）僧侶への批判として、王室を中心とするタマユット派を一八三六年に創始する。彼が推進しようとしたことは、すべてそれまでの仏教サンガに欠けていたものであった。石井はその特徴を次の四点にまとめている。(1)教理原典理解の重視、(2)スコータイ時代に編纂され寺院壁画の主要モチーフとなった『三界経』など従来の通俗仏教書の否定、(3)仏教純化による合理主義的側面の強調、および(4)持戒の重要性の強調、である［石井 1975：277］。近代タイ国仏教のオーソドキシーの基調は、このときに萌芽をみせたといえるだろう。それは、アユタヤ以来、王朝仏教を粉飾していたインド的伝統を後退させる［Somboon 1977：26］とともに、文化的ナショナリズムにのっとった宗教の刷新であり、中央エリートの手になる国教の模範、「中心」の創出であった。具体的には、仏教サンガの清浄性を回復するための、純仏教的な規律の厳格化と学習水準を高めるレベルから、地方の土着信仰を排して仏教帰依を説くレベルにおよぶものであった。

つまり、タマユット派による仏教の純化・刷新は、宗派的な問題に終始した運動ではない。後に地方行政制度の確立にあたって、国家規模での「新仏教」を喧伝するための規範的なモデルとなるものであった(41)。タマユット派の僧侶たちは、地方行政法発布（一八九七年）、全国の寺院、僧侶を王権の統一的支配下におくことを表明する「地方教育の整備に関する布告」（一八九八年）、といった地方州県制度および教育整備の施行と呼応しつつ、一八九八年から二〇世紀初頭にかけて、南部地方を皮きりに、教育視察官的な役割をもって地方サンガの国家への再編を促進してゆく［Reynolds 1972：245–247］。ウボンラーチャタニー出身の僧侶を、一八九九年から一九〇四年にかけて当時の行政区分であった東北州（*monthon isan*）に、一九〇八年にはウドン州へ派遣している。派遣目的は、サンガの規律と仏教振興の二点にあった［Reynolds 1972：235］。

教法試験制度の導入がタイ全国に展開するのは一九一五年である。このタマユット派の僧侶を主導とする教義学習の制度化、その地方への普及に先だち、東北地方においては、タマユット派王立寺院が徐々に「進出」していた経緯がある。

すなわち、一八五三年、当時の地方国ウボン（現ウボンラーチャタニー）に、東北地方最初のタマユット派寺院スパット寺（Wat Suppharthararam wong wihan）が即位して間もないラーマ四世の援助金によって建立されている。[42] 僧籍にあったラーマ四世がバンコクのボーウォンニウェート寺の住職となり、タマユット派を確固たるものにした年（一八三六）から一七年後のことである。以降、一八七三年までの二〇年間でウボンには六つのタマユット派王立寺院が続々と建立された。[43] しかも、それぞれの寺院の住職となった僧侶たちは、東北出身でありながら、バンコクで学習を修めた、いわば御用エリート僧であった［Toem 1970 Vol. 2 : 616–17］。

スパット寺の建立以前、ウボンには現在の県管区僧長に相当するラオス・サンガの僧位（*lak kam*）をもつラオ人僧侶（Than Ho Chao Kaeo）がいたことが中央には認知されている。この僧侶の没後、その任を継いだ僧侶（Phra Ariyatham Wongsachan）は、ラーマ四世によって地方国僧長として任命された。この僧はウボン出身であるが、バンコクの寺院（Wat Saket）で教理とパーリ語を学び（*parien* 3）、ウボンに帰還してからは教理、タイ語学習の普及のほか、布薩堂、仏足跡、三蔵庫などを作っている。また、地方国ヤソートンの僧長をも任命している［Toem 1970 Vol. 2 : 613–14］。

ある意味で、地方国ウボンに建立されたスパット寺は、首都中央と東北地方サンガ（さらには当時のチャンパーサックを中心とする南部ラオス）とを結びつける役割を果たした。事実、この寺院の初代住職（Phra Thera Phanuthulo）も布教、タイ語教育を行ったとされている。[44] これは、地方行政改革の最大の問題地域となった文化圏の異なる東北部に、中央政府が具体的な政策（一八九四年：内務省直属司令、一八九九年：「ラオ」の抹消）を開始する約半世紀近くも前のことである。つまり、東北地方に地方州県制度（*monthonthesaphiban*）が施行される以前に、地方国ウボンはシャム国家仏教の本山、東北部全域に拡大する仏教寺院・宗教行政整備、およびラオ人の中央化政策の拠点となりつつあった。この中央化への流れは、東北地方でそれまで使用されていた僧位の廃止（一九一三年）へと連続する［Toem 1970 VOL. 2 : 663］。

東北地方におけるタマユット派寺院は、当初、瞑想・観法の拠点でもあったとされている。最初のスパット寺、そして二番目に建立されたシートーン寺のそれぞれの初代住職は、ともにウボンラーチャタニー出身のラオ人で、もともと瞑想法にたけた長老僧であったためである。タマユット派が拡大するにつれ、教義学習とともに瞑想法はこの両寺院を拠点に、他の地方国ウドン、コーンケンへと流布したとされている。

しかし、第二世代以降、タマユット派寺院の住職は、教理学習を修めたバンコク出身者によって占められることとなり、寺院内部での状況は瞑想法が衰微する方向へ変化してゆく。州県制度が導入され、二代を経て、東北州管区僧長(Chao Khana Monthon Isan)になったのがソムデット・プラ・マハーウィーラウォン師(Chao Phra Khun Somdet Phramahawirawong〈Uan〉)である。このとき、二人の高僧が輩出する。サオ師(Phraachan Sao Kantasinthera)とプラパンニャー師(Chaokhun Phrapannya Phitsanthera)である。のちに、プラパンニャー師がバンコクの一寺院(Wat Pathumwan)の住職に任ぜられると、東北地方の「瞑想・観法一派 *mu khana thang witpatsana*」を率いるのは、サオ師一人となった。

しかし、サオ師には重要な弟子がいた。マン師(Phraachan Man Phurithat Thera 一八七〇—一九四九)である。ウボン出身で、瞑想を広く流布するのに貢献するカリスマ的な僧侶である。さらにマン師も重要な弟子をもつことになる。シンン師(Phra Achan Sing khanuttuyakhamo)である。彼ら三人の僧侶は、瞑想修行の全国的な流布に心をくだいた高僧として語られる。(45) その弟子たちのあるものは行政関係の仕事に従事したり、あるものは教育僧としてサンガ内部でのポストを得て行く[Maha Bua 1971 : 1–6]。

四　頭陀行僧の輩出――民衆の師と土着信仰の改編

1　頭陀行僧と瞑想の仏教

ここまで、為政者による制度的な観点から東北地方サンガの編成状況をみた。しかし、その経過を今日伝えるタイ語文献には、タイ仏教の組織整備が成立した時点から整合的に描かれている部分が少なくない。たとえば、瞑想・観法に長じた僧侶が、当初のタマユット派寺院の住職、管理職を担ったとあるが、そのことはタマユット派の僧侶が、東北地方に瞑想を広めたような印象を与える。事実はそうではなく、東北地方には、それ以前にもすでに瞑想・観法に精通した多数の僧侶が輩出していた。そのような地元出身の長老僧が、中央からの指令によって、それぞれの地位に就任させられていたとみる方が、より事実に近い[46]。

いずれにせよ、タマユット派の進出に対応するかのように、一九世紀末から二〇世紀初頭にかけて、徹底した観法修行を森林山野で行う東北地方出身の頭陀行僧が中央によって認知され始める。その代表格がマン師とその弟子の僧侶たちである。マン師らが修行作法の典拠としたのは、教理的にはブッダゴーサ（仏音）の著になる『清浄道論 *wisitimakkha*』に求められるが、今日では仏教実践としての頭陀行をタイ国全土に定着させたのは、マン師によるものとされている。

交通網が整備されていない二〇世紀初頭では、遠隔地への頭陀行は命をも落とす決死行であった［Thet 1986 : 71］。また、瞑想・止観を修行する僧侶は珍しくなくとも、糞掃衣をまとい、寺院ではなく森や墓地に起居する頭陀行は、当時の僧侶のスタイルとしては奇異なものであった。止住先の村の住民、とりわけ女性や子どもには、ある種の恐怖心さえも与えたらしい［Maha Bua 1971 : 7–8 ; anon. 1987a : 46］。つまり、開拓村において、彼ら頭陀行僧は瞑想修行する仏教僧でありながら、当初はまったく風変わりな存在でしかなかった。

頭陀行僧の周縁的な位置づけは、サンガ内部においても同様であった。マン師の弟子にあたるファン師は、当時すでにタマユット派寺院が建立されていたウボンラーチャタニーで、教理学習を修めていない放浪僧とみられ、州管区内での托鉢を許可されなかった［anon. 1987a : 44-45］。このことは、教理学習の統一を推進しつつあったタマユット派においては、頭陀行の実践スタイルが未だ認知されていなかったことを意味する。(47) しかし、頭陀行僧の周縁的性格と、過酷な自然環境で瞑想修行する姿は、出会った人びとに僧侶の超俗性と強靭な精神力を喧伝するものとなった。特に瞑想は、神通を得る方法として住民に多大な影響をおよぼしたようである。森を切り開いて生まれた開拓村をぬって、頭陀行僧たちは村落レベルの仏教布教者、聖者としての評価を人びとから得て「民衆の師 *khanachan*」となってゆく。今日、その開祖であるマン師の名声は、その弟子たちとともに、生きた正覚者、阿羅漢としてタイ国全土に広まっている［Thepsu ed. 1984 : 10］。彼らは、国教化を推進するタマユット派が、後々に操作的に取り込まなければならなかった地方のカリスマ僧であった。

2　頭陀行ルートと諸活動

ファン師は現在のサコンナコン県パンナニコムを治める一族の末裔として一八九九年に生まれた。両親は、子どもたちが成人してから他の家族とともに移住し、新たな村を現パンナニコム郡に開いた。他の人びとと同じく、よりよい豊かな土地を求めての移動であった［Watpa Udomsomphon 1978 : 9］。ファン少年はこの新村の寺院で見習僧になるが、二〇歳になってから同郡内の他村の寺院で僧侶として得度する。ここで一年間、授戒師から止観法を学んだ後、再びもとの村の寺院へもどる。翌一九二〇年、ファンはパンナニコムを訪れたマン師と出会う。そして弟子入りを果たし、以後行動をともにするようになる。

在来派に属していたファン師は、一九二五年ウドンタニ県のタマユット派寺院（Wat Phothisomphon）を訪れ、タマユット派僧として新たに得度しなおしている（*yatti kam*）。その後ただちにマン師が止住していたノンカーイ県ターボー郡の「森の寺」に合流し、安居を迎えた［Watpa Udomsomphon 1978: 17–18］。以後、一九七八年に他界するまで、ファン師はのべ一七か所の寺院、道場を拠点に頭陀行僧としての生涯を送る【図20】。

このような瞑想の師との出会い、師匠と連絡をとりながらの各地の行脚修行、布教活動、寺院・道場の設立は、他の僧侶伝にも共通してみられる典型的なものである。また、タマユット派僧としての受戒すなわち再得度は、積極的に行われている。(48)

いくつかの僧伝から、東北部を舞台に活動した頭陀行僧たちの聖者としての特徴を、記述されているままに拾い上げてみよう。

①森や洞窟に潜む守護霊や悪霊が恐れる存在［Maha Bua 1971: 25］。
②自然墓地に入り、智・明を得て死霊の恐怖をもたない。森の世界の征服者［Maha Bua 1971: 52–53; anon. 1987b: 73］。
③修行中に患った病を精神統一・タンマで自ら治す［Maha Bua 1971: 26; Watpa Udomsomphon 1978: 15］。
④頭陀行で訪れる村々で悪霊を調伏し守護霊信仰を破棄させ、仏法に帰依させる［Maha Bua 1971: 72–73; Watpa Udomsomphon 1978: 29; Thet 1986: 66, 97］。
⑤ウィサーを崇拝する呪術師（*mo wisa*）を仏教徒に改宗させる［Maha Bua 1971: 61; Thet 1986: 67］。
⑥朝晩の勤行、読経は病気を癒す。現世利益をともなうものとして持戒、三宝帰依を止住先で説く［Maha Bua 1971:

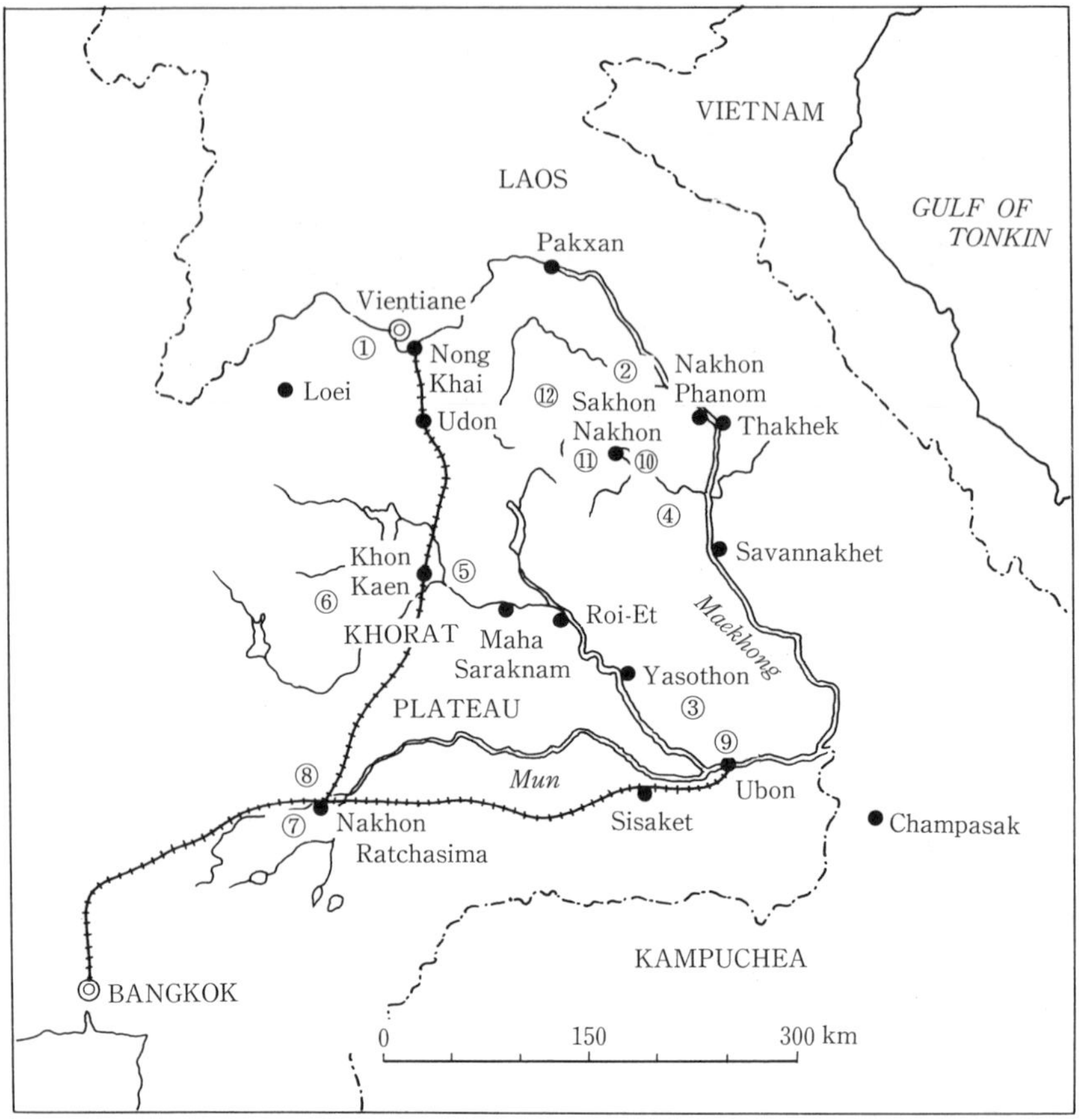

① 1925 ノンカーイ県ターボー郡

② 1926 ノコンパノム県

③ 1927 ウボン県ファタパーン郡

④ 1928 ナコンパノム県

⑤ 1929-30 コーンケン県（P県）

⑥ 1931 コーンケン県チョナボット郡

⑦ { 1932 / 1935-43 } ナコンラーチャシーマー県

⑧ 1933-34 ナコンラーチャシーマー県ノーンスーン郡

⑨ 1944 ウボン県

⑩ { 1948-53 / 1956，1963 } サコンナコン県

⑪ { 1954-55 / 1957-62 } サコンナコン県

⑫ 1964-76 サコンナコン県

図 20 ファン師にみる頭陀行と止住のルート（出所 [Watpa Udomsomphon 1978]）

72]。

⑦地元のカリスマ的な僧侶をタマユット派に改宗派させる［Thet 1986：97］。

まず、どの頭陀行僧伝にも顕著にみられることは、しかるべき修行によって神通を獲得し、土着の精霊や悪霊の禍を恐れない人物（プー・ウィセート）として描かれていることである。

そして、行く先々で人びとの土着の信仰である守護霊崇拝に代わる形での「仏教帰依」を広める布教者の姿がある。帰依の根拠ともなる仏教理念では死後の世界、悪行の果、自然動物の輪廻内存在を説き、自然の脅威を日常的なものとして解剖してみせ、三宝帰依、戒律の重要性、持戒行と積善行為の現世利益を説くのはすべて共通している。

同時に、布教という形であるにせよ、旧来の信仰を破壊するものとして村人に恐れられ、殺されそうになったということも伝えられる［Thepsu ed. 1984：180–82］。自然と一体化したような存在である頭陀行僧は村人にとって自然霊同様に脅威であり、またそうであればこそ、彼らの行為や説法は神聖で霊験あらたかなる趣きをもってうけとめられたのであろう。また、マン師伝にはほとんどみられない国教化への貢献が、ファン師以降の弟子伝では頻繁に記述されているのが特徴である。

3　テート師回想録にみる頭陀行僧輩出の背景

テート師は、マン師からみて三代目の弟子にあたる。ノンカーイ県のヒンマークペーン寺で僧歴七〇年の生涯を終えた頭陀行僧である(一九九四年死去)。彼の仏門への接近は、マン師の直弟子であるシン師との出会いから始まる。以下に明らかなように、すでに一九二二年ごろには、東北地方に国教化政策としての教法試験が導入実施されており、マン師の高弟たちはその促進役を果たしている。テート師の回想録に登場する頭陀行僧は、あたかも首都中央が派遣する地方官吏のごとくである。少年テートは、リクルートされる形でその系譜に連なってゆく［以下、Thet 1986：40–44］。

一九一六年、シン師とカム師がテート師の出生村（ウドンタニ県バーンプー郡）にやってくる。村人は自分たちが知る僧侶とは異なる頭陀行僧を見て驚く。当時のテート少年が住む村の僧侶は、瞑想はしても出家と還俗を繰り返し、呪符を弄するのみならず、アヘンもたしなむ自堕落者だったので、余りに対照的であったためである。シン師らは、僧侶への献納物にはどんなものがふさわしいのかを住民に説き、戒律を得て守ること（持戒）の重要性、修勤（*phawana*）、祈念法（*borikam phuttho*）、瞑想止観を教示しながらその村の寺に約二か月滞在した。

テート少年はそれまでに、不死身のウィサーを求めて村の僧侶とともに放浪の旅にでたことがあった。好奇心溢れるまなざしで頭陀行をするシン師らをみていた彼は、シン師らが村をでる際に同行することを決意する。生涯で二度目の旅であった。現在のコーンケン、マハーサーラカム、ローイエット県を約一か月歩きつづけ、シン師の生家があるアムナートチャルーンにたどりつく。シン師はここで三か月間、実母に仏法を説いている。

テート少年はその近くのある村で見習僧となり、タイ語を学びながら『三界説話』（*Trailok witthan tonlok suam chon koet satthantonkap*）を読んでショックをうける。その後シン師は、見習僧テートをウボンラーチャタニーの寺院（Wat Suthatnaram）へ連れて行った後、ある寺の学校で引き続きタイ語を学ばせる。

その年の安居が終わり、シン師は師匠のマン師を訪ねてサコンナコンへの頭陀行にでたが、テートはここにとどまる。タイ語を学んでいるこのときの学習時間は、読経暗唱と教法試験（*naktham*）三級の勉強にあてている。しかし彼がこの試験に通ったのは三年目（一九二二年）で二一歳を迎えようとする年だった。時の州管区僧長が、二〇歳に満たない者の受験を認めていなかったためである。

テートは一九二二年、引き続きパーリ語とパーティモッカ（戒本）の暗記学習をする。タイ語は初等教育程度であった。当時の政府の学校は三年までしかなかったからである。タイ語を終えてから本格的なパーリ語学習にのぞむ。その年、シン師の実弟であるマハーピン・パンナプロー師がバンコクより帰り、東北州地方諸国で最初の教法試験二級受験のための学習を開始した。テートはパーリ語とともに受験を志願したが、帰還したシン師（およびマハーピン師）とともに出安居明けに再び頭陀行にでたため、果たせなかった。

五　守護力と千年王国的運動

一　守護霊信仰の排除

テート師の自伝によると、一九二九年、政令として地方における精霊信仰廃止と三宝帰依の布教の命が下り、コーンケン県当局から師匠であるシン師の頭陀行僧集団が協力のための招集をうけたとある［Thet 1986 : 66］。ファン師もそれに合流した。ファン師の伝記では、それと前後して、ファン師は七〇人の頭陀行僧らとともに県内の村々に散ってタンマを広め、精霊信仰を排除するために、森林山野に「森の寺」を開設したとある［Watpa Udomsomphon 1978 : 29］。それは、異伝では「瞑想する頭陀行僧にとって、住民に三宝帰依を教示する最大の仏教布教であった」としるされている［anon. 1987a : 46］。マン師の系譜に連なる僧侶が多数一同に会して布教活動を行ったことをしるす記事は、これをおいて他にない。

一九二九年から翌年にかけて、ファン師はコーンケン県のP村に止住している。P村は前述したように、その後急激な村内開墾が進められた集落である。ファン師伝によれば、当時P村ではほとんどの住民が守護霊を崇拝しており、僧侶、仏教は崇拝されていなかったとある。また、森で起居するファン師らをみて、住民は寺院に住まない僧侶は僧侶でないとみて快く迎えていない。しかし、「村の守護霊」の祠がある森に座所を決めたファン師は、その場を去らせようとする村長が率いた住民に説法を行って、仏法帰依させる。P村の自然墓地で安居を過ごした間、彼は何度も悪霊祓いをし、いかなる霊も「僧侶」にはかなわないと住民に教示するのである［anon. 1987a : 46］。

止観・瞑想の修法と在家戒の遵守は、タンマの内容を経験的に伝達する最大の要素であった。とりわけ、厳格な持戒の実践と三宝帰依については、「救済」としての現世利益をもたらす技術として強調されたことであった［anon. 1987a : 48, 52］。

師匠について少しずつその教えを実践する。それ以外にすることはない。だから十分に瞑想・止観に没頭できた。……そして（修得したことは）、在俗信者に教示しなければならない。というのも、当時は止観・瞑想の師は少なかったからである。弟子がたくさんついている僧侶をみれば、人びとはその方が師匠だとわかって、こぞってあいにゆく。そういうものだった。［Thet 1986 : 150］

テート師の回想録には、得度して三年目に出生村にもどり、白衣を着て八戒を遵守することを母親に説くくだりがある［Thet 1986 : 52］。彼の師匠のシン師も母親に説法している。また、白衣を着て僧侶とともに頭陀行に参加する俗人（*chi phakhao*）の姿がある［Thet 1986 : 71, 86］。師匠—弟子—その親族、在家者一般へと連続する布教の経路をとおして、頭陀行僧による仏教実践は着実に根づいていった経緯がわかる。

頭陀行僧たちは、開拓村の生活世界に仏教信仰の個人的実践の方途を示した。同時に、集合的な精霊・守護霊信仰を排除する仏教の力を示した専門家でもあった。それは、修行僧が開拓村における異界の意味を解体することによって、神通力をもつ聖者になる過程と、その聖者がタンマの布教を通じて守護力に変換される二重の過程を含んでいる。頭陀行僧たちは、土地を求めて移動する他の人びとと同じように移動した。そして、共同墓地や猛禽がいる森林で瞑想を実践した。それぞれの伝記は、やや誇張気味に描いているが、精霊の祠を壊して仏教にまさる力なしと説いた。神通力の開示、仏法優位のパフォーマンスは、当時の移動する男たちを惹きつけたことであろう。タマユット派が達成目標とした地方仏教の「純化」は、まったく異なる論理で開拓村のレベルで仏教化を推進するものとして実現した。その結果は、僧侶たちと在俗仏教徒の中央への帰依を確実なものにしたが、他方で、在俗仏教の特殊な形態をも生み出すことになるのである。

D村での聴き取りからでは、テート師らのような伝記をもつまでになった著名な僧侶の名前はあがってこない。しかし、一九二〇年代、チー川ぞいの開拓村はモータムの輩出するまさに前夜にあった。しかも、悪霊を調伏したファン師らは、当時三〇歳代の若き僧侶であったことは重要である。同地方の同世代の男性たちは、頭陀行僧のタンマが師匠として開示されることを切望したであろう。ハーナーディーとともに、師を探して学ぶ（*ha khu ha hien*）という言葉が古老の回想に登場するのも、頭陀行僧を起源とするタンマへのアクセスを意味している。

2　未来仏信仰と千年王国的運動

前述したように、東北地方では、膨張・浸透するシャムの国家権力を全面否定する千年王国的な農民反乱がさまざまな規模で起こっている。その指導者のほとんどが神通を会得した同地方出身の僧侶である。しかも、通史的にみれば明らかなように、それらの僧侶たちが住民に教示しているのは、厳格な持戒、瞑想、読経の奨励といった仏教実践である［Murdoch 1974 ; Chatthip 1984 : 111–134］。つまり、これまで述べてきた頭陀行僧が喧伝したこととまったく変わらない。相違点といえば、僧侶自らが未来仏であると自称したり、憑依によって来臨させたり、未来仏が下生すると予言している点である。マン師一派の頭陀行僧伝には、未来仏信仰は登場しない。

ここに、頭陀行僧が未来仏信仰を広めた例がある。チャティップらが村人の口述史をもとに報告するコラート高原最北西部、ルーイ県のある村での反乱である。反乱は、マン師一派の頭陀行僧が東北地方を遊行していた一九二〇年代初頭に起こっている［Chatthip and Pranut 1981：249–75］。一九二三年、その村を訪れた東北出身の三人の僧侶と見習僧は、住民たちに神通力をみせ、完成後間もない村の寺院で安居期を送った。頭陀行僧らは、病人を治療するかたわら、村の男性にタンマを教示している。同時に、「仏教在家戒を遵守し、朝夕の読経を欠かさぬこと、精霊を恐れずに功徳積みに励むこと、肉をとらずに菜食（ゴマ、果物、野菜、米のみの食事）すること、さらに両親の恩を思い、盗みをしないことを教示した」［Chatthip and Pranut 1981：255］。

村の男性のある者は、弟子入りしてタンマを学び神通を得た。また、村境を超えて花、線香、ローソクを捧げる信奉者が増えたころに、僧侶たちは還俗し、その村に婚入する。翌一九二四年になって、彼らは境内で集会を開くようになり、唄と踊りと聖水散供の儀礼、そして未来仏を憑依によって来臨させる儀礼を繰り返し行う。そこで演じられたのは、未来仏が下生し、自分たちを抑えつけるタイ（シャム）人の支配や搾取もなくなり、飢えも苦しみもない豊穣な世界がラオ人の旧都（ヴィエンチャン）にやってくるという千年王国的主題である。

信奉者の取り巻き連をもった彼らは、やがて、四〇〇～五〇〇人の男女とともに、中央政府とを結ぶ郡役場を襲う。当時、村では干魃続きで稲作ができず、徴税は重荷であった。襲撃はそれを逃れるための手段であったが、ほとんど未組織の集団であったため、即座に鎮圧されている。

チャティップらは、頭陀行僧が展開させた千年王国的な仏教信仰を、生活苦にあえぐ住民に支配階級の経済的搾取を粉砕しようとする政治的な行為を動機づけ、意味づけるものとして分析する。その意味では、ここでの僧侶たちは、単に神通をもつ修行者ではなく、還俗して住民と生活をともにし、自ら住民を集め、率いる社会的指導者としての役割を果たした一種のイデオローグである。つまり、同じ頭陀行者でもマン師らのカリスマ性は個人の実践行為を促す覚者のものであるのにたいし、指導者の方は救世者のものである［Keyes 1981：150；cf. Tambiah 1984：294-95, 314］。

未来仏の下生をこの世の現実に直接重ねあわせて権力支配を否定する千年王国運動は、宗教的な救済の一つのラディカルな結果である。この文脈において、頭陀行僧の「布教」行為がもたらした逆説が明らかとなる。つまり仏教純化を推進しながら、それは国教化の基盤を否定する要素をも導入することであった。

すなわち、頭陀行僧が示す仏教の力の優位のイデオロギーは、土着の守護霊信仰を位階的におとしめて改纂するとともに、この世に奇跡をもたらす世界――正覚者が序列的に下生をまつユートピアとしての解脱界――の存在を空間的に具体化させるものでもあった。これは、持戒行や瞑想によってイメージされる世界である。逆にいうと、持戒行や瞑想、経文の誦唱の励行は、仏教徒を作り上げる基本的な要素であると同時に、そのような力を引き出す世界をわが身にたぐり寄せる媒介的な技術として定着してゆく。

だが重要なことは、弥勒をはじめとする未来仏が住まう世界像を内在化することそれ自体が、ただちに千年王国的な運動を導くのではないということである。問題はその内在化の仕方にある。その世界が国家の支配権力を無効にする弥勒下生のものとして表現されるか、あるいはまた個人的な力の実現のためにのみ追求されるのかは、住民の支配権力との関わり方と認知の仕方に依存する。千年王国的な世界の観念を共有する同じ東北地方のラオ人社会においてさえも、前者の行動を「功徳多き聖者 *phu mi bun*」のものとしたり、中央政府の公文書に記載され、地方にも流布されたような「狂った亡者 *phi ba*」のものとして語ることがありうるのである。

すでにみたように、もともと林住部の伝統に連なる頭陀行の実践は、教理学習を標準化したり、サンガを全国的に統制する方向とはまったく逆の立場にある。しかし、仏教の規律と清浄性を厳格に実践する点においては、頭陀行はタマユット派が標榜する改革主旨と矛盾するものではない。また、その師弟関係の系譜が示すように、マン師をはじめとする弟子僧たちは、当初からバンコク中央、国家の統制過程とはまったく遊離した存在ではなかった［cf. Tambiah 1984：128,

163]。カリスマ的な頭陀行僧たちによる徹底した観法修行が、国教のなかに組み込まれてゆく過程は当初からあったといえるだろう。

テート師の回想にあったように、マン師の弟子世代の頭陀行僧たちがタマユット派によって推進された「教法統一化」に大きな役割を果たしたことは明らかである。しかも、タマユット派が主導する改革は、地方出身の僧侶たちをバンコクへ誘致しつつ、その事業を地方へ還元させていた経緯、さらに地域は限られていたであろうが、首都中央と地方との連絡が相当程度緊密に展開されていた事実を窺い知ることができる。ある意味では、シン師やマハーピン師のようなマン師一門の頭陀行僧たちは、後々にそうしたルートに併合されてゆく国家レベルの仏教化過程を担うエリート地方僧の立場にあった。

教義学習を制度化しつつあるタマユット派がもっとも手薄であった地方での観法学習の実践(今日にいたる)は、彼らによって「先鞭」がつけられると同時に、地方の土着信仰を排除し、教法学習を導入しつつトータルな国教が構成されてゆく結果をもたらした。そして彼らの多くが晩年、国王の面会をうけたり上層のエリートとの接触が増すことによって、国民的聖者として祀られ、伝説化されてゆくのである。タンバイアの指摘をまつまでもなく、多くの僧伝はその文脈で書かれたものである。

しかし、頭陀行僧たちは、止観と瞑想、持戒を説くかたわら、悪霊祓いや雨乞い儀礼を行って住民の信奉をかちえた。彼らが村を去っても、開拓村の世界でその教えは、持戒・瞑想と守護力を具現化するタンマとして痕跡をとどめた。森の世界が仏教に征服され、村落の生活世界において、タンマは仏教の力のイデオロギーとして物象化されてゆく。まさに、頭陀行僧の通過と還俗した弟子たちによって、世界は読み変えられる。モータムに表現される守護力は、共同体ではなく、個人が担う力の形象に変換されて住民のネットワークのなかに存続してゆくことになるのである。そして、それが上演される儀礼と儀礼的関係をとおして、国家の制度となった位階的な仏教サンガのモデル(帰依と従属)が社会的に繰り返し再生産され、刻みこまれてゆく。

D村周辺にモータムが輩出した一九三〇年代は、原野に生活空間を開拓しつづける東北部コラート高原のラオ人にとって、「空間的な停滞」と「構造的な内向化」を告げる時期であった。すなわち、相対的に自由な開拓空間の外縁的拡大の終息、国家中央権力の生活世界への進出に遭遇し、宗教実践を含む生活世界の諸領域を構造化する論理が、外部からの秩序原理で新たに再編される時期であった。守護力のうけ皿は集団から個人へと分化する。制度としての仏教はその基盤をなしている。モータムの祖師たちは、記録されない頭陀行僧であった。タンマの信仰は国家仏教とは無縁なローカリティのなかにある。同時に、そのタンマを正当化する仏教は、帰依の作法をとおして、国家の制度仏教と矛盾することなく共存する。見方をかえていえば、「国教」の名のもとに、東北地方に新しく生成した実践仏教は、個々の住民の生活世界に生きながらえる。仏教の制度的な均質化は、間接的に、東北地方の社会史に底深く持続する個別の実践をもたらしたということである。そして、タンマを実践する作法は、異界を制御する旧来の力の作用のみならず、国家の政治的支配権力をも相対化して隔絶するような地方仏教の構えをもたせることになった。タイ国随一といわれる「国教」振興の地方には、モータムが物語るような、地域社会の軌道で生成した実践仏教の姿がある。

5-6 仏教実践者としてのモータム

「ラオ民族主義者」を自認するウボンラーチャタニー市内在住のP氏は、東北タイ民俗に関する多数の自著の一つに、以下のような一文を残している。一九九〇年に面会した際、これは実話だと筆者にいっている。

現代の人びとは精霊の話は信じない。悪霊祓いを生業にする者は、ひとをかどわかすものとして非難される。それは法律に違反することであり、罰せられることでさえある。

一九三七年のことだった。中部タイの役人が東北地方の郡長 (*nai amphoe*) として赴任してきたが、その郡長宅の近所のある人が、悪霊ピー・ポープに憑かれて苦しんでいた。相談をうけたモータムはピー・ポープを祓った。ところがその郡長はモータムを懲戒し、今後、そのようなことをすれば法的に処罰する、と申し渡した。しかし、しばらくしてピー・ポープが郡長の娘を襲った。住人たちは、郡長にモータムにお願いして祓ってもらうように勧めた。モータムの方といえば、罰せられるのを恐れてあえて治療するのを拒んだが、郡長はとうとうモータムを招請することになってモータムの足元に跪拝し、逮捕したり処罰しないことを約束した。安心したモータムはそれでピー・ポープを祓い、郡長の娘は命をとりとめたのである。[Pricha 1974：239-40]

今日、東北タイのラオ人社会で観察されるモータムには、宗教的な「治療者」の顔と社会的な「守護者」の顔がある。「治療者」としてのモータムは仏法を自らの身体に具体的な「力」をもつ存在として身体化し、これと通交する。「守護者」としては、持戒と禁欲の生活態度によってその「力」を正統化する。このようなモータムと女性信奉者の関係の背後には、守護力を正統化する仏教のシンボルや行為（持戒・瞑想）が在家仏教徒の規範を導く儀礼的演出とともに、生活世界における男女のあり方を表現し、存在の権威を位階化することによって生活世界を統御するような「力」のイデオロギーが展開されている。旧来の異界に依存する守護霊祭祀を放逐したD村では、役割類型としてのモータムは仏教篤信家を表現すると同時に、男性の社会的成熟を示す範型の一つとなった。それは、個人のレベルにもう一つの仏教実践が波及するような村落仏教の再編過程の産物であり、同時に、国家主導の国教が構築される過程と対応するものである。

守護霊信仰はかつて自生的に、個人、世帯、親族、集落のそれぞれのレベルで実践されていた。だが、そのなかでもっとも地縁的性格の強い「村の守護霊」がモータムによって最終的に破棄された開拓村には、以前とは異なる政治的な権力空間が現われることになった。「村の守護霊」を頂点とする従来の守護霊祭祀は、それぞれに中心（守護と制裁の単位）をもちつつ、成層化されて並存していた。【前掲図8】に示したように、モータムが輩出するころから、祖霊信仰が弱まって行く。ついで親族レベルの守護霊信仰が消滅してゆく。そして、守護力のおよぶ範囲がもっとも広い「村の守護霊」が消滅したとき、開拓村の自生的な中心は消滅したことになる。代わってたてられた村祠に祀られたのは、悪霊が住む異界を超越する守護力である。それは、「村の中心」という名称をもつが、中心は村落社会のなかにはない。村外の僧侶に淵源をもつ「力の仏教」というシンボルにある。

そして、それは国家が統御・合理化しうる国教として制度化しつつあった同じ「仏教」であった。すなわち、政治空間の中心は、もはや開拓の地平にではなく、国家の地平におかれたわけである。これが、「仏教化」のもう一つの意味である。守護力を仏教的シンボルで彩るモータムは、村落の信仰体系のなかにおいて、指導者的役割と地位を獲得しながら、自らを国家宗教のなかに従属させた。だが、モータムは決して制度的に表面化しない仏教実践の一局面をも代表する。人びとにとってモータムの実践は、国教化の産物としては意識されることはなく、依然「われらの仏教実践」であり、よそ者には「精霊使い」の範疇に属するものだからである。タンマの儀礼的実践において、参加者が異なる知識体系を背景にもちながら、経験的には万人が依存すべき力としてそれを認知するように、異なる信念とたがいに排除しあう状況の定義を生み出しながらも、同時にそれらの差異を曖昧にすることこそが開拓村の生活世界における「仏教化」、「国教化」の歴史的結果であるといってよいだろう。

ここに、頭陀行僧の神通力を祖型にして人びとが自らのものとして創りだした「力の仏教」が、二つの政治空間に向かって作用することが明らかとなる。生活世界の守護を保障するタンマとその宇宙論は、従来論じられてきたように、千年王国的運動を呼び起こすユートピア＝反国家の原動力となる。同時にまた守護霊祭祀撤廃にみるように、力の位階化の論理が生活世界内部の権力構造の変換を促す。前者が希求するものは自生的共同体の全面的回復であり、後者は共同体を刷新し、より広大な政治空間の一部へとそれを変容させることである。だが、両者の矛盾はやはり仏教の最大の担い手であるサンガと国家のもとで解消されている。その意味では、信奉者を擁するD村のモータムは、潜在的ではあるが、ことごとく指導者であると同時に、帰依する従属者なのである。

モータムの存在は、村落の実践仏教の位相を逆照射する。人びとが生活世界で実践する仏教は、行為様式においては出家、在家、半俗半僧の三元構造をもっており、認識論的には三者が混然となって成立している。そこに、構造的に区別されるいくつかの範疇がみられる。その範疇は、村落内部で対流している象徴のみならず、村落を超える国家権力の対抗・浸透過程によって動態的に生成されつづけている局面を強くもつ。このような側面は、宗教的観念体系それ自体の志向性のみから理解することは不可能である。D村の仏教は、一方では与えられる制度の様式を形式化し、他方で再生と「力」の論理をもって生活世界に輪郭を与えると同時に、変容させる装置でもある。すなわち、国教であるとともに、国教を「脱制度化」(de-institutionalize) しつづける要素を常に内包している。

ラオ系集落は、決して同質的な共同体的構造に覆われていた社会ではない。出身の異なる人びとが、頻繁に出入りを繰り返し、結び目のようにして村が生まれている。移動する人びとがラオであった。しかし民族の指標は、地方世界の隣人関係のなかで言及される社会形態として現れた。相互の関係の創出と調停、選択的な共存こそ、東北タイで後発者のラオ人が築いた生活戦略ないしエートスである。それゆえにこそ、共働共食や相互扶助の精神が、村内の社会規範として、またイデオロギーとしても強調された。世代間をつなぐ仏教功徳のあり方や社会関係をつくる功徳の論理にみるように、仏教はその双方の表現にたいして持続的に動員されてきたといえるだろう。

充分な未耕地を背景に土地占有を前提として行われた開拓移住の終息がもたらしたのは、土地の「商品」化と既存の占有空間のインボリューションである。この結果が、東北タイのラオ系農村の生活世界の、今日にいたる構造化を促した。「村の守護霊」を撤廃した集落は、仏教化した守護霊祭祀を残す集落以上に、新しく構造化された村落の姿をもっとも尖鋭な形で示している。力の仏教が台頭し、再生の仏教と結合する。かつて人びとは異界の精霊（力）を守護力としながらも、その両義性に翻弄されたが、自らその統御の手段（タンマ）を適用した。その前身をなすウィサーは、広大な原野を前にして繰り広げられていたような守護力信仰であった。これにたいして、モータムのタンマは、すでに停滞した人びとの動きのなかで必要とされた実践である。人間は過ちを犯す生き物であることは、村人は精霊との付き合いで知っている。師匠から得たタブーを偶然犯して、身体からでた「力」が垂れ流しでは困る。精霊禍だといって移動できた時代とは違って、人にはもう行き場がない。ブッダに起源をもつ仏弟子の「力」をポータブルに物象化したタンマは、この問題を見事に解決している。

しかも、タンマは仏教である。二重の意味で当時の社会状況に適している。

かつて守護霊に保護されていたコモンズの領域は、個人の守護力で侵略可能なものとなる。公共地が分けられ、換金作物栽培が拡大するのも、かつての因襲を捨てることを前提とした。変動期に、タンマは有効であった。そして、遠目には貨幣経済を積極的にもちこむ引き金となったようにもみえる。さらに、それは、儀礼的に反復される帰依を通じて実現されるべき永遠の世界を実体視し、権威の位階にわが身をおくことによって可能となった。開拓村における仏教化とは、世界観への参加の様式を異にする、力の仏教と功徳を媒介とする再生仏教の矛盾を人びと自らの手で止揚することにあったともいえるだろう。

本節の冒頭に引いた中央派遣の官僚とモータムとの接触は、土着信仰を迷信とみなす国教の担い手と地方仏教の担い手との、解消しがたい、今日まで存続するもっとも根底のレベルで響く不協和音を物語る。つまり、力の源泉を世俗的な権力の中枢である国家の威信に求める中部の役人にとっては、モータムはラーマ一世以来、排除されるべき精霊―呪術信仰の担い手に過ぎないのである。

モータムは、因襲的な機能論者からすれば仏教の経文を「呪術的」に使用する、上座仏教文化圏に広くみられる悪霊祓い師の一タイプとなる。つまり、大伝統の意匠を借る小伝統の一産物である。しかし、このように峻別することと、現実を理解することとは別問題である。制度的に僧俗の区別がなされている上座仏教圏では図式的にそのまま適合するかにみえるこの分析枠組が、双方の制度世界の周流、まさに、両者の狭間の現実に生まれている実践仏教の主体の側の姿相を隠蔽してしまう。少数者の宗教と一般人の宗教の検討は、多かれ少なかれ、この便利なダイコトミーで置き換えられてきているが、一般人ないし非専門化は決して少数者にたいして従属的な存在に終始するものではなく、逆に少数者の見解を生み、支持したり拒否している側面がある。地域のコンテクストを外した二元論は、いかに論理的に整合的であっても、少数者のもつ知識の社会的意味と彼らとは区別される非専門家との間にある宗教的現実が、どのような方法で調停ないし操作されているのかを問うことができない。

ある宗教的知識(観念)の担い手は、具体的な社会環境のなかで観念に働きかけ、操作する存在である。本章では、生活世界の内側からモータムの実態を理解するために、開拓移住の経緯と開拓村の権力構造の分節化を背景に、旧来の守護力の超克者、弟子、信奉者の形成者としての役割、および儀礼の専門家ではなくとも広く男性一般に実践される知識の類型としてのタンマを記述した。そして、モータムが悪霊を祓う儀礼執行者にとどまるものではないこと、閉じられた小伝統の担い手ではないことを明らかにした。モータムは、信仰体系や制度的属性を超えて、旧来の秩序に代わる「力」の保持者のモデルとなり、男性の権威と位階的な社会関係を生み出す役割類型を実践するものであった。モータムの役割は、一面でもっとも地域的な姿形をもちながらも、地域を超える「力」の実践と関わっている。すなわち、タンマの「力」を生み、保持する男性とそれに依拠する女性信奉者は、それぞれのローカルな場で身体を介した実践をとおして、より大きな「力」の秩序（仏教と国家）に参加することになるのである。

第6章　村落宗教の変節と「森の寺」

6-1 村落の変貌

現在存命する古老にとって、D村と周辺集落が経験した激動の時代とは、一九三〇年代以降の約二〇年であった。耕地の外縁的拡大を前提とする「動く生活世界」のさまざまな領域が滞留し始め、外部の空間へと人びとをかりたてていたそれまでの実践に、歯止めがかかり始める時代であった。事実この時期に、農地を含む村の社会・宗教的環境がほぼ現在の布置を整えている[1]。

続く一九六〇年代から八〇年代にかけて、D村は政府主導の地方村落開発政策を迎えた。人びとにとって「開発」とは、村内外の道路網の整備・拡充、電化、用水路の設置、雨水貯蔵タンクを整備することであった。現在進行形でもある開発の時代は、人びとの生活世界に新しいくさびを打ち込んできている。それは貨幣経済の定着と、村外の市場への、憧憬さえともなう消費主義のいっそうの昂揚である。古老たちはそれぞれ実感を込めて、昔より暮らしが楽になったという。今も昔も同じように洪水や旱魃が起こるが、金があれば、遠出しなくともコメを買える。衣服も時間をかけて織らなくても、売られている商品を入手できる。生活必需品を得ることについては格段に便利になった。さらに、年中行事的な仏教儀礼を欠かさず盛大に行えるようになった。そして同時に、やや愚痴めきながらも、暮らしはよくなったが、村内の人間関係は世知辛くなったことにも言及する。

一九八〇年代に入り、海外へ向かうD村の男性が急増した。サウジアラビアやクウェートへの「出稼ぎ」である。田圃を担保にし、パスポートの申請と飛行機運賃のための費用をつくる。若い男性世帯主には、自由に処分できる田圃はないので、当然借金することになる。親族はこぞって彼を助ける。出稼ぎの期間は短い者で一年、長い者では二年から三年以上になる。ただし、それも仲介者（*nai na*）に騙されることなく、条件が悪くても運良くあちらで雇用された場合である。

八〇年代半ばから後半にかけては、D村から若い男性の姿がなくなり、数日限りの訪問では、老人と子どもしかいない村という印象さえ与えていた。このころはシンガポールが主な出稼ぎ先で、マカオや日本の地方都市へも出向き始めている。東北タイの出稼ぎ男性が行先で変死することが報じられた時期である。また同時期に、D村の若い女性も、日本への出稼ぎに向かっていた。八〇年代初頭では、コーンケン市内の雑貨店などで職場を得ていた女性たちである。いずれも、現金収入を主目的とする出稼ぎなのであるが、開拓移住の時代にみられた「良田探し」に連なる行動のようにもみえる。

一九八五年の寒季（一一月）のD村でのことである。妻が第二子の出産を間近にしながら、クウェートに旅だっていった夫N（当時三三歳）から二通の手紙が届いた。妻と実父にあてられた封筒に、写真が同封されている。一か月前に村を離れた夫が、写真のなかで青い作業服に帽子を被り、ベッドに腰掛けて笑みをたたえている。そばに写るラジオカセットレコーダーが、その部屋をモダンなものにみせる。妻には一枚の便箋で、同行した友人は建設労働にまわされたが、自分は室内装飾の仕事で随分と楽だ、酒を飲めないのが辛いが、なければないでどういうことはない、とある。手紙の末尾に、妻の体への気遣いと父への感謝の気持ちがしたためられていた。同居している妻の母、様子伺いにきていた近親、向かいに住む実父、つまりはD村に残るN氏の一族の面々は車座になって、小学生が書くような判読しやすい角ばったタイ語でかかれた手紙を何度も眺める。読み上げるのは父親だ。そして話しこむ。毎月の送金が始まったのは、出発して三か月後のことであった。最初に届いた額は、D村の初等学校教員の給与のほぼ二倍にあたる五万円相当のドルであった。

一八三世帯あったD村で、一九八五年時点での海外出稼ぎのケースは二〇戸余りであった。親族は送られてきた金で、まず担保にしていた田圃の権利を取り戻す。ついで借金を返してゆく。余った金を貯蓄にまわすのもいれば、村内でうどん屋を創業した者もいる。子どもに腕時計やカメラを買ってもいる。高床式家屋の家並みのなかに、ガラス窓をつけ、色鮮やかな郊外型の二階建てブロック式家屋が立ち並び始めた。村でまつ者に寂しさはない。夫不在の苦労もない。生活費を確保し、今までには考えられもしなかった物を容易に手にできるからである。子どもの世話も近親が日々手伝ってくれる。筆者が八三年にD村に住んでいたとき、乾季の魚採りによく連れだしてくれた青年が、二年近いサウジアラビアでの出稼ぎを終えて帰村していた。二年ぶりの再会であった。しかし懐かしむ間もなく、三日もしないうちに今度は三年間契約でシンガポールへ行くのだ、と準備におおわらわであった。

若い人びとを現金獲得の行動へと向かわせてきた、一九六〇年からの四半世紀の間、D村の宗教事情は仏教の繁栄を映すばかりで、根本的な変化は何も起こらなかったようにもみえる。仏教行事での布施の額は増え、布薩堂や境内に造られる墓群が象徴する寺院の設備は着実に拡充されてきた。一九八三年にD村に開設されたもう一つの寺院(通称「森の寺」)も、そのような一連の繁栄の流れにみることも可能ではある。ところが、この新たな寺の創設は、寺院施設整備の一環として起こったものではなく、住民の静かな対立を招いた事件でもあった。D村の「森の寺」の開設にいたる経緯は、仏教儀礼における消費主義の肥大と、精神主義の高まりという、相反する実践が顕わになったことを明瞭に示している。

　功徳を積むための布施は、八〇年代以降のD村の年中仏教儀礼において、あたかも強迫的な寄進活動のような趣きを呈している。一九五九年以来の長期にわたる布薩堂建設の達成が拍車をかけたこともあるが、年中行事ごとに世帯単位で一定額が「徴収」されるようになった。墓の管理も寺院に集中し、卒塔婆（*sutupa*）型の墓の大きさが、積徳行の主体の財力を誇示するものとなった。また、一方で村の寺院に止住する若者の出家が激減する一方で、瞑想修行に参加する中高齢者の数が増えている。老人の再出家も目だつ。

　よい水田がどれほどあり、水牛や牛を何頭所有するか。あるいは収穫された籾をいれた籠がいくつ野良に並ぶか。米倉の大きさはいかほどか。かつても人びとの生活力、経済的豊かさはそれぞれの多寡で計られたであろうし、そうであったと聞く。しかし貨幣に象徴される物質的経済力が、今日ほど救済財としての功徳の観念と重なって顕われたことはなかったであろう。普段ほとんど寺院に来ない郵便局勤めの男性が、最大の布施儀礼に名乗りをあげて多額の寄進を行い、供養のために寺の境内に巨大な卒塔婆型の墓を建てている。村落社会に根をはやした貨幣の力は、あたかも異界の力である「精霊」のように語られている。人が安楽に暮らすのも、貧困にあえぐのも金という「精霊」次第だというのである［cf. 友杉 1983 ; Yukio 1998］。

　一九五〇年代、講堂の内陣に安置されていたのは、粗末であるが、現在もラオスのチャンパーサックあたりでみられるあどけない表情をした小さな木彫仏であった。当時、家屋の寝室内に仏棚はあっても、人びとはおくべき仏像をもたなかった。おかれていたのは、僧侶が描いた仏画一枚であったともいう。年々、模様替えされてゆく講堂の内陣や、各世帯の寝室に設置される仏棚に鎮座するのは、はるばるバンコクから運ばれてきた美麗なガラスケース入りの仏像である。内陣に安置されるこのタイプの仏像の数は増加の一途をたどり、かつておかれていたラオ式の木彫り仏像は、いつしかその姿を消すかのように、内陣の片隅に追いやられている。

D村の仏教は、タイ国で標準化された寺院の様式や集合的な儀礼スタイルをいっそう充実させている。同時に、個人レベルの実践もめだつようになっている。村落単位の儀礼は、政治的な演出の含みもあるが、個人のそれは精神主義的であるとともに、集落とその周辺の社会空間で構築されてきた権威の問題に関わるようになっている。

D村で「村の守護霊」祭祀を放逐した仏教は、万人の宗教として実践され、タイ国仏教として確立されている。D村主催の仏教儀礼では、他村や知人を通じてバンコクに住む人びとをも誘致する。同様に、他村が開催する仏教儀礼への参加にも熱心である。仏教に関しては、東北地方は辺境ではないという、国家宗教の振興ぶりを印象づけられる。その一方で、儀礼が集中する乾季には「寄金ぜめ」となってため息をつく世帯主の姿がある。布施をすればするほど、功徳を多く積むことになる。なぜ、そこにうなだれてしまう姿があるのだろうか。D村で功徳の位相はいかなるものとして表れているのだろうか。

儀礼の開催を繰り返して寄金を吸い込んだD村の寺院は、形態的には全国的に規格化された設備を整えつつある。建造物の構造、説法台（*thammat*）の様式のみならず、僧侶が携える経典概要教書、儀礼の作法書一つとってみても、バンコクで市販されているものである。また、バンコクで売られているようなものを揃えることが、発展の証であり、村の仏教の繁栄であるとする声もある。六〇年代初頭、すでに水野がコーンケン市街にそびえ始めた建築様式にみてとったように、寺院建築においても仏教実践の面でも、それらは「中央の地方への進出、地方の中央への依存」［1981：212］を象徴している。

ここまでのD村に関する記述で使用した主なデータは、一九八三～八五年に得たものであるが、その後も同村を訪れて大きな変化を目の当たりにした。外見的には村の様相は劇的に変化している。村内には町のつくりを真似た「道路標識」が立つ。標識には、こちらの路は「開発路」、あちらは「知識の小道」などとしるされている。政府が六〇年代以降進めてきた「モデル村、規格村 *mu ban tua yang*」の奨励による開発政策の実施が、こうした変化を促進していることも事実である。村は内側からも、外側からも「開発のためのモデル村」（*mu ban phatthana*）へ移行している。家屋の周囲に同じ高さの木柵が規則的にはりめぐらされて、こぎれいな分譲住宅のような景観が現れる。そして家屋である。高床式の階下をブロック塀で封鎖し、ガラス窓をしつらえる型は八三年時にも増えつつあったが、今やバンコク市郊外でみかける二階建て極彩色の家屋が目に鮮やかに映える。しかし周囲の旧式家屋との対比では、異様な不調和を生んでいる。また、以前には村内に三軒ばかりの食品を扱う「よろず屋」があったが、うどん屋ができたことでかすんでしまった。うどん屋は、玄関前の屋台のようなものだが、屋根にニッパ椰子を葺いて小粋な店仕立てである。そして、村の中心部に位置する「村祠」はバラック仕立てだった木造の仕切壁を一九八六年に取り払い、コンドミニアムの外壁のように、白いペンキで塗装したセメント壁で囲まれることになった。

それ以前の村の景観を知るものは、わずか数年間でD村が瞬時の大工事で別の集落になってしまったかのごとき印象を抱く。あたかも昆虫の脱皮をみるような豹変ぶりである。しばらくそこに佇めば、まるで建設途上の郊外住宅区画にいるようだ。発展めざましい近年のコーンケン市の賑々しい影が村内に届いている。若い人びとには、コーンケン市を働いて稼ぐ場とし、D村をくつろぎ住む場にしたいと望んでいる者が多い。つまりは都市と郊外を往復する通勤スタイルである。D村では、ムー・バーン（*mu ban*「村」）という用語は、バンコク市郊外の建売り住宅にあてられているのと変わりないものとなりつつある。

このような目にみえる景観の変化は、外部の再訪者に強烈なインパクトを与えつつ、ある状況判断を抱かせる。それは、貨幣が媒介する消費経済が急激に浸透したのだという事態である。D村に流入する貨幣は消費主義のライフスタイルも運んでいる。発信源は首都バンコクである。消費主義のスタイルは村内に急増したテレビ、そして小バンコク化しつつある近郊都市コーンケンをメディアとして人びとの日常生活に届いている。昔日のタイ農村を知る外国人研究者であれば、第三世界の研究者という自覚も手伝って、このような状況をタイ農村社会の構造的大転換、危機の時代のタイ農村、などと語るだろう。実際には、ごく短いタイムスパンであるにもかかわらず、観察者の記憶と身体に刻まれた昔日の光景を一方で古きよき時代のものと美化しつつ、現在起こっている変化をとらえるであろう。

暮らしは便利にはなったが、人間関係は世知辛くなったという老人のつぶやきは、世界のどこででも耳にするものであろう。また、このつぶやきはある意味で、大転換を論じる外部の観察者の実感と同じ地平――人生のタイムスパン――上にある。問題は、そのつぶやきが、どのような経緯と背景をもって語られているかにある。この点で、当事者と外部の観察者の実感は、一見等価性があるようで、実は同じものではない。外部の観察者が社会変化という言葉で括ろうとすることがらは、同じようなつぶやきの背後にある、当事者とその地域での経験のなかみについての具体的な考察に基づいていなければならない。そうでなければ、単なる外部者の実感を放射するための議論に終始する。このような問題意識をもちながら、以下では、D村の仏教実践の変化および出家行動と「森の寺」開設の経緯のなかに、そのなかみの一端をみておこう。

6-2 年中仏教行事と出家行動（一九六五年～一九八五年）

D村における年中仏教行事のほとんどは、今やバンコクと共通しているが、いくつかのものはそうではない。ロケット儀礼として知られるバンファイがそれである。雨乞い、五穀豊穣を願って手製のロケットを天空にむけて発射する。竹に火薬をつめただけの簡素な仕掛だが、その装飾、よりあわされる竹の本数、筒の大きさなどで三種類のバンファイがある。この儀礼は、かつてのタイ化政策の過程で禁じられた。だが、コーンケンより南東の方角にあるヤソートーン県でのこの儀礼は、今や国内観光の一つ、タイの地方文化として大々的に開催されている。雨乞いとして、また、天空霊にたいするコミュニケーションとして［Thawat 1985：372–375］、儀礼自体の象徴的意味は同じように語られ演じられているが、儀礼開催の社会的な意味は明らかに変わっている。

近隣村ＮＫＷやＮＫでは例年開催されるこの儀礼は、Ｄ村ではいつのころからか三年に一度となった。実際には三年続きで行わなかったこともある。理由はいくつかある。雨乞いとしては非合理的な方法だ、得度式と並行して開催しなければ功徳が少ない（出家志願者がでなければ行わない）、ロケットを造る金があれば、それを布薩堂建立の寄金としてまわすべきである、等々。他方で、ヒート・シップソーンとして現在も例年行われるラオ人社会の儀礼は、祖霊や他界した近親の霊を供養する儀礼としての色彩が強い。

こうした儀礼開催の変容と持続とともに、全国共通の仏教儀礼では、王室や資産家と仏教サンガとの関係を演劇的に表現し、全国紙が大々的に報じるカティン儀礼での寄金額がＤ村では莫大なものになっている。前述したように、カティン儀礼は大規模な饗宴を必要とし、主催者が一世帯に限定されるために、かつてのＤ村ではしばしば主催者がでずに開催できなかった儀礼である。

在家者側における仏教儀礼の振興、寺院施設の拡充にみられる「国教繁栄」の光景とは裏腹に、Ｄ村の「村の寺」を拠点とする出家者たちの現在には、およそ脱宗教的な傾向が目だつ。

一九八三年宗教局統計によれば、タイ全国で僧侶と見習僧の比率は、僧侶一にたいして見習僧は三である。見習僧の出家が重要視されている北タイでは、僧侶一にたいし見習僧は四である。当時の東北地方全一七県では、僧侶一にたいし見習僧は約一・五となる［Kromkan Satsana 1983］。つまり、見習僧が僧侶よりも多いという全国的な傾向を共有する。全国比でみると、僧侶、見習僧双方を併せた出家者人口の三分の一を占める東北タイでは、僧侶が全国の約三三％であるのにたいし、見習僧の数（約五万）は、約五一％を占めている。

この傾向は、高名な老僧がいる特別な寺院を例外として、Ｄ村およびその周辺村の出家傾向にも該当する。一九八一、

八二、八三年の安居明けの記録では還俗者の数によって変動はあるものの、極端な見習僧の卓越が目につく［僧侶：見習僧＝二：一一→一：一五→二：二〇］。一九八三年の安居前には、一九八一年に得度した若い僧侶が一人であった。彼は八二年に二度目の法臘（安居）を終えた際、還俗の意志をもらしたが、彼の後を埋める僧侶志願者が翌年の安居期にもでそうにないということで、村の古老、両親に還俗をひきとめられた。結局、その翌年に長期出家者が実に五〇年ぶりにD村に帰還したので、彼は一九八四年に還俗している。

寺院施設の拡充とは裏腹に、村の寺に止住する僧侶は明らかに不足気味である。水野は一九六四年の安居期における成員を報告している（僧九、見習僧八／寺子三）［1981：164］。時代をさらにさかのぼって古老の記憶をたどると、一九二三年ごろでも、安居ごとに僧侶が六〜七人、見習僧は数え切れぬほどの者が出家したという。つまり、僧侶・見習僧の出家ともに過去からみれば、減少の一途にあること、見習僧の出家が以前から僧侶よりも卓越していたことが伺える。往時は、ベテラン僧と若い僧、見習僧との間には、今日以上に強い師弟関係があり、若い出家者は長期出家者に連れられるままに各村、各地へ儀礼や遊行にでかけていたという。

僧房で若い僧侶や見習僧たちと話し、一日をとおしての活動をみていると、布施をしたり儀礼を主導する村の俗人（大人）こそが熱心な仏教徒にみえ、若い僧侶たちは姿形、立居振舞いこそ出家者であるが、在俗の若者と変らぬおよそ非宗教的な、仏教的来世とは無関係な存在にみえてくる。あたかも、彼らが住む村の寺院は、儀礼的に成立した娑婆との開閉門をもつ、軟禁された学生寮のようにもみえる。異なる見方をすれば、家事手伝いや世間での労働から解放された腕白どもの楽園である。事実、これ以上の規制はない出家者としての暮らしにおいても、断ち切れぬ人間臭さのなかに、若者たちの羽目をはずす行為もみられる。

上座仏教に帰依する僧侶の一日の食事は、正午前の二度までと定まっている。女性に触れることも、サンガ追放の大罪パーラジカー（*parachik*）となる。だが、午後に人目を触れないようにしてタニシを大量に蒸して食べたり、タガメを盛った盆をまわしたりする光景は幾度となくみられた。ソンクラーン灌水祭では、僧侶と見習僧は村の女性をとり押さえて水をかける。男色もある。境内で説教の練習に励んでいた美貌の見習僧が、わずか半年間で歩き方や声色まで変わってしまった。寺院の外部にいる大人たちは、そのようなことを知らないわけではない。むしろ、若い出家者ならそれが普通だと達観している様子でもある。僧侶・出家者の望ましい模範的なあり方を教条的に説く者もいない。仏教儀礼においては、黄衣をまとった人間が必要である、だから彼らにそれを演じてもらうのだ、という意味において若い出家者たちの役割を、儀礼的な装置——在俗信徒が必要とする役割——としてとらえている。村において僧侶の清浄性は形式として絶対である。しかし、仏教儀礼で在家戒を懇請し、うける大人たちが、つかの間限りに持戒することと同様、儀礼場面での清廉な態度が保持されさえすれば、個人の行為の倫理性は問題とはならない。村の寺は、むしろ、そこに止住する若い出家者にすれば、在家の人びとの仏教実践を正面から眺め、自らも儀礼執行者として応えながら観察する場所である。理屈ではなく、あるがままにそれをうけ入れる経験を積むところである。若い出家者たちは、以下にみるような世俗社会にたいする関心をどれほど強くもっていようとも、日常的な体験や人生という時間を相対化することにより、仏教の所在を身をもって刻みこんでいる点では、やはり宗教的経験を積んでいる者なのである。

　現在の若い出家者たちの主体的な得度の動機、もしくはその行為を正当化する理由は、言説上二つある。一つは、母親の功徳となるための孝行として行うという「要請」に応えることである。いま一つは、出家して「成人教育」（*kansuksa phuyai*）を受講して世俗教育課程の履修資格を得ることである。こうしたことは、彼らが寺院にいることの意味づけの大きな根拠をなしている。つまり、そのことが将来の自分の方向に適切であるという自覚が存在する。

　「成人教育」はほとんどの者が受講している。僧侶のための成人教育課程を開講するホンテート・プラディット寺は隣の行政区タープラにある。同寺には教室が二つあり、教師は僧侶でバンコクの仏教大学を卒業した者が含まれる。この課程は、文部省管轄の正規外教育局により一九四八年に設置された「普通成人教育」（*kan suksa phuyai sai saman*）を最初の形態としており、一九七九年以降、「総合成人教育課程」（*kan suksa phuyai baep betset*）に組み入れられつつある。僧侶や見習僧が還俗したとき、世俗教育機関で学んできた者に遅れをとらぬために開講されている世俗教育である。

D村の僧侶、見習僧たちは昼過ぎから一緒になって村からでている改造バスでここへ通う。近くに受講できる寺院がないため、知合いを通じてD村の寺院に見習僧としてわが子を止住させている親もいる。この課程をうけると、第一級は初等教育二年に、第二級は初等教育四年、第三級は初等教育六年、第四級は中等教育三年という具合いにステップし、修了証書を手にできる。ほとんどの見習僧たちが最終目標にしているのは、第四級の学習課程まで終えることである。この課程では一日三時間、週五日以上、通算にして一年半にわたって、タイ語、社会、理科、数学、保健、英語の各教科を履修する。順調にいけば、通常の半期分で学習がすむ。夜半の僧房では、若い出家者たちがたがいに教えあって、英語や数学のテキストに向かう。

出家者教育の世俗化の浸透はこれに始まったことではない。仏教の教法それ自体の学習も、世俗的性格を強くもつ。繰り返し説かれていることであるが、出家者が学ぶ学習は東北タイにおいても、ことごとく国家試験のための受験勉強という感はやはり強い［Bunnag 1973；石井 1975：187］。仏教に関する教法（ナックタム *nak tham*）試験は、D村の寺院のほとんどの者が三級ないし二級まで進んでいる。これは寺院に長く止住する以上、うけなくてはならない出家者としての義務である。だが、その間に、教員採用試験の受験資格試験や社会にでてからの実務資格のために、初等、中等教育の修了証書、タイプ検定などを取得しようとしているのである。彼ら自身は、将来的に仏教という宗教を深く学ぼうとする意識は希薄である。パリエン（パーリ語試験）は難しいばかりではなく、還俗してしまえば役に立たない、ということも熟知している。出家して世俗教育をスピードアップして履修する。これは、かなり合理的な方法である。家族にしてみれば、伝統的によい経験を積むことであり、家計の「口べらし」ともなる。さらに、制度的にいえば功徳の源泉たる福田（*na bun*）を自ら生んだことになる。

当然のことながら、僧侶、見習僧たちが考える還俗の時期は、一致して履修の修了時である。しかし、親の都合がそこに介入する場合もある。もともと、出家期間中にうける成人教育課程の目的は、僧侶が変化の激しい現在の社会で、世俗の常識をも吸収することにある。つまり、出家者の世俗社会適応のために編まれたものである。仏教サンガは、世の中の動きに対応してゆかなければならないという国家レベルでの方策の一つでもある。タイの仏教サンガ、特に地方のサンガのあり方をも含めて、三〇代中堅の僧侶たちが異口同音にいうことは、仏教の担い手は、片目ずつ、この世とあの世をみなければならないという方針である。

若い出家者は、儀礼の場面で自分たちに跪拝する大人の姿をとおして、大人たちが視線をむける仏教的来世の存在を知ることはあっても、その現実感を大人同様に共有しているわけではない。むしろ、俗人と向かいあう儀礼を離れれば、自己の将来と可能性は一直線にこの世に方向づけられている。若い出家者が生涯僧籍にとどまることを遠ざけている昨今の社会状況は周知のものとなっている。老人にとって、若い出家者たちの意識とまなざしの方向は、自らの要求の実現との大きな距離をもたせている。図式的にいうと、同一空間（寺院）に、たがいに異なる世界への志向性が並存する。しかし大人たちは、儀礼を成り立たせる存在として若い僧侶の役割をとらえるために、それは表だった問題とはならない。

そのような影響もあって、出家者自身の実践も変化し始めている。村の寺は、一方でコミュニティー・センター的な空間に、他方では通常の学校に通えない「食いぶち」を確保しにくい子弟の寮生活の場となりつつある。筆者の調査期間中、ずっと若き住職を務めていた僧侶は、かつてコーンケン市内で建設労働者の仕事をしていた時期があるが、定期的に仕事がこなくなったことが、出家をするきっかけだったという。

しかしながら、得度式の機能と意味が変化しつつあることは、近年に始まったことではない。かつて教育機関の機能を果たしていた仏教サンガの役割は、世俗機関がとって代わっている。ただし、今日の教育制度が導入されるのは、世俗教育のプログラムに基づく学校施設が整備された後のことである。かつての人びとにとっては、ジャータカ本生譚や儀礼に使う誦経文、さらには占星術・算術の知識を会得するために、古ラオ語（*tua tham*）、古クメール文字（*khom*）を先輩僧から直接学ぶことが「学習」であった。

タイの近代的な教育行政制度は、ラーマ五世治世時に基礎づけられたが［Wyatt 1969］、地方での教育を地方寺院の僧侶の手に委ねること、サンガが教育の普及を担うことを明記した整備計画が規定されたのは、一八九九年のことである。D村の人びとが近隣村NKの寺院にもうけられた「学校」でタイ語の文字を習い始めるのは、それより二〇年後の一九一八年である。古老たちの話では、当時の学校は寺院のなかにあり、当初は僧侶が、つづいて俸給役人の俗人教師がコーンケン市から通いで授業をしにやってきた。学習は、「タイ国語」教育が主であったが、それはカリキュラムもないものであった。教師は子音文字ばかり教えて、ついに母音は教えずじまいだったというある古老は、今日もタイ語の読み書きができない。

二〇世紀初頭の東北農村の「学校」は、寺院に施設を借りたタイ語学校のようなものであったらしい。調べてみると、学校の場所そのものが、複数集落の寺院の間を移動している。D村には一九二四年に最初のもちまわりがあり、現在の独立した初等学校の前身ができたのは一九四一年であった。そして今日の初等教育学習課程がすべて設置されたのは、実に一九七一年になってからである。この三〇年の間、D村の学校には初等教育四年課程までがおかれていた。当時の卒業生はすべて四年卒である。

いずれにせよ、学校制度の導入によって世俗教育という考え方が浮上してきた。世俗教育は、かつては東北地方のラオ人のタイ国民化、今日ではよりよい収入をもたらす職を得る資格獲得の手段として浸透してきている。ブアット・リエン「出家して学ぶ *buat rian*」という出家学習は、今日も担い手によってはその意味を失ってはいない［cf. Wyatt 1966］。にもかかわらず、第二次世界戦後あたりから、寺院が果たす学習形態としては徐々に薄れつつあったといえるだろう。

そして一九七〇年代以降、D村の寺院は明らかに世俗教育を促進する舞台として確立されてゆく。一方で、出家慣行は持続する。世俗教育が整備発展した結果、出家の意味は大きく変化することになるのである。

6-3 功徳と貨幣経済

近年、仏教功徳の獲得をめぐって、D村では二つの見方が顕著になっている。可能な限り多くの金銭や物質の布施を重視するものと、布施の品々やその多寡を問題にせず、その動機を重視する考えである。前者は、寺院設備などの拡充に実質的に貢献するため、社会的な評価をうけて栄誉を得ることにつながる。後者は少数派であるが、必ずしも貧困にあえいでいる人びとではなく、相当な布施をする人を含んでさえいる。このような両極端な考えは、いつの時代にもあったであろうが、D村では従来とは異質な色調を示しているようである。

先に触れたように、古老たちは一九五〇年あたりから暮らし向きがよくなってきたという。その証拠に、寺院での仏教行事が滞りなく行えるようになったことが挙げられている。近年では、それぞれの行事の内容も盛大になり、回数が増え、かつ新しい行事が加わった。そのような状況に応じるために、布施金を徴収する村内区画ももうけた。その結果、人びとにとって年中行事化した積徳行は金がかかる大仕事にもなってきた。金がなければ儀礼の準備ができず、人も呼び寄せられない。瞑想法の布教で有名な僧侶でさえ、寄金集めに言及する。金がなくては実践もままならないご時世でもある。

水野が村を訪れた六〇年代に、すでに今日にいたる積徳行の隆盛、功徳を金銭や物で表現する社会的傾向が強まっていた。つまり、積徳行はますます社会的なパフォーマンスとしての性格を強めてきたといえるであろう。仏教儀礼が毎

表12　火葬場と墓制の推移

年代	1860年代（開村）	1937–1938	1971	1976
火葬場所	共同墓地……→	……→	/寺院の火葬場 ……→	……→
遺骨の収納所と様式	共同墓地………→	・共同墓地……→ ・寺院　・墓（ストゥーパ型石柱）→ 　　　　・（仮安置所）……→	/寺院の火葬場 ……→ ……→ ……→	・墓(ストゥーパ型)→ ・塀柱式 ………→ ……→
注記	〈1860年代〉 ・遺骨はすべて火葬した場所に埋葬し，木の徴標をたてる ・年中儀礼，供養時ともに参らずに放置される	〈1937–1938〉 ・遺骨の2分納様式開始。遺骨の一部を寺院内の墓に納骨 ・1940年代以降，定着	〈1971〉 ・共同墓地に埋葬していた遺骨を寺院の火葬場に埋葬。現在の様式が整う ・火葬場の使用料（100バーツ）がタンブンとして必要になる	〈1976〉 ・納骨様式として塀柱式が加わる。収納費600バーツがタンブンとして必要 ・現在，ストゥーパ型の墓は68基，塀柱式は35カ所設置される

年盛大に欠かされることなく年中行事化したのは、水野が村を訪れる少し前からである、という村人の述懐には、その時期すでに政府奨励のケナフ栽培が盛んになっていたほか、[2] 貨幣経済が徐々に浸透してきた結果、金銭が生活世界のあらゆる局面で実質的な重みをもち始めていたことが窺われる。

このことを顕著に示すのが、村の寺の境内の墓である。D村では、かつて共同墓地に火葬して遺骨を埋めた。現在、三種類の墓が境内にある。もっとも立派な形のものをたてるにはかなりの費用がいる。が、若い主婦はいう。「死んだらそんな墓を作ってほしい。そうすると寺に来る他の人は思うだろう。この人はお金持ちで、おまけに立派に供養してくれる子や孫たちに恵まれて幸せだ」と。

六八基（一九八三年時）ある卒搭婆型の石柱墓のなかでは、「仏暦二四八〇（一九三七）年納骨」と刻んだものがもっとも古い。それ以前にD村に墓は存在しなかった。開村以来、遺体は共同墓地で火葬した後、そこに遺骨を埋めて木製の徴標を立て、朽ちるままにしておくのが慣例であった。しかし、一人の僧侶の夭折を機に、初めて境内に木製の墓が境内に作られたという。一九三七年を刻む石柱墓は、四人の名前をしるしている。その僧侶の死の後、共同墓地から取りだした遺骨の一部を収納したものである。火葬の場所と墓の双方に遺骨を残す方法は、それ以来今日までつづいている。つまり、共同墓地で荼毘に付し、遺骨を分けて境内に墓をもうけて入れる方法である。この方法は、遺骨安置用の小屋が建てられた一九四〇年以降に定着した。寺院境内の入口に建てられた小屋の内部には棚がしつらえてあり、さまざまな容器に入った骨壷が多数並んでいる。だが、【表12】にみるように、境内はずれに火葬場を設置してから（一九七一年）、共同墓地は横死や当人の遺言によらない限り使用されなくなった。寺院の火葬場で荼毘に付し、その場に遺骨の大半を埋めて残りを墓に入れる。火葬場使用料として一〇〇バーツの寄金を寺院にする。火葬は、合理的な積徳行の一方法となったわけである。

ついで一九七六年、境内の塀をつなぐ柱に納骨する方法が生まれた。柱に小さな空間をもうけ、ここに骨壷を入れてセメントを塗り込める。その上から故人名と没年をしるして「封印」する納骨法である。収納費として六〇〇バーツが必要だが、これも寺院への寄金として委員会に納める。この金は、境内を囲むように伸びている塀をさらに延長するためのブロック購入資金になる。卒搭婆型石柱墓の場合、ごく小さいものでも費用は数千バーツはするので、もともとそうした大金を捻出できない者に便宜を図るための方策であった。

墓の寺院境内への設置の経緯は、このように、積徳行の方法として急速に合理化されてきた過程を物語る。それは、墓を作り、塀柱に納骨することが、死者への功徳と寺院の整備という二重の功徳をもたらすという人びとの語りにもみてとれる。しかし、金銭がらみである。そうした費用をすぐに捻出できない人びとも多い。どの様式であれ、墓を用意できない遺族は小屋に遺骨を残したままとなり、供養のための積徳行ができない遺族とみなされる傾向を生んでいる。墓や火葬場の立地が示すように、昨今の死者は、仏教寺院という空間に集められた上で、遺族の経済力が左右する「信心」によってさらに差異化されている。

布施を主とする積徳行が盛んになった背景にはもう一つの意味がある。それは右記の墓の整備過程が示すように、死者は、より馴化された霊界ともいうべき仏教的来世への入り口に並べられる。この傾向は、D村で守護霊祭祀が破棄されて以来いっそう顕著になった、異界を縮小しようとする過程と対応している。すなわち、この世の生活世界から「外」の世界へ向かう力(霊)を仏教空間である寺院へと結びつけ、これを位階的に整序しようとする企図を示すとともに、死者を再生へと方向づけ、精霊一般の危険な力を無化する過程をも示しているといえるだろう。

6-4 成熟者の権威のゆくえ

「金にものをいわせて行う積徳行は清浄な行為どころか、悪行になりかねない」という村人がいる。清らかな心でなければ、布施する金品の多寡は不問になるという一種の精神主義である。このようにいう人も、沢山の金があれば、やはり大金をかけてさらに「清浄な気持ち *borisut chai, satha borisut*」で積徳行したいという気持ちをもっている。

稲作環境としては限界地にある集落では、福田たる僧侶も寺院も、功徳積みの対象ではあっても、さらに(村人が)協同で養うべきものという現実がのしかかる。働かざる者食うべからず、とでもいうのか、村では(世俗生活と隔離しているという意味での)「純粋な宗教環境」を保持するまでの余裕がない。他の村落の例では、寺はあっても僧侶を養わないでいると、僧侶の方から寺院を逃げ出している。僧侶も、食べてゆかぬことにはその役割を果たせない。D村の寺に止住する僧侶は、僧侶ではあっても、同村出身者や親類縁者であることが多い。したがって、自分の息子が寺院にいるとなれば、その親や親類縁者は食施にはより熱心である。注意して食施を怠らないからである。彼らは確実に面倒をみてくれる者がいるので飢え苦しむことがない。脱俗の徒も同じ生活者なのである。

ところで出家して僧侶になるという行為は、どのような意味をもつのであろうか。一つに、世俗社会で広く実践される相互の互酬的な交換関係を拒否する実践である。また、国王も出家する。僧歴が長い出家者には僧位がある。しかし、勲章をつけて歩くわけではない。在家者にとっては一時僧もベテラン僧も同一の僧侶である。いったん黄衣をまとってしまえば、エリートも貧民もない。出自とは無縁に乞食して生活する。富める者、貧しい者、善人悪人、王族も農民も出家すれば、俗世の規準は取り払われる。

王権を示す宝器（regalia）に囲まれた俗世の聖なる国王も出家するということの意味は大きい。出家に象徴される国王の仏教帰依は、王宮と村落との大きな距離を一挙に超える。つまり、タイの上座仏教は「その信仰形態において、国王と庶民とが同一の平面を共有している点に特色が見られる」［石井 1975：72-73］ことを考えあわせれば、男性が出家することは、さまざまな点で威光に満ちた意味をもつものでもある。つまり、庶民が、王族と同じことができる唯一の経験が出家なのである。

若い僧侶たちの僧院生活の実態とは矛盾するようだが、中央に依存する東北地方のD村において、出家することそれ自体と得度式のスポンサーになることは、以前にも増して男らしさの刻印、社会的な名誉のしるしとなっている。とりわけ老人にとってそうである。若い男性はもとよりそうした意識が希薄にみえるが、僧侶は、仏教儀礼において俗人に祝福を与えることができる。出家した経験のある男性は、他の在俗信徒にたいして祝福をもたらす「力」を媒介することができた者なのである。

また同時に、「出家して学ぶ」形式が一方で存在する。つまり、若い世代には現実性を欠くものであっても、三宝に帰依しつつ、知識を修得するという意味での出家空間は痕跡をとどめている。このことは出家するという行為がもつ含意の一つとして、社会的に認知されている。すなわち、村落レベルにおいて出家者はさまざまな宗教的知識を獲得する機会をもってきた。そのような知識をもつ人は、ウィサーに通じた者として、還俗後も村内の知識人としての一モデルを示したのである。

D村周辺でみられる近年の老人の再出家の興隆は、単に経済的に豊かになってきて余裕が生まれたから、と語られる側面にとどまらない。おそらく、こうした伝統的な行為と価値観の表出の一形態として考えることも可能である。老人になってからの男子の再出家、同時に、高齢女性を主とする瞑想修行の活発化が語るものは何か。これらに共通するのは、個人的なレベルでの顕著な仏教実践である。

つまり、盛大になる「金権儀礼」の対極に、自身の身体と精神のみを元手とする経験として、再出家することや苦行に近い仏教実践が語られているということである。このことを理解しておくことは、老人の再出家を考える上で重要である。D村の長老が出家を志すとき、あらためて仏法を学ぼうとするのであって、世俗教育が目的なのではない。彼らは、知識としての教理学習を求めるよりは、心の安寧を得るような体験を求めて取り組むのだとしている。D村における「森の寺」創設にはそのような背景があった。

6-5 D村における「森の寺」の成立

一 二つの寺院

村人や余所者の開かれた場所である「村の寺」にたいして、「森の寺」の寺院としての性格はかなり異なっている。「村の寺」が出家・在家者双方の社会生活や人生周期にあまねく関わるのにたいして、「森の寺」は出家者のための修行する聖域という道場的性格が強い。同じように僧侶が止住し、一般在家者が積徳行できる聖域ではあるが、祝祭の場ではない。全村挙げての年中仏教儀礼では僧侶は「村の寺」へその都度招請される形をとる。

「森の寺」開設当初の両者の違いは、そこに止住する僧侶や見習僧の年齢、実践の志向性にあった。「村の寺」の僧侶は若く（二四歳）、一〇代の見習僧が多数を占める。(3) 自らの意志ではなく、すべて両親の希望によって出家している。仏教関係の学習は、市販の読経書による練習、教法試験に備えるものである。僧侶として各地を旅したいと望む者が多い一方で、将来もパーリ語を学習したいと望む者はない。彼らが描く人生の将来設計は、出家生活にはなく、還俗後の仕事にある。寺に住む彼らの関心事は、成人教育課程（俗人教育）の履修である。安居期間中、夜半の僧房には算術や理科の勉強にとりくむ若い出家者が、たがいに教えあう光景が見られる。彼らは両親の承認が必要としながらも、還俗の目度を成人教育課程の四級（中等教育三年修了に相当）を修了することにおいている。

対照的に、「森の寺」に止住したのは高齢の出家者である。彼らは青年時代にすでに一度慣習的に得度している。日々は朝の托鉢で得る一度の食事を原則とし、止観・瞑想、読経に没頭する。市販の説経書を読んではおたがいに話題にしている。睡眠は四時間程である。「森の寺」が老成した大人の出家者のための道場とすれば、「村の寺」はまさに黄衣をまとった若者の寄宿学生寮に映る。経験豊かな長期出家者を成員にもつ「森の寺」と異なり、「村の寺」の出家者たちは村内の長老や村外の行政管区僧長から指示をうけている。

この止住域の開設は、一九八二年一〇月にD村出身の二人の老僧が帰還したところから始まる。当時の村長Aは「村の寺」に止住するよう再三招請したが、彼らはこれを拒み、「森の寺」を公共地に開設することを申しでたことが発端である。翌八三年の一月に筆者が入村した時点では、そこには、僧侶三名とメーチー一名が止住している。仮庵のみで施設は皆無であったが、同年の一〇月末までに三つの庵と未完成ながらも講堂が建設されるにいたる。そして翌一一月には、引き続き二人の村人が新たに出家して僧侶として参加し、年が明けた八四年には講堂が完成、庵もさらに四つ増設された。参加者も他村からのメーチーや僧侶を含むようになり、修行者が常住する場として順調に成長して行く。一九八五年以降は、「森の寺」の創唱者の一人が村の寺の方へ移り、「森の寺」には他県出身の修行僧が出入りするようになった。そして一九九八年三月現在、「森の寺」には二名の他県出身僧が止住している。

二 「森の寺」開設の背景と主導者の出家行動

D村の「森の寺」の開設は、止観・瞑想修行を志向する二人の僧侶の「再会」から始まる。その主役となる僧侶K師（一九二〇年生、調査当時六三歳）とT師（一九〇六年生、調査当時七七歳）は、ともにD村出身である。[4] T師の甥にあたるK師は、長期出家者で各地を行脚した経験をもつ。D村にもどる直前に、止住していた隣県マハーサーラカムのコースム郡内の一村に「森の寺」を開設した。他方のT師は青年時代に出家しているが、一九八二年一〇月にコーンケン市内の寺院で再出家した。K師が僧侶として長く村外の複数の寺に止住していたのにたいし、T師は還俗して以来、D村をでることなくずっと在家者でありつづけていた。まず、長期出家者であるK師自身による出家行動の概略から「森の寺」開設にいたる背景をみよう（以下、出家以前の名前は「師」を略す）。

Kの祖父母はローイエット県のデーン・ムーモン村の出身である。祖母ラーは二度結婚した。初婚の夫との間には二人の娘があった。Kは祖母の最初の夫の名前は知らない。ラーはKの祖父にあたる二人めの夫チャンターと結婚して八人の子をもうけた【図21】。四女チャムパーがKの母である。そして八男がTである。チャムパーはデーン・ムーモン村にいたが、同じローイエット県のラオコーター村に住むナーイ・トライ・ラオコーターが彼女を養女としてひきとったのでラオコーター村へ移り住んだ。そこで夫となるセーンと出会う。一九二〇年、Kがチャンパーとセーン夫妻の長男として生まれた。数人の子どもがつづけてできて後、一家は良田を求めての移住でD村へやってきた。Kはその当時の模様をおぼろげながらも覚えている。叔父のTはすでにD村に居住していた。

見習僧として得度することなく、一八歳のとき（一九三八年）に近隣村Nに住む娘ブッデイと結婚する。婚資金は六バ

図21　「森の寺」開設の関与者

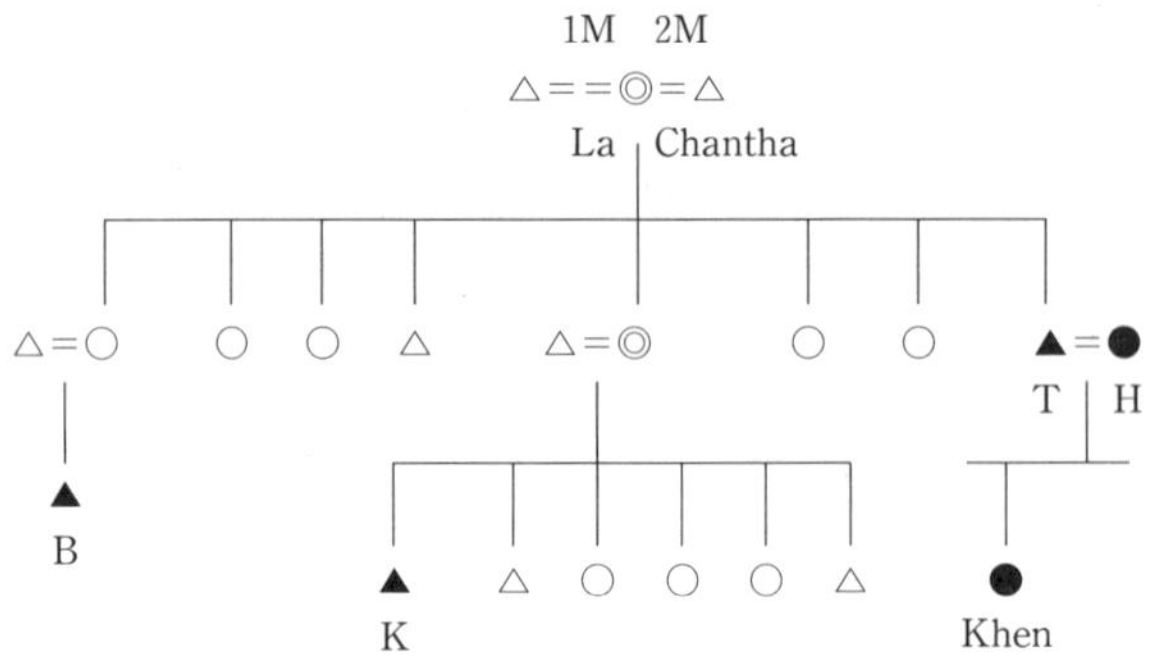

ーツであった。結婚式の世話をしたのはT叔父であった。

妻の出身村Nで生活し始めたKは、やがて長男をもうけたがすぐに病死する。二人めの子どもが生まれた後、今度は妻に病気で先立たれた。五年半に満たない結婚生活だった。気の毒に思った近親者の勧めもあって、二四歳となったKはほどなく前妻と同村の娘トーンサーと再婚する。婚資金は二〇バーツほどであったが、このときも、T叔父がほとんどの額を援助した。しかしながら、この結婚生活も生まれた二人の子どもが成長するのを見届ける前に妻の病死によって幕を引く。このとき、Kは生涯出家者として暮らす思いを抱いたという。二九歳のときである。

K師　仏暦二四九二（西暦一九四九）年だった。妻を再び亡くしてから、出家してみる気になった。それまで見習僧になったこともなかった。出家することはよいこと、『成熟した人間（*khon suk*）』になることであると聞いてはいたが、僧侶になることはどういうことかも知りたかった。NKW村（D村の近隣村の一つ）のクー寺で得度した。［当時の］D村の寺では［「浄域」を備える布薩堂がなかったため］得度式を挙げることはできなかった。［D村近くの］NK村かNKW村、あるいはDB村［にある寺院］で得度するのが慣例だった。得度式を終えるとすぐにD村の寺にもどり、一年だけ安居を経験した。そのころ、D村の寺には僧侶が一〇名以上、見習僧は七、八人は常住していたろうか。現在よりも多くの僧侶がいた。

上座仏教徒の間では、安居期間をのぞいて僧侶はただ一か所の寺院に止住しつづけるわけではない。東北タイのラオ人男性でも、出家者生活が長い僧侶は、かつては師を求めて、あたかも気がおもむくままに、友人や知己がいる地を訪れて各地を遊行している。(5) K師の場合も例外ではなかった。

K師 僧侶や見習僧たちはそれぞれ交代で外へ(旅に)でていた。ちょうど二人の僧侶が先にでて帰って来れば、次は二人の見習僧たちがでるというように。多くは他県に移住した親類(*yat phi nong*)を訪ねるためだった。私自身も、ウドンタニ県のノーンサン郡のフアクワー村にいる親類に会いにいこうとしてでかけた。ところが、これがまっすぐそこへ到着した旅ではなかった。私は途中のクムパワピー郡のノーンサアート村のムウォンタオ寺に立ち寄り、そのままそこで二年間を過ごした。やがてD村から[ムウォンタオ寺へ]人がやって来て、[D村の]『村の寺』にもどってきて欲しいと招請された。数多くいた僧侶がいっときに還俗して、『村の寺』に止住する僧侶がいなくなったという。私はそれをうけてD村へもどった。

……[D村の]『村の寺』では一年間だけ過ごした。というのも、ウドンタニ県ムアン郡のドンケーム村から二人のメーチーがD村にやって来た。彼女らからドンケーム村の寺では瞑想実践が盛んだと聞いて、再び旅にでたためだ。でかけたが[ウドンタニ県にも]長く留まらなかった。しかし、D村へもどらずに、さらに北へ上がり[ウドンタニ県で聞いた]、ノーンカイ県ターボー郡にあるタートバンプウォン寺に立ち寄った。三四歳のときだった。ここはそれから先の九年間の拠点となった。

[ノーンカイ県のタートバンプウォン寺に止住し始めて]七か月目にはいって観法を習得した。そのあとは弟子たちに教える毎日だった。その間に、バンコクのソーイトン寺へ知り合いを頼って行った。この寺で四年間ほど勉強した。その後、またノーンカイの方にもどったりしておった。

ノーンカイを中心にしたK師の出家生活は生涯僧への足がかりとなりかけた。しかし、四四歳を迎えたとき(一九六四年）K師は病を患う。ノーンカイの拠点としていたタートバンプウォン寺で還俗、生まれ故郷のD村にもどり、俗人として二年を過ごした。そして、病が癒えて四六歳になったとき、友人の勧めもあって再び出家した。

K師　僧侶時代の友人がコーンケン県ムアン郡のカームポーム寺にいた。以前得度をした寺でも得度式はできるが、そこで再出家した。でも、カームポーム寺に長く留まらず、すぐにD村［の寺］にもどった。しばらくはここにいるかと考えていたら、今度はマハーサーラカム県［コースム郡］のノーンラーシーの寺に招請された。私の父親の友人がやってきて、むこう（ノーンラーシー）の方に止住する住職がいなくなったからということだった。仏暦二五一〇（一九六七）年のことだ。

隣県への訪問はK師に「森の寺」との関わりを作る直接の契機を生むことになる。四六歳からの七年間、K師はノーンラーシーの村の寺に住職として止住するが、その七年目に「森の寺」を開設することになった。

K師　仏暦二五一七（一九七四）年の陰暦一〇月のことだった。ノーンラーシーの長老の寄進総代（ターヨック）がやってきて、『森の寺』を開設したいという話をもちだした。村内では反対する者はわずかだから、ぜひとも建立したいという。場所は私がいた村の寺院から、一キロほど離れた共同墓地のなかだった。私がノーンラーシーにくるまでは、共同墓地の面積は三〇〇ライはあったという。ところが水田が不足してきたために、村人たちはこの地所を次第に水田に変えていった。『森の寺』を建てようというころには共同墓地の面積は一七〇ライにまで減っておった。一三〇ライが水田になったわけだ。その寄進総代は、『共同墓地に「森の寺」をつくれば、村の者は［そこに］水田をつくるのはやめるだろうし、公共地であるこの地所を守ることができる』という。

実際にすぐに『森の寺』ができて以来、公共地だった共同墓地の区画は確保された。だが、『森の寺』が寺らしくなるのにはまる二年かかった。僧侶の数が少なかったが、二年目になると、設立する時以来の相談役だった長老の寄進総代も、自ら得度した。それから見習僧たちもそこで起居するようになった。

出生村であるD村が懐かしく思われたのはちょうどそのころだった。一つにはT叔父がコーンケン市内の寺院で再出家した後に、私を訪ねてノーンラーシへやってきた。一週間ともに修行したあと、叔父とD村へもどってみた。ノーンラーシーで得度したばかりのローイエット県出身の僧侶（二一歳）もつれていった。

K師がD村にもどったのは、一九八二年一〇月一九日のことである。

三 「森の寺」開設の主張と参画者

K師のD村への帰還は、いわば里帰りともいえるものであったが、彼はノーンラーシーの方の「森の寺」を放棄したわけではない。九年目を迎えていたノーンラーシーの「森の寺」には三人の僧侶と二人の見習僧がいた。K師はその後も、同寺へD村から往復するように訪れている。K師とT師は行動をともにしていたが、当初D村により多くとどまっていたのはT師である。したがって実際に「森の寺」の開設を村人に強く呼びかけ、具体的な建設計画と指示を下したのは、K師以上にT師であった。

T師は、D村でも有力な母系親族を背後にもつ長老である（前章【図11】中のYにあたる）。ローイエット県出身の両親は、D村へ開拓移住した最初の世代に属する。再出家する以前のT師は、D村の歴史を知る「年長者 *phu yai*」として村人から信頼されると同時に、村内では多数派をなすモータムの一派（タム・オラハン）の一人として知られている。また、在俗の仏教篤信家としても寺院の世話に余念がなく、若い僧侶や村人をリードする立場にあった。

T師 「これまでの生涯で」三回得度したことになる。初めて僧侶として出家したのは二一歳だった。その直前の五年間は見習僧だった。初めての得度式は［当時すでに『浄域』をもっていた］NK村のポーシー寺で行い、D村にもどり一〇か月間だけ［村の寺で］僧侶として過ごした。翌年の陰暦五月に還俗、つづく六月に結婚した。その次に得度したのは、六〇歳位のときだったろうか、妻が病気になったので七日間だけ『願かけ』のために出家した。すると、妻の病も治ってしまった。返礼（*kae bon*）をするために、それからつづけて二か月間、［D村の］『村の寺』で僧侶をしとったよ。

それから、今回の出家だ。子どもも大きくなったし、人生への執着もなくなった。今こそ出家しようと思ってな。七六歳（一九八二年当時）になっていたが、コーンケン市内にあるマッカーサムラーン寺で得度した。この寺の住職は知り合いで、授戒師（*upatcha*）でもあったので、得度式を司式してもらった。そのとき、この住職に、これから［高齢の］僧侶として過ごすのなら『森の寺』の僧侶として生活してみることを勧められた。

一九八三年一月、D村に住み込み始めた直後の筆者は、D村の公共地の一角に仮庵を構える僧侶T師を初めて「みた」。その時点で起こっていたことは何も把握できていない。当時の村長AM（五七歳）と行動していたその日、「森の僧pha pa」にあいにゆくというので同行したのであった。その場には、村長のほかに村落開発委員（*kammakan phatthana muban*）が数人集まっていた。長身のT師には威厳が漂い、筆者には長期出家者の風貌にみえた。彼らを前に、T師は東北タイのラオ語で演説のような調子で約半時間話した。入村したての筆者は半分も聞き取れない。ただ、T師の厳しい口調に、何かを訴える様子は感じられた。村内へもどる途中、四〇代の村落開発委員の一人がタイ語で説明してくれた。そのときのメモには、〈村の寺院とは別の「森の寺」をつくれ〉、とある。

それから三か月後、T師は筆者に直接次のように語っている。

『村の寺 *wat ban*』はわしらにふさわしいところではない。さまざまな娯楽がいっぱいだ。静寂というものがない。『村の寺』は村のかなめとして必要だが、最近は仏陀の教え（*khamsangson phaphutthachao*）を学ぶ場とはいえん。巡回映画の業者なぞがしょっちゅう入ってきて一晩中ワアワアやっとる。まるで映画館だ。今の『村の寺』は若い連中［出家者］が俗人教育［成人教育課程のこと］を学ぶためにあるようなものだ。

わしらが作ろうとしている『森の寺』の類の僧侶の止住域（*thi phak song yang wat pa*）は、仏暦二五〇〇（一九五七）年ごろから［東北地方の］あちこちの村にでき始めている。しかし、かつてはその数は少なかった。『村の寺』と並存するように増え始めたのはここ三、四年のことだ。

［自分が］僧侶になるのは三度目だが、真の僧（*pha the the*）とはどんなものか何も知らないし［周囲の］誰もがわからない。これを見極める（*suksa*）のには『村の寺』という場所は喧噪が過ぎる［だから『森の寺』のような寂静の場所が必要である］。『村の寺』がいらないといっているのではない。しかし再出家しているのに、経文の内容もわからずに読経する『村の寺』の若い僧侶のもとへ行く気はない。

隣県マハーサーラカムの一村で、すでに「森の寺」を建立させた経験をもつK師は次のようにいう。

昔とは異なって、高齢の出家者（*pha thaokae*）が増加した。すでにある『村の寺』はこういう人たちにたいする用意をもちあわせていないのが実状である。このD村でも若者にとっての教義学習の場（*sathan thi suksa pariyat*）として特化してしまっている［筆者注：K師は世俗教育を学ぶことと教義学習を、ともに既存の知識を学習する場としてみている］。このような状況は高齢の出家者には不向きである。老人は寂静を求めて（*ba sangop*）止観や瞑想を好むからである。『森の寺』はそうした彼らの要求に応える形で生じたものといえる。しかしながら［自分が知るところでは］、『森の寺』の多くは、僧侶の単なる仮設宿泊所程度のものにとどまっている。法的にも宿泊施設（*thi phak song tam kot khana song*）の域をでない。これでは不十分である。将来的には、このような僧侶の止住域も、『村の寺』同様に［得度式を実施できる結界〈浄域〉を備えた］布薩堂をもたなければならない。

以上のような二人の僧侶の主張に賛同し、以後「森の寺」開設に参画した人びとには二つのタイプがある。T師らとともに修行者としてその場所に止住した者、止住することはなかったが彼らを側面から援助した者である。外部から援助した人びとの主役は、T師の実娘（長女）である。修行する二人の老親（T師とその妻）の世話をするために毎日顔をだし、僧侶の食事や身のまわりの世話（水汲みや食器洗いなどの雑用）をしている。また、D村の枝村DNの在住者でT師の甥B（六六歳）も俗人として連日のように訪れ、止住区の施設つくりのために、竹壁を編んだり座椅子を作って援助しつづけた（【前掲図21】参照）。

「森の寺」に修行者として参加した者には、仮小屋のほかに施設をもたない一九八二年末の時点から常住し始めた女性修行者のメーチーがいる。マハーサーラカム県出身の一女性である。離婚したために五人の子どもをキョウダイに預け、コーンケン市内のナンティカラーム寺でメーチーとして受戒した。出身村ノーンラーシーへもどって「森の寺」を開設したK師と知り合って以来、彼女はK師を自らの師と仰いで修行生活をつづけ、今回も師を追ってD村にやってきたのである。

また、入れ替わりがあったが、後に他の数人のメーチーがD村を訪れて彼らに合流した。さらに、T師の妻は、T師が再出家してしばらく後に自らメーチーとなり、一九八三年四月に癌で他界するまでの間、T師と修行生活を送った。加えて、T師の長女の友人であるメーチーも、頻繁に行動をともにした。さらに、一九八三年四月二三日以来、一人の男性（一九〇三年生、調査当時八〇歳）が白衣をまとって在家八戒を守る俗人修行者（*pha khao*）としてT師らとともに起居し始めた。彼は以前D村に住んでいたが、その後コーンケン県チュムペー郡に移住していた。民間バラモンの儀礼執行者（*pham, mo su khwan*）でもあり、乾季に集中する家屋の新築儀礼のためにしばしばD村に招かれていた長老である。彼はT師やK師の意図を知って関心をもち、相談役をするうちに瞑想修行を志した。四月二五日、K師に師事するメーチーが、初等教育四年の課程を終えたばかりの息子とその友人の子ども二名を見習僧としてノーンラーシーより引率してもどっている。夏休みを利用しての短期間だが、D村で修行生活を経験させた。

そして、一九八三年五月一二日、白衣の男性修行者として同居していた長老がコーンケン市内のマッカーサムラン寺で得度し、僧侶として新たに参加した。つづいて七月一六日、それまで俗人として世話をしてきたT師の甥Bも、近隣村DHの寺院で得度して参加する。Bもまた再出家であった。この時点で「森の寺」の僧侶は総数四名となり、当時の「村の寺」にいる僧侶の数を上まわることになった(「村の寺」の僧侶は一九八三年六月以降二名)。

他方で、修行者や親族でもない一般の人びとが、D村に帰還直後のK師やT師を訪れることはほとんどなかった。当初、ほとんどの人びとは彼らを「森の僧」と呼んでいたように、D村でのT師らの止住を、別の場所へ移る途上での一時的な逗留に過ぎないものとみている。同時に、その活動が、T師を取り巻く親族を中心とした相互扶助、老親扶養の様相を呈していたことも一因である。初期の段階でT師らと頻繁に接触した数人の村人たちのほとんどは、村外の寺院から僧侶を招請する慣例義務をもつ村長と、その配下にある委員会に所属する男性たちであった。

村長らによる「村の寺」への招請を拒んだT師は、積極的に彼らにはたらきかけて「森の寺」の開設へ向けて全村の賛同を呼びかける。そして、寄金を募る算段を相談した。当時の村長AMは、基本的に役員らとともにT師の意図に賛同した。他の村人へ向けて彼が準備した語りは次のようなものである。

> 『森の寺』をもつことはよいことだ。老人が再出家したときに静かに仏法を学べる場として必要である。近くの他村をみても、『森の寺』を『村の寺』と別にもっているところが増えている。二つの寺があれば、人は二重に功徳を得られる。

村長は、精力的に近隣村の「森の寺」を視察してもいる。一九八三年二月には他県にある著名な「森の寺」へも訪れて、「小寺 *sammaksong*」として開設する際に生じるさまざまな問題をも確認している(6)。

施設の整備資金となる寄付金は、村長の呼びかけによって初回(一月)は問題なく集められた。[7]しかし、これは近年の慣例によって半ば強制的に徴収されたものであって、長期的な展望や村内の意見を考慮したものではない。二か月後の三月初旬に庵や講堂を作る計画を進めるため、村長および副村長、五〇歳代の世帯主からなる八名の役員(村落開発委員)が連日のようにT師のもとに訪れた。「森の寺」開設のための用地が確保された後、三月二八日に講堂を建設する作業を開始することになった。

村長は緊急の村会議を開き、人びとに「功徳を積む作業」として参加するよう呼びかけた。仏教寺院を開設する作業は、多大な功徳を獲得できる手段とされている。ところが、農閑期であったにもかかわらず、初日に集まったのは、村長以下村の役員を含めて十数人であった。現場に様子伺いに訪れる村人の姿もなく、人手が足りないまま仕事は遅々として進展しない。四月には村長が村内の男性を雇用する形で、飲料水用の井戸を掘削させたが、五月になってその作業も中止された。その間、村長は見取図を用意し写真を添えて五月には郡当局へ「小寺」建立を申請する。しかし、結果的には書類不備でこれは却下された。最大の原因は、村人全般の承認が得られていなかったことにある。

四 「森の寺」をめぐる問題と批判

「森の寺」開設の寄金は、一九八三年三月から七月までに、計一万三六〇〇バーツが村人による布施という名目で調達されている。[8]しかし、これはすべて村長を議長とする役員会議によって按配されたものである。講堂建設が始まる直前の他の人びとの表向きの反応には、都会的ともいえるほどの無関心な態度が顕著であった。「森の寺」は、親しい間柄のなかでのみ「やっかいな問題」として語られた。

開設に同意しなかった人びとの理由は、次の三点に集約される。すなわち、(1)開設資金のための寄付金徴収の問題、

(2)「村の寺」の布薩堂が建設途上にあったこと、(3)「森の寺」の公共性の欠如、である。「森の寺」を設立することになれば、近年の慣例によって寄金が世帯単位で徴収される。貧しい者は寄付金を供出するのが苦しい。また、経済的に困窮していない者でさえも、「二つも寺をもつことになれば、今後布施したり寄付するごとに二重になり、重荷になる」ことを理由に挙げた。

これと関連して、「『村の寺』の方の布薩堂も完成していないのに、なぜ今新たな寺院が必要か」という施設整備の分断を危惧する意見がでている。寺院の維持、運営は村の共同作業である。とりわけD村では「死ぬ前に完成を見届けたい」という長老の篤信家たちによって、布薩堂の整備が長年にわたる寄金の積み重ねによって進められてきた経緯がある。「森の寺」開設はこれを阻害するというわけである。

村長らが講堂建設に着手する前の三月一九、二〇日の両日にわたり、「村の寺」の方で黄衣を献上する儀礼(*thot phapa*)が行われた。D村からの寄付金は全額四万七五〇〇バーツであった。そして、儀礼の最終日に実施された村長ら役員の会合で、そのうち七五〇〇バーツを「森の寺」創設の予算にあてることが決められている。この決断は、事実上、「森の寺」を公的に開設する方針を強行したことを意味する。寄付金の使途をめぐって問題は一挙に表面化した。

四月のある日、最後まで賛同しなかった一人の長老男性(彼はT師と同じ流派のモータムであり、村の宗教的リーダー)が「村の寺」の講堂に食事布施に来た際、布施しにやってきた人びと(主に女性)がいる前で話している。

　みんな同じ寺だ。同じ仏法を学ぶ場だ。何の違いがあるというのか。戒律の数が三〇〇も四〇〇もあるというのか。とんでもない。同じ二二七条の戒律を遵守する。同じ内容の戒律を守る。寺を二つももつ必要がどこにある。あのように気ままにやられると、皆が困る。

「森の寺」開設を提唱し、参画していた人びとが、当初はT師の親族成員のみで占められていた事実は、「T師が自分勝手に要求したようなものだ。今でもみてごらん。他の僧侶はいつも留守にしていてT師だけがいる。あの寺はT師だけのものみたいなもの」とする見方を生んだ。開設を要求される「森の寺」は、一般の村人にとっては、T師たちの私物でしかない。先の長老男性は「あれは自分の『顔を大きくするため』にやっている」とまで批判する。T師たちにすれば、「森の寺」を開設することは一つの仏教実践であっても、公共的な場所としての正当性を確立できなかった。これが大方の賛同を得られなかった第三の要因である。

村長は、結局は書類不備でもどされた郡当局への申請書を提出する直前（四月末）に、D村世帯の過半数が「森の寺」開設に反対であることを事実上確認している。そして公的に計画を進めることを断念し、村長とその取り巻き連、賛同者のみが支援する形を採択した。反対の声をよそに、五月二〇日、中断していた作業が再開される。まず、骨組みしかなかった講堂の天井に、トタン屋根を取りつけた。講堂の壁は当初ブロックで作る計画であったが資金不足のため断念された。代用として、竹で組んだ枠のすき間にセメント袋を解体した紙を挟みこんだものを作ることにした。複数のユニットをつないで「壁」とするわけである。六月から作業を開始したが、この作業も資材と労力不足のため思うように進まなかった。この間、K師は以前の拠点ノーンラーシーで寄付金集めに奔走している。

しかし六月以降、事態は誰も予想しなかった方向へ展開する。

T師は体調の異常を訴え始めた。当初一度きりしかとっていなかった食事を二度とるようになっていたが、托鉢にもでず、寝たきりの生活がつづき、目にみえて衰弱していった。また同じ時期に、中心的な援助役を果たしてきた村長が、辞任に追い込まれてしまった。開発政策の一環で、D村は飲用貯水タンクを設置するために地方農村内雇用促進計画（*krongkan sang ngan nai chonnabot*）によって援助金を配当されていたが、その公金を使いこんだ理由でリコールされたのである。そして、三人の村長候補者グループ間の、あからさまなまでの票買いの光景（村人を宴席に招待してお金を握らせる）がつづいた後の七月二一日に、新しい村長が選出された。村の寺院の講堂での開票作業の結果、三人の候補者のなかでもっとも若いT師の娘婿（当時四八歳）が新村長となった。

五　主導僧T師の死——儀礼環境のなかでの「森の寺」の成立

D村は雨季に入っていた。前述したように、二人の老人が再出家し僧侶として「森の寺」に参加する。一方の「村の寺」では、六月に一人の老僧（当時六八歳）が安居期を過ごす予定で止住し始めていた。この僧侶はD村出身で、五〇年ぶりにもどった長期出家者であった。しかし、寡黙で常にサングラスをかけて僧房にこもりがちな帰還僧を、村人は余り快く迎えていなかった。呪符の知識に秀でている、村人を顧みないという風評がとびかっていた。D村では、宗教的な知識に詳しく余り人付き合いを好まない男性は、特に日々接する機会のある女性から厳しく黙殺される傾向があることを筆者はみていたが、それと同じ扱いがなされていたようである。

対照的に、年齢的には同世代になる「森の寺」のK師は、仏教儀礼で「村の寺」の方へ招請されるようになっていた。K師の、柔らかな物腰での村人との対応、わかりやすい説法、よどみのない読経は、人びとから好ましい評価をかちとり始めていた。そのため、七月に入った仏日に、村の篤信家たちがK師を訪ねて「森の寺」の方へも顔をだすようになる。

さらに「森の寺」の老僧たちは、K師がノーンラーシーより持ち帰ったラジオスピーカーを常時使って、朝夕の読経（勤行）の模様を、実況中継のようにして村内に流し始めた。この読経は、村全体に彼らの活動を伝えることにとどまらなかった。ある女性世帯主が筆者に「夜にあの読経が聞こえてくると心が安らぐ」ともらしたように、着実に「森の寺」のイメージを変えて行くことになった。K師を中心としたパフォーマンスは、人びとに「森の寺」を急速に身近なものにしたといわねばならない。

そのように人びとの「森の寺」への態度が変わりつつあった八月末、やせ衰えて食事もとれない状態となったT師が、看病の便宜のため、実娘たちの意向で自宅へ引きとられた。最後まで彼は還俗を拒否しつづける。そして、僧侶のままで九月三〇日に死を迎えた。

葬儀は俗人の通常死と同じ次第で行われた。葬儀にはK師ら「森の寺」の僧が連日招請された。また、それまでT師から遠ざかっていた村の有力な長老も、儀礼の俗人主導者として参加するとともに、集合的な積徳行儀礼として数多くの村人を引きこんだ。喪主代表はT師の娘婿である新村長である。「森の寺」の整備はT師の没後、実質的に村レベルの作業として再開される。その最初の契機をなしたのが、皮肉にも、創設者の一人T師の葬儀であった。僧侶たちの儀礼的上演、そして積徳行を組み込んだ祝祭的な儀礼環境のなかで、「森の寺」は村落社会のなかに根をおろし始めようとしていた。

雨季明けの一〇月に出安居（*bun ok phansa*）がある。出安居につづいて仏教儀礼最大の布施行であるカティン儀礼が行われる。T師の葬儀と前後して、このカティン儀礼を「森の寺」へ合同で行う準備が前村長と役員、以前の寺委員会のメンバーによって進められた。

通常、カティン儀礼は単独の主催者が一つの寺にカティナ衣を寄進する。栄誉ある、しかし多大な布施額を要する積徳行の儀礼である。D村ではかつて行えぬ年も頻繁にあった。現在でさえ、それを主催できるのはごく限られた経済的に豊かな、または有力な親族の協力体制が整っている者に限られる。そのようなカティン儀礼を、共同主催で行うことは（現在でこそタイ全国どこでもみられるが）D村では開村以来初めてのことであった。同時に、共同カティン（*kathin bom*）儀礼が成立することは、「森の寺」を一つの寺として受容することを意味した。

賛同者には隣村DNの者も含まれた。人びとは参加協力を惜しまず、一〇〇バーツ単位の布施をした世帯は五〇を超えた。小額の者さえ、通例の年中儀礼の寄金の最低二倍の額を寄せている。一〇月の二二、二三の両日にわたって共同カティン儀礼は文字どおり盛大に行われ、成就した。儀礼の準備、催し物はすべて「村の寺」が会場である。前夜祭では、「村の寺」の境内は老若男女で埋まり、宴の歓声は夜明けまでつづいた。そのなかには新村長、かつての反対派長老、すべてが顔を揃えていた。そして翌朝、布施の品々は着飾った村人たちが舞い踊る寄進行列の舞いとともに「森の寺」へ奉納された。法的には単なる僧侶の止住域が、このとき、D村の事実上のもう一つの寺として認知されたのである。

6-6 「森の寺」をめぐる考察

一 「森の寺」の実践

東北タイ全域をみれば、人びとが今日「森の寺」と呼ぶ寺院には、新旧の多様な形態が混在する。かつては人里離れた森のなかにあったが、市街の外縁が拡大して、現在は街のそばに立地するような、森なき「森の寺」もある。また、元来瞑想修行の場として知られていたが、その後は経典学習が盛んになっているところもある。高名な僧侶が止住する「森の寺」には、俗人信徒から多額の寄進をうけたエアコンつきの僧房さえある。さらに、近年では麻薬中毒患者やエイズ患者を収容して医療福祉活動を実施したり、農村の開発政策に直結する活動で知られる寺院も、「森の寺」と呼ばれている事実がある。つまり、「森の寺」とは、村落社会の中心をなしてきた慣習的な年中儀礼行事を行う場としての寺院や、全国的に標準化された既成の寺院のあり方から逸脱するような活動を行う僧侶が止住する寺院一般を指す呼称ともなっている。

その名称から、外部の観察者には、近年の森林保護運動に呼応して生まれた寺のように扱われる傾向があるが、歴史的に「森の寺」は「林住部」アーランニャ・ワシー（*araññavāsī*）の系譜に連なる。アーランニャ（阿蘭若 *arañña*）とは、原野や荒れ地を含む森を指す。すなわち、林野を止住地とする林住派の僧侶のいる寺ということである。林野で修行する僧侶の存在、そして「森の寺」の伝統は、タイのみならず、スリランカ、ミャンマー、東南アジア大陸部に展開する上座仏教において、古くから知られている。かつてのタイのスコータイやランナータイ王朝に受容されたスリランカからの一派は、アランニクと記録されているが、その名称から、林住派であった可能性が強いという。また、スコータイ、アユタヤの時代にかけて、林住部はサンガの分布を示す範疇として、その名をとどめていた。今日のタイ国では、林住部は一九世紀半ば以降、制度上の意義を失っている。

東北タイの「森の寺」には、タイ地方サンガが国家レベルで統合化される「一九〇二年サンガ統治法」の制定前後に輩出した止観・瞑想派の頭陀行僧らが農村部を中心に設立した寺院も含まれている。前章でみたように、設立者の多くは一種の「神通 *aphinya*」を把持する観法に秀でた頭陀行僧である。彼らのなかには、頭陀行に赴く先々の村で精霊崇拝を破棄させて仏法帰依を説き、生涯で一〇〇〇は下らない数の「森の寺」を開設したと伝えられる者もある［Thepsu 1984 : 179］。

D村にできた「森の寺」は、学習が主となる通常の寺院と異なって、止観、瞑想を実践修行する出家者たちが集まる寺院としてみられている。同時に一種の道場として、かつての林住部の伝統的な実践を継承するともいえる。D村の「森の寺」は、地理的には野良へ通じる沿道の脇にあり、村人の居住区からさほど離れてはいない。しかしこの場所は以前「村の守護霊」を祀る聖域（鎮守の森）であった。他の東北タイ農村同様、儀礼時をのぞいて人がこの森に立ち入ることは日常的にはなかった。「村の守護霊」は、若かりしT師を含めたモータムによって追放されている。しかし夜間になると、人びとが立ち寄る空間ではなかった。現在はこの場所にある「森の寺」から、夜になると読経の声が村内に届く。

高名な頭陀行僧たちが森林、洞窟に加えて公共墓地を止観の場所として選んでいる背景からすれば、修行僧にはふさわしい場所ではある。(9)

ただし、D村の「森の寺」は、村の高齢者が自ら出家し、内発的な二つめの寺として開設された。成立経過は異なるが、他村で生まれている「森の寺」も、村の古老男性の再出家をきっかけにしているところが多い。伝統的な林住部の流れを汲むとされる頭陀行僧たちは、必ずしも出身村に「森の寺」を開設したわけではない。この点で、D村の「森の寺」は旧来のものと異なっている。すなわち、T師らが唱える「森の寺」開設の動機は、右にみるような制度的な意味での林住部「ルネサンス」に根ざすわけではない。(10)では、なぜ「森の寺」はT師の出生村に建設されなければならなかったのだろうか。

D村の「森の寺」開設は、近年の仏教実践の新しい動きの一つである。これまでみてきたように、「森の寺」は、法制度的にはタイ仏教サンガの傘下に位置づけられるのだが、タイ国の制度仏教という枠とは、やや離れたところに実践の根をもっている。その実践の根とは、身体という器を尺度に瞑想を通じて、内面観照を試みることにある。すなわち、教義(あるいは学習すべき既存の知識体系)をいったん離れて、個人の修行と自然観照を結びつける考え方である。文字でしるされた概念や意味を、学ぶのではなく感得する。経典というテキストではなく、個人の行為による経験を重視する実践を基本とする。個人というコンテクストにおいて、仏教を生きようとする実践である。「森の寺」に参加する人びとの実践は、識字者が自らの産物とするテキスト上の哲学や制度の上にはない。それは、ローカルで個別の場所に生成している。

「森の寺」は、制度化されてきた国家に内属する仏教の拡散的な状況を示すとともに、制度から逸脱する実践と信仰の個人レベルでの求心化を示している。多くの場合、その活動は、制度の隙間の周縁領域にとどまっているが、疑いもなく個人を起点とする小宇宙を構築しようとする試みである。サンガが組織化される以前の、遊行者の一派として生れた仏陀の時代の実践へと、内面回帰させる場でもあるといえよう。

二　寺院の機能分化にみる世俗と個人

「森の寺」開設を宣言したT師の発言には、出家者側からの「棲み分け」の主張がある。出家の目的によって、異なった環境の寺院が村社会に必要であるとする見解である。その背後には、開村以来の「村の寺」が世俗化し、出家者個人の純粋な仏法実践の場を後方へ追いやり、宗教的寂静を求めようとする彼ら高齢者の欲求を満たすことができないという状況と認識がある。

T師に共鳴した賛成派の一人（一九二五年生れの男性）は、「森の寺」開設の背景となる「村の寺」の変化は一九六〇年代ごろに始まるとする。

　村外からやってくる人や役人を迎える場所としてふさわしい環境が必要とされたので、皆が『村の寺』の設備をよくするために寄付金を献納することに熱心になり始めた。まだそのころなら、同じ寺で教義の学習も瞑想止観の修行もすることができた。教義学習の方が手薄で、仏法を学習しようとする出家者の方が多かったからだ。

　今となっては『村の寺』は村の中心として、俗世により強く関わる公共の場である。若い出家者にとって教理学習や瞑想修行よりは世俗教育が重要になった。かつて若い時期に出家したとき、実践がともなわない仏法を少しかじっただけで、それゆえその内容をあらためて体得したい老人には、再出家するのにふさわしい場所でなくなったのは確かだ。

このようにして生まれたD村の「森の寺」は、一九三〇年代以降盛んになったモータムにつづいて、同村における宗教体系の、全面的な「仏教化」の過程のなかに位置づけることができる。それは個人と社会の双方のレベルに根をおろしている。かつて土着信仰体系が担っていた現実認識の領野は、人びとによる仏教実践を通じて改編されてその範囲を後退させている。来世と現世に効力あるものとして集合的、個人的に実施される布施や持戒行は、仏教としての正当性をもって国家主導の制度仏教と矛盾することがない。

しかし、人びとの身体と生活世界を基盤にして構築・再編されてゆく仏教には、日常生活の社会的基盤の変化（貨幣経済の浸透、世俗教育の普及など）による世俗化と個人実践への内向化の過程が包摂されている。すなわち、積徳行の金銭・物質的表現、若い出家者の部分的な脱宗教化と、年輩者を主とする個人の内面的信仰の深化という、一見相矛盾する二つの社会過程がそれである。今日の「村の寺」でも、同じ場所で、富を誇示するように派手な寄進を演出する布施儀礼と、身体一つをもって精神的な営みとして行われる在家者（多くは年輩女性）の厳粛な持戒行の風景とが同居している。「森の寺」を継承するエートスは後者に属し、村落仏教の出家世界の一再編過程の表れとしてとらえることもできるだろう。

賛同者の意見を総合してみても、二種類の寺の共存を、社会と個人のレベルで果たす仏教の役割をたがいに補いあうものとする見方が浮かびあがる。二つの寺は同じ村落仏教の異なる側面を示している。図式化していえば、「村の寺」は複数の人びとによる集合的な仏教儀礼を主とする公共の上演空間であり、出家者の社会化のための施設である。「森の寺」は、個人による、より内向的な止観・瞑想修行を主とする宗教的実践の空間であり、出家者自身の内省のための施設である。もとより二つの側面はタイ仏教寺院の基本的な機能である。

重要なことは「森の寺」の参加者が、個人が実践すべき仏教の望ましい様式を、教理の学習ではなく、止観・瞑想修行にみようとしている点である。D村では宗教に熱心である者もそうでない者も、このような「森の寺」が二つめの寺としてあちらこちらの村に生まれつつあることを自ら見聞して知っている。D村の「森の寺」の開設は、年齢にともなう個人の宗教的実践の問題とともに、寺院のこうした社会変化に対応する機能的分化が農村部において進行してきており、元来一か所にあった寺院の宗教的属性が現実の形として両極分解を起こしつつあることを、少数ながらも村人たちがごく身近なものとしてとらえ始めたことを示している。

三　男性の権威と仏教実践

D村において男性が社会的に成熟してゆくことには二つの意味がある。世帯主としての公的な権威を獲得することと、老成した男性として、自らの修練で世俗に影響を与える宗教的な「力」を獲得することである。このことは長期出家者としての人生を歩むことになったK師よりも、T師の生涯が端的に示している。

T師は、成人式としての慣習的得度をすませた直後結婚する。結婚後は世帯主としてモータムとなり、老後は宗教的篤信家としても寺院活動に関与した。彼は、隠居の身となって三度目の出家を行い、最終的には自ら開設を提唱する寺院に止住しようとする。老境にいたるT師の生涯は、目的がそれぞれ異なる出家生活に彩られることになった。

一般に東北部、タイ全国においても「男子三度の出家（*chai sam bot*）」は「婦女三度の結婚（*ying sam phua*）」と並んで揶揄されるように、望ましくない行動としてネガティヴな社会的評価を与えられる。T師には、そのような批判を聞くことはなかった。むしろ、当初「森の寺」開設に賛同しない村の男性さえ、思うままに行動し、老後を僧侶の身で過ごせるT師にたいして羨望の感情を抱いていた。T師のような経歴をもつことは、文化的に望ましいものとされていても、現実には誰もがなしえることではないからである。

D村では老後に宗教事に関わることは、老人として望ましい社会的境遇を背景にもつことを示す行動としてみられている。つまり、老人の寺院活動への参加は、人生の晩年に来世へ思いを馳せる欲求の表れとしてのみならず、他者が羨望する行為として人生の社会的評価体系のなかに組み込まれた活動でもある。したがって、老人がその日常生活を宗教活動で彩ることは、男女ともども社会的生を達成する「社会人」としての儀容をまとうことでもある。

T師の生涯を、宗教的世界との関わりでやや図式的にみると、在家の持戒者であるモータムから地方を超える仏教の実践（具足戒をうける出家者）への移行は、個人の内向的な実践へと信仰が深化する過程とよむことができる。同時に、T師個人の「宗教遍歴」は、先述したD村の宗教の歴史的な展開、すなわち宗教信仰体系における「仏教化」と合致してもいる。D村が経験してきた社会変化のなかでの、男性と宗教実践の関係を典型的に示しているようにもみえる。多くの男性にとって、自然に宿るとされる精霊や超自然的現象を自らの精神力によって制御することは、「力」を会得することと同義であった。そのような「力」がかつてのウィサーであり、頭陀行僧の「神通」、タンマの守護力として表象されてきたことはすでにみた。さらにまた、「力」は男性が今日独占的に獲得する宗教的資質であり、性としての男性の権威を社会的に評価する重要な要素であった。

僧侶やモータムのような経験を積むということは、それらを経験しない他の在俗仏教徒とは異なって、日々継続的に戒律を把持するということである。それは、戒律を自己の身体に取り込む、ということにつきる。換言すれば、宗教的修練によって人格を改編することである。そして、自己の情動を制御する「力」をもつということである。そのような「力」（身体化された「知識」）は、自己を基点としつつ、他者にたいして二つの方向をみせる。すなわち、それをもたない者には、「力」とは、現在の状態を異なる状態に変えるものとして認知されるために、日常生活で社会関係を取り結ばない者が腹蔵する「力」は歓迎されるものではない。D村から放逐された守護霊の両義性と同じことである。また、D村の女性たちが示した、前述の長期出家者にたいする評価の理由もここにある。対照的に、「力」をもちつつ、友好なコミュニケーションを果たす男性は尊敬される。好例は、D村に帰還したK師である。これにたいし、遍歴だけを取り上げればなんら遜色ないT師は、改革を叫ぶ布教者を演じる余り、存命中に「森の寺」をD村に根づかせることはできなかった。

第四章と五章で言及しておいた「異界」は、儀礼を通じて現実のアクセントを付与される精霊の世界にとどまらないということである。異界は、日常生活で遭遇する、未だ自己が関わりをもたぬ人びと、つまりは匿名の「他者」の世界のメタファーでもある。未耕地を求めての移動の過程で男性が遭遇した世界とは、たとえ言語が通じたとしても、友好的かつ有効な社会関係が成立するかどうかは不明の世界であった。また、男性の生涯にとっては、根源的な「他者」ないし「異民族」の表象でもある女性のことでもあった。事実、男性にとって女性とは、彼がその地に生きてゆくための、最大の「他者」であった。

開拓移住ないし故郷を離れて各地に拠点を結んで行くという移動経験は、MN村を開いた人びと（第三章）、そこへ移入した人びとのみならず、第二章でみた交易行動やナーイホーイに、そして頭陀行僧にも共通してみられたものである。彼らは、森の世界、精霊そして異民族と遭遇し、それぞれの関係を結んできた。抽象的になるが、それぞれの場面での関係は、「力」をもつ存在に全面的に依存するやり方で取り結ばれる。そのまま依存する生き方もあれば、自ら「力」を求め、把持してゆくことで、自己を基点に新たな関係を創って行く生き方もある。東北タイのラオ系村落の男性たちは、異郷の地、他者との関係を取り結ぶ「力」についての実践を身近なものとしてきた。境遇だけではなく、「力」を「力」として正当化する制度的な装置群（ウィサーのような宗教的知識や出家という行動）を独占してきたという歴史的事実も忘れてはならない。男性が、自己が改編されたことを示すには、何らかの「他者」経験が前提となる。問題は、そのような経験が、他者をも統轄し帰依させるような「力」として了解されるような社会的仕掛けがあるかどうかということなのである。

D村の長老男性は、年齢を経て宗教的守護力を把持するモータムとなることを、在俗の男性世帯主の社会的自律性および精神的な老成を表現するものとして言及する傾向が強い。その「力」は、理論的には、自らの家族、親族、村社会といった外延へと拡大する。いわば、他者を自発的に「帰依」させる（モータムの女性信者の「我が身を委譲する」という言い方を思い起こしていただきたい）という意味で、広義の政治的権力の源泉である。

しかし、宗教実践の文脈での「力」の獲得と表裏一体の関係にあったこの権力の「場」は、教育、医療をはじめとする近代的な世俗機関が村落生活の諸局面に浸透することによって、公的な舞台から後退しつつあるようにみえる。人びとの上に立つ者は、政治的権力を、宗教的な源泉によってではなく、村外の有力者（役人）とのつながりや自らの経済力で獲得できる機会が増えている。すなわち、公的な政治的権力は、現実社会での担い手が分離することによって、長老男性の社会的地位にとってかつて政治的権力と不可分の関係にあった宗教的「力」への確信を弱めつつある。

T師は、以前モータムとして在俗信徒の暮らしを送っていた。俗人の宗教的エリートである。T師が自らの意志で老後に再出家したことは、純粋に信仰者の行動として理解しうる。しかしD村で「森の寺」開設を試みようとしたのは、T師が再出家したときの授戒師が進言したことではない。また、村の寺が世俗化したという人びとへの主張とは別に、D村の成員、男性としての政治的行動でもあった。まず、村の寺の布薩堂も完成しないまま、第二の寺院を造るという点で、十分に政治的であった。そして、先にみたような長老男性としての宗教的「力」を社会的に回復する試みでもあったように思われる。それはD村内では、自己権威づけの行動としてもとらえられた。後にリコールされた前村長が、T師を熱心に支援したことも、この「力」の問題に関連して行動している。T師は、「村の寺」は衆人のための仏教施設であり、「森の寺」こそ出家者にとってより洗練された「道場」であるという意識をもって、「村の寺」を核とするD村の仏教を純化し、かつオーソライズする聖者の役割を演じようとしたともいえる。この点、K師は、T師にとって瞑想の導師にあたるが、かつてのT師の被保護者であり、T師を支援する形で参画しており、立場は異なっている。

自らの出生村にもどり、迎えた人びとが建てた寺院に自ら住むケースは、D村だけではなく、タイ国の他地方でも広くみられる。いわば、男性が故郷に錦を飾るようなことである。出家者として自らの宗教的「力」によって、在家者が積徳行をして寺院を開設する。男性の宗教的成功は人生の成功としても評価される。それは、ごく少数の高僧にのみ可能な経験であり、個人の信仰においては最大の積徳行を意味するからである。

しかし、D村の人びとを躊躇わせた開設にあたっての寄付金の問題には、このような論理が社会的に連動しなかった背景がみえる。僧侶や寺院への布施は功徳を得る常套手段である。このような積徳行の規範的論理からすれば「森の寺」の開設は功徳を生じる福田（*na bun*）が新たにできることではある。しかし、本来、それは個人の信心に基づいて行われるべきものであって、要求されるものではない。村内の他の古老がT師の行動に「権威の誇示」をみてとったのは、単なる羨望や妬みに終始するものではなく、「森の寺」開設を通じてそのような社会的・宗教的「力」を一挙に独占しようとする政治的行為として認識されたことによるのかもしれない。

提唱者、支持者を含めて「森の寺」の推進者たちが当時の村の政治的リーダーシップを掌握する「長老（*phu yai*）」であったという事実は重要である。D村の「森の寺」開設をめぐる問題は、単に宗教の規範的な問題にとどまらず、上記のような宗教によって権威づけされる、村落社会の「政治力学」の問題を含んでいる。受容にいたるまでの難航は、現実的な寄付金問題の背後で、それぞれに社会的・歴史的変化を被りつつあるこれら二つの次元が、複雑にもつれあって意識化されたことによるものであると考えられる。

「森の寺」開設受容への動きが、村長の交代劇、T師の死後急速に展開したのは偶然であろうか。受容へこぎつけるK師らの活動は一種の「布教」に近いものであったにせよ、「森の寺」は初期の強力な提唱者が退くことによって仏教実践のなかに位置づけられたかにみえる。結局その過程は、共同主催による最大の布施儀礼のなかで「現実的維持の問題の未解消」という矛盾を包み込んだまま、一般に共有される価値、すなわち仏教への帰依という基本的な信念を、参加者に演劇的に上演させる形で成就された。

世俗的な要素を排除し、宗教的孤高の世界を現世で樹立せんとする一出家者の理念は、俗世での経済的な問題、現実の背後にある社会・政治の力関係を顕わにしつつも、仏教帰依を表明する集合的な儀礼の遂行によって、これらを覆いつくすようにしてその住処を現実化した。D村の「森の寺」が語るものは、世俗を離れながらも世俗に依存するサンガの社会的な運命そのものであり、変容しつつ再編される村落仏教の実践のありかたである。D村での「森の寺」の創設は、一つにはタイ国のサンガを取り囲む大きな社会変化と無縁ではない一農村での「事件」であった。そこには、男性の成熟した人間としての権威を一方で保守しようとしながら、村の社会変化と「金権儀礼」にたいする警鐘のメッセージがあった。

「森の寺」成立の背景にあるものは、近年の貨幣経済の浸透、国家主導の開発政策のなかで急激に変化している村落社会の姿である。同時に、かつての制度的様式がその意味を変えて存続している。あたかもミラーボールのように、それは新たな変化に呼応しているかのようである。

おそらく、D村の人びとを日々の日常感覚で揺さぶっているのは、村落社会に進行しつつある一種の「郊外化」にともなう相互扶助慣行とその規範的意味の変貌であろう。各地方にも広く見られ、村落社会の支配的規範を形成していた相互扶助慣行（「ゆい」のような農業における労働共同）は第二次大戦以降、急速に消滅しつつある。D村でも、共働共食は望ましい規範として強調される一方で、村を含めた広範囲の相互扶助が以前ほど実質的に行われていないことを嘆く声がある。次のような老人の回顧は、かつての自給自足経済の村で生活世界を覆うようにしてその現実的意味をもっていた相互扶助の規範が、実施される範囲において後退したのみならず、その内容も変化しつつあることを物語る。

昔は仕事や金がなくても食べていけたが、今は金がなくては、自分で糧を探さなくては食って行くことはできない。昔は『親族（*sum*）』内外でも皆が他の人に頼ることができた。何があっても、米や魚、食べ物は何でも同じ村の者はたがいに分けあい、助けあったものだ。現在は、親族のなかの人間だけしか頼れない。親族でない人には頼ることは難しい。しかし、この同じ親族の者どうしでさえ、頼れるんだが頼りにくくなった。彼らも大変だからだ。これは約四〇年位前からだろうか。金が村のなかに入ってきて、暮らし向きがすっかり変わったからだろうな……

……［自分は］これまで沢山の『子どもら（*luk lan*）』を世話してきた。世話した者は、今、余り自分を助けてくれない。家に来て様子伺いをする程度だ。金をもってきてくれたり米をくれるわけでもなく、得度式を主催してやった前村長などは（儀礼時のハレ着である）白衣を買ってくれた程度のことである。これはごく普通の援助であり、昔の助けあいとは少しづつ変わっている。

すでにみたように、男女差から積徳行と異界の関わりかたをみると、仏門に入る男性は異界を相対化し、その力を操作、制御してゆくことが成長の過程として考えられているのにたいし、出家できない女性は生涯、異界の力にさらされる人生を送る。高齢女性が霊に功徳を転送し、来世にむけて再生させることに積極的なのは、結果的に異界の力を無化することにつながるからである。他方で、近年の急速な社会変化は、異界の観念をも大きく変えている。異界の霊に直接関わる儀礼が破棄される一方で、仏教儀礼は年々盛大に、おおがかりなものになっている。異界は、仏教の儀礼実践のなかに消えてゆくようにみえる。しかし、異界と再生の論理は、たがいに対立しながらも相互補完的なものとして現われている。

共働共食の慣行が、近親を核とする社会生活でなお有意な規範足りえているのは、仏教の功徳をめぐる獲得（所有）と分配の観念が、今日も持続的にその意味を活性化しているためである。しかし、それは単に二者間での単線的な持続ではなく、功徳の意味が世俗での互助規範を宗教的に正当化する容量は徐々に増幅され、社会的観念としてはより強められている。財を他所に求める機会が増大するにつれて共働共食が減り、それが形式的なものとなるにしたがい、村全体で行われる緊密な相互扶助をとおして実践されていた報恩や互酬的関係の現実（常識）は、一部の人びとにすれば以前のような色調を失っている。それゆえにこそ、内向する実践を代表する「森の寺」とは異なって、年中仏教儀礼が祭礼化の傾向を強めているともいえるのである。近年の積徳行の盛況や供養儀礼の金銭的顕示、老人による個人的実践の追求は、相互に対照的な相違をみせながら、ともに村という世界のなかで経済合理性に陵駕されつつある互助の規範的意味を、イデオロギーとしてではあれ、この世の向こう側にある宗教的な表現世界で構築しようとするものであるといってよいかもしれない。

「森の寺」開設後、D村での宗教実践には、東北タイの他村と比べてめだった変化はみられない。古老のモータムが次々と亡くなり、継承者も減少してきてはいるが、儀礼はつづけられている。仏教実践は、世俗内規範の現実的意味の変化、認知される異界の意味変化とともに、その表現形式をますます多様に、複雑にして展開されて行くであろう。それは近年、大きく変貌しつつある都市およびその近郊の仏教実践の様態と、水脈を同じくするものである。すなわち、制度的に一元化されてきたタイ国仏教の周縁に、それぞれのローカリティーを生きる個人が必要とする新しい実践を可能にしてゆく領野を求める動きである。地域という歴史的空間と、個人という身体的時間のなかで生成し変転してゆく宗教は、過去の問題ではなく、まさに今日の村落社会と国家が経験する変容の意味を探るための、変わらぬ羅針盤である。

終章　ラオ人社会の現在と宗教実践の行方

一九九四年四月八日にタイ東北地方の国境の町ノンカーイとラオスの首都ヴィエンチャンを結ぶ「タイ・ラオス友好橋」が開通した。その名称が示唆するように、現在、ラオスとタイは密接な交流関係をもちつつある。開通後わずか一か月の間にタイ側からラオス側へ六四五二台の車が渡っている。翌九五年の一月から五月中旬までの間で橋を利用したタイ人は一一万人を越えた［Bangkok Post 1995］。橋の完成に先んじる一九八六年以降、貿易や直接投資といった民間経済交流のみならず、両政府間の経済協力関係は着実に緊密化してきた。一九九二年二月一九日にはタイ＝ラオス友好協力条約と観光協力協定が締結されている。また、経済・商取引ばかりではなく、一九九三年九月に、ヴィエンチャンで非営利団体「タイ―ラオ協会」【表16】が設立され、企業家、政府官僚のみならず大学関係者も名を連ねて定期的な経済、社会、学術・文化交流が行われている。橋ができてからの一九九五年一一月には同協会とラオス側の「ラオス―タイ友好協会」の共同主催でルアンパバーンのセーンスッカーラム寺へのパーパー儀礼（出安居後の黄衣献納）が実施された。このきわめて良好なタイとラオス関係は、一九八六年に社会主義国ラオスが自由主義経済原理を導入することを採択し、八八年に時のタイ首相チャチャイが「インドシナを戦場から市場へ」と謳って以降のことである。国境を接する

表16　タイ・ラオ協会（*Samakhom Thai-Lao*）

1993年設立：政治，社会，文化の理解と相互交流を実施する半官半民の非営利団体
協会の事務活動は外務省東アジア局東アジア課
以下の数値は1995年時点でのメンバー数

1.	協会委員会（*khanakammakan samakhom Thai-Lao*）	15
2.	協会審議会（*thi pruksa khana kammakan samakhom Thai-Lao*）	10
3.	協会名誉会員（*samachik kitimasak samakhom Thai-Lao*）	14
4.	協会個人・永年会員（*samachik Thai-Lao praphet butkhon thammada* [*talot chip*]）	58
5.	協会法人・永年会員（*samachik samakhom Thai-Lao praphet niti butkhon* [*talot chip*]）	25
6.	協会個人・年会員（*samachik samakhom Thai-Lao praphet butkhon thammada* [*rai pi*]）	6
7.	協会法人・年会員（*samachik samakhom Thai-Lao nitibutkhon* [*rai pi*]）	7
8.	協会研究所法人・永年会員（*samachik Thai-Lao praphet nitibutkhon thi pen sathaban kansukusa* [*talot chip*]）	2

出所：内部資料より筆者作成。

両国間に、メコン川を挟んでの紛争や確執が八八年前半までつづいたことを思えば［cf. Wijeyewardene 1990］、両国の距離は九〇年代以降急速に縮まった。

広く近年のインドシナの各国間の関係をみると、中国の参入もあってメコンを挟む東南アジア大陸部の各国は、自由市場、経済協力を旗印に急速に接近している。各国を陸路で縦断できるのも時間の問題かもしれない。タイは先日アセアンに参加したヴェトナムとともに、経済援助、観光政策をとおして同地域のオピニオン・リーダー的な役割を担っている。こうした状況を映すかのように、最近ラオスやカンボジアを訪れたタイ人の見聞記に基づくエッセイ、ガイド本が相次いで出版されている。過去の出来事を現代の体裁で復元し、地域の紐帯をそこに築き上げているかのようにみえる。タイ・ラオス友好橋開通の祝辞のなかで、一六世紀に建立された現ルーイ県の仏塔シーソーン・ハック（*That Si Song Hak*）が両国の旧来の友好を語る歴史的シンボルとして言及された。タイ人ライターのラオス旅行記でも、タイとラオスはキョウダイであり「かつて両国間に流された苦い涙は甘い蜜に

表17　東北タイの観光局支所設置年（TAT内部資料より筆者作成）

ナコンラーチャシーマー	1978
ウボンラーチャタニー	1987
コーンケン	1990
ウドンタニ	1992
ナコンパノム	1992（2月署名→7月開所）

註：1995年現在タイ全国で支局総数17。東北タイ全19県で5
　：支所開設順序はかつて東北地方が中央当局に掌握された順序に同じ

変わった」と謳っている［Khachatphai 1994］。

北タイとともにメコン川と接する東北タイの観光政策も、にわかに活気をおびてきている。東北タイは、中部タイへの玄関口となる商業中心地ナコンラーチャシーマーをのぞき、外貨を得る観光地としては国内でもっとも遅れをとった。スリン県の象祭りは六〇年代に始まるが、もっぱらウドンタニのバーンチェン遺跡や古クメールの寺院旧跡など、文化史跡を喧伝するにとどまっていた。国内需要をにらんで県単位に観光収入をもたらす「郷土の伝統行事」が七〇年代後半から創成され、ロケット儀礼（バンファイ）はヤソートーン、入安居儀礼のロウソク祭りをウボンラーチャタニー、コーンケンには絹祭りなど、それぞれ県ごとの「伝統」を揃えた。とはいえ、観光収入はそのときに限られ、東北タイでは実質的な観光事業促進にはよい材料がないとされてきた。現在、東北地方には五つのタイ観光局支所がある【表17】。観光局のなかでも東北地方は、国内支局二二か所にあって中部、南部、北部、東部に次ぐ最下位管区にランクづけられている。

だが、メコン川を臨む国々が地域の観光振興を共通の経済戦略として多くの開発協定に関する調印をした現在、特にラオスとの友好関係を通じて、ムクダハーン、サコンナコン、ナコンパノムの三県を管轄するタイ国観光局ナコンパノム支局は、メコン・クルージング・ツーリズムを計画している。ナコンパノムからラオス側へは一日一〇回の定期フェリーが巡航可能である。河を挟んでの買物と眺めが「売り」であるという。さらに、メコン川に接する東北タイの国境各県、ノンカーイ、ムクダハーン、ナコンパノム、シーサケートおよびウボンラーチャタニー県のシリントーン副郡内のチョーンメックを、ラオス、カンボジア、タイを含むメコン川観光開発の「拠点」とすべく調査開発プランが計画実施されている。いずれも、外貨獲得とともに国内観光客の動員もみこまれている。そこでは、観光資源は三つに分類される。すなわち、自然風土、宗教的名所旧跡、芸術文化・祭礼である。訪れる観光客の目をひくような伝統的家屋を保存したり、地元の儀礼を積極的に開催すべきことも奨励されている［MWM 1997］。

東北地タイ観光地化政策の影響は、農村の学校施設、村落開発委員、NGO関係者にも波及している。地方大学の歴史・社会系の教官は学士論文テーマを郷土文化の記録保存に貢献するものを推奨する。学校教員や村長との共同作業で印刷された「村史」を常備する村もでてきた。学術調査をした地元大学教官の指示で「伝統様式」を復元されたある「村の守護霊」祭祀の模様は、すでにタイ国観光局がビデオ編集して内外の観光客を集めるのに使われている。名所旧跡が近くにない多くの集落では、住民たちは村に「外貨」をもたらすものとして、この手の作業におおわらわである。以下にみる「村の守護霊」祭祀の変容ぶりをも含め、こうした現象は、特にラオスと国境を接するウボンラーチャタニー県やナコンパノム県に急増している。他方で、東北地方の大学、師範学校の教官が隣国のラオスやヴェトナムへ赴いて自文化のルーツを探る調査を実施し、その成果を報告する県後援のセミナーが頻繁に開催されるようになった。文化の相対的古さ、純血性を最大の関心事とするこの種の研究会は、訪問先で集められた伝統織物や手工芸品の競売で幕を閉じる。

第三章で挙げた村落類型でいうと、「①-1：モータムがほとんど村落社会のなかで周縁的な地位しか占めない村」では、従来さまざまな状況があっても完全に放棄されることがなかった「村の守護霊」祭祀に、ドラスティックなまでの大きな変化がみられる。

ウボンラーチャタニー県の多くの近郊農村では、六〇年代後半から七〇年代半ばにかけて「村の守護霊」祭祀は廃棄されずとも、ほとんど形式だけのものとなっていた。ところが、七〇年代の末から急激に給与生活者が増加したことで、儀礼のための寄金調達ができるようになり、新しい若い世代の村長の誕生とともに再び儀礼を年中行事化した。また、同じタイプの村で、七〇年代末の時点でも数年間にわたって儀礼祭祀が途絶える状態がつづいていたが、八〇年代に入り学校教師や地区役人の意見によって、保存すべき郷土の伝統文化として儀礼を復活させているところもある。さらに、別の村では、近年の森林保護政策と連動する形で「村の守護霊」祭祀が再生している。

それらの集落を訪ねると、まず新たに改築された祠が目をひく。従来の、雨風に任せて朽ちるばかりの木造の高床式ではない。一様に、強固なセメント製の平屋建てになっている。そして、それ以上に大きな違いは、その祠のなかに、守護霊を描いた等身大の絵、あるいは彫像が鎮座していることである。彫像は、木製のところもあるが、等身大のセメント製の座像が多い。そして、絵であれ彫像であれ、「村の守護霊」の姿は、髭をたくわえた翁の容姿をしている。同じようなフォルムをもつ「御神体」が、以前は空洞のままであった祠のなかに現れているのである［林 1992；Yukio 1998］。

そして、儀礼の内容も、チャム（儀礼の執行者）の仕事も様変わりしている。

ヤソートン県のP村には、四〇ヘクタールもの広さをもつ「村の守護霊」の森があり、八〇年代に入って行政区管轄の自然保護林区に指定された。これをきっかけに、その森なかに埋もれていた旧寺院の遺跡を再建するために、田植え前の「村の守護霊」儀礼には、僧侶への布施と在家者の瞑想修行がセットされた。寄金と瞑想をしたい者であれば、村外者でも参加できる。地区の役人も広く村外に寄金を呼びかけると同時に自らも参加する。鶏の奉納も、その後に行う天候占い、直会《なおらい》もゲームのようにして盛大になされる。そして、それがすむと、一転して招請された僧侶の指示のもと、簡易宿泊施設をもうけた「村の守護霊」の森に寝泊まりして、人びとが瞑想修行に励むのである。

その参加者には、P村出身者が出稼ぎ先の中部地方で知り合った華僑系タイ人もいる。P村の守護霊はチャムに憑依しない。しかし、瞑想修行のためにバスで同村に入った訪問団のなかの一女性が、修行中に守護霊の声を聞いたという。

彼女によれば、守護霊はその森を余りの長きにわたって自分の住処としたので、もうでてゆきたい、代わりに人間を二〇人捧げてほしいといった。彼女は、旧寺院跡を復旧して新たに建設するための布施という名目で寄金をし、森のなかに別の祠をたてさせて守護霊を慰撫することにした。その総額は三〇万バーツ（一九九〇年調査当時のレートで約二〇〇万円）にのぼる。以後、内外から寄せられる多額の寄金を按配する責務を担うことになったP村のチャムは、この由緒ある「村の守護霊」の森を広く喧伝し、将来は森の一画に図書館や博物館をたてて現金収入をもたらす観光地にしたい、といっている。

第三章でみたように、「村の守護霊」祭祀は、個々の集落を包囲する生態・社会環境のなかで生まれ、集落ごとの歴史によって衰えたり復活したりしている。旧来の木造高床式の祠が、あたかも貨幣を吸ってセメント・ブロック造りになるように、それらの変容は、第五章で論じたモータムのような仏教実践のあり方や政策、そして近年の貨幣経済の村での展開などとからみあって生じたものである。そして、村外者をも含めて行われるようになった儀礼祭祀のあり方には、村の境界概念が一新されている点で、もっとも重要な変容過程が示されている。以前の「村の守護霊」は、森が象徴する集落の外部世界と内部の社会を個別のものとして境界づけ、それを媒介する役割を担っていた。だからこそ、守護霊は双方の世界を往来する存在として、守護力を現実化していた。以前の中がからっぽの祠は、そこが守護霊の定住する場所ではなく停留域であったことを示している。

図像化された守護霊は、もはや人びとが共同で作り上げた内なる境界に去来する存在ではない。寄金の調達に顕著なように、その力のメタファーは村外から入ってくる貨幣（寄金）で表現されている。貨幣はかつての精霊のように、人を豊かにもし殺しもする存在なのである。しかし異なる点がある。貨幣は、生滅する「生」の連鎖の上に集落空間が成り立っていることを想起させるものではない。そのチャンネルを断っているのである。まさに、図像に封じ込められた「村の守護霊」は、一方で郷土の伝統を視覚的に表現するとともに、守護力を発現させる身体＝境界を失ったものとして馴化されている。参加者を集落内の成員に限って実施されていた儀礼が、村落開発や森林保全の寄金集めの儀礼として、装いも新たに近隣住民や役人をも取り込んだ儀礼になることの「変容」のもう一つの重要な意味は、そのような文化変容の過程である。

他方、ラオス側での観光政策は着手されたばかりである。一九九二年にラオスを訪れた外国人は八万七五七一人であったが、一九九五年に三四万六四六〇人に達した。二〇〇七年には一〇〇万人を越えると推算されている[SWTT 1997a: 11]。一九九三年二月二二日、ラオス経済省副大臣が、西暦二〇〇〇年にむけてのラオス国経済社会開発八か年計画のなかで、積極的な観光開発政策を打ちだした。この計画では、南部ラオスが農業と観光の振興拠点にされている[SWWT 1997b: 244-45]。具体的には、カムオン、サーラワン、アッタプー、サワンナケート、セーコーン、チャンパーサックの六県である。カムオンを輸出産業の拠点にし、サワンナケートを隣接国家間の自由交易(*kankha seri*)と観光の区画に、チャンパーサックを商業と観光の拠点とするという計画である[SWWT 1997b: 245]。モン=クメール系諸語族(山腹ラオ)が集住するセーコーン、アッタプー県は観光拠点からはずされている。ラオス側は、「民族」を積極的な観光資源とすることを公式には表明していない。しかし、タイ国観光局側からの援助指導も手伝って、先に世界文化遺産となったルアンパバーンの旧王宮博物館、ワット・プー(Wat Pu)やジャール平原(Thung Hai Hin)などの「古代遺跡」のみならず、「植民地時代の欧風建築物を残す文化豊かな国」、政府が苦慮する多民族状況さえも「エキゾティックな民族文化の宝庫」と謳い、観光客誘致の標語としている。また、積極的な動きは県レベルではより顕著に打ちだされている。それが国境地区における「民族博物館」構想である。西南中国雲南省と接するポンサーリー、北タイはチェンライ県の対岸のボケーオ県ではすでに開館ないし、建設途上にある。農村レベルでは低地ラオの集落を主とする村おこし運動が「名産品」(織物、酒、土器、彫金等)の振興という形でみられる。しかし他方で、モン=クメール系諸語族は、従来の同胞化政策によって惹起されたラオ化によって脱「自文化」化を進めてきたケースが多い。自文化を賞揚しながらの多民族共存の国是は、それゆえに対外的に「民族」を観光資源として扱えないという、矛盾した状況にもおかれている。「友好橋」の完成は、タイ、ラオス両国間関係を表向きには接近させ、自国の観光資源をさらに開発する契機となっている。それぞれの様態で「自文化」を構築する東北タイとラオスのラオ人の社会に、民族同一性や結束を喚起するような何らかの作用はほとんどみられない。むしろ、それぞれに国是とする「社会発展」の文脈で、地域や国境を越えるグローバルな「商品化の文化」を熟知する為政者、識字者ないし高学歴者による官製プログラムが、外貨獲得に直結する資源発掘を説きつつ、ローカルな「文化の商品化」を促進している動きをみることができる。その商品化の過程に関わる当該の地域住民や民族は、そのことを通じて個別の「民族」ではなく、その対極にある国家への帰属意識を強めているように思われる。すなわち、橋は国と国を架けたのであり、民族としてのラオはローカルな領域に沈潜し、観光者のような一時的訪問者の視線からは隔てられている。

本書でみたラオ人は、それぞれの国家間関係、そして隣人関係が織りなす歴史のなかに、自らの生活世界とともに、それを越える宗教世界を構築してきた。それはめまぐるしく変容しつづけているが、持続するものもみえてくる。その一つがここまでの記述が明らかにしたものである。すなわち、多様な様態をみせる開拓移住であれ、儀礼祭祀であれ、個々の身体を基点とする行為こそが、彼らが集って生き、そして去りゆく場をつくってきたという事実である。

ある特定地域における宗教システムは、外部の研究者が発見し、与えるものとして表象化されるが、まず、それは、現実の担い手である人びとが、日々の実践をとおして歴史的に築き上げてきているものである。功徳を得る行為を「共約語」とする再生の仏教では、男女それぞれの実践において、人びとは自らを仏教徒として語る。さらに「力」の仏教の実践を通じて、男性は外部世界と自己との関係を調停しつつ、生活世界を再編する。農地と居住空間の外縁的拡大の可能性が閉ざされ始めたとき、人びとは内向してゆく生活世界のなかで、かつての守護霊祭祀やウィサーの限界を越えた実践を産みだした。その過程で、「力」の仏教の実践作法を占拠した男性は、帰依の様式を通じて当該地域における、宗教的・社会的権威の型を定着させる。それは、今日も持続している過程である。

変転してやまない自然、社会、政治、そして文化の環境のなかで築かれ、遷移してゆく個々の生活世界こそ、人びとの経験と実践の原点である。理念と施設をはじめ、すべての点で大仕掛けな仏教も、担い手の身体を核とする魂や守護霊そして悪霊が織りなす地域世界のなかで、独自の生命力を得ている。仏教の建築構造物、経典、僧侶が、大同小異均質なフォルムを基本としているのは、逆説的ながら、まさにそのためであるとさえいえるだろう。与えられるのではなく、それを担い手自身の身体にみあうよう加工する対象として、国家が支援する仏教のオーソドキシーは擁立されている。このような生活世界、ないし地域の動態からすれば、事実上の「国教」に仕立て上げられてきた制度宗教としてのタイ国仏教も、そしてそれをパトロネージする国民国家という霊・魂なき匿名のシステムも、同様に相対化されてしまう対象である。このような為政者と生活者の関係のあり方こそが、東北タイであれラオスにおいてであれ、東南アジア大陸部では、多数民族でも少数民族でもないミディアムサイズの周縁民族としての立場を特定の地域で与えられてきたラオ人が培ってきたものである。

【付録】モータムになること——口述史にみる師弟関係の系譜

付-1

タム・オラハン派の師弟関係の系譜

一　開祖と布教者

D村を起点にしてタム・オラハン（以下、オラハン派）の系譜をたどると、県境、村境を隔てた師弟関係の成立と推移が明らかになる。オラハン派で、現在、D村でもっとも高い信頼を得ている最長老モータムA氏【前掲表15】からたどって行くことにしよう。A氏の師匠（*achan*）はBunmi Wannasi氏である。

Bunmi氏は一九八四年五月に死去するまで、D村の西側にあるNK村に長らく住んでいた。NK村には、現在もオラハン派のモータムが六名在住する。彼らを含めて、D村周辺のオラハン派で長老格のモータムは、ほとんどBunmi氏の教えをうけている。D村からみれば、Bunmi氏はオラハン派の開祖のような存在であるが、さらにこのBunmi氏自身もまたモータムとしての師匠をもつ。この意味では、Bunmi氏はオラハン派の「布教者」である。

この師匠については、存命するBunmi氏の弟子たちが聞き伝えている語りがある。その師匠はPhra Ya Kusoという名の僧侶である。Bunmi氏は、自分が僧侶であったときに、この僧侶から直接モータムとしての教えや儀礼作法を学んだ。Phra Ya Kuso自身がさらに他のどの師匠からオラハンの教えを学んだのかは不詳である。オラハン派の「開祖」は事実上、この僧侶であると信じられている。

Phra Ya Kuso と Bunmi Wannasi：僧侶の清浄性

Phra Ya Kuso師は生涯出家者であった。師が、いつどこで生没したのかは不詳である。かつてのウボンラーチャタニー県ファヤート郡(今日のヤソートーン県マハーチャナチャイ郡HY村)の寺院に止住していたと伝えられる。だが、Phra Ya Kuso師は、当時のウボンラーチャタニー県の一か所の寺院にのみ生涯定住していたのではなく、各地を行脚・修行(*doen thudong*)していたとされている。いずれにせよPhra Ya Kuso師は、当時、この村に生まれ、僧侶であったBunmi氏とともに、この寺院に止住していた。Bunmi氏は出家してからの一七年間、Phra Ya Kuso師に師事している。

オラハン派のモータムとなったBunmi氏は、還俗してＮＫ村に婚入する。ＮＫ村に来る以前に、すでに僧侶として、またモータムとして高い評判をうけていたといわれるが、彼がモータム布教の生涯の拠点としたのは、このＮＫ村であった。悪霊を駆逐するタンマと、在家仏教徒としての教えは尊敬の念とともに信頼され、時をまたずして広まった。在家者Bunmi氏がその教えを弟子入り志願者に伝授したのは、ＮＫ村の寺院（Wat Po Si）にある布薩堂（*bot* 僧侶としての得度式——具足戒の授受——を行う建物）においてである。当時そこに参加したＮＫ村の古老は、その時間帯が夜の七時から九時ごろまでで、布薩堂は教えを学ぶ男性であふれたと述懐する。布薩堂では、出家者である僧侶も、Bunmi氏からの教えを学んでいた。また、弟子志願者は、ＮＫ村の男性のみならずＤ村を含めた近隣村の人びと、さらには他県からの者も多く含まれていたという。このとき、Phra Ya Kuso師の弟子であったBunmi氏は、自ら弟子を数多くもつ新たなオラハン派の師匠となったのである。現在、NK村はオラハン派の「大師匠 *achan nyai*」が住んだ村として知られている。

Bunmi Wannasi とX氏：師弟関係の存続

さて、D村では現在、A氏がオラハン派の最長老モータムであるが、それまでD村のオラハン派にはカリスマ的リーダーX氏がいた。Bunmi 氏がオラハン派の発信機的役割を果したとすれば、X氏は有能な受信者であった。すなわち、「村の守護霊」儀礼と祠をD村から撤廃した信仰改革のリーダーであり、X氏によってオラハン派はD村での多数派にのしあがった。しかも、村ではモータムとしてのみならず、村の寺院の運営に余念がない模範的な在家仏教徒として圧倒的な支持と影響力をもっていた。(1) X氏亡きあと、年齢とその技量の点からも、A氏がその地位を襲った形になっている。

X氏は、かつてのウボンラーチャタニー県ファヤート郡（現ヤソートーン県マハーチャナチャイ郡HY村）に生まれた。オラハン派の開祖とされる Phra Ya Kuso 師が止住し、Bunmi 師が生まれて出家した村である。のちに両親とともに「良田探し」でコーンケン県ムアン郡WH（Wang Hin）村に移住する。さらに、同じムアン郡のKK（Kok Khwan）村に婚入するが、妻に先立たれ、再婚のためにD村にやってきた。当時（一九二八年）、三〇歳であった。ここで八四歳で没する（一九八二）まで住むことになる。第二次大戦前後には棉栽培で、さらに近年ではケナフを大量に栽培して一財産作ったことでも知られていた。

X氏はD村のすぐ西側にあるWH村でモータムを志す。見習僧としてこの村の寺院（Wat Ban Wang Hin）にいたときに、当時僧侶であった Bunmi 氏が止住していた。この村には、当時すでに著名であった Bunmi 氏を師匠と仰ぐ弟子のモータムが多く住んでおり、Bunmi 氏が教えにやってきていたのである。WH村でモータムの教えを学び始めたX氏は、還俗後NK村に婚入した Bunmi 氏の後を追って、通いながら教えをうけつづけた。X氏自身、さらにD村へ婚入してからも、Bunmi氏のもとで腕を磨いた。出身地を同じくする者がWH村で出会い、同村で弟子入りすることによって、長い人生における文字どおりの師弟関係がつづいていく。

オラハン派のモータムは、D村内の有力な女系親族と姻戚関係にあるX氏、A氏らを得て、一九四五～七〇年ごろに最盛期を画したとされている。

現在のリーダーA氏はX氏より一〇歳年下であるが、ともに同じ師匠（Bunmi氏）に教えをうけた同輩になる。しかしA氏は、Bunmi氏の弟子のなかでX氏がもっとも傑出したモータムで、後進となる弟子をD村内に多数輩出させたことを述懐する。D村は、X氏を始めとする世代層が、新たな後継者を生む時代に入っていた。

現在、D村内で六〇歳代前後になる男性世帯主は、一度ならず彼らから教えをうけた経験をもつ。B氏もX氏から教えをうけ、今日にいたったモータムである。C氏は自ら僧侶であったときに、罹病した同僚の僧侶を、X氏が寺院で治療儀礼を行って成功させたのをみて、X氏に弟子入り志願した。彼らは今日の若い世代のモータムの代表者である。また、当時弟子入りを志願した者のなかには、過去にも現在でも信奉者をもたないが、自らモータムを自称する者がいる。また、弟子入りして瞑想修行にとりくんだが、うまくいかなかったと述懐する者の数はさらに多い。

二　弟子入りと学習

現在D村の主流派のモータムとしてもっとも多くの信奉者をもつB氏は、Bunmi氏が住んだNK村出身であるが、婚入後タンマの習得を志し、X氏のもとへ出向いた。B氏は師匠に入門した際の模様を次のように述べる［cf. Tambiah 1970 : 322–33］。

習い初めの当日に、カーイをX氏の家へ献上する。カーイとは花一対、ローソク一〇本、白衣一ワー（*wa* 二メートル長）、金一バーツ（一二グラム）、功徳料（*thop bun khatha*）一五三バーツ二五サタンのセットのことである。これを納めたら以後は習いに行くたびに花五対のみを持参するだけでよい。

最初の一か月は毎日通った。後は都合のよい日を師匠［X氏］と申し合わせておいて行く。夕食をすませてから約二時間は学ぶ。瞑想止観（*khao khammathan*）、タンマの反復練習（カーイを高いところにおき師匠がラオ語で書かれた「法語 *nangsu tham*」を繰り返しいって聞かせる）が学習の基本である。ただし、モータムとしての修行に終わりはない。二年ほどたってようやく自分で儀礼を行うことができるようになった。それまでは、師匠が招請されて行う儀礼のときに一緒について行って、その次第や方法を観察するだけである。一五年目になって、現在の自分は信奉者や弟子をもてるようになった。彼らから師匠と呼ばれることがおかしくない年齢になった。

時代の推移はモータムにもおよぶ。カリスマ的なリーダーであったX氏の死は、ひとまわり下の世代のモータムの台頭を導いた。X氏の直弟子B氏は、一九八五年調査時点でX氏の信奉者の半数以上（一八名）を継承している。同様に、CやDら六〇代前後のモータムが今日のオラハン派の実質的活動者となって村人の宗教生活をリードしている。なお、D村内に信奉者一九名を擁するNK村在住のモータムPは、Bunmi氏を師匠とするD村出身者である。彼は灌水祭のとき、モータムとしてD村に信奉者に聖水をかけるために必ず赴く（*ap nammon bai luk*）。その場所は姉が住んでいた家である。姉はすでに他界し、家には再婚した元夫が住んでいるが、Pは今なおこの家でモータムとしての儀礼を行う。というのも、Bunmi氏に教えの手ほどきをうけた直後（出家して五年目）に、自ら作った「真仏法棚 *lak ban phratham*」があるためである。

オラハン派でD村内に今日もっとも多くの信奉者をもつふたりのモータム、すなわちA氏とB氏の間には直接の師弟関係はない。だが、同派のモータムとしてA氏はB氏に儀礼および教えの面でさまざまにアドバイスしており、後輩にあたるB氏をリードしている。信奉者の数では、今日B氏の方が多いが、それは、A氏が老齢のためにB氏をいわばアシスタントのような形で儀礼に参加させているうちに、自らの信奉者を任せていったためである。信奉者から依頼された儀礼にはふたりでともに参加することが多く、信奉者を共有しているようなところがある。ふたりは村内で実質的なオラハン派の重鎮である。とりわけA氏はモータムとして、そして他県にも知られる民間医療師（*mo ya*）としてもっとも信頼されている。

付-2 タム・ルオンポー派の系譜

一　開祖と布教者

現在のD村でタム・ルオンポー（以下ルオンポー派）を自称するモータムは、三名（G、H、I氏）である。D村に初めてルオンポー派の教えを導入し、かつて影響力をもっていた人物にKai Simatchan氏がいるが、その後D村からルーイ県へ「良田探し」で移住している。三名のうちH氏とG氏はともに信奉者を数多く擁し、実質的なルオンポー派のモータムを代表する。I氏は最高齢者であるが、信奉者は自らの親族、妻に限定されている。しかし、彼は他のふたり同様に厳格な持戒者であり、仏教徒であることを自認している。三人は共通の師匠をもつ。

オラハン派のBunmi Wannasi氏にあたる人物、すなわち長期出家経験者で他村からD村にその教えを伝えた師匠にあたる人物が、ルオンポー派にも存在する。さらに、そのまた師匠も各地を行脚修行した僧侶である。

Chuong Sakun：一八九四—一九八〇

D村から南へ約二キロメートル下るとSM村に着く。国道をはさんでDH村と向き合う、一九二〇年代に開村された比較的新しい村である。一九八〇年、ここでChuong Sakun氏は八六年の生涯を終えた。信奉者が内外から集まった葬儀は、盛大なものであったという。有数のモータム、また民間医療師として彼の名はあまねく知られ、信奉者の数は、弟子をも併せて一万人とも伝えられる。ルオンポー派の師匠にまつわる話は、今や伝説となりつつある。

Chuong Sakun氏はSM村ではなく、隣県マハーサーラカムのコースム郡KB（Kua Bunkui）村で一八九四年に生まれた。この村の寺院で僧侶として出家した後、各地を行脚した。その訪問先ルートの詳細はわからない。しかし、弟子たちには、首都バンコクより北東約一〇〇キロメートルに位置するナコンナヨック県に赴いたことが語り継がれている。この地で二人の「森の僧 *phra pa*」に出会い、後の人生を決める旅となったからである。

僧侶の名は、それぞれラー師（Achan La）、パン師（Achan Phan）という。ラー師は、もともと南タイのパッタニー県でタンマを修得したと伝えられる。ふたりがナコンナヨック県の「森の寺 *wat pa*」に止住していたのは理由がある。彼らの師匠である高僧ユー大師（Luangpho Yu）が、かつてこの地でタンマを説いたのである。

高僧ユー大師の出身、生涯については不詳である。だが、このユー大師こそがルオンポー派の開祖であり、大師匠であるという。ラー師、パン師は直弟子にあたる。

Chuong Sakun氏はラー師、パン師に師事した。そして各地を行脚しながらモータムとしての教えを学ぶ。その頭陀行は、同時に各地で悪霊に憑かれた人を救う旅でもあったと伝わる。悪霊を祓う聖なる池、寺院を建立しつつ、行脚をつづけた。ナコンナヨック県から東北地方へ向かう途中、三人の僧侶は古い村であるLY（Lan Ya）村の寺院に立ち寄る。寺院には崩れた布薩堂があり、なかには首のない仏像があった。ちょうどBP村（Ban Ban Phai）の郡管区僧長（*chao khana amphoe*）が布薩堂を新たに建設し、新しい仏像を安置しようとしていたところであったが、土地神（*phra phum*）がこれを拒んだため、着工できずじまいだった。そこでChuong Sakun氏ら三人の僧侶は、土地神と通交・交渉し、LY村民からの寄金で布薩堂を建て、仏像の安置も実現させた。やがて、悪霊駆逐の旅のうちに三人はコーンケン県バーンパイ郡K（Koeng）村に到着し、「森の僧」として止住する。

東北地方にもどって、Chuong Sakun氏は止住先のK村で還俗し、この村に婚入する。ついで、夫婦はマハーサーラカム県にあるChuong Sakun氏の出生村へもどり、モータムとして信奉者、弟子を数多くもった。K村で開かれるカティン儀礼のような大規模な年中仏教儀礼の際、また「延命の儀礼 *phithi to ayu*」(2)が開催されると、中部地方のロッブリー県、サラブリ県からも多くの信奉者が申し合わせて寄り集まった。

しかし、他村の信奉者たちにとって、KB村はChuong Sakun氏の守護を乞いに出向くには、行路が不便であった。そこでChuong Sakun氏は信奉者の勧めで、各地に散在する信奉者が集まりやすいSM村に移住することに決める。多数の信奉者とともにChuong Sakun氏はSM村へやってきた。後にChuong Sakun氏の教えを乞うことになるD村のI氏は、その当時、SM村は信奉者で一挙にふくれあがったと述懐する。Chuong Sakun氏の生業はもちろん水稲耕作であった。しかし、モータムとしての余りの多忙さに農作業はままならなかったので、信奉者たちが食事を用意し、僧侶にたいしてするように献上していた。

D村への伝播：Kai Simatchan氏の場合

SM村に居を構えたChuong Sakun氏の影響力は、即座に近隣村であるDH村、そしてD村へ届く。DH村にはChuong Sakun氏の愛弟子としてBua Kiangkaeo氏が輩出する。今日、Bua氏はDH村のカリスマ的長老として同村の人びとから崇拝されており、当人も全村民が自分の信奉者であると自認している。

D村からも、Chuong Sakun氏にモータムの教えをうけようと多くの人びとが訪ねて行った。最初に通いつめたのが（当時D村在住の）Kai Simatchan（以下、Kai）氏である。そして彼につづいたのがH、G、I氏ら現在のD村のルオンポー派を担う人びとである。

当時のD村には、すでにオラハン派の教えがその布教者Bunmi Wannasi氏が住むNK村から入っていた。Kai氏も当時からのモータム志願者であった。彼はNK村のBunmi Wannasiに弟子入りし、オラハン派のモータムとなりつつあった。だが、ある事件が彼をルオンポー派へと「改宗」させる。

Kai氏の弟がピー・ポープ（悪霊）にとり憑かれて瀕死の状態に陥ったとき、Kai氏とオラハン派のモータムは悪霊を駆逐できなかった。弟を救いたい一心でKai氏はSM村へ赴き、ルオンポー派の師匠であるChuong Sakun氏に治療を求めた。Chuong Sakun氏は弟の体からすみやかに悪霊を追放し、治療に成功する。このことを契機に彼はオラハン派を捨て、ルオンポー派のモータムとしてChuong Sakun氏に師事した。すでにD村では、X氏を指導者とするオラハン派が定着しつつあったときである。改宗したKai氏にたいしX氏は、信奉者と違ってモータムが師匠を変えることはあるまじき行いとして激怒し、「おまえはピー・ポープになる」と非難した。しかし、Kai氏は「悪霊になれば（その悪霊を）水田で耕起させてやる」と応酬した、という語りが伝わる。このやりとりは、当初、D村でタンマがかつてのウィサーの文脈で把握されていたことを物語っている。

【H氏】

ルオンポー派のモータムとしてのみならず、現在D村で集合的な仏教儀礼の進行役・在家総代を務めるH氏のケースをみよう。Chuong Sakun氏からモータムとしてのてほどきをうけたのは、H氏が僧侶としてD村の寺院にいたときのことである。

H氏は二一歳で出家したが、三度目の安居をすませた年に俗人であるChuong Sakun氏の家へ通いながらモータムの教えを学ぶ（一九三三年ごろ）。僧侶である者が俗人であるモータムのもとへ敬意を表してカンハー、カンペットを献上して教えを乞い、クメール古語で書かれた誦経文を筆写した。(3)

H氏がChuong Sakun氏のもとへ通っていたころ、コーンケン県内の村からはもちろんのこと、ウドンタニ県クンパワピー郡やマハーサーラカム、さらにはノンカーイ県からも弟子志願者（五〜七人）が入れかわりたちかわり訪れている。

一年後、H氏はChuong Sakun氏から民間医療師としての教えをもうけた。還俗し、結婚してからも修行の期間はつづいた。やがて他村（Khok Klang Noi）から初めての治療依頼者を世話する。その後、徐々に信奉者の数が増えていったという。そして年下のG氏とともにあちらこちらの村へ治療にでることになり今日にいたっている。

【G氏】

現在D村のルオンポー派のモータムとして最大の信奉者を抱えるG氏も、かつてはオラハン派に属していた。「改宗」組である。

G氏の父親は、D村と同行政区内にあるLC（Lao Nok Chum）村で生まれ、DH村の娘と結婚している。DH村で生まれたG氏は、一五歳で見習僧として出家し、五年間を村の寺で過ごした。いったん還俗し、さらに二二歳になってあらためて僧侶として得度、二四で還俗した。翌年、D村に婚入する。

結婚後三、四年してから、G氏自身はD村の枝村DNに住むモータムの一派であったプラ・テーラ・オンカンハー（*Phra Thera Onkhanha*）(4)に興味をもち、初めてモータムを志す動機をもつ。

オラハン派の教えを学び始めたのは、D村の友人や親類がほとんどオラハン派を学んでいたので、一緒に習いに行ったことによる。いずれも自分で進んで選んだものではない。

三〇、三一歳からの五年間、オラハン派でモータムの修行をつづける。だが誦経文の読み方を学ぶばかりで、儀礼次第を伝授されないことを理由に、ルオンポー派へ「改宗」した。三六歳（一九五四年）からSM村の Chuong Sakun 氏について学ぶこと約三年、G氏は病人をどのように治療すればよいのかを修得する。同時に、他村［現在のコーンケン大学南側に位置するST村（Ban Sithan）、KH村（Ban Kham Hai）方面］にもルオンポー派の信奉者が多いのを知ってその影響力に驚き、以後ルオンポー派のモータムとして Chuong Sakun 氏、さらにはDH村の Bua Kiangkaeo 氏に師事することになった。師匠を二重にもつようにみえるが、G氏自身が師匠として認知しているのは Chuong Sakun 氏である。

二　I氏にみるルオンポー派の位置づけ

I氏は Chuong Sakun 氏にタンマを教わった。一九八五年の調査時点で、彼はオラハン派の最古老モータムA氏とともにD村内のモータムとしては最長老者である。しかしA氏とは対照的に、I氏は近親以外の信奉者をもたず、本編第五章で述べたモータムのもっとも基本的なタイプを代表する。また、ある意味でI氏はD村においてモータムが社会的に「流行」する時期にあって、その動向をもっとも周辺からみつめてきた生き証人でもある。

ルオンポー派では、師匠に弟子入りする際に、金を支払う必要はない。儀礼時に金を用意しなければならないことはあるが、それは「祖霊への供物」（*bangsakun*）として与えるもので、儀礼がすめば、その金は弟子や信奉者が持ち帰ってよい。

「我が身を委ねる」ことで師匠の弟子として認められる。I氏はまず、師匠 Chuong Sakun に口頭で弟子入りの件を承諾してもらう。後日、木曜日を選んでI氏はSM村にある師匠の家へ赴く。用意するものは、カン・ハー（ローソク五対、花五対）と「首飾り *sai soi*」（五バーツ重／七五グラム）である。「首飾り」は人から借りた物でもよいし、模造品でもよい。これらをもって行き、まず師匠に三度跪拝してから献上する。そして師の教え（*duang tham* 同時にここでは高僧の師

(*luangpho achan*)で解脱にいたったとされる者〈ユー大師〉のこと)に帰依させてもらうことを乞い(*kho anuyat kap duang tham*)、今日その日より以後、自らを弟子としてもらうことを願う。僧侶(プラ)を礼拝すること(*wai phra*)は、我が身を委託することであり、(仏)弟子となる懇請(*kho khao pen luksit*)である。これがすんで初めて、師匠は新たな弟子志願者にその教えを伝授する。

引き続いて師匠がI氏に暗唱すべき「法語 *nangsu tham*」をみせる。簡単な説明がなされるが、本格的な誦経練習は後日、日をあらためて他の弟子たちとともに行われる。

I氏はしばらくして、今度は受講のために再び師匠の自宅に訪れる。タンマ伝授の儀は、「『部』を上がる儀礼 *phithi khun bong*」と呼ばれるが、特に初回は、「法語」と志願者との適性(相性)をみるための「考試 *sop*」でもある。まず、新しい弟子志願者を部屋の一か所にすわらせる。そのまわりを師匠が右回りに三回歩きまわる(*doen prathaksin*)。その間、師匠は誦経文を読み、弟子志願者に反復させる。ひととおりすむと師匠は彼ら一人ずつに口で息を吹きかけ、初回の伝授講は終わる。時とともにうまく暗唱することができれば、「『部』上がり *khun bong*」とあいなって次の段階へ進級する。そのコースは全部で五つあり(*ha bong*)、完全に暗唱できるようになってから次へと進む。ルオンポー派の教えは「無上の七法 *aphitham chet*」より構成されている。I氏によれば、ユー大師がタンマの精髄を集めた方(*Luongpho Yu pen khu khao*)である。

学ぶ日は師匠の都合がつく日ならいつでもよく、週に何回でもよい。I氏は夕方、夜に師匠の家を訪ね、結局約半年ほどですべてのコースを終えた。その間、他村の寺院からの僧侶も俗人の弟子志願者とともに学んでいる。また、DH村の Bua Kiangkaeo 氏は師匠の一番弟子として当時すでに知られていた。

習い始めから終わりまで、I氏が使用しつづけた当時の備忘録の裏表紙には、「学習開始時仏暦二四九五(西暦一九五二)年陰暦三月(太陽暦一月ごろ)の収穫後」とするされている。だが、それ以前にI氏は、ウボンラーチャタニー県出身の師匠が開示したといわれ、DN村にそれを知る者があったもう一つのモータムの流派、タム・クンプラ（*Tham Khunphra*）に入門している。すでにオラハン派がD村での支配的な一派となっていたころである。

昔は、『畑の精霊 *phi bai*』、『田圃の精霊 *phi na*』さらには『樹木の精霊 *phi tonmai*』が人を苦しめ、死にいたらせる時代だった。自ら弟子入りする、しないにせよ、男たちはモータムと何らかの関わりをもっており、なかでもオラハン派のタンマは効力があると宣伝されていたので、話題の的だった。

子どもにつづいてI氏の最初の妻もピー・ポープ霊によって命を落とした。それまで彼が学んでいたタム・クンプラの師匠もなす術がなかった。その後、I氏は囲いこんであった地所に新しく水田を開墾する際、SM村のChuong Sakun氏に悪霊祓いを要請する。儀礼がすむと、茂みを開拓して耕作ができるようになった。しかし、Chuong Sakun氏が帰ったのちも、悪霊はしばしば大きな虎に姿をかりてI氏の目の前に現われた。そこで自分自身がモータムとして悪霊の追放を行うべきであると考えるにいたる。もし、学ばなければ悪霊をうまく追放できない、と思ってのことである。

タム・クンプラに頼ることをやめてI氏が選んだのは、当時はまだ少数派のルオンポー派である。「オラハン派の師匠（Bunmi Wannasi）は立派な在家仏教徒だった。しかし、その弟子たちといえば、信奉者の争奪よろしくいつもたがいになじりあっていたよ。また、オラハン派では、志願して学ぶ際にお金が必要だったがこれは師匠のものになる。治療儀礼の場合でも、いくらかの金額を要した。さらに悪いことに、X氏やLM氏らの弟子たちは自らの立場を誇示する余り、師匠の教えを厳格に守らずに自己流に解釈して変えていた。戒律（*sintham*）が失われていった。言葉巧みで宣伝の仕方がうまく、何事も話を誇張して他人をひきつける。そして自分たちのタンマが最高だとみていた。［後に自分の師匠となった］Chuong Sakun師匠はいったことがある。『オラハン派は本当のウィサー（明。ここでは宗教的知識）ではない。あれは邪法（*awisa tham*）である』と」。

あとがきにかえて

上座仏教の教義的側面のみを見てはその実態は見えてこない。このような宗教の社会的現実を読み解くにあたり、石井が四半世紀近く前にしるしたことは、筆者にとってもっとも基本的な出発点となった。

……すぐれて合理主義的、主知主義的な仏教の根本的教説は、大衆の教化よりもむしろ理性的な少数の知的エリートを対象とした教説であるといえよう。根本教理に関する限り、仏教はヴェーバーのいう「達人」の宗教であって、「大衆」は所詮、根本教理の提示する救済の過程には参与しえぬ存在としてしか考えられないであろう。しかるに、上座仏教は現実に南および東南アジアの七〇〇〇万［ママ］民衆により信奉され、繁栄を続けている。その理由は何であろうか。上座仏教研究者に課せられた課題は、まずたてまえと現実との間に横たわるこのような矛盾的構造、すなわち、エリート志向的教理を基盤として成立した民衆宗教の構造を、整合的に説明しうる原理を見出すことでなければならない」［石井 1975：14］。

一般に世界宗教は成文化された精緻な教義体系をもつ。このような宗教は、公的な制度として目に見えるという意味で、きわめて了解しやすい様式を備えている。本書が取り上げた上座仏教もそうである。僧俗の明確な区別、変わらぬ三蔵経典の存在、実践など、教義内容とその実践形式が直接的な形で現れている。しかし、異文化に属する者がこれを現実の社会において考察する際には、その教義をもふくむ文字化された知識の側面のみならず、信徒の行為が示す実践の側面の考察と分析にふみこまなければならない。その際、アプローチする方向は大きく二つに分かれる。一つは、仏教の歴史的な展開を雄弁に示す前者をリファレンスとしながら、特定のフィールドでそれらの運用の方法や過程を実践としてとらえる方向である。もう一つは、行為者のおかれた地域のコンテクストからその実践の生成と動態を読みとろうとする方向である。

タンバイアの村落宗教研究、東南アジア仏教政体論は、実践宗教をイディオムとしながらも、基本的にリテラシーの言説を理念型としつつ、人類学の通文化的なスキームで展開されたものである。その意味では、当初から地域を横断する理念の展開が眺望できるようなシステムを求めることを目標としていた。本書では、タンバイアが欠落させた地域のコンテクストに身をおいて、実践宗教を行為者の身体を基盤としたローカルな発現形態をとるものとしてとらえ、東北タイを中心とするラオ人居住地域での民族、集落の歴史的な生成過程を背景にしつつ、その内容を実践者からの視点で描くことを目標とした。日常生活のなかで現実に信奉されている宗教(仏教)の構造を説明すること、この課題は同時にその宗教の担い手が構成する日常生活のなかで人びとの生活世界を理解し、そのなかで宗教的象徴を考察することにほかならない。しかし、日常生活は多様な諸相をもつ。特定の地域というコンテクストを欠いては、それはなしえない作業となる。

しかしながら、いずれの時代、どのフィールドにおいても、日々実践される宗教の問題を、同じ信者あるいはそれを実践する者としてではなく、外部から扱うことはきわめて困難である。二〇世紀初頭、ビルマのシャン人社会を調査したミルンもしるしたように、「もし突然他国の人から、自分の宗教の奥義を説明せよといわれたら、ことに同胞が大勢聞いているところでなら、誰しもちょっと困惑する」類の問題である。何をもって他文化に生きる人びとの実践であり、信仰とするかは、彼らから無理やり引き出すことではない［Milne 1910：xx］。地域のコンテクストを主軸にする実践宗教の研究方向は、一見、観察者には宗教的な行為とは無縁にみえるような、あらゆる社会的行為が生起する生活世界の諸側面に着眼することから始まる。すなわち、観察者側が無反省的に常識としている宗教の定義をいったん括弧にいれ、その生活世界における宗教の「所在」を、逆説的ではあるが、仏教寺院や精霊の祠の外の世界、さらには儀礼専門家ではない人びとの知識に求める作業が、まず必要となる。本書では、東北タイにおけるラオ人の移住と集落の形成過程がその端緒となった。

ところで、かつて宗教の問題は、神学、宗教学者の問題であった。しかし、社会科学が成立した近代以降、宗教学者は、宗教を社会、あるいは宗教が実際に作動している生活のなかに分けいることによって、宗教をより適切に理解しようとする姿勢をもってきた［宇野 1942：287–288］。この流れは、スリランカ仏教の研究者であるゴンブリッジをはじめとして、未だ少数ではあるが内外の仏教学者に継承されつつある［Gombrich 1971；Strong 1992；生野 1975；前田編 1986］。一方の社会科学者は、宗教を社会的な産物とみる視点から、社会制度を反映する特殊な制度の一つとしてとらえることに親しんできた。宗教は、他文化の社会をよりよく理解する道具として扱われてきたといってよい。社会科学者が宗教のなかにみたものは、社会構造を理解するための「鏡」、すわなち機能であった。しかし、今日の社会科学者はかつてないほどに宗教そのものがもつ現実性と情緒的力動の過程の扱いに慎重になっており、単純素朴に社会構造のなかに宗教を還元できないことに気づき始めてもいる。その背後に、他文化社会の宗教そのものの姿を、生活世界のレベルにひき寄せて語る時代が到来したともいえる。

二〇世紀初頭あたりからいくたの犠牲と自己欺瞞を重ねて、われわれはようやく「文化相対主義」を手にいれた。今日多くの情報を洪水のように浴びることによって、現実にそれを行動の厳格な指針とすることとは無関係に、ようやく人びとはその言葉が意味するものをあえて語らなくても、感性で了解することはできるようにはなった。他者に関する雑多な情報が飛び交うことで、理解することとはどういうことかを考えずに、他者を感じ取ることができるようになったということはそれ自体大変な進歩ではあるが、それは「理解している」ことではない。両者は別物である。しかし、現在われわれは、他者や他文化のできごとを、自己の問題としてとらえられるような状況を生きている。社会科学を行う人びとは、まさにこのことを自らの環境への物象化批判として考えなくてはならない。もはや語る相手は自己自身なのであり、自己とは、他者とは、他文化とは、という問題も、自文化のなかの自己、およびその連鎖的幻想としての人類の問題となっている。

にもかかわらず、よそものが他者の信仰について語る必要はどこにあるのだろうか。いずれ、語らなくてもよい時代がくればよいと思う。しかし、今日の地域研究の一中枢をなす社会科学は、呪われた学問であることをその誕生以来の軌跡から思い起こさなくてはならない。この学問は、徹底的に自己疎外を克服しようとしつつも、克服することのない終わりなき学問なのだろう。筆者も、結局ラオ人たちの日々の生活をかき乱して、自分を救おうとしているのに過ぎないのかもしれない。

ラオ人社会と向きあうようになって一七年目を迎えることになった。これまでの東北タイのラオ人社会との付き合いを継続しつつ、ラオスではラオ人と先住のモン＝クメール人、そして隣国のタイ国住民との民族間関係に関心が広がり、さらにカンボジアや西南中国の上座仏教徒についてよく知っておきたいと欲張ってしまっている。近年、西南中国を含め東南アジア大陸部では民族間、地域間、国家間研究が可能となり、フィールドが拡大することで、それまで前提としていたことがらが、次々と解体されていくという経験をさせていただいている。同時に、タイ国外のフィールドに入る度に、Ｄ村とその開拓前線上に足をのばしたころの調査経験が、最初で最大のものだったということにも気づき始めた。現在の起点となる記述を、拙いながらも整理しておかなければならないという思いをもつようになった。

本書はラオ人社会の宗教を主題とはしているが、それは筆者が当地へ赴いて研究をする前にも文献のなかに存在していたし、当地においてもネイティブの知識人が語り、まとめあげていた表象である。二つの表象の間には大きな隔たりがある。ところが、自分自身が経験することになった同じ社会の宗教実践は、さらに両者とも異なるものであった。他文化社会に生きる人びとの実践を翻訳することの不可能性、あるいは、翻訳という行為が無前提に課している自文化と他文化の等価性を不問にしつつ、三つどもえの混成物となって描かれたものが本書である。学術的な定義とステートメント、そして日本人読者に理解してもらおうとするが余りに、自文化の範疇をおしつけての社交的言説。そうしたものが渾然一体となっているなかから、なにかを取りだそうと足掻いた記録といえるかもしれない。

まとめてみると、当然のことながら気づかされた反省点が数多い。本書の表題からして、扱われるべきだった問題がいくつかある。なかでも、仏教とジェンダーの問題はその一つである。以前から関心を寄せてきたのであるが［林 1986b］、本書ではそれ自体として正面から扱うことができなかった。また、「開発僧」と呼ばれる僧侶たちの現状についても沈黙している。これについても、断片的ながら、開発と文化という設定とは少し異なる視点、タイ国の仏教実践の変化という文脈で追求してはいるのだが［林 1991a, 1991b, 1993a, 1997a］、本書の流れからはずさざるをえなかった。いずれも、近年大きな関心が寄せられているテーマばかりである。多少なりとも、本書にもりこむことができればよかったのであるが、種々の事情で果たせなかった。東南アジア大陸部上座仏教文化圏の比較研究を進めて行く際の課題とし、他日を期したいと思う。

本書の各章は、以下の既発表の拙稿を基本に、大幅に加筆修正したものである。その際、D村での定着調査以後に実施したラオスやカンボジアでの調査経験［Hayashi 1995；林 1994, 1996a, 1998a］や見聞が反映されているものが少なくない。全体の流れをつくりだすために、原型をとどめないほどに改編したものがほとんどである。しかし、当然のことながらデータはそのままの形で示している。

第一章　［林 1988b］を大幅に加筆。
第二章　［林 1997b］の前半部を修正し再録。
第三章　［林 1985a］を再録しつつ加筆。
第四章　［林 1990］の前半部および［林 1985b］を加筆。
第五章　［林 1989b］を加筆修正。
第六章　［林 1990］の後半部および［林 1998a, 1997b, 1998b］を加筆。

本書がなるまで、筆者は多くの先輩諸兄の学恩をうけている。口羽益生龍谷大学社会学部教授は、初めて文化人類学、比較社会学の領野へと誘ってくださった。石井米雄京都大学名誉教授（現神田外語大学学長）は、筆者にタイという生涯のフィールドに導いてくださった。また、一九八八年から五年半在職した国立民族学博物館元館長梅棹忠夫先生、同前館長佐々木高明先生、同研究部の田邊繁治教授には、研究者および社会人として、広く東南アジア大陸部世界と関わる契機を与えていただいた。また、現在の勤務先である京都大学東南アジア研究センター福井捷朗教授、加藤剛教授には、終始変わらぬご指導と叱責、励ましをいただいてきた。いずれの方を欠いても、小生は拙いながらも学究生活を継続することはできなかった。また、まことに幸運にも、今日まで研究を実施する上で最大限に恵まれた環境に身をおかせていただいたこととの責務も痛感する。ここに心より感謝申し上げるとともに、そうしたすべての学恩に報いるものでは到底ないと知りつつも、その一部に応える試みとさせていただきたい。いうまでもなく本書の責はことごとく筆者にある。
フィールドにあっては、東北タイのD村、MN村、NK村の人びとは、筆者の師であった。また、数人のかけがえのないタイ、ラオスの友人たちもまた筆者を支えてくれた。ラオスでは一九九二年末の調査で思わぬ事故に遭遇したが、それもまた、多くの友人によって救われることになった。ありがとうございます。最後に、D村の最長老者で一九九八年一月四日に逝去されたモータムＳ氏に本書を捧げます。

京都大学東南アジア研究センター・バンコク連絡事務所にて

本書の出版にあたっては日本学術振興会より平成一一年度科学研究費補助金「研究成果公開促進費」（一般学術図書）の交付をうけた。ここにしるして感謝したい。

註・参考文献

序賞および第一章

(1) わが国では小乗仏教、南方仏教、南伝仏教ないし上座部仏教と記載されてきた。近年では、上座仏教ないしテーラヴァーダ仏教という呼称が定着しつつある。テーラとは「長老の」、ヴァーダとは「教説」の意である。

(2) 一九八三年時点のタイ・サンガに関する統計値の典拠は、タイ教育省宗教局編『仏暦二五二六年宗教年鑑』[Kromkan Satsana 1984] である。同年鑑は小計における明らかな集計ミスが多い。項目ごとの公示数値を転用できないため、本書では各項目表示のもっとも下位レベル(郡単位)の値 [表4:12-38] にさかのぼって検算した数値をあてている。したがって、文中の数値は年鑑で表記される小計値とは異なる修正値である。八〇年代半ばまで増加する一途にあった登録寺院数は、その後、統計精度が増したため(宗教局幹部との聞き取り)という処理上の理由もあるが、一四年間で八九〇寺減少している。しかも、本書執筆時点で最新の『仏暦二五四〇年宗教年鑑』での総数(三万三七七)は中国とヴェトナム系仏教寺院の一九寺を含めている。統計値のこのような公表の仕方には、全国総数が実質的に減少傾向にあるにもかかわらず、従来と大差ない寺院数を維持しているようにみせるような効果を狙っているようにもみうけられる。

(3) 一九八三年の村落数(宗教局年鑑総計修正値五万四六二八か村)にたいし「まちの寺」をのぞく寺院数は二万九五〇〇寺である。

(4) ここでいう東北地方とは、現行サンガ法(一九六二年公布)が定めた全国一八宗教管区中の以下の四管区に含まれる一七県(一九八三年当時)を指す。内訳は、第八管区(四県/Udonthani, Nongkhai, Loei, Sakhon Nakhon)、第九管区(四県/Khon Kaen, Maha Sarakham, Kalasin, Roi Et)、第一〇管区(五県/Ubonratchathani, Yasothon, Sisaket, Nakhon Phanom, Mukudahan)、第一一管区(四県/Nakhon Ratchasima, Chaiyaphum, Buriram, Srin)である。一九九〇年代に入り、新制県の Nong Bualamphu (Udonthani 県より分離)、Amnat Charoen (Ubon Ratchathani 県より分離)が加わったために(第八管区が五県、第一〇管区が六県)、四管区一九県となっている。一九九七年現在、東北地方の登録寺院総数は一万三八二七寺で、全国寺院の四五・五%である [Kromkan Satsana 1999]。

(5) Somphon et al. [1983:1] および石井 [1975:421] 参照。なお、二種類の区別は現行法以前の仏暦二四八四(一九四一)年サンガ法を踏襲するもので、一九〇二年の最初の統治法では三種 [(1)王立(2)私立(3)小寺] に分けられていた [Somphon et al. 1983:184; 石井 1975:334-335]。

(6) 「浄域」を設定することは寺院を永続的な拠点として建立・修復しなければならないことを意味し、一九七〇年教育省宗教局省令では「五年以上にわたって五名以上の僧(比丘)が常住する」という条件が必要とされている [Plum 1980:216-217]。

(7) 現行法では、従来は私立寺院(今日でいう小寺)であっても、「(1)重要文化財的な要素をもち、(2)教育・布教が厳格に行われ、(3)公共的活動が盛んであること、(4)安居期に止住する僧侶が五年にわたって二〇人以上であるという事実、(5)地域的、歴史的、行政上で重要な寺である」といった要素を満たす場合、勅許を申請して王立寺院として昇格する [Plum 1980:217-218]。王立寺院は三等級に分けられ、私立寺院が昇格して王立寺院となる場合、通常三等に昇格する。一九八三年には六つの私立寺院が昇格している [Kromkan Satsana 1984:246]。

(8) 一九九七年の宗教局統計(前掲)では、王立寺院は二五一寺に増加している。

(9) 本書の刊行に先立つ二年前に、タンバイアはその視点の骨格をなし、実質的に同書にそのまま再録される二論文 [Tambiah 1968a, 1968b]

を発表している。

(10) タンバイアの上座仏教研究三部作についての、多方面からの総合的評価の試みについては［Reynolds 1987］を参照。

(11) 東北タイのラオ系村落における出家行動については本書第六章を参照。

(12) 東北タイでは、森林（ないし林住）部寺院の系譜に属する頭陀行僧が、重要な影響を村落宗教に与えている。タンバイアは、これを仏教伝統の源流に結びつけながらも、中央（王権）によって権威化された仏教とは異質な周縁の存在として彼らをとらえ、やがて中央がパトロナイズしてゆく過程を「仏教の均質化（homogenization）」とみる［Tambiah 1984 : 162］。しかし、彼らは同時に村落レベルの土着信仰体系に大きな影響を与えた祖師的存在であり［Thepsu (ed) 1984］、後に国教化を担いながら地方に根ざしたリクルート僧でもあった［Thet 1986］。つまり、頭陀行僧たちの説法と瞑想活動は、土着の信仰体系を「仏教化」する要素をも供給している。これは「仏法 *phratham*」が人格化された「守護力」として、村落の宗教生活において理解されていること［Bunruang 1962］と密接に関連する。この問題は、本書第五章で詳述している。

第二章

(1) たとえば『サイアム・アルマナック一九九二―九四』中の「民族 *chattiphan* 一覧」では、タイ族、タイ・ルー、タイ・ダムなどがタイ国内の民族として記載されているのにたいし、東北タイのラオ系住民に該当するものでは地域・地勢的なアイデンティティを基礎にした「タイ・コラート」のみを挙げる。もっともこの一覧表は「タイ国内の民族」としながら、タイ国外の民族名を列挙するという奇妙なものではある［Samrit 1995： 174-76］。『仏暦二五二五年学士院版国語辞典』では、タイとはタイ国人であり、ラオとはラオスに住むタイ人の一支派とする［RBS 1982］。

(2) たとえば「何族ですか（*sonphao dai*）」と尋ねると、ラオ・ルム、ラオ・トゥン、ラオ・スーンのいずれかで回答される。なお、この三分法はラオではなく最初に王党派についたメオ族のリーダーが提示したことによるともいわれる［Ovesen 1993 : 32］。

(3) 一九九〇年調査時では六八、翌九一年では三八と回答された。三度目の九二年時点では「確実な統計をだせるのは首都圏を含む全一七県のうち二県にとどまる」という実情を耳にした。民族総数をだしようがないことを関係者は熟知する。サラワン県ラオガーム郡で面会した当地出身の郡長は「一四の行政区よりなる当郡では調査の結果、構成民族数は二五」ときりだすが、答えてくれた内訳は一六どまりである。なお、タイ国内での「民族」認知の為政者レベルでの経緯については、村嶋［1996］を参照。

(4) この見方は、今日の国家領域としてのタイは、海域世界に接近することで、かつてのタイの居住環境を自らの周縁（辺境）に位置づけ、結果的に港市国家―領域国家としてのシャムないしタイを構築しえたという逆説を教える。なお、一八二六年のバーネイ条約で用いられた「国」の名称はムアン・タイ（*muang thai*）、クルン・タイ（*krung thai*）である。ボウリング条約の批准の年（一八五六年）にあたり、西欧人の間で通称であったシャムが国名として採用された［cf. オイレンブルグ 1990 : 25-26］。国名はその後、タイ（一九三九―四五）、シャム（一九四五―

四六）、タイ（一九四六―現在）と変更されている。

（5）前掲の『ラオ国語辞典』は「人間、偉大なる優れた人」という意味をタイにあて、「タイ国、タイ国人」を二番目に記載する。

（6）カイズはこれを従来の関係を変節させシャムが「ラオ」を解体し、自らをシャム―タイとして確立してゆく嚆矢とみる［Keyes 1967 : 9］。

（7）同時期にエメラルド仏とともにもちだされたパバーン仏は、四年後の一七八二年にバンコク王朝を開くラーマ一世によりルアンパバーン国へ返還される。だがラーマ三世がヴィエンチャン王アヌ・ウォンの乱を鎮圧した際に同仏像は再びタイ側へもちさられた。最終的にはラーマ四世が一八六七年に返還して現在にいたる（本文以下参照）。今日同仏の現物はヴィエンチャンにある国立銀行の金庫ないしはモスクワに保管されているという。旧王宮（現博物館）に納められているのはそのレプリカである。

（8）東北タイでは、南部のクカン、シーサケート　ヤソートーン、スワンナプーム、カーラシン等、主に旧チャンパサックのそれぞれのムアンでこの新政策が実施された。ラオスの知識人マユリーは、ラオ側にシャム拡大政策への危機感があったためと、アヌ王の反乱を正当なるものとして再構成する［Mayouri 1989 : 58］。

（9）「民族文化保護政策」が一九九一年三月開催の人民革命党第五回大会で提唱された後、八月に解放後初の憲法が採択された。憲法第一章第八条には「全民族は、自身および国家（*sat*）の文化習慣を保存振興する権利を有する」とあり、同条最終文章に「政府は（全項において）あらゆる民族の経済社会的レベルを徐々に伸張向上させるために尽力する」とある。第一三条にも同様の表現がある。そして、それらはハックサート（愛国）のモティフ（第一九条）に収斂されている。全民族が同様の人権をもつという主張は、「民 *pasason*」という言葉がほとんど「全民族 *banda phao*」と対で使用されている（第一章第二条）ことからも明らかである。ちなみに同憲法に「社会主義 *sangkhomniyom*」という用語はない［以上、SPS 1991］。また、第三〇条において「ラオ国民は宗教の信仰、不信仰の自由をもつ」と明記するが、憲法発布後国章はかつての槌と鎌から国宝の仏教寺院タートルアンに変更されている。

（10）たとえば、ともに東北タイのラオの数多くの民俗書、論文の著者であるウボンラーチャタニー市在住のプリチャー・ピントーン氏、チャンパーサック王家の末裔で近年新たに年中行事化したウボンラーチャタニー県の国礎柱（*lak muang*）儀礼を執行するヤソートーン市在住のバンペン・ナ・ウボン氏などは地元のラオ人賛美者として知られる。しかし、今日の中央当局からは危険視されるどころか、地方伝統文化に精通した郷土の文化人として扱われている。

（11）ラーマ五世（チュラーロンコーン王）による地方行政改革（一八九三年）以前のタイの政治的世界は、全般的にみれば、有効に直接支配をおよぼすことができた小範囲の首都圏（半径約三〇キロメートル）と乱立する「地方国」との二元的な空間構造をなしていた。地方国は「食国制度 *kin muang*」によって首都バンコクに臣従を誓っていたが、基本的には「地方国首長 *chao muang*」による割拠的支配に委ねられていた［田辺 1972a : 259］。タイに従属することになったラオ人の統治も貢納（*phuk suai*）の義務をもってたがいに帰属させることになった。なお、古文書から東北タイにおける貢納の状況を精査した労作に［Koizumi 1992］がある。

（12）その原因には、地方国内の支配者どうしの不和内紛による分裂過程［吉川 1977 : 81-82］がある。また、地方国が立地する生態環境と人口圧の問題が予想される。さらに、貢納の義務を負うが、たとえ小規模でも誰もが中央政府が認可する一国の主となれるような群雄割拠的状況も影響していよう。同時に、その傘下におかれる人びとが、貢納の義務を逃れるために頻繁に移住を繰り返したことも予想される。

(13) 定着年数の推移は、八→一三→二九→一七→一五→二一→八→九（年）である。なお、アモラウォンは地方国コーンケンの建設を一七九七年とする［Amorawong 1963：43］。また、トゥームによれば移動は八回になっている。一八三八年以降の移動年は同じである［Toem 1970 vol. 1：324-28］。移動の主要な理由は、従属する地方国からの拡大的独立を意図したことによるもの、当時の地方国弁務官（*kha luang* 後の知事職）が官務遂行において不便な場所であると判断したことによるもの、さらに、乾季に水が不足がちであったこと、税をめぐって住民の所属争いが起きたこと、地変による交通路分断、疫病の発生などがそれぞれ記録されている［Chaichaloem 1980：31；Chaloei n. d. a：25-26］。

(14) 一八九七年に中部アユタヤ＝コラート間が開通するが、コラートに次ぐ当時の東北部主要県ウボンラーチャタニーへの敷設は一九二六年、コーンケン、ウドンタニ県に達するのは一九三三年である［Chumphon 1986］。

(15) 一九世紀初頭から中葉にかけて成立した親村からの一九五〇年代にいたる分村・分岐過程は、北部ラオス村落（ヴィエンチャンとルアンパバーンの狭間）でのラオ人の南下移動において岩田が報告するところである。岩田は村落の興亡も移動を促す一条件としている［岩田 1965：353-60］。

(16) 以下の口述資料は、主に一九九二年一二月、九三年一〇月から一二月にかけて実施した現地調査で得た。調査期間中に聞き取りを実施した集落は、東北地方五県におよぶ総数三四か村（ヤソートーン［一七］、ウボンラーチャタニー［八］、シーサケート［三］、サコンナコン［五］、ナコンパノム［一］）である。そのなかに含まれる言語集団は、ラオ、プータイ、クメール、スウェイ（クイ）、カルーン、ニョー、ヨーイ、ソー、およびクラーの末裔である。

(17) 部族間の抗争ではこの壺が壊されたり掠奪されたりする。また、その分与・継承権をめぐって民族内の分裂を促す要因ともなる。カラム（*kalam* タブー）を犯したといいがかりをつける理由ともなる。前世紀後半の中部ヴェトナム高原でのモン＝クメール諸語族における同様の事例については、たとえば［Hickey 1982］を参照。

(18) 東北タイのラオがやや蔑みのまなざしをもって語ってきた多くの「非ラオ」人のなかで、例外的ともいえる人びとがいる。それがビルマから行商しながら東北タイへやってきたクラー（*kula*）と呼ばれる人びとである。当地では、タイ・ヤイ（Thai Yai）やビルマ系の人びと（*chuasai phama*）と語られている。ラオのみならず、東北タイのクイ人、クメール人の年輩者の間では、クラーないしトンスー（*tongsu*）と呼ばれている。クラーの記憶について複数の古老に問えば、「村外からやってきて、その村の寺院で寝泊まりしながら布を売り歩いていた行商人」という類型化された回答を得る。第二次世界大戦が勃発するまで、主にムーン川流域の集落の間をぬうようにして布、衣服、銅鑼、銀器、宝石などを売り歩いた、当時ビルマ国籍をもつ外国人であった（cf. Koizumi 1990）。クラーは特定の言語集団というよりも、「異国人（とつくにびと）」全般を意味するビルマ語カラー *kala* に由来するようである。人びとの記憶のなかのクラーとは、一様に背が高く、頭に白いターバンを巻き、耳に飾り物をつけていた男を指す。牛車を使わず、ラオ人が作るより大きい籠を対にした天秤棒を使っての行商人である。またラオの古老男性は例外なく、強力な守護力を秘めた宗教的知識「ウィサー」［本書第五章および林 1996b；Hayashi 1999］をもっていた人びととして語る。クラーは、国境も、どの集落の境界も頓着せずに越えて行き、盗賊や熱病の危害も畏れずに遠くへ歩んで行ける男のなかの男、とも回想されている。当時のクラーがラオの妻をめとってそのまま暮らし、末裔が残る集落がある。ウボンラーチャタニー県クアンナイ郡のNC、NY村、ヤソートーン県マーチャナチャイ郡のBK村である。それらの集落の年老いた女性たちが語るクラーは、「裕福で善人」「銀や金、すべてをもつ人」「勤勉」「ラオの妻と家族を捨てなかった人」「敬虔なる仏教徒」「ラオの娘なら皆結婚したがった」等々である。婚入したクラーは、ラオの妻方の両親の農地を耕した。何人かのクラーは土が固いために、田植えのときに指をよく傷つけたという。農閑期がくると集団を組んで行商にでる。余剰米やサトウキビの煮汁を固形にしたもの、その他のものを天秤棒に担いで売りにでていた［林 1997b］。

第三章

（1）人口約一四〇万（一九八〇年時全国五位）、一六郡と四副郡を擁し、バンコクへ四四五キロメートルの行程は一九六三年に完成した全天候性道路のミッタパープ（友好 *Mitthaphap*）道が結ぶ。これにつづいて空港、大学、諸官庁の支所が配置されるとともに、一九六六年にはチー川の支流ナンポン川にダム（*Khuan Ubonrat*）を造成したため、同川左岸で米の二期作化が実現した。

（2）調査村Dにおける聴き取り（一九八四年一一月一二日）。以下、本書での聴き取りの引用はすべて筆者が記録した野帳からのもので、日時、収録地はしるさない。

（3）隣県マハーサーラカム県の村々で口述史を収集しつづける郷土史家チャルーイの記録によれば、D村とほぼ同時期の一八五二年に開村したPS村では、現在の行政県三県からのそれぞれ一〇—一五世帯単位の親族が開村者であった。最後に入った集団の指導者が首長（*bua na*）を務め、副首長は最初に入った者が務めたが、いずれも多数派である。その後、この村は分村、集村を繰り返している［Chaloei n. d. b : 11–18］。

（4）D村の親族の共同、相続に関する詳細な議論は口羽・武邑［1985］参照。しかし、チェンマイ盆地におけるランナータイ村落を特徴づけるような、母—娘間に継承される祖霊信仰と儀礼はない。かつては実施されていたともいわれるが、その実態を説明できる者はすでにいない。

（5）これは、一九五五年から六〇年にいたる東北地方人口の統計的に顕著な流出方向とも一致する［Ng 1970 : 74］。

（6）多くの場合、インフォーマントは自身にまつわるイベント（結婚、子どもの誕生、親の没年、自然災害のあった年、移動の年など）を干支で記憶している。これを尺度として年代を査定した。共有される同一の事実については、立場の異なる人びとからの聴き取りを実施することで、情報をより確かにすることに留意した。なお、本主題に関するMN村での調査は一九八三年一〇月、八四年一二月、八五年一月の三度にわたっている。

（7）現在村人による自己申告の所有面積も、このノーソーサームに記載された面積によっている。土地の相続や売買の基本証書であるばかりではなく、銀行からの借金の抵当としても使える。したがって人びとは、実質的な土地所有権利書と理解している。なお、正式な地上測量に基づき、境界標を打ち込んだ後に交付されるチャノート（*chanot*）は、もっとも最近の土地所有権利書である。D村では、一九八五年現在宅地のみにチャノートが交付されている。

（8）インフォーマントはルーイ方言（*phasa thong thin Loei*）と呼ぶ。ワンサプンは鉄鉱山で著名である。現在はウタラディット県に属するナムパートはかつてのムアン（地方国）である。いずれも、北ラオス国境近くにある。言語的には、ヴィエンチャン（Vientiane）から分派した南ラオ言語集団とは異なるルアンパバーン（Luang Phrapaban）からのラオと推察される［cf. Brown 1985：144］。

（9）ブン（*bung* 約一二キログラム）は米倉に常備されるクラブン籠（*krabung*）に由来するとされる。竹の太さや本数が決まっているため大きさがほぼ一定で、容量としては約二六～三〇リットルになる。ブン一杯の籾の重量がおよそ一ムーン *mun* になることから、重量単位であるムーンと同義に使うことが多い［林 1986a］。

（10）この戸数は前述のY氏の口述と一致する。

（11）植えていた品種の現地呼称は、カオ・イセー *khao ise*（カオ・ニャイ *khao nyai* と同品種）、カオ・カオ *khao kao*、カオ・チャオクン *khao chao kung* である。

（12）姉はD村→KP村→MN村を経たのち、再びKP村へもどって住んでいる。

（13）品種の現地呼称は、カオ・ドークチャン *khao dok chan*、カオ・ニャイ *khao nyai*、カオ・クラーン *khao klang* である。

（14）品種の現地呼称は、カオ・カムパイ *khao kham phai*、カオ・パン *khao phan*（カオ・ドークチャン *khao dok chan* と同品種である）

（15）ここでのタンマは、第五章でみるように字義どおりのダルマというよりは、聖なる力として言及される。MN村では、ウパクットは呪力をもつ伝説的僧侶ともいう（cf. Strong 1992）。第四章以降で論じるように、こうした「村の守護霊」の悪霊化→追放→仏教守護力の導入の過程は、D村のみならず、チー川流域のラオ系集落では広くみられる［水野 1978；林 1984；Suwit et al. 1985；Suwit and Somsak 1986；Chulaphon 1986］。

（16）人びとが赴いたのは、ウドンタニ県、コーンケン県チュムペー郡方面であったといわれるが、チュムペー行は行路が泥道になりやすく、牛車が通行困難であったため、ウドンタニ行の方が好まれた。

（17）使用権の優越は人びとの土地意識に今日も根強い。法的には誰にも所有されない村の公共地が、使用権をもとに村人間で売買されるのは普通である。

（18）一九八三年から八五年にかけて筆者が実施した広域村落調査では、「村の守護霊」祭祀の布置は以下のようになっている。①ローイエット県（Sisomdet 区 Kok Kha 村――廃止／Khon Kaen 区 Khon Kaen 村――廃止／Thawatburi 郡 Mu Mon 村――存続／同郡 Daeng 村――存続）②コーンケン県――D村の行政区周辺一二か村のうち、七か村が撤廃。チュムペー郡（Ban Phai Khut Hin 村――廃止、Nong Thon 村――廃止）③ウドンタニ県（Sibunruang 郡 Mo Nua 村――廃止／Na Klang 郡 Khut Dinchi 村――廃止）。つまり、三県にまたがる二〇村のうち、守護霊を破棄した村は一三か村にのぼる。また、スウィットらによるチー川ぞいの村落経済史研究報告書でも、五県にまたがる調査対象村二四のうち六か村が守護霊祭祀を破棄している［Suwit et al. 1985：291-299］。なお、これにたいして筆者が八九年から九二年にかけてウボンラーチャタニー、ヤソートーンを主たる拠点にムーン川ぞいのラオ系集落二〇を対象に実施した調査では、守護霊祭祀を破棄した集落は皆無であった。こちらでは逆に近年祠が大型化し、儀礼は村外の参加者を募り、守護霊が図像化するという動きがみられる（本書最終章、林 1992；Yukio 1998）。

(19) 司祭が村の草分け親族から輩出する村落では、村の守護霊は明瞭な祖霊的性格をもって祀られている［赤木 1983：160］。

(20) ①型に属するタンバイアの調査村でも、村の守護霊およびそれよりも上位におかれる寺院の守護霊がある。供犠の品は対照的だが、双方とも仏日に村を徘徊するとされている［Tambiah 1970：263–68］。

第四章

(1) 守護霊儀礼をめぐる国家過程と儀礼的ディスコースについての議論は、タイ・ルー族における田辺の論考［1984］を参照。

(2) D村では、かつてこれを祀った開拓第一世代に属するチャム、およびその親族の末裔がさらなるハーナーディー（良田探し）で他出してしまっている。D村では、かつての「村の守護霊」は具体的な故人の霊ではなく自然霊が開村者の懇請によって守護霊に変化したものとして語られている。

(3) 一九八三年時の安居前の止住者の内訳は、D村出身者九、枝村DN出身者一、他県在住の親族・知人の子弟四（ブリラム県三、ウドンタニ県一）である。

(4) ただし「男子三度の出家」（*chai sam bot*）が結婚と離婚を繰り返す女性にたとえられるように、回数はともかく出家・還俗を頻繁に繰り返すことは好ましいこととはされていない。徴税、徴兵逃れを含む社会的責任回避のための出家とみなされるためである。

(5) 特にサオ、マン、シン師らが高僧で知られる。これらの僧については正本異本を含む多種多数の伝記が葬儀供養本として出版されている。多くは直弟子や在家の信奉者が執筆編集している。最近出版された『テート師自伝』は三師の一派の師弟関係の動向はもとより、回想記ながら各イベント年代が明確で今世紀初頭の地方サンガにおける実態が詳しく記述されている［Thet 1986］。

(6) D村が位置するコーンケン県市内にあるナンティカラーム寺（Wat Nanthikalam）では、東北全県の在家者に瞑想修行を志願させ、年間のべ人数にして約二〇〇〇人（一九八四年）を非定期に止住させて止観、瞑想法の教授を実施している。また、住職はラジオや、年間平均二〇件にのぼる東北部主要県の国民学校、警察学校への招請をとおして観法実習のガイダンスを行っている。

(7) 一九八二年の「文部省宗教局宗教年鑑」によるとコーンケン県は東北部ではウドンタニ県についで二番目の一四六八寺を有し、僧侶は一万三一二九名、見習僧一万五〇九名で全人口（一三八万四五六九）あたりの出家者の比率は一・七%と東北タイ主要県では最高である［Kromkan Satsana 1983］。なお、行政県再編後の一九九七年現在、同地方で最多の寺院を有する県はナコンラーチャシーマー（一五一六）である。コーンケン（一〇八二寺に減少）は、ローイエット（一一八一）、ウボンラーチャタニー（一一五八）についで四位となっている［Kromkan Satsana 1999］。

(8) 文部省宗教局広報担当長N氏（一九八三年当時）からの聴き取りによる。

(9) 中部タイおよび全国的にはタム・クワン（*tham khwan*）と呼ばれる。ここでのタムは作る、強めるの意である。バンコク近郊、中部では結婚式においても仏教儀礼のスタイルが取り入れられ、僧侶を招いての積徳行が追加されるようになっている。なお、特にバイシー（*baisi*）と呼ばれる儀礼用具を揃えて行う場合は、儀礼の規模は大きなものとなり、東北地方のラオ人社会ではバイシー・スー・クワン儀礼と呼ぶ。しかし、儀礼の目的それ自体は他の「魂振り」儀礼と同じである。得度式前日に行う僧侶志願者（*nak*）のための「魂振り」儀礼は、全国的に行われている。

(10) 五戒はシン・ハー（*sin ha*）、八戒はシン・ペット（*sin paet*）。①不殺生、②不偸盗、③不邪婬、④不妄語、⑤不飲酒、を五戒とし、⑥午後に食事をとらない、⑦娯楽にふけらない、⑧装身具や香水をつけない、を加えて八戒とする。

(11) 一九八三年調査当時一バーツは約一〇円。

(12) 招魂儀礼師は「魂」そのものを身体内にもどして強化するのにたいし、モータムは身体の外から侵入する「魂」を弱める要因（精霊）を防ぎ、除去する。

(13) 献納すべき品々はモータムの指示によるものであるが、仏教儀礼に欠かされない花・ローソク・線香、および菓子類のほか、事例では白衣が必ず含まれる。白衣は、敬虔な在家仏教徒のシンボルである。つまり、祖霊にたいして受戒させ功徳を積ませるという方法をとる。

(14) 聴き取りによると、村祠にタンマが祀られる一九五〇年以前の村内には「仏法棚」をもつ家は五、六軒であった。通常の「仏棚」はなかった。一九六五年の水野の記録では、九八世帯中八三世帯までが「仏棚」をもっている［水野 1981：172］。また、一九八一年時点では一七六世帯中一五〇世帯に増加している［Fukui et al. 1983：275］。ただしこれらの数値には、モータムの「仏法棚」との区別がなされていない。

(15) ラオ語で“*liang khuai wang kin duk, liang luk wang kin baeng, liang pho mae wang ao mun*”。

(16) 「共働共食」の具体的な実態のパターン化は［Funahashi 1985：220-241］を参照。

(17) ヤートナームは僧侶を仲介として実施されるが、功徳それ自体が神祇や地母神というバラモン起源の超自然神によって配送伝達されるので、村人はさまざまな願いごとをかなえる機会としてもみている。

(18) したがって、大規模な布施行で功徳を廻向される霊は、社会的境遇にたとえて暮し向きのよい霊であり、着々と上位界（極楽）へと上昇するとされる。

(19) 妻方居住が支配的なD村では、最年少者で村外へでない末娘が受益者となる可能性が高いが、必然的な規範ではない［口羽・武邑 1985：333］。

(20) 空間的な差異として、ヤートナームは聖の領域（寺院）で、ホームカンは俗の領域（一般家屋）で遂行されるということもできるが、前者は僧侶を招いた家で実施されることもある。

(21) 若い僧侶、見習僧のほか、招魂儀礼師にこの傾向が著しい。

(22) 筆者が実見した限りでは、この類の説法は、年中仏教行事でも特に米にちなんだ儀礼であるカオ・チー奉献祭、稲穀祭、カオ・サーク（くじ飯）儀礼でも繰り返し行われている。

(23) 若い息子を得度式をもって出家させることができることは、その親族の経済的地位を演出することでもある。母親が多大な功徳を得るという背後には、具体的には母方の親族の面子を政治的に向上させることに寄与するという意味がある。目にみえぬ功徳の獲得は、そうした公共的社会関係の場で公開されることによって認知される。

(24) 産後の女性はD村ではユー・ファイ（*yu fai* 訳せば「火入り」）と呼ばれる苦行に似た肥立ちの期間を経る。薬草を燻して全身から発汗させるサウナ状態を数日にわたって経験する。所要期間は初産ほど長引く。身体にはよいのであるが、冷水浴は禁止、水をも含めた生ものをとらない、といった食事制限があるため、相当の忍耐を要する経験である。なお、この慣行はラオのみならず、タイ国全土で広くみられる[Monthira 1994 ; Hanks J. R. 1963 ; Keyes 1984 ; 林 1986b]。

(25) 死後の「霊」を意味するウィンヤーンはパーリ語である。「魂」（クワン）がカンボジア語起源である［Phya Anuman 1962 : 121］とすれば、この変容図式はすでに仏教的に潤色されたものといわねばならない。

(26) 北タイについてはKingshill［1976 : 205–235］、Keyes[1975b］およびPhrakhru Anusaranasasanakiarti and Keyes［1980］、杉山［1977］が、東北タイについてはTambiah［1970 : ch. 11］が、中部タイについてはTerwiel［1979 : 255–267］がそれぞれ葬制とその儀礼過程を詳述する。

(27) 四万から六万バーツかかるのが普通である。一九八二年に主催者となった者は自ら二万七〇〇〇バーツを捻出し子ども世帯からの援助金を含め、計四万バーツで実施した。

(28) その経費に五〇〇〇バーツを費やした親族の例もある。

(29) 一九四〇年代は二〇〇～三〇〇バーツが相場であったという。籾米が一カソープ（約六〇キログラム）あたり一バーツで売買されていた時代である。

(30) 多くはモータムやモースーであるが、葬儀では主に儀礼時の読経をリードするプーナムスワット（*phu nam suat*）として参加する。

(31) 幼児にたいして行うものと基本的に同じ。所要時間は一分とかからない。

(32) 死者が安置される同じ家屋空間での共食を拒む遺族外の村人もいる。彼らは喪主宅そばの近隣家屋の軒先にもうけられた場所で食事をとった。D村では主流派モータムのほか、儀礼のリーダー役を務める長老も同じ行動をとっている（第五章参照）。

(33) 額は僧侶の方が多い。主催者によって異なるが、一九八三年当時は僧侶へは二〇、三〇バーツ、見習僧へは一〇～一五バーツが「相場」であった。ちょうど紙タバコ一箱分の代金が規準になっていた。

(34) モーラムを雇う額は交渉次第であるが、調査当時の男女かけ合いのモーラム師でケーン演奏者を含めた終夜上演料は、二〇〇〇～三〇〇〇バーツが基本相場であった。

(35) このような男女差についての見解は、ある村落を閉じた社会系としてとらえた場合に顕著な傾向として現れる。D村では、男性は一方で外部にハーナーディーをはじめとする移動が顕著であった。北タイのタイ・ヨン人社会のように、土地証の名義（男性）とは別に、不動産財としての耕作地が女性の所有物として言及されたり［cf. Trankel 1995 : 61］、あるいは今日も男性が開いた土地として語られる。土地占有が可能であった時期の男性の開拓移住者性を考慮すれば、すべての女系親族が土地保有にたいする優位性を開村当初からもってきたとはいいきれない。しかし、村外に土地を購入する時代を迎え始めた一九四〇年代前後から、D村で女系親族による保有観念が固定していったであろうことは指摘できる。当時の土地購入にあたって、女性も積極的な役割を果たしていることは、第二章でみたとおりである。

(36) 祖霊保護の傘下を離脱するのは男性であり、祖霊を祀り担うのは女性である。D村では祖霊信仰は消滅しているが、仏教的守護力にたいする関係にその痕跡が認められる。

(37) この両者の間に成立しているのが仏教的守護力である。社会的権威への方向性は功徳のシェアを中核概念とし、ある社会関係を成立させるような功徳の意味をもたせている。

(38) 教義上では、女性が涅槃に達するには、いったん男性に生まれ変わらなければならない。D村では前述のジャータカ本生譚などの仏教説話からこのような見解がオーソライズされている。

(39) 中部タイ農村における女性による功徳の廻向についてはインガーソルがしるしている［Ingersoll 1975：247］。

第五章

(1) ラオスのラオ人集落では、モータムは呼称として一般的ではない。筆者のラオス側での聞き取りでは、モータムに類似する儀礼執行者としてモー・モン（*mo mon*）とヤーモン（*ya mon*）がある。モンはパーリ語起源でマントラ（*mantra* 真言）すなわち、聖句を意味する。この意味ではタムとモンは同義といえる［cf. Pricha 1974］。なおモー・モンについて、ツァゴはマントラに精通して呪術的な儀礼を施す類型と紹介している［Zago 1972：341］。また、米国人によるラオ語・英語辞典には、reciter of incantations とある［Kerr 1972：1100。ただし、ラオ語・仏語辞典〈Reinhorn 1970〉に記載はない］。ラオスでは、仏教守護力については、タムないしタンマよりも僧侶を意味するパ（*pha*）を常用する。東北タイのラオ人社会同様に、コーンハクサー、コーンディー（*khong di*）という表現も使われている。

(2) これらはモータムの「境界的性格」［Tambiah 1970：319–20］を示すとともに、その役割類型をめぐる「常識」の不均質性、可塑性、可変性［渡邊 1985：3］を典型的に示している。

(3) 「村の守護霊」は仏教在家戒を得て仏教的に馴化される。在家五戒は僧侶がそれを望む者に授ける。たとえば、北タイの守護霊（プーセ・ヤーセ *phu se ya se*）の口頭伝承では、オーラをもつ仏陀が現れて、守護霊たいして積徳行と在家戒の遵守を説くくだりがある。仏陀にかなわないとみた守護霊が在家戒を求めると、それまで人間を食っていた守護霊の牙が抜け落ちる。そして供犠の対象も、人間から現在のような水牛に代わったとされている［Chalatchai 1984：66–68］。

(4) 図式としては、ヒンドゥー教の動態を表現した「普遍化 universalization」と「局地化 parochialization」の概念［Marriott 1955：197–201］が想起されるが、ここでは仏教の教理的伝統の浸透を指しているのではない。教理との一致の問題は別として、多様な世界観に基づいて実践されていた儀礼行動が行為様式としての仏教の形式を積極的に取り込む過程、すなわち、異なる宗教要素が一つの宗教体系（仏教）に還元されてゆく過程を考えている。

（5）この見方は、ビルマ（ミャンマー）のウェイザー（*weikza*）の役割を仏教とアニミズムの文化的媒介者と位置づけるM・スパイロとは対照的である［Spiro 1978：241–245］。

（6）一九八五年調査時点で、D村の公共地の内訳は「森の寺」の周辺区画二五ライ（一ライは一六〇〇平米）沼池三三四ライ（近隣三村と共有）、自然墓地二六四ライ（近隣五村と共有）、小川周辺区画二〇ライ、凹地NK区画九ライ、凹地ND区画二一三ライ（枝村DNと共有）、村の寺院前区画三ライ四タランワー（一タランワーは四平米）となっている。公式にはすべて一九八一年に所有権が認可された。しかし、他の二個所の凹地（NBおよびDT区画）はすでに個人所有になっている。また、自然墓地には旧村長が初めて約一〇ライを畑地にして以来、開墾が進んでいる。また、他村の村長と村人がやはり凹地NK区画九ライを耕作している。

（7）自ら僧侶となって経典知識の在庫である寺院、サンガにアクセスできる男性にたいして、女性は観念的にではなく、もっぱら行為による関わりかたをもつ傾向が指摘できる［Keyes 1984］。

（8）広く東南アジア各地に流布する通俗仏教説話。セイロンの僧侶プラ・マーライが修行によって神通を会得し、天国と地獄を往来してやがて未来仏（Phra Sian）に巡り会う。そして、将来、未来仏が来臨して人びとを救済することを説く。

（9）その意味では、日々の暮らしに不協和音をもちこむ金銭や性的な誘惑もまた、今日のピーとして語られる。

（10）この他界観こそモータムが共有し、ビルマのウェイザーにもみられるものである［Ferguson and Mendelson 1981：65］。

（11）功徳はまた、積徳行する自己を中心に、他界霊や同時代人を結びつけ、ある種の記憶の故地へと収束させる力として現実化・道具化される［林 1989a］。

（12）ウェールズは、中部タイでの事例を引いて、この言葉を老婆が唱えつつ、子をのせた箕（*kradong*）を三度落して子どもに意図的にショックを与えて泣かせることを、その新たな生命の前世の記憶を忘れさせ、精霊世界と断ち切るためとしている［Wales 1933：446］。

（13）これらの儀礼執行者類型の概要については、タンバイア［Tambiah 1968a］のほかミラー［Miller 1985：63–70］等を参照。

（14）以下では、モータムとの比較のために、主に長老男性によるヴィサー観を示している。第二章の注記（2–18）も参照のこと。

（15）*Tham Orahan, Tham Luangpho, Tham Hong Phaya San Nam, Tham Khun Pha, Tham Pha Trai, Pha Thera Ongkanha.* いずれも「仏法」を意味するタムが接頭語となる。

（16）タム・アラハン *Tham Arahan* とも呼ばれる。この派に属するモータム自身はタム・アラハンと発音する。ともにタイ語で記せば同じ表記であるが、一般に、アラハンとは阿羅漢に達した者を意味する。すなわち、仏教の正覚を得た者である。一方のオラハンは、翼をもつ伝説上の怪物を意味することがある。また、プーウィセート（*phu wiset* さまざまな奇跡をなす人の意）を指すこともある。だが、一般の人びとはとりたてて区別しない。どちらの発音にせよ、村人は仏教用語として、より具体的には仏法のみに忠実な帰依者（弟子 *luksit*）を意味する名称としてとらえている。D村のようにタム・オラハンがモータムの主流をなしている村は周辺では六か村ある。また、D村を含めた周辺村からの移住者がいるチュムペー郡一帯の村にもタム・オラハンのモータムは多い。

（17）「高僧のタンマ」を意味する。信奉者が少ないのは、一つにはD村周辺に伝播する時期が遅れたことが挙げられる。また、先行したタム・

オラハンが村内の有力な母系親族を母胎に定着したことにもよる［cf. 図11］。しかし、近隣村ＳＭやＤＨその他の村落では、状況はまったく逆で、タム・ルオンポーが信奉者を独占する。過去に、数人の中心的な主導者をもち、仏法を継承する俗人の持戒者であることの伝統を誇る点はタム・オラハンと変わらない。むしろその名称が物語るように、創始者の僧侶についてはより明確な伝承があり、タム・オラハンよりもタンマの清浄性（仏教傾斜）が高いことを標榜する傾向が強い。

(18) ここでは家屋を同じくする家族を指すものとして使う。

(19) 岩田は、北部ラオスにおいてこれを記述している［岩田 1963：217］。

(20) タンバイアの調査村のモータムは神祇 *thewada* である［Tambiah 1970：328］。

(21) 石井は、タンマ（タム）の多義性をスコータイ碑文、三界経、三印法典における用例から克明に検討している［石井 1983：22–27］。しかしＤ村でみるような意味はみられない。

(22) これは真言密教の「陀羅尼」を念頭においた理解である。密教修行者は、マンダラに入って心に仏陀を念じて精神統一し、口に真言を唱えつつ、手に印相を結び、仏陀と自己とが一体になって即身成仏を実現することを理想とするが、モータムには即身成仏というより加持成仏の観念が強い。

(23) 千年王国的なこの考えは、東北地方では僧侶が盛んに説くところである［Ruanganan 1961：34–36］。

(24) おしなべて、信奉者を多数擁するモータムは農地を村内世帯平均（一九八三年現在で水田一四・五六ライ、畑五ライ、菜園一ライ）からそれ以上を所有する。しかし土地条件、世帯間共同と家族周期の問題を考えれば、農地面積を経済的豊かさの尺度とすることはできない。筆者はモータムの農地所有面積と信奉者の多寡は基本的には無関係であるとみている。

(25) 調査当時の在住世帯の実数は一八三戸。世帯構成の内訳は夫婦世帯が約八割（一四六戸）を占め、女世帯が二八戸、男やもめの世帯が九戸である。通常モータムが自分の信奉者と考えるのは、世帯主の妻もしくは女（寡婦）世帯主に限られる傾向が強いので、以下の議論では鰥夫（男やもめ）世帯をのぞき、女性世帯主（通常の夫婦世帯の妻や寡婦など（計一七四ケース）に限って分析を進める。

(26) このように、特定のモータムとその信奉者の関係は、モータムの師弟関係同様、村の範囲を越えて存在するが、以下では村内に在住する信奉者のみを考察対象にする。

(27) 男やもめ世帯は、モータムに依拠する者二、自分自身二、不明三、残りの二名は調査時点で出家して僧侶であった。

(28) ルオンポー派（グループ二）では、出安居終了以降のすべての仏日に、一バーツ重（一五グラム）のこわ飯を二かたまり、キンマ二個、煙草二本、水を供えて「高僧ユー師へ供える献上食」（*khiang thawai chan ahan bai* 〈*duangtham*〉 *Luangpho*）とする。

(29) 厳密にいえば信奉者が属する二つの社会的領域、すなわちモータム自身からみた内集団と外集団では、モータムとして異なる側面が展開されている。極論すれば、内集団の信奉者にたいして、モータムはより「保護者」的存在であり、外集団の信奉者にたいしては、より職能者的な社会的性格を強く帯びる。一般に、モータムの在住村が内集団、村外の集落住民が外集団の範疇である。このことは治療にたいする謝礼額の差にもみてとれる。村内での治療費は少額で、その名も「僧侶への献上費 *kha thawai phra*」である。食事のふるまいで代えられることもある。他方、どのグループのモータムも村外では三〇〇—六〇〇バーツを得ている。その費用は文字どおり「治療費 *kha baksa*」と呼ばれる。

(30) しかし、Bは現実にはオラハン派の最長老者Aの指示をうけて活動している。また、Aが高齢であるため、Bに信奉者を委ねるケースも含まれている。オラハン派のなかで最長老者Aは、民間医療の知識にも通じており、Xなきあと村内だけでなく、村外にまでその名が知られている著名なモータムである。実質的なオラハン派の指導者は、非親族のクライエントをもっとも数多くもつBではなくこのAである。

(31) ただ、寺院での集合的な仏教儀礼の際に、主に在家者代表を務めて読経をリードするのはルオンポー派のHであり、オラハン派の人びとはこれをサポートする側にたつ。あたかもオラハン派がHをたてているような関係が見うけられる。

(32) 妻はAと同じオラハン派でAより一八歳年下のモータムCに頼っている。

(33) 当初の二人は年長者だが、三人目は彼女らよりも年少者のモータムである。必ずしも年長者と年少者の関係の論理（長幼の序）は社会構造を代表する決定要素ではない。ここには女性の人生の周期と、宗教的守護力を把持できる男性の人生周期との深い相互連関があるように思われる。

(34) 頭陀とは、煩悩を払い、衣食住を貪らず欲望を貪らずに仏道を修業するための作法である。一三種の苦行とは、①糞掃衣のみを着る、②三衣のみを用いる、③乞食して得たもののみを食べる、④在俗徒の家を順に托鉢してまわる、⑤一日一食、⑥鉢のなかのものを食べる、⑦食事後、献上されたものを口にしない、⑧森にのみ住む、⑨樹の下にいる、⑩露地にいる、⑪墓地にいる、⑫人がもうけた場所にいる、⑬眠らずに坐する。

(35) タイの頭陀行僧についてもっとも包括的な人類学的研究にタンバイアの著作がある［Tambiah 1984］。しかし、頭陀行僧の歴史的役割、および国教におけるその周縁性と中央サンガ統治制度とのコンフリクトについては、同書より以前にオコナーが論じている［O'Connor 1978 : Ch. 5］。タイ語資料を使って東北タイの頭陀行僧の事例を詳述したものに［Taylor 1988, 1992, 1993 ; Kammala 1997］がある。

(36) それ以前にも、国策としてのサンガ統治が皆無であったわけではない［石井 1975 : 372–403］。しかしその法的実効範囲さえも、半独立的性格の強い地方国によって地方行政が展開されていたことから、そのほとんどが首都に集中し国家が直接運営するわずかな寺院をのぞくと、地元有力者や村落の住民が自発的に開設・維持していたであろう遠隔地方の大多数の寺院には、ほとんど影響を与えていなかったとみてよい。

(37) 現在のコーンケン県のほか、ウドンタニ、ルーイ、ナコンパノム、ノーンカイ、サコンナコンの六県を含む旧ウドン州が最初の適用範囲であった［Arawon 1981］。それに先だつ一八九九年、地方に散在していた大小の寺院とそこに止住する出家者たちを把握する全国規模の調査が初めて行われている。

(38) それは「統治法」実施の数年後（一九一五年ごろ）、その中央集権的サンガの方針（得度式をパーリ語で執行すること、戒律の授受についての作法規程）と衝突した北タイユアン派のシーウィチャイ師の事件にも明らかである［Keyes 1971 : 552–59 ; Ferguson and Shalatchai 1976 : 128–30］。なお、こうした地域的特色は今日の出家傾向、地域開発と関わる指導僧の僧歴にもみられる［cf. Sombun 1987 : 40–48］。

(39) 利用した資料は、タイサンガの制度的経緯をしるす二次史料と、東北部出身の僧侶の伝記、自伝である。前者では通時的な政策の概要が読みとれるのにたいして、後者は資料的扱いに問題があるものの、開拓村に生まれ、開拓村へ入っていった僧侶たちの行動、背景となる制度について、その回顧的な描写法とともに有益な記述を含む。マン師については、すでに詳細なテキストの紹介と分析が試みられているので［Keyes 1981；Tambiah 1984］、一派の全体的な動向とその背景を浮き彫りにするために、世代の深度をとってマン師を師匠とする弟子僧、すなわちファン師（Fan Acharo 1899-1976）、さらにシン師を師匠とするテート師（Thet Thetrangsi 1902-1994）に関する文献を利用した。とりわけ年次別に構成されたテート師の回想録は、きわめて客観的な記述スタイルをとっている。

(40) サティアン・ライラックによる『タイ法律集成』でも、地方村落レベルでの土着信仰の排斥は法的に強調されていることがわかる［たとえば、ラーマ四世時――一八五五年――の「精霊に起因する力信仰の禁止令」Sathian 1935：837］。

(41) ラーマ四世を継ぐタマユット派の推進者、ワチラヤーン親王は、時のコラート州管区僧長にあてた一八九六年の書簡で、もはやラオ仏教は衰微し、東北地方に新たな仏教を整備しなくてはならない、としてサンガ行政についての細かい指示を与えている［Wachirayan 1971：269-70］。

(42) 一八五一―五二年ごろ、三代目のウボンラーチャタニーの地方国首長であったワンナラーチャスリヤウォン（Phraphrom Wannaratchasuriy-awong）は、ウボンラーチャタニーにタマユット派の第二の拠点となる寺院を建立することを、当時スパット寺にいた二人の僧（スパット寺のパヌトゥロー師とテーワタムミー師）に要請する。官吏（当時の *annyasi*）が首長となって建設したシートーン寺には、テーワタムミー師が初代住職として赴任する。つづいて建立されたスッタナラーム寺の初代住職もスパット寺からのピラー師であった［Maha Wirawong 1936, 1953；Toem 1970 vol. 2：612-14］。

(43) この時期は、テーワタムミー師による寺院拡大の時期である。同僧は、一八七七年ごろから村に修行僧のための止住寺を開設するかたわら、チャンパーサック、ヤソートーン、ノーンブアランプー、クンパワピー、ルーイ、コーンケンへもタマユット派寺院を次々と建立してゆく。いわば「国家おすみつき」の寺院が支所を増やす形で拡大した。この時期はウボンラーチャタニーを拠点としていたタマユット派寺院が、その外縁を拡げるように他県にも拡がった時期である。それは、寺院の管理を委託される住職、管区長等の任命と関連している［Toem 1970 vol. 2：619-623］。国家の地方行政策にともなうサンガの整備は一九〇三年には形式的に整う。そこで主導的立場にあった僧侶たちは、タイ語、正統的なパーリ語を修めた長期出家者たちである。とりわけ、ソムデット・プラ・マハーウィーラウォン（ウボンラーチャタニー出身。一九〇〇年にはバンコクで学ぶ）が州管区僧長を務める一九〇四年以降は、村落レベルにいたる教化が頻繁に行われたとされている［Toem 1970 vol. 2：659-60］。なお、一九九七年現在、全国比で〇・八二％（二五一寺）しかない王立寺院のほぼ三分の一（八五寺）が首都バンコクに集中するように［Kromkan Satsana 1999］、地方の数少ない王立寺院はサンガ中央組織の出先機関的な位置づけをもつ。

(44) この僧侶はかつての地方国ウボンラーチャタニー出身。ウボンラーチャタニーで出家後、バンコクの寺院（Maha That）で学ぶ。後にタマユット派の拠点であったボウォンニウェート寺で出家していたラーマ四世に出会う。そして派をタマユット派に変えた［Toem 1970 Vol. 2：616］。

(45) マン師の直弟子にあたるシン師は晩年、後のコラート州管区僧長として中央から任命されている（一九三二年）。また、シン師ら瞑想・観法に長じた僧侶は、瞑想学習の講師として一人一年づつバンコクに招かれている。東北地方以外の他地方への瞑想の浸透はシン師らの功績とされている［Maha Bua 1971：5］。

（46）南下するラオ人の国家チャンパサックを建設したのは、僧侶ポンサメート師（Pha Khru Phonsamet）であった。一九二九年の年代記には、彼が止住していた寺院および一八世紀中葉のヴィエンチャンの仏教サンガの日常の記述がみえる。同時に、同師が持戒に厳格で八正道をきわめるとともに、神通（*aphinnya*）を得ていたことについても触れている。こうしたことからも瞑想・止観の修法に秀でた僧侶は、ラオ人の社会に以前から高僧とみられていたことが窺えよう［Khatiyawongsa 1929：7–10］。

（47）頭陀行はタマユット派による改革の産物ではなかった。タンバイアが指摘するように、東北部の頭陀行僧がことごとくタマユット派出身の僧侶であるという「系譜の喧伝」は、タマユット派が瞑想に長じた地方のカリスマ僧を国教の傘下に組み入れようとした後々の企図によるものである［Tambiah 1984：189］。

（48）ファン師のように、もともと在来派（*Mahanikai*）であった僧侶が瞑想修行を深めるために、新たにタマユット派の僧侶として得度しなおすことは多く行われたが、あえてしなかった僧侶もいる［cf. anon. b 1987：27］。

第六章

（1）これらの変容についての農学的見地からの分析は［海田 1985；福井 1988］参照。

（2）聴き取りでは村内で最初のケナフ栽培が始まるのは一九四七年である。

（3）調査開始時の一九八三年一月には僧侶一、見習僧一五。その後六月にD村出身の老僧（当時六八歳）が止住先の他村より帰還して「村の寺」に参加。見習僧は三月に一名、四月に四名が還俗。同八三年の安居明けの構成員は僧侶二、見習僧一〇である。

（4）以下の年齢表記は、すべて一九八三年調査当時を基準としている。

（5）村外へでて見聞を広めることは東北方言の慣用句にも窺える。一九一八年ウボンラーチャタニーの一村に生まれ初等教育の一年課程を終えて見習僧となったチャー師（Luangpho Cha）は一九四一年、二三歳にして教理学習に満足できず、『村をでず、方角も知らず、明も会得せず。それは何をも身につけぬこと（*bo ok chak ban, bo hu bom thang thiao, bo rian wisa bon si mi khuambu*）』というラオ語の言葉を胸にして、瞑想の師を求めて旅にでたと記述される［anon. 1987：68］。同師は、今日タイ国内はもとより海外にも併せて八〇近くの支寺をもつ「森の寺」ノーンパーポン（Wat Pa Nong Pa Phong）の創始者である。

（6）ルーイ県ワンサプーム郡の「森の寺」（ワット・パーピン Wat Pa Ping）。そこは約五〇の個人用僧坊が設置される大規模なものだったと語っている。

（7）世帯主を対象に一〇バーツ平均〈年中儀礼時の世帯当り平均額、全村で二一〇〇バーツ〉。徴収当時の一バーツは約一二円。

（8）四月のT師の（元）妻の葬儀で、親族は二六〇〇バーツを「森の寺」開設の資金として布施している。また、七月以来在住した日本人調査団が村の役員によって寄進を要請され、七月八日に三五〇〇バーツを布施、電気を架設した。

（9）前章で引用した数々の頭陀行僧の伝記を参照。特に『マン師の伝記』には新参の修行僧に共同墓地を止観の場としてあてがう記述がある［Maha Bua 1971：52–53］。

（10）一般に、在家信徒は森林部寺院の伝統についての知識はもちあわせていない。

付録

（1）定着調査開始以前（一九八二年）に死亡したため、その経歴や活動の委細はオラハン派の信奉者、同派のモータムからの聴き取りによっている。

（2）無病息災を祈願するため、悪霊をとりのぞいたりその侵入を防ぐ一種の招福儀礼。

（3）この事実はオラハン派の場合も同様である。本来、俗人と僧侶とでは僧侶の方が尊敬をうける立場にある。ここに、宗教的地位ではなく宗教的知識それ自体、その所持者に宗教的威厳、権威が認められていたことがわかる。また、逆にいえば、人びとにとって高僧とはそのような知識をもつ僧であった。

（4）この派はローイエット県出身の僧侶がもたらした。G氏は二、三年学んでいる。D村内の弟子は彼一人である。

参考文献

一　欧文

Ames, Michael M.　1964　Magical-animism and Buddhism: Structural Analysis of the Sinhalese Religious System. In Edward B. Harper (ed.), *Religion in South Asia*. Seattle: University of Washington Press, pp. 21–52.

Backus, Mary (ed.)　1892　*Siam and Laos as seen by our American Missionaries*. Philadelphia: Presbyterian Board of Publications.

Bangkok Post　1995　(daily newspaper) dated on 18th May.

Berger, Peter L.　1973　*The Social Reality of Religion*. Penguin Books.

Breazeale, K.　1975　*The Integration of Lao States in the Thai Kingdom*. Ph. D. thesis, Oxford University.

Briggs, Lawrence Palmer　1949　"The Appearance and Historical Usage of the Terms Tai, Thai, Siamese and Lao". *Journal of the American Oriental Society* 69: 60–73.

Brohm, John　1963　"Buddhism and Animism in a Burmese Village". *Journal of Asian Studies* 22: 155–168.

Brown, David　1994　"Internal Colonialism and Ethnic Rebellion in Thailand," in his *The State and Ethnic Politics in Southeast Asia*, London: Routledge, pp. 158–205.

Brown, J. Marvin　1985　*From Ancient Thai to Modern Dialects*. Bangkok: Social Science Association of Thailand Press.

Bunnag, Jane　1973　*Buddhist Monk, Buddhist Layman: A Study of Urban Monastic Organization in Central Thailand*. Cambridge: Cambridge University Press.

Burr, Angela　1978　"Merit-making and Ritual reciprocity: Tambiah's theory examined," *Journal of the Siam Society* 66(1): 102–108.

Chakrabongse, Prince Chula　1960(1982)　*Lords of Life: A History of the Kings of Thailand*. Bangkok: DD Books Editions.

Chatsumarn Kabilsingh　1991　*Thai Women in Buddhism*. Berkeley, CA: Parallax Press.

Chatthip Nartsupha　1984　The Ideology of Holy Men Revolts in North East Thailand. In A. Turton and S. Tanabe(eds.), *History and Peasant Consciousness in South East Asia* (Senri Ethnological Studies 13), pp. 111–134.

Chazee, Laurent　1995　*Atlas des ethnies et des sous-ethnies du Laos*, Bangkok.

Cohen, Erik　1991　"Bangkok and Isan: The Dynamics of Emergent Regionalism in Thailand," in his ed., *Thai Society in Comparative Perspective*, Bangkok: White Lotus, pp. 67–88.

Condominas, Georges　1970　"The Lao". In N. S. Adams and A. W. McCoy(eds.), *Laos: War and Revolution*, New York: Harper and Row, pp. 9–27.

1975 "Phiban Cults in Rural Laos". In G. W. Skinner and A. Thomas Kirsch (eds.), *Change and Persistence in Thai Society: Essays in Honor of Lauriston Sharp*, Ithaca: Cornell University Press, pp. 252–273.

1990 *From Lawa to Mon, from Saa' to Thai: Historical and Anthropological Aspects of Southeast Asian Social Spaces*. Canberra: Australian National University.

Cordell, Helen (ed) 1991 *Laos* [World Bibliographical Series 133]. Oxford: CLIO Press.

Davis, Richard B. 1984 *Muang Metaphysics: A Study of Northern Thai Myth and Ritual*. Bangkok: Pandora.

de Young, John E. 1955 *Village Life in Modern Thailand*. Berkeley: University of California Press.

Dodd, William Clifton 1923 *The Tai Race, Elder Brother of the Chinese: Results of Experience, Exploration and Research*. Cedar: The Torch Press.

Durrenberger, E. Paul 1981 "The Southeast Asian context of Theravada Buddhism," *Anthropology* 5: 45–62.

Durrenberger, E. Paul and Nicola Tannenbaum 1989 "Continuities in Highland and Lowland Religions of Thailand," *Journal of the Siam Society* 77–1: 83–90.

Durrenberger, E. Paul ed. 1996 *State Power and Culture in Thailand*. New Haven: Yale University Southeast Asian Studies.

Embree, John F. 1950 "Thailand ; A Loosely Structured Social Systems". *American Anthropologist* 52: 181–193.

Evers, Hans-Dieter (ed.) 1969 *Loosely Structured Social Systems: Thailand in Comparative Perspective*. New Haven: Yale University Press.

Ferguson, John P. and Shalardchai Ramitanondh 1976 "Monks and Hierarchy in Northern Thailand". *Journal of the Siam Society* 64: 104–150.

Ferguson, John P. and Michael Mendelson 1981 "Masters of the Buddhist Occult: The Burmese Weikzas." *Contributions to Asian Studies* 16: 62–98.

Fukui, Hayao. 1993 *Agricultural Ecology in the Northeastern Thai village*. Honolulu: Universitiy of Hawaii.

Fukui, H. and Kuchiba M. 1983 Progress Report to the National Research Council of Thailand (April-September 1983) A Rice-Growing Village Revisited: An Integrated Study of Rural Development in Northeast Thailand (Don Daeng Village Study). (unpublished paper).

Fukui, H., Kaida, Y., and Kuchiba, M. (eds.) 1983 *A Rice-Growing Village Revisited: An Integrated Study of Rural Development in Northeast Thailand* (The Interim Report). Kyoto: The Center for Southeast Asian Studies, Kyoto University.

1985 *A Rice-Growing Village Revisited: An Integrated Study of Rural Development in Northeast Thailand* (The Second Interim Report). Kyoto: The Center for Southeast Asian Studies, Kyoto University.

1988 *A Rice-Growing Village Revisited: An Integrated Study of Rural Development in Northeast Thailand* (The Third Interim Report). Kyoto: The Center for Southeast Asian Studies, Kyoto University.

Fuller, Theodore D. et al. 1983 *Migration and Development in Modern Thailand*. Bangkok: The Social Science Association of Thailand.

Funahashi, Kazuo 1985 "Inter Household Cooperation in Farming". In Fukui et al. (eds.), *The Second Interim Report/ A Rice-Growing Village Revisited: An Integrated Study of Rural Development in Northeast Thailand*, Kyoto: The Center for Southeast Asian Studies, pp. 220–241.

Geertz, Clifford 1968 "Religion: Anthropological Study," *International Encyclopedia of the Social Sciences* vol. 13. Mcmillan.

1973 "Religion as a cultural system". In Clifford Geertz, *Interpretation of Cultures*, New York: Basic Books, pp. 87–125.

Gerini, G. E. 1893(1976) *Chulakantamangala: The Tonsure Ceremony as performed in Siam* (2nd ed). Bangkok: The Siam Society.

Golomb, Louis 1985 *An Anthropology of Curing in Multiethnic Thailand*. Chicago: University of Illinois Press.

Gombrich, Richard F. 1971a *Precept and Practice: Traditional Buddhism in the rural highlands of Ceylon*. Oxford: Charendon Press.

1971b "'Merit Transference' in Shinhalese Buddhism: A Case Study of the Interaction between Doctrine and Practice". *History of Religions* 11(2): 203–219.

Gombrich, Richard F. and Gananath Obeyesekere 1988 *Buddhism Transformed: Religious Change in Sri Lanka*. Princeton: Princeton University Press.

Gosling, David L. 1986 "Thailand's Bare-Headed Doctors: Thai Monks in Rural Health Care". *Journal of the Siam Society* 74: 83–106.

Halliday, Robert 1917(1999) *The Talaings*. Rangoon: Government Printing. (reprinted at Bangkok: Orchid Press, with an introduction to the 1999 edition by Michael Smithies)

Halpern, Joel M. 1964 *Goverment, Politics, and Social Structure in Laos: A Study of Tradition and Innovation*. New Haven: Yale University.

Hanks, Jane Richardson 1963 *Maternity and its Rituals in Bang Chan*. Ithaca: Cornell University Press [Data Paper 51].

Hanks (Jr.), Lucien M. 1962 "Merit and Power in Thai Social Order". *American Anthropologist* 64: 1247–1261.

1975 "The Thai Social Order as Entourage and Circle". In G. W. Skinner and A. Thomas Kirsch(eds.), *Change and Persistence in Thai Society: Essays in Honor of Lauriston Sharp*, Ithaca: Cornell University Press, pp. 197–218.

Harmon, Roger 1978 *Buddhism and Action: The Thammathut ('Ambassadors of Dharma') Program in Thailand*. Ph. D. thesis, University of Washington.

Hayashi, Yukio 1985 "A Temple, Rituals and World-View in Don Daeng". In Fukui et al. (eds.), *The Second Interim Report/ A Rice-Growing Village Revisited: An Integrated Study of Rural Development in Northeast Thailand*, Kyoto: The Center for Southeast Asian Studies, pp. 242–259.

1995 "Notes on the Inter-ethnic Relation in History: With Special Reference to Mon-Khmer Peoples in Southern Laos," Paper presented at the Semnar on "Ethnic Groups in Sakon Nakhon", 3–5 July, Ratchaphat Institute of Sakon Nakhon, pp. 1–26.

1996 "How Thai-Lao Dominancy was constructed in Northeast Thailand: From their Neighbors' Point of View," Paper presented at the Workshop on 'Dry Areas in Southeast Asia', held at Kyoto, 21–23 October, Center for Southeast Asian Studies, pp. 1–23.

1999 "Spells and Boundaries: *Wisa* and *Thamma* among the Thai-Lao in Northeast Thailand," Paper presented at the International Workshop on the project of "Dynamics of Ethnic Cultures Across National Boundaries in Southwestern China and Mainland Southeast Asia: Relations, Societies and Languages," Kunming, China, 16–17 Oct. 1999.

Hickey, Gerald Cannon 1982 *Sons of the Mountains: Ethnology of the Vietnamese Central Highlands to 1954*. New Haven: Yale University Press.

Ingersoll, Jasper C. 1975 "Merit and Identity in Village Thailand". In G. William Skinner and A. Thomas Kirsch(eds.), *Change and Persistence in Thai Society: Essays in Honor of Lauriston Sharp*, Ithaca: Cornell University Press, pp. 219–251.

Ishii, Yoneo 1975 "A Note on Buddhistic Millenarian Revolts in Northeastern Siam." *Journal of Southeast Asian Studies* 6(2): 121–126.

1986 *Sangha, State, and Society: Thai Buddhism in History*. (translated by Peter Hawkes) Honolulu: University of Hawaii Press.

Izikowitz, Karl Gustav 1951 *Lamet: Hill Peasants in French Indochina*. New York: AMS Press. [reprint version in 1979]

1962 "Notes about the Tai". *Bulletin of the Museum of Far Eastern Antiquities* 34: 73–91.

1963 "Expansion," *Folk* 5 : 173–185.

1969 "Neighbours in Laos". In Fredrik Barth (ed.), *Ethnic Groups and Boundaries*, Boston: Little, Brown and Company, pp. 135–148.

Jackson, Peter A. 1988 "The Hupphaasawan Movement: Millenarian Buddhism among the Thai Political Elite". *Sojourn* 3(2): 134–170.

1989 *Buddhism, legitimation, and Conflict: The Political Functions of Urban Thai Buddhism*. Singapore: Institute of Southeast Asian Studies.

Johnston, David B. 1976 "Opening a Frontier: The Expansion of Rice Cultivation in Central Thailand in the 1890's." *Contributions to Asian Studies* 9: 28–44.

Jordt, Ingrid 1988 "Bhikkhuni, Thilashin, Mae-chii: Women who renounce the World in Burma, Thailand, and the Classical Pali Buddhist Texts," *Crossroads* 4(1): 31–39.

Kamala Tiyavanich 1997 *Forest Recollections: Wandering Monks in Twentieth-Century Thailand*. Honolulu: University of Hawai'i Press.

Kammerer, Cornelia Ann and Nicola Tannenbaum (eds) 1996 *Merit and Blessing in Mainland Southeast Asia in Comparative Perspective*. New Haven: Yale University Southeast Asian Studies.

Kaufman, Howard K. 1960 *Bangkhuad: A Community Study in Thailand*. New York: J. J. Augustin.* reprinted 1977, Rutland, Vt.; and Tokyo: Tuttle.

Kemp, Jeremy H. 1981 "Legal and informal land tenures in Thailand". *Modern Asian Sutudies* 15: 1–23.

Kerr, Allen D. 1972 *Lao-English Dictionary*. Washington, D. C.: The Catholic University of America Press.

Keyes, Charles F. 1966a *Peasant and Nation: A Thai-Lao Village in a Thai State*. Ph .D. Thesis, Cornell University.

1966b "Ethnic identity and loyalty of villagers in Northeastern Thailand" *Asian Survey* 6: 362–369.

1967 *Isan: Regionalism in Northeastern Thailand*. (Data Paper 65) Ithaca: Cornell University.

1971 "Buddhism and National Integration in Thailand." *Journal of Asian Studies* 30(3): 551–567.

1975a "Kin Groups in a Thai-Lao Community". In G. W. Skinner and A. Thomas Kirsch (eds.), *Change and Persistence in Thai Society: Essays in Honor of Lauriston Sharp*, Ithaca: Cornell University Press, pp. 274–297.

1975b "Tug-of-War for Merit: Cremation of a Senior Monk". *Journal of the Siam Society* 63(1): 44–62.

1976 "In Search of Land: Village Formation in the Central Chi river valley, Northeast Thailand." *Contribution to Asian Studies* 9: 45–63.

1977 "Millennialism, Theravada Buddhism, and Thai Society." *Journal of Asian Studies* 36(2): 283–302.

1981 "Death of Two Buddhist Saints in Thailand," in *Charisma and Sacred Biography*, ed. by Michael Williams, California: Scholars Press [Journal of the American Academy of Religion, Thematic Studies 48(3–4)]: 149–180.

1984 "Mother or Mistress but never a Monk: Buddhist Notions of Female Gender in Rural Thailand." *American Ethnologist* 11(2): 223–241.

1989 "Buddhist Politics and Their Revolutionary Origins in Thailand". *International Political Science Review* 10(2): 121–142.

Kingshill, Konrad 1976(1960) *Ku Daeng: The Red Tomb ; A Village Study in Northern Thailand* (3rd ed.) Bangkok: Suriyaban Publishers.

Kirsch, Thomas A. 1966 "Development and Social Mobility among the Phu Thai of Northeast Thailand," *Asian Survey* 6(7): 370-378.

1967 *Phu Thai Religious Syncretism: A Case Study of Thai Religion and Society*. Ph. D. dissertation, Harvard University.

1975 "Economy, Polity, and Religion in Thailand". In G. W. Skinner and Thomas A. Kirsch(eds.), *Change and Persistence in Thai Society: Essays in Honor of Lauriston Sharp*, Ithaca: Cornell University Press, pp. 172-196.

1977 "Complexity in the Thai Religious System: An Interpretation." *Journal of Asian studies* 36(2): 241-266.

1982 "Buddhism, Sex-roles and the Thai Economy". In P. Van Esterik (ed.), *Women of Southeast Asia*, DeKalb, IL : Center for Southeast Asian Studies, Northern Illinois University, pp. 16-41.

1985 "Text and Context: Buddhist Sex Roles: Culture of Gender Revisited". *American Ethnologist* 12(2): 302-320.

Koizumi, Junko 1990 "Why the Kula Wept: A Report on the Trade Activities of the Kula in Isan at the End of the 19th Century." *Tonan Ajia Kenkyu* (*Southeast Asian Studies*) 28(2): 131-153.

1992 "The Commutation of the Suai from Northeast Siam in the middle of the Nineteenth Century." *Journal of Southeast Asian Studies* 23(2): 276-307.

Le Bar, Frank M. et al. (eds) 1964 *Ethnic Groups of Mainland Southeast Asia*. New Haven: HRAF Press.

Leach, Edmund R. 1954 *Political Systems of Highland Burma*. London: The London School of Economics and Political Science.

Leach, Edmund R. (ed) 1968 *Dialectic in Practical Religion*. Cambridge: Cambridge University Press.

Lester, Robert C. 1973 *Theravada Buddhism in Southeast Asia*. Ann Arbor: University of Michigan Press.

Lieberman, Victor 1993 "Was the Seventeenth Century a Watershed in Burmese History?" in Reid, Anthony (ed.), *Southeast Asia in the Early Modern Era.*, Ithaca: Cornell University Press, pp. 214-249.

Lighfoot, Paul and Fuller, Theodore 1984 "Circular Migration in Northeastern Thailand". In H. T. Brummelhuis and J. H. Kemp (eds.), *Strategies and Structures in Thai Society*, Amsterdam: Anthropological and Sociological Center, University of Amsterdam, pp. 85-93.

Maha Sila Viravong 1964 *History of Laos*. [translated from the Laotian by the U. S. Joint Publications] New York: Paragon Book Reprint Corp.

Marriott, McKim 1955 "Little Communities in an Indigenous Civilization." In McKim Marriott (ed.), *Village India*, Chicago: University of Chicago Press, pp. 171-222.

Mayoury and Pheuiphanh Ngaosyvathn 1989 "Lao Historiography and Historians: Case Study of the War between Bangkok and the Lao in 1827". *Journal of Southeast Asian Studies* 20(1): 55-69.

1994 *Kith and Kin Politics: The Relationship between Laos and Thailand*. Manila: Journal of Contemporary Asia Publishers.

MCC (Ministry of Commerce and Communications) 1930 *Siam: Nature and Industry*. Bangkok: Bangkok Times Press.

Mendelson, E. Michael 1961 "A Messianic Buddhist Association in Upper Burma." *Bulletin of the School of Oriental and African Studies* 24: 560-580.

1963 "Observations on a Tour in the Region of Mount Popa, Central Burma". *France-Asie* 19, no. 179: 780–807.

1975 *Sangha and State in Burma: A Study of Monastic Sectarianism and Leadership*. [ed. by John Furguson] Ithaca: Cornell University Press.

Miller, Carolyn 1994 "Perceptions of ethnolinguistic identity, language shift and language use in Mon-Khmer language communities of Northeast Thailand." *Mon-Khmer Studies: A Journal of Southeast Asian Language* 23: 83–101.

Miller, Terry E. 1985 *Traditional Music of the Lao: Kaen Playing and Mawlum Singing in Northeast Thailand*. London: Greenwood Press.

Milne, Leslie 1910 *Shans at Home, with two chapters on Shan History and literature by the Rev. Wilbur Willis Cochrane*. London: John Murray. （ミルン著／牧野巽・佐藤利子共訳『シャン民俗誌』生活社 1944)

Mizuno, Koichi 1968 "Multihousehold Compounds in Northeast Thailand". *Asian Survey* 8: 842–852.

1971 *Social System of Don Daeng Village: A Community Study in North-east Thailand* (Discussion Papers 12–22). Kyoto: The Center for Southesast Asian Studies, Kyoto University.

Moerman, Michael 1966 "Ban Ping's Temple: The Center of a 'Loosely Structured' Society". In M. Nash et a. (eds.), *Anthropological Studies in Theravada Buddhism*, New Haven: Yale University, pp. 137–174.

1968 *Agricultural Change and Peasant Choice in a Thai Village*. Berkeley: University of California Press.

1968 "Being Lue: Uses and Abuses of Ethnic Identification," In J. Helm (ed.), *Essays on the Problem of Tribes*, Seattle: American Ethnological Society, pp. 153–159.

Mouhot, Henri 1864 *Travels in the Centeral Parts of Indo-China (Siam), Cambodia and Laos, during the years 1858, 1859, and 1860* (vol. 2). London: John Murphy.

Murdoch, John B. 1974 "The 1901–1902 'Holy Man's' Rebellion". *Jounral of the Siam Society* 62(1): 47–66.

Ng, Ronald 1970 "A Study of Recent Internal Migration in Thailand." *Journal of Tropical Geography* 31: 65–78.

NGD (National Geographic Department, Vientiane) 1995 *Atlas of the Lao P. D. R.* Vientiane: National Geographic Department.

O'Connor, Richard A. 1978 *Urbanism and Religion: Community, Hierarchy and Sanctity in Urban Thai Buddhist Temples*. Ph. D. Thesis, Cornell University.

1980 "Forest Monks and the History of Bangkok". *Visakha Puja B. E. 2523*: 32–37.

1995 "Agricultural Change and Ethnic Succession in Southeast Asian States: A Case for Regional Anthropology." *Journal of Asian Studies* 54(4): 968–996.

Ovesen, Jan 1993 *Anthropological Reconnaissance in Central Laos: A Study of Local Communities in a Hydropower Project Area*. Uppsala: Dept. of Cultural Anthropology, Uppsala University.

Pheuiphanh, Ngaosyvathn 1985 "Thai-Lao Relations: A Lao View." *Asian Survey* 25: 1242–1259.

Phillips, Herbert P. 1965 *Thai Peasant Personality: The Patterning of Interpersonal Behavior in the Village of Bang Chang*. Berkeley: University of California Press.

Phra Khru Anusaranasasanakiarti and Keyes, Charles F. 1980 "Funerary Rites and the Buddhist Meaning of Death: An Interpretative Text from Northern Thailand". *Journal of the Siam Society* 68(1): 1–28.

Phya Anuman Rajadhon　1962　"The Khwan and its Ceremonies". *Journal of the Siam Society* 50(2): 119-164.

Potter, Sulamith Heins　1975　*Family Life in a Northern Thai Village: A Study in the Structural Significance of Women*. Berkeley: University of California Press.

Prasert Na Nagara and A. B. Griswold　1992　*Epigraphic and Historical Studies*. Bangkok: The Historical Society.

Reinhorn, Marc　1970　*Dictionnaire Laotien-Francais* (Tome 2). Paris: Editions du Centre National de la Recherche Scientifique.

Reynolds, Craig J.　1972　*The Buddhist Monkhood in Nineteenth Century Thailand*. Ph. D. Thesis, Cornell University.

Reynolds, Frank E.　1987　"Trajectories in Theravada Studies with special reference to the work of Stanley Tambiah". *Contributions to Indian Sociology* (n. s.) 21(1): 113-121.

Reynolds, Frank E. and Reynolds, Mani B. eds.　1982　*Three Worlds according to King Ruang: A Thai Buddhist Cosmology*. Berkeley: University of California.

Rhum, Michael R.　1987　"The Cosmology of Power in Lanna". *Journal of the Siam Society* 75: 91-107.

Rosaldo, Michelle Zimbalist　1974　"Woman, Culture, and Society: A Theoretical Overview". In Michelle Z. Rosaldo and L. Lamphere (eds.), *Woman, Culture, and Society*, Stanford: Stanford University Press, pp. 17-42.

Russell, Susan D. (ed)　1989　Ritual, Power and Economy: *Upland-Lowland Contrasts in Mainland Southeast Asia*. Northern Illinois University Press.

Schutz, Alfled　1973　"On Multiple Realities". In *Collected Papers I*, Hague: Martinuss Nijhoff, pp. 207-259.

Seidenfaden, Erik　1958　*The Thai Peoples: The Origins and Habitats*. Bangkok: The Siam Society.

Seri Phongphit　1988　*Religion in a Changing Society: Buddhism, Reform and the role of Monks in Community Development in Thailand*. Hong Kong: Arena Press.

Sharp, Lauriston [et al.]　1953　*Siamese Rice Village: A Preliminary Study of Bang Chan, 1948-1949. Bangkok: Cornell Research Center.*

Sharp, Lauriston and Hanks, Lucien M.　1978　Bang Chan: Social History of a Rural Community in Thailand. Ithaca: Cornell University Press.

Somboon Suksamran　1977　*Political Buddhism in Southeast Asia: The Role of the Sangha in the Modernization of Thailand*. London: C. Hurst & Co.

1982　*Buddhism and Politics in Thailand*. Singapore: Institute of the Southeast Asian Studies.

Spiro, Melford E.　1967(1974)　*Burmese Supernaturalism*. Philadelphia: ISHI [expanded ed.].

1970　*Buddhism and Society: A Great Tradition and Its Burmese Vicissitudes*. New York: Harper & Row.

Srinivas, M. N.　1952　*Religion and Society among the Coorgs of South India*. Oxford: Oxford University Press.

Strong, John S.　1992　*The Legend and Cult of Upagupta: Sanskrit Buddhism in North India and Southeast Asia*. Princeton: Princeton University Press.

Stuart-Fox, Martin　1986　Laos: Politics, Economics and Society. London: France Pinter Publishers.

Suwilai Premsrirat and Naraset Pisitpanporn　1996　"Language and Ethnicity on the Khrat Plateau," paper presented at the Workshop on Dry Areas in Southeast Asia, held at Kyoto, 21-23 October, Center for Southeast Asian Studies, Kyoto University.

Swearer, Donald K.　1973　"Community Development and Thai Buddhism: The Dynamics of Tradition and Change". *Visakha Puja B. E. 2516* : 59-68.

1976　"The Role of the Layman 'Extraordinaire' in Northern Thai Buddhism". *Journal of the Siam Society* 64(1): 151-168.

Tambiah, Stanley J. 1968a "Literacy in a Buddhist Village in North-east Thailand." In Jack Goody (ed.), *Literacy in Traditional Societies*, Cambridge: Cambridge University Press, pp. 86–131.

1968b "The Ideology of Merit and the Social Crrelates of Buddhism in a Thai Village." In E. R. Leach (ed.), *Dialectic in Practical Religion*, Cambridge: Cambridge University Press, pp. 41–121.

1970 *Buddhism and the Spirit Cults in North-east Thailand*. Cambridge : Cambridge University Press.

1973 "Buddhism and this-worldy Activity". *Modern Asian Studies* 7(1): 1–20.

1976 *World Conqueror and World Renoucer: A Study of Buddhism and Polity in Thailand against a Historical Background*. Cambridge: Cambridge University Press.

1984 *The Buddhist Saints of the forest and the cult of amulets: A Study in Charisma, Hagiography, Sectarianism, and Millennial Buddhism*. Cambridge: Cambridge University Press.

Tannenbaum, Nicola 1990 "The Heart of the Village: Constituent Structures of Shan Communities." *Crossroads* 5-1: 23–41.

1995 *Who can compete against the World ? Power-Protection and Buddhism in Shan Worldview*. Ann Arbor: Association for Asian Studies, The University of Michigan.

1996 "Blessing and Merit Transfer among Lowland Shan of Northwestern Thailand," in Kammerer, Cornelia Ann and Nicola Tannenbaum (eds), *Merit and Blessing in Mainland Southeast Asia in Comparative Perspective*, New Haven: Yale University Southeast Asian Studies, pp. 181–196.

Taylor, Jim L. 1988 "From Wandering to Monastic Domestication: The Relationship between the establishment of the Thammayut Nikaai in the Northeast Region and ascetic monks in the lineage of Phra Ajaan Man Phuurithatto". *Journal of the Siam Society* 76: 64–88.

1989 "Contemporary Urban Buddhist 'Cults' and the Socio-Political Order in Thailand," *Mankind* 19(2): 112–137.

1990 "New Buddhist Movements in Thailand: An 'Individualistic Revolution,' Reform and Political Dissonance," *Journal of Southeast Asian Studies* 21(1): 135–154.

1992 "Cosmology, Forest Monks and Sangha Reconstruction in the early Bangkok Period," *Journal of the Siam Society* 80(2): 113–122.

1993 *Forest Monks and the Nation-State: An Anthropological and Historical Study in Northeastern Thailand*. Singapore: Institute of Southeast Asian Studies.

Tej Bunnag 1977 *The Provincial Administration of Siam 1892–1915*. London: Oxford University Press.

Terwiel, Bass J. 1979 *Monks and Magic: An Analysis of Religious Ceremonies in Central Thailand* (second edition). London: Curzon Press.

Textor, Robert B. 1967 *From Peasant to Pedicab Driver*. New Haven: Southeast Asian Studies, Yale University.

Trankell, Ing-Britt 1995 *Cooking, Care, and Domestication: A Culinary Ethnography of the Tai Yong, Northern Thailand*. Uppsala: Acta Universitatis Upsaliensis (Uppsala University).

Turton, Andrew 1972 "Matrilineal Descent Groups and Spirit Cults of the Thai-Yuan in Northern Thailand". *Journal of the Siam Society* 60(2): 217–256.

Van Esterik, Penny 1982 "Laywomen in Theravada Buddhism". In P. Van Esterik (ed.), *Women of Southeast Asia*, DeKalb, IL: Center for Southeast Asian Studies

(Occasional Paper 9), Northern Illinois University, pp. 55–78.

Wales, H. G. Quaritch　1933　"Siamese Theory and Ritual Connected with Pregnancy, Birth and Infnacy." *Journal of the Royal Anthropological Institute of Great Britain and Ireland* LXIII: 441–451.

Wijeyewardene, Gehan　1990　"Thailand and the Tai: Versions of Ethnic Identity". In his edition *Ethnic Groups across National Boundaries in Mainland Southeast Asia*, Singapore: Institute of Southeast Asian Studies, pp. 48–73.

Wilaiwan, Khanittanan　1989　"The Order of the Natural World as recorded in Thai Languages". In Siam Society (ed.), *Culture and Environment in Thailand: A Symposium of the Siam Society*, Bangkok: Siam Society, pp. 233–242.

Wyatt, David K.　1966　"The Buddhist Monkhood as an avenue of social mobility in traditional Thai society". *Sinlapakon* 10(1): 41–52.

　1969　*The Polotics of Reform in Thailand: Education in the Reign of King Chulalongkorn*. New Haven: Yale University Press.

Yule, Henry and A. C. Burnell　1902(1886)　*Hobson-Jobson: A Glossary of Colloquial Anglo-Indian Words and Phrases, and of Kindred Terms, Etymological, Historical, Geographical and Discursive* (new ed), London: Willam Crooke.

Zack, Stephen J.　1977　*Buudhist Education under Prince Wachirayan Warorot*. Ithaca: Ph. D. thesis, Cornell University.

Zago, Marcel　1972　*Rites et Ceremonies en Milieu bouddhiste Lao*. Rome: Universita Gregoriana Editrice.

二　タイ語文・ラオ語文

Anon.　n. d.　*Prawat Phra Lao Thepphanimit*. Ubonratchathani: Wat Phra Lao Thepphanimit.（『プラ・ラオ・テーパニミット仏像の歴史』）

　1987a　*Phra Achan Fan Acharo*. anusong nganphraratchathanphleongsop Nang Praphai Kankhet.（供養本『ファン師の伝記と思い出』）

　1987b　*Prawat Luangpu Kinri lae Luongpho Cha*. chabap nganphraratchathanphleongsop Phon Tamruatek Prasan Wonsat.（供養本『キンリー師とチャー師の僧歴』）

Amorawong Wichit, Mom　1963　"Phongsawadan huamuang monthon Isan". In *Phrachum Phongsawadan phak 4 lae prawat thongthi changwat Maha Sarakham*.（『東北州地方国年代記』）

Arawon Chaikla　1981　"Kan prapprung kan pokkhrong monthon Udon". In Munsin lae Somchot Ongsakun (eds.), *Monthonthesaphiban: Wikhro priapthiap Wuthitchai*, Krungthep: Samakhom sangkhommasat haeng prathet thai, pp. 150–202.（「ウドン州統治の受容について」）

Bamphen na Ubon (ed.)　n. d.　*Prawat Yasothon*. Yasothon: Sala Klang Changwat Yasothon.（『ヤソートン史』）

Bunruang Chanyasi　1962　*Moradok Chao Isan: banchu lathi prapheni khatiboran nithan suphasit lae chiwitprachamwan khong chao isan*. Krungthep: Rongphim Prayun.（『東北タイ民衆の文化』）

Bunsi Kaeokhamsi lae Montri Khorat (eds.)　1982　*Kanphatthana Chumchon lae Wicha thi kiaokhong*. Krungthep: Chathu chak kanphim.（『地域社会開発と関連知

識』)
Chai Ruangsin 1974 *Prawattisat Thai samai po. so. 2352–2453: dan sangkhom*. (『タイ社会史(一八〇九－一九一〇年)』)
Chaichaloem Nakkhaphrawet 1980 *Prawat Changwat Khon Kaen*. In Anusong Phra Khru Bunwatthanakon. (Cremation Volume), pp. 28–42. (『コーンケン県史』)
Chalatchai Ramitanon 1984 *Phi Chaonai*. Chiang Mai: Sun Nangsu Chiang Mai. (『北タイのピー・チャオナーイ信仰』)
Chaloei Raksakhen n. d. a Prawat Ban Tha (Maha Sarakham) [mimeo]. (『マハーサラカム県ター村史』)
n. d. b Prawat Ban Phon-Sawang (Maha Sarakham), doi sangkhep [mimeo]. (『マハーサラカム県ポーンサワン村史』)
Chalong Sunsawanit 1984 "Khwamchua nairuang Phra Srian lae kabot nai Phak Isan: Khosangket buangton kiaokap Udomkan lae Phunam" In Phonphen Hantrakun et al (eds.), '*Khwamchua Phra Sian' lae 'Kabot Phimibun' nai Sangkhom Thai*, Krungthep : Sang San, pp. 22–32. (「東北地方における弥勒信仰と農民反乱」)
Chatthip Natsupha 1984 *Setthakit muban Thai nai adit*. Krungthep: Sangson. (『昔日のタイ村落経済』)／野中耕一・末廣昭編訳『タイ村落社会経済史』井村文化事業社 1987)
Chatthip Nartsupha and Pranut Saphayasan 1981 "Chao phu mi bun Nongmakkaeo." In Chatthip et al. (eds.), *Setthasat kap Prawatisat Thai*. Krungthep : Samnakphim Sangsan, pp. 249–275. (「ルーイ県ノーンマークケーオ村の『功徳多き人』」)
Chayan Wanthanaphut et al. (eds) 1991 *Raingan kan prachum thang wichakan: Kan wichai thang chattiphan nai Lao-Thai*. Chiang Mai: Sathaban Wichai Sangkhom Mahawitthayalai Chiang Mai. (『研究集会報告―ラオスとタイ国における民族学的研究』)
Chit Phumisak 1992 (1976) *Khwam pen ma khong kham sayam Thai, Lao lae Khom lae Laksana thang Sangkhom khong chu chonchat*. Samnakphim Sayam. (坂本比奈子訳『タイ族の歴史』井村文化事業社 1993)
Chulaphon Chotchuongniran 1986 "Prawatisat Muban: Ban Bobu, T. Kai Kham, A. Amnatcharoen, C. Ubon Ratchathani". Krungthep: Thammasat Uiversity, 1986. (「ボー・ブ村史―ウボン県アムナートチャルーン郡カイカム区」)
Chulaphon Chotchuongniran et al. (eds.) 1986 "Prawatisat Muban: Ban Kham Muwong". Khon Kaen: Farming Systems Research Project, Khon Kaen University. (「コンケン県・カムムウォン村史」)
Chumphon Naeochampa 1986 "Kan Plianplaeng thang Setthakit boriwen Lum Mae Nam Mun ton bon pho so 2443–2468". Krungthep: M. A. Thesis, Dept. of History, Graduate School of Chulalongkorn University. (「ムーン川流域社会の経済変容1一九〇〇－一九二五年」)
Damrong Ratchanuphap, Kromphraya 1933 (1973) *Khwam Songcham*. Krungthep: Sinlapa Bannakhan. (『懐旧録』)
1935 *Ruang Muang nai Monthon Udon lae Isan*. (『ウドン，東北州における地方国史話』)
1974 *Nithan Borannakhadi*. Krungthep: Khlang Witthaya. (『故事伝承』)
Ishii, Yoneo et al. (eds) 1990 *Datchani khonkham nai Kotmai Tra Samduang* [The Computer Cocordance to the Law of the Three Seals (5 vols)], Bangkok: Amarin Publications.
Khachatphai Burutphat 1994 *Lae Lao*. Krungthep: Samnakphim Phrae Phitthaya. (『ラオを観る』)

Khambai Yundalat　1991　"Khwam samphan thang chattiphan phao nai prathet Lao", in Chayan Wanthanaphut et al. eds., *Raingan kan prachum thang wichakan: Kan wichai thang chattiphan nai Lao-Thai*, Chiang Mai: Sathaban Wichai Sangkhom Mahawitthayalai Chiang Mai, pp. 21–31. (「ラオスにおける民族間関係」)

Khattiyawongsa, Phraya (Lao Na Roi-Et)　1929 (1982)　*Phongsawadan Phak Isan* (cremation volume for Nang Srisupha). Maha Sarakham: Sun Watthanam, Witthayalai Khru Mahasarakham. (『東北地方年代記』)

Khanungnit Chanthabut　1987　*Sathana lae Botbat khong Phra Phutthasatsana nai Prathet Thai: Suksa Khabuankan Suwanmok Santi Asok Thammakai Tham Krabok Luang Pho Cha kap Panha lae thang ok khong Khana Song Thai*. Krungthep: Klum Prasan Ngan Satsana phua Sangkhom. (『タイ国における仏教僧の現状と役割』)

Ko Sawatphanit　1990　*Isan mua wanwan*. Krungthep: Phi Wathin Phaplikhechan. (『昔日の東北タイ』)

Krom Kansatsana　1983　*Rai-ngan Kansatsana Prachampi pho. so. 2525*. Krungthep: Krasuwongsuksathikan. (文部省宗教局『仏暦二五二五（一九八二）年版宗教年鑑』)

　1984　*Rai-ngan Kansatsana Prachampi pho. so. 2526*. Krungthep: Krasuwong Suksathikan. (文部省宗教局編『仏暦二五二六（一九八三）年版宗教年鑑』)

　1999　*Rai-ngan Kansatsana Prachampi pho. so. 2540*. Krungthep: Krasuwong Suksathikan. (文部省宗教局編『仏暦二五四〇（一九九七）年版宗教年鑑』)

KSLP (Krom Sinlapakon)　1989　*Muang Ubonratchathani*. Krungthep: Krom Sinlapakon. (『ウボン地誌』)

Luangwichit Watthakan　1962　"Patthakatha ruang khong di nai phak isan," in Krom Sinlapakon ed., *Niphon bang ruang khong Phontri Luangwichit Watthakan*, cremation volume for Phontri Luangwicit Watthakan, pp. 177–193. (「講演・東北地方の風物」)

Maechi Charin Phanbanyat　1978　*Khumu rabiapwinai khong Mae Chi*. Krungthep: Thawikit. (『メーチー教則本』)

Maha Bua Yansamphanno, Phra　1971　*Prawat Than Phra Achan Man Phurithouthera: thiraluk nai nganphrarat chathanphleongsop Ammattri Phramanunitiwimonthan*. Krungthep: Rongphim Mahamakut Ratchawitthayalai. (供養本『マン師の伝記』)

Maha Wirawong [Somdet Phra, Titso Uan]　1936　*Tamnan Wat Supattanaram khong Phra Phrommani (Titso Uan): pen thi raluk nai ngan phuk phatthasima lae chalong phra ubosot Wat Supat-taranam changwat Ubonratchathani pho so 2479*. Krungthep: Rongphim Akson Charoenthat. (『スパット寺沿革史』)

　1953　*Prawat Wat Supattanaram*. Krungthep: Ro Pho Mahamakut. *revised version of [Maha Wirawong 1936].

Monthira Khiaoying et al. (khana phayaban Mahawitthayalai Khon Kaen)　1994　*Phithikam yu fai nai Chonabot Isan*. Krungthep: Samnakphim Odeansato. (『東北タイ農村におけるユーファイ儀礼』)

Phaithun Mikuson　1974　*Kanpathirup kanpokkhrong Monthon Isan nai ratsamai Phrabatsomdet Phrachunlachomklaochaoyuhua*. Krungthep: Bannakit. (『ラーマ五世下における東北州の統治改革』)

Phinit Lapphathanan　1986　*Botbat Phrasong nai Kan Phatthana Chonnabot*. Krungthep: CUSRI Publications. (『地方開発における僧侶の役割』)

Phrabat Somdet Phrachomklaochaoyuhua　1923 (1991)　*Prachum Prakat Ratchakan thi 4: lem 3*. Krungthep: Ongkan Krusapha. (『ラーマ四世王布告令集・第三巻』)

Plum Chotthayangkun　1980　*Khambanyai Kotmai Khana Song*. Krungthep: Mahachulalongkon Ratchawitthayalai. (『サンガ法講義』)

Prani Wongthet　1990　"Phu Ying Sayam: Botbat lae Sathanaphap khong Phu Ying rong roi chak Phithikam Khwam chua." *Sangkhom Phatthana* 11(5): 108-118.（「シャムの女性―儀礼と信仰からみた役割と地位」）

Pricha Phinthong　1974　*Mon Boran Isan: lem 2*. Ubonratchathani: Rongphim Siritham.（『東北タイの伝統的マントラ［第二巻］』）

Pricha Uyatrakun and Kanok Tosurat　n. d.　*Sangkhom lae Watthanatham khong Chao Bon* [*Kan suksa klum chattiphan nai prathet thai*]る Krungthep: Samakhom Sangkhommasat haeng prathet thai.（『チャオ・ボンの社会と文化』）

RBS (Ratchabandit Sathan) ed.　1982　*Photchananukrom chabap ratchabandit sathan pho so 2525*. Krungthep: Samnakphim Akson Charoenthat.（『仏暦二五二五年学士院版国語辞典』）

Ruanganan (ed.)　1961　*Thetsana Phra Siariyamettrai*. Khon Kaen: Khlangnana Witthaya.（『講話未来仏』）

Samrit Miwongukhot (ed)　1995　*Sayam Omanaek 2535–2537*. Krungthep: Sayam Banna.（『サイアム年鑑』）

Sathian Lailak　1935　*Prachum Kotmai Prachamsok* (*bannanukrom*). Krungthep: Samnakphim Niti wet.（『年次別法集成索引』）

Sayamrat　1982　*Sayamrat sapphada wichan*. 26 December, 2525.（週刊『サヤームラット』）

Siriwat Khamansa　1978　"Hit Sipsong-Khlong Sipsi". In Witthayalai Khru Maha Sarakham (ed.), *Isan Khadi*, Maha Sarakham: Witthayalai Khru Maha Sarakham.

Siriwat Khamwansa lae Thongphon Ratchaphak　1981　*Song thai nai 200 pi*. Krungthep: Mahachulabannakhan.（『タイサンガの二〇〇年［第一巻］』）

Sombun Suksamran (Somboon Suksamran)　1987　*Kan Phtthana tam naeo Phutthasatsana: Karanisuksa Phrasong nak phatthna*. Krungthep: Samakhom Sangkhommasat haeng prathet Thai, Chulalongkon University.（『仏教による開発―開発僧の事例研究』）

Somphon Phromhitathon et al. (eds.)　1983　*Kotmai lae Khamphiphaksadika kiao kap Wat*. Krungthep: Kromkan Satsana.（『寺院関係法と法例注解』）

SPS (Sapha Pasason Sungsut) ed.　1991　*Latthammanun haeng Sathalanalat Pasathipatai Pasashon Lao*. Viangchan: Sapha pasason sungsut.（ラオス最高人民会議編『ラオス人民民主共和国憲法』）

Srisakara Vallibhotama　1990　*Aeng Arayatham Isan: Chae lakthan borankhadi Phlik chom na prawattisat Thai*. Krungthep: Samnakphim Matichon [in Thai and English].（『イサーン文明の源流』）

Suchit Wongthet (ed)　1995　*Mukdahan Muang Muk Maenam Khong* [*thiraluk nuang nai phithi poet rongraem Mukdahan kraaen hoten*]. Krungthep: Samnakphim Matichon.（『メコン川岸の真珠市ムクダハーン』）

Suwit Thirasasawat and Somsak Sisantisuk　1986　*Raingankan Wichai Ruang Kan Plianplaeng thang Setthakit Kan muang Sangkhom lae Watthanatham nai Mu Ban Isan: Karani Ban Non Tabaek*. Khon Kaen: Khon Kaen University.（『東北タイ村落の経済・政治・文化変容調査報告書―ノン・タベーク村の事例研究』）

Suwit Thirasasawat et al.　1985　*Raingankan Wichai Ruang Prawatisat Setthakit Lum Nam Chi tang tae pho so 2475–2528*. Krungthep: Samnakngan Khana Kammakan Wichai haeng Chat.（『チー川流域の村落経済史研究調査報告（一九三二―一九八五年）』）

Suthep Sunthonphesat　1968　"Khwam chua ruang '*Phi Puta*' nai muban phak tawanook chiangnua," In Suthep (ed.), *Sangkhomwitthaya khong Muban Phak Thawantok Chiang Nua*, Krungthep: Dept. of Political Science, Chulalongkorn University, pp. 139–65.（「東北タイにおける『村の守護霊』ピープーター信仰」）

Suthep Sunthonphesat (ed.)　1968　*Sangkhomwitthaya khong muban phak tawan-ok chiang nua*. Krungthep: Faculty of Political Science, Chulalongkorn University.（『東北タイの社会学的研究』）

Tet Bunnak　1981　*Kabot Ro. So. 121*. Krungthep: Thai Watthana Phanit.（『ラタナコーシン暦一二一年の反乱』）

Thawat Punnothok　1983　*Phun Wiang: Kan Suksa Prawattisat lae Wannakam Isan*. Krungthep: Sathaban Thai Kadi Suksa, Mahawitthayalai Thammasat.（『プン・ウィアン年代記について——東北タイの歴史と文芸』）

1985　"Khwamchua phun ban an samphan kap chiwit nai sangkhom Isan". In Phensi Tuk et al. (eds.), *Watthanatham Phun Ban: Khati Khwamchua*, Krungthep: Chulalongkorn Mahawitthayalai, pp. 350-392.（「東北部社会における生活と土着信仰」）

Thawisin Supwatthana　1982　"Kan khluanyai Raengngan Isan khao su suan klang nai adit". *Warasan Thammasat* 11(3): 56-65.（「東北地方から首都中央への労働移動史」）

1988　"'Lao' nai thatsana khong phu pokkhrong Thai samai Rattanakosin". Maha Sarakham: Srinakharin Wirot University [28p. mimeo].（「ラタナコーシン王朝におけるタイ為政者側からの『ラオ』観」）

Thepsu Thapthong et al. (eds.)　1984　*Aphinihan 57 Kechiachan*. Krungthep: Samnakphim Krung Sayam.（『五七人のアピンニャー僧伝』）

Thet Thetrangsi　1986　*Attanoprawat Phra Nirotrangsi Khamphirapanyachan* (*Thet Thetrangsi*). Krungthep : phim phararatchathan nai ngan chaloeng chommayu khrop 7 rop.（テート師八四歳慶祝本『テート師自伝』）

Thirachai Bunmatham　1983　"Kan kep suai nai Hua Muang Lao fai tawan tok nai chuwong ton samai Rat-tanakosin". *Warasan Thammasat* 12(4): 155-167.（「ラタナコーシン王朝初期における西ラオ州の人頭税徴収について」）

Thongkam Onmanison　1992　*Watchananukom Phasa Lao*. Wiangchan: Toyota Foundation.（『ラオ語辞典』）

Toem Wiphakphotchanakit　1970a　*Prawattisat Isan* (*lem thi 1*). Krungthep: Samnakphim Samakhom Sankhomasat haeng Prathet Thai.（『東北タイの歴史［第一巻］』）

1970b　*Prawattisat Isan* (*lem thi 2*). Krungthep: Samnakphim Samakhom Sankhomasat haeng Prathet Thai.（『東北タイの歴史［第二巻］』）

1987　*Prawattisat Lao*. Krungthep: Munithi Khrongkan Tamra Sangkhommasat lae Manutsayasat. Ekasan thang wichakan mailek 1/2530 [217p.]（『ラオスの歴史』）

Wachirayanawarorot (Somdet Phramahasamanachao)　1971　*Phramahasamnasat lem 1: kiao kap kan phrasatsana*. Krungthep: Wat Bowoniwetwihan lae Munithi Mahamakutwitthiyalai.（『ワチラヤーン親王書簡集—宗教編［第一巻］』）

1973　*Phramahasamnasat lem 2: kiao kap kan phrasatsana*. Krungthep: Wat Bowoniwetwihan lae Munithi Mahamakutwitthiyalai.（『ワチラヤーン親王書簡集—宗教編［第二巻］』）

Wat Supattanaram [not published]　n. d.　*Chotmai thangkan rawang Wachirayan kap Chao Khana Ubon 1913-1918*. Ubon: Wat Supattanaram.（『スパット寺所蔵・ワチラヤーン親王とウボン州僧長との一九一三年から一九一八年にわたる書簡集』）

Watpa Udomsomphon　1978　*Chiwa Prawat Phra Achan Fan Acharo*. Sakon Nakhon: phim pen anuson nai ngan phraratchthan phloen sop Phra Achan Fan Acharo.（供養本『ファン師の個人史』）

Wilai Wongsupchat et al. (ed)　1994　*Prachakon khong prathet Thai: Sathiti nai chuong 25 pi* (*pho so 2511-2535*). Krungthep: Sathaban Prachakonsat, Chulalongkon Mahawitthayalai.（『タイの人口二五年』）

Wimonphan Pitthawatchai　1973　*Hit Sipsong*. Krungthep: Rongphim Mahachon.（『東北タイにおける一二の慣習規律』）

WTS (Witthayasat Sangkhom)　1992　*Thongthiao Banda Phao yu Lao*. Vientiane: Witthayasat Sangkhom.（『ラオス諸民族巡り』）

Yukio Hayasi　1998　‘Rup Laksana Mai khong Phi Khumkhrong Muban nai Mu Chao Thai-Laao nai phak tawanookchiang nua khong Prathet Thai. 〈translated by Bunphoem Itthirat and Udon Wanarom〉. *Warasan Mahawitthayalai Maha Sarakham* 17(1): 1-30.（「東北タイのタイ・ラオ系村落における「村の守護霊」の変容」）

三　邦文

赤木　攻　1983「タイ村落における権威基盤論試論―〈バーン〉をめぐって」『現代アジア政治における地域と民衆』大阪外国語大学アジア研究会、一四五-一六八頁。

1989「地域社会からの出発―東北タイの一村落」同著『タイの政治文化―剛と柔』勁草書房、九-四六頁。

アリエス、フィリップ　1990『図説・死の文化史―ひとは死をどのように生きたか』福井憲彦訳、日本エディタースクール出版部。

デュルケム、エミル　1975『宗教生活の原初形態（全二巻）』古野清人訳、岩波書店。

福井捷朗　1988『ドンデーン村―東北タイの農業生態』創文社。

林　行夫　1984「モータムと『呪術的仏教』―東北タイ・ドンデーン村におけるクン・プラタム信仰を中心に」『アジア経済』25(10)、七七-九八頁。

1985a「開拓村（ウドンタニ県北モー村）訪問記」『東南アジア研究』23(3)、二八〇-二九四頁。

1985b「葬儀をめぐるブン（功徳）と社会関係」『東南アジア研究』23(3)、三四九-三七〇頁。

1986a「東北タイ農村にみる度量衡」小島麗逸・大岩川嫩編『「はかり」と「くらし」―第三世界の度量衡』（アジアを見る眼シリーズ70）アジア経済研究所、七二-七八頁。

1986b「タイ仏教における女性の宗教的位相についての一考察」『龍谷大学社会学論集』7、一〇三-一二六頁。

1988a「国教の変容―タイ農村における『森の寺 wat pa』をめぐる出家行動」『龍谷大学社会学論集』8、一〇一-一三二頁。

1988b「タイ村落宗教研究における『体系』と『現実』」『民博通信』42: 六八-七八頁。

1989a「ラーオ系稲作村における互助規範と功徳のシェアの社会的意味―タイ上座部仏教の文化人類学的考察」『ソシオロジ』105、六五-八六頁。

1989b 「ダルマの力と帰依者たち―東北タイにおける仏教とモータム」『国立民族学博物館研究報告』14（1）、一-二六頁。
1990 「村落宗教の構造と変容」口羽益生編『ドンデーン村の伝統構造とその変容』創文社、四〇三-五〇六頁。
1991a 「『王』・功徳・開発―現代タイ王権と仏教」松原正毅編『王権の位相』弘文堂、一四四-一七〇頁。
1991b 「内なる実践へ―上座仏教の論理と世俗の現在」前田成文編『東南アジアの文化』（講座東南アジア学第五巻）弘文堂、九三-一二三頁。
1991c 「仏教儀礼の民族誌」石井米雄編『講座仏教の受容と変容2（東南アジア編）』佼成出版社、一二七-一六一頁。
1992 「再生する守護霊―タイの社会変化と宗教」『季刊アジアフォーラム』64、二〇-二四頁。
1993a 「ラオ人社会の変容と新仏教運動―東北タイ農村のタマカーイをめぐって」田辺繁治編『実践宗教の人類学―上座部仏教の世界』京都大学学術出版会、三五五-三八二頁。
1993b 「森林の変容と生成―東北タイにおける宗教表象の社会史試論」佐々木高明編『農耕の技術と文化』集英社、六四八-六七〇頁。
1994 「『まなざし』のなかの民族と異文化―南ラオス調査から」『民博通信』65、三三-四一頁。
1996a 「南ラオスにおける民族間関係」綾部恒雄・石井米雄編『もっと知りたいラオス』弘文堂、八〇-九二頁。
1996b 「信仰―ウィサー・境界・地域―」『総合的地域研究』14、二一-二二頁。
1997a 「仏教の多義性―戒律の救いの行方」青木保編『宗教の現代』（岩波講座文化人類学第11巻）岩波書店、七九-一〇六頁。
1997b 「ラオ人社会をめぐる民族・国家・地域」林　行夫編『総合的地域研究・東南アジア大陸部における民族間関係と「地域」の生成』（重点領域研究「総合的地域研究」成果報告書シリーズ26／京都大学東南アジア研究センター）三〇-七八頁。
1998a 「カンボジアにおける仏教実践―担い手と寺院の復興」大橋久利編『カンボジア―社会と文化のダイナミックス』古今書院、一五三-二一九頁。
1998b 「『ラオ』の所在」『東南アジア研究』35（4）、七八-一〇九頁。
星野龍夫　1990 「東北タイのモーラム管見」藤井知昭・馬場雄司編『職能としての音楽』東京書籍、二〇三-二三四頁。
生野善應　1975 『ビルマ仏教―その実態と修行』大蔵出版。
石井米雄　1975 『上座部仏教の政治社会学―国教の構造』創文社。
1982 「上座部仏教文化圏における〈千年王国運動〉研究序説」鈴木中正編『千年王国的民衆運動の研究』東京大学出版会、三九九-四四〇頁。
1987 「上座佛教・社會・政治」『東洋史研究』46（1）、一四三-一五二頁。
石井米雄・坪内良博　1970 「タイ国における出家行動の地域的変異について」『東南アジア研究』8（1）、二-一五頁。
岩田慶治　1963 「ホー・ピー（精霊の祠）について―東南アジアにおける仏教以前の信仰」『民族学ノート・岡正雄教授還暦記念論文集』平凡社、二一二-二三〇頁。
1965 「パ・タン村―北部ラオスにおける村落社会の構造」松本信広編『インドシナ研究―東南アジア稲作民族文化綜合調査報告(1)』東京：有隣堂出版、二六七-三八八頁。

1972 「アニミズム再考—あるいは、続・カミの住み家」『季刊人類学』3(3)、三-四二頁。
1990 『カミの誕生—原始宗教』講談社学術文庫。
海田能宏 1986 「東北タイの開拓空間の形成」石井米雄編『東南アジア世界の構造と変容』創文社、八八-一一五頁。
口羽益生・武邑尚彦 1983 「『屋敷地共住集団』再考—東北タイ・ドンデーン村の追跡調査」『東南アジア研究』21(3)、二八八-三〇八頁。
1985 「東北タイ・ドンデーン村—親族関係と近親による生産・消費の共同について」『東南アジア研究』23(3)、三一一-三三四頁。
口羽益生編 1990 『ドンデーン村の伝統構造とその変容』創文社。
前田恵學編 1986 『現代スリランカの上座仏教』山喜房仏書林。
前田成文 1989 「ベフディ—ベツィミサラカ族とシハナカ族の狭間で」『東南アジア研究』26(4)、四一七-四二九頁。
三谷恭之 1984 「東南アジア諸言語の系譜」大林太良編『東南アジアの民族と歴史(民族の世界史6)』山川出版社、五八-七六頁。
水野浩一 1981 『タイ農村の社会組織』創文社。
村嶋英治 1996 「タイにおける民族共同体と民族問題」『思想』一九九六年五月、一八七-二〇三頁。
小野澤正喜 1983 「タイにおけるタム・クワン(スー・クワン)儀礼:タイ仏教における二重構造の分析」『吉田禎吾教授還暦記念論文集/儀礼と象徴—文化人類学的考察』九州大学出版会、二七七-三二四頁。
大林太良(編) 1984 『東南アジアの民族と歴史』山川出版社。
オイレンブルク、大西健夫編訳 1990 『オイレンブルク伯「バンコク日記」—ドイツ、アジアで覇権を競う』リブロポート。
パコン・クナルク 1982 「パコン・クナルク氏のフィールドノート」(林 行夫訳)『龍谷大学仏教文化研究所紀要』21、一-二七頁。
杉山晃一 1977 「葬送儀礼と合力慣行—北部タイの一水田農村における事例研究」『東北大学文学部研究年報』27、一一二-一四九頁。
田村克己 1987 「『伝統』の継承と断絶—ビルマ政治のリーダーシップをめぐって」伊藤・関本他編『現代の社会人類学[第3巻/国家と文明への過程]』東京大学出版会、八三-一〇六頁。
田辺繁治 1972a 「タイ旧制度下の国家領域に関する一考察」『東南アジア研究』10(2)、二四六-二七〇頁。
1972b 「タイにおける国家領域の成立過程—チャクリ改革期を中心として」『史林』55(6)、三三-七三頁。
1978 「ラーンナータイ農村における環境認識—生活空間と守護霊儀礼をめぐって」石毛直道編『環境と文化—人類学的考察』日本放送出版協会、八二-一三一頁。
1984 「神々の弁証法—タイ・ルー族の守護霊儀礼」佐々木高明編『雲南の照葉樹のもとで』日本放送出版協会、一三一-一七二頁。
田邊繁治(編) 1993 『実践宗教の人類学—上座部仏教の世界』京都大学学術出版会。
1995 『アジアにおける宗教の再生』京都大学学術出版会。
友杉 孝 1983 「タイ農村社会における市場とその多義性」『東洋文化』63、九五-一三九頁。
宇野圓空 1942 「南方の民族的宗教」大日本佛教會編『南方宗教事情とその諸問題』開成館、二七六-三〇四頁。

渡邊欣雄　1986　「民俗的知識の動態的研究―沖縄の象徴的世界再考」伊藤幹治編『奄美・沖縄の宗教的世界』（国立民族学博物館研究報告別冊3号）、一-三六頁。
渡辺真知子　1988　「タイの経済発展と国内人口移動―一九七〇年代の変化を中心として」『アジア経済』29（2）、二五-四七頁。
吉田禎吾　1984　『宗教人類学』東京大学出版会。
吉川利治　1977　「ラオスの伝統的統治体系」『東南アジア―歴史と文化』7、六一-九一頁。
　1981　「ラオス、東北タイ慣習法に見られる仏教戒律」佐々木教悟編『戒律思想の研究』平楽寺書店、二六五-三〇五頁。
　1983　「東北タイ及びラオスの古代法―Kotmai Khosarat を中心に」『国立民族学博物館研究報告』8（1）、五一-七二頁。

民族・言語・地域集団名索引

ウィエト・ムアン (Wiet-Muang) 45
ヴェトナム人 61, 75
オイ (Oi) 61, 67 →クイ，スウェイ
カー (Kha) 65, 428
　カー・ソン (Kha Song) 66
　カー・タオーイ (Kha Taoi) 66, 68
　カー・トーンルアン／カー・トンルアン (Kha Ton Luang) 66, 67
　カー・ハーン (Kha Hang) 66
　カー・パイソン (Kha Paisong) 66, 67
　カー・ラデー (Kha Rhade) 66, 67
華人 87, 138, 169, 208, 304
カルーン (Kaloeng) 61, 66, 77, 80, 428
クイ (Kui) 61, 65, 67, 70, 428 →オイ、スウェイ
クメール (Khmer, Khamen) 53, 61, 62, 70, 71, 73-77, 79, 80, 259, 275, 351, 391, 410, 428 →カメーン
クラー (kula) 74, 75, 428, 429
ケーオ (Kaeo) 61, 75, 276 →ヴェトナム人
シャム (sayam) 39, 43, 47-49, 51-54, 62, 253, 313, 316, 326, 426, 427
シャン (Shan ; Thai Yai) 33, 49, 257
スウェイ (Suwei) 61, 67, 70-76, 79, 80, 428 →クイ，オイ
ソー (So) 61, 65, 428
タイ・カダイ／タイーカダイ (Tai-Kadai) 42, 44, 45
タイ (タイ系民族の Tai)
　タイ・ダム (Tai Dam) 45, 426
　タイ・ヤイ (Tai Yai) 428
　タイ・ルー (Tai Lu) 45, 80, 426, 431
タイ (タイ国内と周辺の Thai)
　タイ・コラート (Thai-Khorat) 426
　タイ・タイ (Thai Tai) 49, 94, 108, 109, 112
　タイ・ルーイ (Thai Loei) 50
　タイ・ロム (サック) (Thai Lomsak) 50
　タイ・ヴィエン (Tai Wieng) 50
チェック (chek) 87 →華人
チベット・ビルマ (Tibet-Burman) 45
チャオ・ボン／チャオボン (chao bon) 61, 69 →ニャークル (Nya Kru)
トンスー (tongsu) 428
ニョー (nyo) 61, 65, 77, 78, 428
ハーン (Han) 45
プータイ (phu thai) 61, 66, 68, 75, 77, 78, 80, 428
メオ 426
メオ・ヤオ 44
モン (Mon) 9, 24-26, 28, 29, 32, 54, 83, 148, 158, 163, 164, 171, 183, 188, 238, 246, 263, 311, 314, 359, 366, 432
モン (Hmong) →メオ
モン＝クメール 44, 45, 48, 57, 61, 65, 67, 395, 428 →山腹ラオ (事項索引)
モン・ヤオ (Hmong-Yao) 45
モンーカメーン (Mon-Khmer) 45
ヨーイ (yoi) 77, 78, 428
ラオ (lao) 5, 7, 11-14, 24, 29, 36, 37, 39-45, 47-81, 83-90, 94, 116, 118, 119, 121, 125, 129, 130, 132, 140, 141, 145, 150, 152, 164, 167, 169, 170, 178, 205, 236, 237, 239, 240, 253-255, 257, 259, 260, 265, 298, 303, 305, 307, 311, 315, 316, 327, 342, 346, 351, 361, 364, 380, 387, 389, 390, 395-397, 405, 425-430, 432-434, 438, 439
ラオ・スーン (Lao Sung) 44, 426
ラオ・タイ／ラオータイ (Lao Thai) 45, 48, 68
ラオ・トゥン (Lao Thoeng) 44, 426
ラオ・ルム (Lao Lum) 44, 426
ラデー (Rhade) 65

地名索引

人名索引

アヌ・ウォン (Anuvong) 52-54, 62, 427
アリエス，F. (Aries, Philippe) 205
アン・チャン1世 (Ang Chan [1516-66]) 62
石井（米雄）21, 139, 141, 311, 314, 349, 356, 425, 436, 437
イジコヴィッツ，K. (Izikowitz, Karl Gustav) 67, 70, 80
ウン・フアン (Oun Huan) 48
ウン・カム (Oun Kham [1872-1887]) 322
ヴェーバー，M. (Weber, Max) 6, 7, 27
エンブリー，J. F. (Embree, John F.) 23
オコナー，R. (O'Connor, Richard A.) 437
カーシュ，T. (Kirsch, Thomas A.) 21, 26
カウフマン，H. K. (Kaufman, Howard K.) 172
カム→ウン・カム
ギアツ，G. (Geertz, Clifford) 169
ククリット・プラモート (Kukrit Pramot) 58
口羽（益生）15, 131, 170, 171, 429, 432
サオ (Phra Achan Sao Kantasinthera) 316, 317, 431
サリット（首相；Sarit Thanarat [1959-63]）56
シーブンサーン 52
シン 317, 322, 323, 325, 328, 431, 438
スパイロ，M. (Spiro, Melford E.) 26, 435
スリヤウォンサー (Souligna Vongsa [1637-94])
セーターティラート (Xetthathirat 特[1548-71]) 52
ソムデット・プラ・マハーウィーラウォン (Somdet Phra Maha Wirawong) 316, 438
タークシン (Taksin) 52, 53
田邊（繁治）26, 63, 239, 427, 431
ターウィール (Terwiel, B. J.) 26
タンバイア (Tambiah, Stanley J.) 11, 20, 23-30, 32, 33, 122, 145, 163, 171, 172, 186, 241-243, 263, 425, 426, 431, 435-437, 439
チット・プーミサック (Chit Phumisak) 48
チャクラパット (Chakkraphat [1548-69]) 52
チャチャイ（首相；Chatchai Choonhavan [1988-91]）389
チャティップ (Chatthip Nartsupha) 236, 326, 327
ツァゴ (Zago, Marcel) 434
テート (Thet Thetrangsi) 168, 322-324, 328, 431, 438
デュモン，L. (Dumont, Louis Charles Jean) 32
デュルケム，E. (Durkheim, Emile) 243
トゥーム (Toem Wiphakphotchanakit) 49, 50, 428
ドッド，W. (Dodd, William Clifton) 48
ハンクス，L. (Hanks (Jr.), Lucien M.) 21
リーチ，E. (Leach, Edmund) 19, 20
リタイ王 (Luthai [Mahathammaracha 1346/47-1368/74?]) 139
李方桂 (Li Fang-kuei) 42
ピブーン (Phibunsongkram, Luang [1897-1964]) 56
ファン (Fan Acharo [1898-1977]) 318, 319, 322-325, 438, 439
プラウォー (Phra Wo) 52
プラター (Phra Ta) 52
プラパンニャー (Chaokhun Phrapannya Phitsanthera) 316, 317
プリーチャー (Pricha Phinthong) 69
ポコック，D. (Pocock, David) 32
ポンサメート (Phonsamet) 439
マン (Man Phurithatta [1871-1949]) 317-319, 322, 323, 324, 326-328, 431, 438, 440
水野浩一 15, 130, 131, 140, 144, 170-172, 343, 347, 352, 353, 430, 432
ミルン，L. (Milne, Leslie) 257
ムーオ，アンリ (Mouhot, Henri) 63, 253
モンクット親王 9, 54, 311, 314 →ラーマ4世
ラーマ1世 (Rama・[Phra Phutthayotfa]) 53, 54, 312, 313, 427
ラーマ2世 (Rama・[Phra Phutthaloetla]) 55, 312, 313
ラーマ3世 (Rama・[Phra Nangklao]) 53, 312-314, 427
ラーマ4世 (Rama・；モンクット王 Mongkut) 9, 54, 58, 311, 314-316, 427, 438
ラーマ5世 (Rama・；チュラーロンコーン王 Chulalongkorn) 54, 55, 63, 64, 311, 312, 351, 427
ラーマ6世 (Rama・; Vajiravudh) 55
レッドフィールド，R. (Redfield, Robert) 21
ワチラヤーン親王 (Wachirayan Warorot [Vajiranana Varorasa 1860-1921]) 438

ラタナコーシン王朝 43, 54, 250, 312, 313 →チャクリ王朝
ラック・ウパクット (lak uphakhut) 112 →村祠
ラック・バーン (lak ban) 112, 132 →村祠
ラムソーン (lam song) 256
リアン・ヤーチョー (liang ya cho) 72
陸稲 (khao hai)／陸稲作 70, 71, 76, 101, 110
領域国家 426 →国家
良田探し 87-89, 90, 91, 307, 340, 403, 406, 431 →ハーナーディー
林住部 (arannyavasi) 139, 374, 375 →左部, 都市部
林住派 (khana arannyavasi) 374 →サンガ
輪廻転生 159, 192, 226
ルアンパバーン (王) 国 Luang Ph(r)abang 52, 427
ルークプン・ルークティエン (luk phung luk thien) 262 →クライエント、信奉者
霊 (winyan) 198
霊糸 (dai saisin) 213, 214, 216, 219, 220, 222
霊前出家 (buat na sop, buat chung sop) 138, 190, 213, 215 →出家
レン・サオ慣行 (len sao) 95
老親扶養者 (phu liang) 210
ローカリティ 27
ロン・ヒアン儀礼 (phithi long hian) 188 →儀礼
分ちあいの関係 194
ワット (wat) →寺院
ワット・プー (Wat Pu) 395
ワット・プラケーオ (Wat Phra Kaeo) 53
ワン・ケン (wan khaeng) 201
ワン・パ／ワン・シン (wan pha, wan phra, wan sin) 149 →仏日での持戒行
ンガーン・ブン (ngan bun) 150 →儀礼, 仏教儀礼

162-164, 166, 235, 308, 344, 432
瞑想（khao kammathan）／――修行／止観・――修行（wippatsanathura） 12, 135, 136, 138, 139, 141, 142, 161, 237, 238, 241, 245, 250-252, 275-277, 279, 285, 306, 307, 309, 311, 316-319, 322, 324-327, 342, 352, 357-359, 361, 365, 366, 373-377, 381, 393, 404, 405, 426, 431, 438, 439
――教化 141
――止観／――・止観（khao khammathan, samata wippasana） 139, 161, 237, 318, 322, 324, 376, 405, 439
――法 238, 316, 352, 431
メー・トラニー（mae thorani, nang thorani） 132, 181 →地母神
メー・ニャイ（mae nyai） 197, 232
メー・ブアラバット（mae buarabat） 285
メーチー（mae chi） 136, 147, 228, 358, 361, 366
綿作 73, 87
モー・ウィサー（mo wisa） 161, 259, 260, 277, 278 →ウィサー
モー・シエンコーン（mo siang khong） 121, 259 →精霊診断師
モー・ティオワダー（mo thiaowada） 161
モー・モン（mo mon） 434
モーシェンコーン（mo siang khong） 77 →憑霊占い
モータム／――祈禱師（mo tham） 12, 24, 29, 73, 111, 122, 124, 125, 158, 160-165, 187-189, 191-193, 198, 210, 229, 231-233, 235-247, 251, 254-257, 260-288, 290, 292, 297-299, 301-309, 325, 335, 363, 369, 374, 376, 378-381, 385, 392, 394, 399, 401-411, 413, 432-437, 440
＜クライエント拡大型＞の――
「守護者」としての――
＜親族内向型＞の―― 290
「治療者」としての―― 162
モーピー（mo phi） 238 →精霊使い
モープ・ナーク（mop nak） 189
モーラム（mo lam） 54, 85, 153, 167, 202, 211, 221, 433
モーラム・ピーファー（molam phi fa） 73, 256, 303, 304 →天空霊／天空神信仰
沐浴 134, 146
モチ米（khao niao） 39, 55, 56, 71, 101, 147, 192, 193, 218
モデル村（muban tua yang） 343, 344
物見遊山（pai thiao） 115
森（pa）／森林世界 5, 11, 12, 41, 57, 67, 71, 79, 87, 88, 92, 101, 109, 110, 112, 119, 120, 122, 135, 136, 144, 158, 163, 235, 240, 244-253, 306, 307, 318, 319, 321, 324, 337, 341, 345, 357-359, 362-385, 393, 394, 407, 408, 435, 439 →生活世界
森の僧（pha pa） 12, 306, 364, 367, 407, 408
「森の寺」（wat pa, Wat Pa Ping） 12, 135, 136, 235, 245, 319, 324, 337, 341, 345, 357-359, 362-379, 381-385, 407, 435, 439
森の熱（khai pa） 79 →マラリア
森の霊（phi pa） 250
モン・サンガ（Mon Sangha） 9 →サンガ

［ヤ行・ラ行・ワ行・ン行］
ヤートナーム（yat nam） 157, 179-183, 186, 187, 220, 432
ヤーモン（ya mon） 434
屋敷地 92-95, 101, 106, 112, 114, 209, 305
ユー・ファイ（yu fai） 433
よい水田（na di） 103, 106, 342
よい田を探す→ハーナーディー，良田探し
養殖 84
よそ者 14, 95, 108, 119, 130, 136
嫁探し（len sao） 89, 116
ラーンサーン（王）国（Lan Sang） 37, 43, 48, 52, 62, 65
来世 12, 19, 22, 25, 140, 145, 157-160, 171, 179, 181-185, 191, 195, 198, 200, 212, 217, 224, 226, 228-230, 232, 248-253, 303, 347, 350, 355, 377, 378, 384
ラオ→民族・言語集団索引参照
――・アイデンティティ 54 →アイデンティティ
――というアイデンティフィケーション 60
――の笙 54 →モーラム（mo lam）
――式の木彫り仏像 342
――人が実践する異民族間関係 70
「――人社会」 11-14, 39, 40, 60, 64, 87, 164, 205, 237, 255, 259, 260, 311, 328, 387, 425, 432, 434
「――民族主義」 13
ラオスータイ友好協会 389
ラオスの社会主義化 57
ラオス国経済社会開発八か年計画 395
ラオス式社会主義 57

265, 283, 284, 299, 405, 432 →仏棚
——知識の習得（fai pariyat） 138
——の感得（fai patibat） 138
——の力 12, 73, 162, 304 →タンマ
部派仏教 6 →仏教
プラ・マラーイ経（Phra Malai Sutta） 248
ブラフマニズム 313
プーリアン 213, 216, 218-220 →老親扶養者
ブン・チェーク・カオ（bun chaek khao） 190 →儀礼，供養飯儀礼
ブン・パウェート（bun phawet/phrawet） 153, 166
文化的アイデンティティ 40
文化的ナショナリズム 314
文化の商品化 396 →商品化の文化
ヘットナムカン／キンナムカン（het nam kan, kin nam kan） 170 →共働共食
返礼（kae bon） 138, 147, 177, 364
絣（mat mi） 85
宝器（regalia） 356
俸給生活者 84
法語（nangsu tham） 405, 412
法の守護者（phu haksa thamma） 108
法律（kotmai） 110, 311, 438
ボウリング条約（Bowring Treaty） 426
放浪 131, 318, 322 →移住／移動（thiao； pai thiao）
ボー・トー・ホック（bo tho hok） 92, 244 →土地認定証
ポー・ニャイ（pho nyai） 197
ホーパサート（ho prasat） 221, 224
ホーマーク（ho mak） 218, 220
ホームカン（hom kan） 178, 179, 182, 186, 187, 212, 213, 225, 432
祠（ho puta） 72, 73, 109, 110, 111, 119, 120, 124, 125, 132, 135, 143, 163, 181, 190, 235, 245, 324, 325, 393, 394, 403, 430
塀壁 132, 134, 180, 203, 204 →寺院，仏教建造物

［マ 行］
マイノリティ 58
まつり（ngan bun） 200
マハーニカイ（Maha Nikai） 9, 133
マプリ 143
マラリア 79, 101
マンダラ 436
マントラ（mantra；mon） 434
密教（Tantric Buddhism） 241, 242, 436
見習僧（samanen） 72, 86, 87, 116, 132, 136, 137, 146, 148, 149, 156, 190, 193, 213-217, 219, 222, 281, 319, 323, 326, 346-350, 358-361, 363, 364, 366, 403, 410, 431-433, 439
——の得度式（buat ［pen］ samanen） 189
未来仏（Phra Sian, Phra Siariyamettrai） 251, 275, 276, 302, 311, 326, 327, 435
——思想 311
——信仰 326 →千年王国
——を憑依させる儀礼 326 →儀礼
未勒下生 275
民間医療師（mo ya） 193, 253, 406, 407
民間バラモン／民間ブラフマン（pham, phram） 24-26, 28, 29, 163, 164, 171, 238, 263, 366 →招魂儀礼師
民衆の師（khanachan） 310, 317, 318
民衆仏教 21, 22, 26, 29
「民族」（son phao） 58
民族アイデンティティ 13, 56 →アイデンティティ
民族国家（sat） 13, 37, 44
民族籍（chuachat） 44
民族文化保護政策 427
ムアン（muang） 11, 14, 45, 53, 62, 83, 94, 245, 361, 362, 403, 426, 427, 430 →都邑
ムー・バーン（mu ban） 344
無常（anitchang） 224
無上の七法（aphitham chet） 412
「村の守護霊」（phi puta, phi ban） 12, 24, 72, 77, 108-113, 118, 119-122, 124, 125, 129, 132, 135, 143-145, 161, 162, 165, 235, 240, 243, 245, 247, 255, 258, 261, 288, 304, 305, 308, 324, 343, 374, 392-394, 430, 431, 434 →守護霊
——儀礼／——祭祀（phithi liang phi puta） 12, 72, 77, 108, 109, 118, 119, 121, 122, 124, 125, 161, 235, 240, 243, 245, 247, 288, 343, 392, 394, 403, 430 →儀礼
——の図像化 12, 394, 430
——の追放 111, 112, 162, 235, 430
——の森（dong puta） 12, 120, 163, 245, 246, 393
——祠（ho puta） 124
「村の寺」（wat ban） 134-136, 147, 154, 322, 346-348, 350, 353, 355, 357, 358, 360-362, 364, 365, 367, 369, 371, 373, 376, 377, 381, 410, 439 →「森の寺」
村開き儀礼（phithi boek ban） 162, 264 →儀礼
村祠（lak ban） 108, 111, 112, 122, 124, 132, 136,

——所有権利書 429
——占有確認証（so ko nung） 92, 305
——認定証 244
——の確保 88, 92, 95, 105, 107, 109
——法 91, 92, 244
——利用済確認証書（no so sam） 92
——神／——霊（phra phum） 407, 408
土着 10, 21, 28, 30, 125, 130, 143, 145, 236, 239, 242, 247, 303, 321, 426
——化 239
——宗教 33, 239 →宗教
——の守護霊信仰 239, 327 →守護霊
——の神祇 312 →神祇
——信仰 7, 28, 29, 30, 125, 132, 239, 240, 242, 313, 314, 317, 328, 377, 426, 438
——信仰の排除 309
——信仰の仏教化 12, 239 →仏教化
都邑（ムアン muang） 11

［ナ 行］
ナーイホーイ（nai hoi） 78, 89, 117, 305, 380
ナーク（nak） 189
——のパレード（hae nak） 189
ナーコーク（na khok） 96 →高みの田圃
ナーンソーン（nang song） 256
内面観照 375
ニモン（nimon） 269
入安居（khao phansa） 266, 283, 391 →安居
——儀礼 391 →儀礼
入植誘致政策 62
入滅 251
妊婦と胎児への儀礼（tham monkhon dek khot） 188
妊産婦と乳幼児への除祓儀礼（phithi kae kamloet） 196
ネットワーク 32, 60, 64, 80, 89, 90, 116, 171, 261, 262, 298, 305, 307, 308
涅槃（nipphan） 6, 20, 22, 231, 251, 434
涅槃会（wan witsakhabucha） 266
年中行事化した儀礼 110, 152, 264 →ヒート・シップソーン（hit sipsong）
年中仏教儀礼で集められる寄金の管理委員会 154
農民（chao na, sao na） 78, 79
農民反乱 311, 326 →千年王国的運動
ノン（nong） 84

［ハ 行］
パ／プラ（pha ; phra） 261 →仏教守護力
パー・クワン儀礼（pha khwan） 143 →儀礼
ハーナーディー（ha na di） 87, 91-93, 95-99, 101-111, 113-115, 117, 244, 325, 431, 433 →良田探し，移住
バーネイ条約（Burney Treaty） 426
パーパー儀礼（pha pa ; nganbun thot pha pa） 389 →儀礼
パーラジカー（parachik） 347
パーリ語経典 6
パーリ三帰依文 166
バイシー（baisi） 190, 432
バイシー・スークワン儀礼（baisi su khwan） 190, 432 →儀礼，招福儀礼
墓
パケーオ（エメラルド仏 Phra Kaeo Morakot） 53
畑（hai） 71, 119
——の守護霊 143 →守護霊
——の精霊（phi hai） 413 →精霊
ハックサート（hak sat） 427
パトロン－クライエント関係 302
パバーン仏（Phra Bang） 54, 427
母親への功徳（kha nomsot） 176
バラモン（phram） 24-26, 28, 29, 158, 163, 164, 171, 183, 238, 263, 366, 432
パリエン（parian） 349
パリッタ／パリット（paritta） 161, 264, 275 →護呪経典
ハン・プラタム（han phratham） 164, 284
バンコク王朝 139, 427
バンコク文化 53
バンファイ（bang fai） 85, 152, 345, 391 →ロケット儀礼，雨乞い儀礼
ビア・パオ・ピー（bia phao phi） 185 →供養、葬儀
ピー（phi） 49, 143, 200, 256, 435 →守護霊，精霊
——・シア／——シア（phi sia） 144, 181 →祖霊
——・タイホン（phi taihong） 200 →精霊；横死
——・ティアオワダー（phi thiaowada） 144, 162 →精霊
——・プーター（phi puta） 132 →村の守護霊
——・ポープ（phi pop） 241 →悪霊
ヒート・シップソーン（hit sipsong） 152, 346 →

閻魔（yomaban） 181, 248, 249
延命儀礼／延命の儀礼（phithi to ayu） 158, 408
老い（aging） 196, 197, 230, 232
黄衣献納祭／黄衣奉献祭／黄衣を献上する儀礼（thot phapa） 153, 307, 369 →儀礼
王宮世界の宗教 6
王権 27, 43, 51, 239, 310, 313, 315, 356, 426
——支配 31, 80, 130, 313
——支配の正当性の論理 310
横死 200, 204, 205, 242, 249, 354 →異常死
王朝仏教 312-314 →仏教
王立寺院（wat aramluang） 8, 311, 315, 425, 438 →寺院
オークヒエン（ook hien） 102
翁 197, 298, 393 →ポー・ニャイ
折本（samut khoi） 75
お礼参り（kae bon） 110
お籠もり（cham wat, cham sin） 150

［カ 行］

海域世界 48, 426
開墾・開田 90, 92, 95, 110, 115, 120, 122, 244-246, 305, 324, 413, 435
開祖 261, 285, 302, 303, 305, 306, 308, 318, 401-403, 406, 407
開拓移住 64, 92, 118, 119, 120, 129, 144, 164, 169, 240, 262, 305, 307, 340, 363, 380, 396, 433
——社会 11
——の規制 91, 92 →土地法
家屋に上がる儀礼（phithi khung ban） 158 →儀礼
開発 26, 56, 59, 60, 343, 344, 391, 392, 395, 396
——政策 58, 59, 130, 339, 343, 370, 373, 383
——僧（phrasong nak phatthana） 26
——の時代 59, 339
——モデル村 343, 344
外部世界 11, 130, 145, 305, 394, 396
貝葉本（bailan） 29
戒律（sintham） 6, 112, 125, 156, 157, 167, 189, 191, 229, 251, 264, 273, 278, 279, 284, 307, 321, 322, 369, 379, 413, 437
——主義 43
カオ・サーク（khao sak）／——奉献祭／——儀礼 152, 182, 432 →儀礼
カオ・チー（khao chi）／——奉献祭／焼き米奉献祭 152, 432 →儀礼
カオ・プラダップディン（khao pradapdin） 152 →飾地飯儀礼
家屋宅地（hian） 119
カオトム・マット（khao tom mat） 192
学生革命 141
加持成仏 436
華人（chek） 87, 138, 169, 208, 304
火葬 134, 154, 185, 190, 200-207, 212-220, 224, 225, 235, 353, 354
——のための委員会 154
カティン／カティナ衣（kathin） 141, 153, 177, 179, 372, 373
——儀礼／——奉献祭（ngan bun kathin） 104, 153, 174, 177-179, 182, 183, 202, 203, 346, 372, 408 →儀礼
貨幣経済 12, 31, 131, 339, 352, 353, 377, 383, 394
カム・タイ語 42
カラム（kalam） 428 →タブー
仮出家 138 →出家
仮出家者の儀式（phithi buat chi phram） 142
願かけ 138, 364
願かけ・病気回復後などの返礼（kae bon）のための出家（buat bon ; buat ba） 138, 364
換金作物 44, 56, 78, 84, 304
ウリ 103, 110
キャッサバ 56, 71, 84, 100
ケナフ 56, 71, 76, 84, 100, 103, 245, 304, 353, 403, 439
サトウキビ 69, 84, 87, 100, 429
タバコ 78, 103, 207, 208, 211, 212, 215, 218, 220, 224
トウガラシ 100, 103, 110, 207, 210, 212, 223, 224, 245
赤タマネギ 103
観光 53, 85, 345, 391, 392, 394-396
——開発政策 395
——政策 390, 391, 395
観衆 247, 248 →在家
慣習による出家（buat tam prapheni） 138 →出家
観照
自然—— 375
内面—— 375
灌水祭（songkan） 182, 203, 266, 284
カンハー（khan ha, khan paet） 410
干魃／旱魃 54, 58, 59, 84, 101, 105, 115, 116, 122, 124, 304, 327, 339
観法学習 139, 328 →瞑想止観（samata wippasana）
規格村 343